普通高等教育“十一五”国家级规划教材
教育部普通高等教育精品教材
北京高等教育精品教材
BEIJING GAODENG JIAOYU JINGPIN JIAOCAI
新编21世纪社会学系列教材

社会学概论新修

精编本

第三版

Reversion of New Introduction to Sociology

主　　编　郑杭生
执行主编　陆益龙

中国人民大学出版社
·北京·

主编和执行主编简介

郑杭生　曾任中国人民大学一级教授、博士生导师，教育部人文社会科学百所重点研究基地中国人民大学社会学理论与方法研究中心主任，中国社会学会、北京市社会学学会会长，国务院学位委员会政治学社会学学科评审组第三届、第四届成员，国家哲学社会科学基金社会学评审组组长，教育部社会学学科教学指导委员会主任委员。

主要研究领域为理论社会学，主要代表作有《中国特色社会学理论的探索》《中国特色社会学理论的应用》《中国特色社会学理论的拓展》《社会学对象问题新探》《社会运行导论》《转型中的中国社会和中国社会的转型》《中国社会学史新编》《社会互构论》等。

陆益龙　安徽枞阳人，2000 年北京大学社会学人类学所社会学博士，2002 年中国人民大学社会学系博士后，现为中国人民大学社会与人口学院教授、博士生导师，教育部人文社会科学百所重点研究基地中国人民大学社会学理论与方法研究中心副主任，教育部"新世纪优秀人才"，中央实施马克思主义理论研究和建设工程教育部重点教材《农村社会学》编写课题组首席专家，有两部学术著作入选国家社会科学基金成果文库。研究领域主要涉及农村社会学、法律社会学、户籍制度研究、水资源与社会研究等。出版《后乡土中国》等学术著作十余部，在《中国社会科学》等报刊发表学术论文百余篇。

内容简介

本书根据社会学及其相关学科课程建设与实际教学的需要，对《社会学概论新修》(第五版)进行了精心的改写和简化，压缩了篇幅和内容，使结构安排合理精练。同原书相比，精编版缩减了一半篇幅，但充分保留了《社会学概论新修》的基本特色——以社会运行论为主线，以社会转型论为视角，贯彻社会学中国化和国际化的导向，注意吸收社会学研究的最新成果，反映中国社会变化的实际。

根据社会学研究的新进展，本书在有限的篇幅内又增加了一些新的内容，如社会政策、社会治理的介绍等等。

本书更具有通用性、普及性，更加适合非社会学专业的教学及各界人士使用。

第三版前言

恰逢新中国社会学恢复重建四十年，《社会学概论新修精编本》第三版面世了。四十年前，小平同志高瞻远瞩，英明决定要恢复中国社会学，并指示学界“要加紧补课”。在重建中国社会学之初，教材建设的重要性凸显出来。本教材的主编郑杭生先生从学科重建、社会学本土化的大局出发，组织中国人民大学的社会学教师团队，编写了《社会学概论新编》，并于1987年出版发行。郑杭生先生主编的《社会学概论新编》这本教材，充分展现了中国社会学前辈们对社会学本土化的坚持和追求。因为在这本教材中，始终以社会运行论作为主线，表达和传播了社会运行学派的思想，以及对构建中国社会学学派、增强中国社会学话语权的学术理想。正是因为《社会学概论新编》具有这样一种特色，所以教材自出版后，在中国社会学本土教学中被广泛采用，并在高校师生中获得广泛好评，也多次荣获国家级奖项的荣誉。

1994年，《社会学概论新编》经过重新修订，以《社会学概论新修》的书名出版。主编郑杭生向参编人员提出二十四字原则：“珍惜荣誉，高度重视；集中精力，舍得投入；质量第一，提高一步。”《社会学概论新修》发行后，一直为大学社会学教学提供一种高质量的教材。教材一版再版，到2018年已经发行第五版。

《社会学概论新修精编本》的第一版是在2009年面世的，当时的书名为《社会学概论新修》（精编版），此版教材是在《社会学概论新修》（第三版）基础上改写和精编而成的。记得是在2008年的一天，主编郑杭生老师找我讨论了改编教材之事，他认为重建后的社会学已经成为一门显学，高等院校不仅仅是社会学专业开设“社会学概论”课，其他非社会学专业尤其是理工科类专业也有开设社会学课的需求，因此我们需要为非社会学专业的读者奉献一本更简明的、更新的教材。我很荣幸得到郑老师的信任，承担起《社会学概论新修》（精编版）的具体改编工作。为确保改编版的质量，中国人民大学社会学系洪大用教授和中央财经大学社会学系杨敏教授认真审读和修改了精编书稿，洪大用教授还根据时势需要，专门撰写了“第十六章社会建设”。

《社会学概论新修精编本》的编写，在传承和保留《社会学概论新修》的传统与特色的基础上，尽可能与时俱进，吸收社会学研究的新近成果，反映中国社会的现实特点和现实需要，用简洁精练的社会学概念和理论加以表达与解释。

2014 年 11 月 9 日，为中国社会学重建和学科建设作出杰出贡献的著名社会学学家、本教材主编郑杭生先生驾鹤西去，这对中国社会学界来说是一个重大损失，对本教材的修订工作也是一大损失。

为保持和延续《社会学概论新修精编本》的修订工作，受中国人民大学出版社的委托，由我来承担精编本第三版的执行主编任务，具体负责新版的修订工作。接受这一任务，感到诚惶诚恐、责任重大。本着传承与创新的原则，着手对精编本进行了修订和更新。

《社会学概论新修精编本》（第三版）的修订内容主要包括以下方面：一是根据一些读者来信提出的疑问和意见，对第二版中的局部内容如年代、数据、文字表达作了修改、完善。二是对第二版第三章社会学研究方法的内容进行了小范围的调整，删去数据分析基础，增加了“分析解释与理论构建”。三是在第二版第十章社会制度中增加了“第四节社会政策”。四是考虑到社会治理问题备受关注，遂在第二版第十六章社会建设中增加了“第三节社会治理”。

在科学技术日新月异的时代，人类社会也步入了贝尔所说的“风险社会”。无论什么新技术，也无论技术如何先进，都不能背离服务社会、服务于社会中的人的“初心”。而要把社会建设得更加美好，就需要有社会学知识、社会学意识和社会学视野。因此，今日中国社会学的本土化任务，可能已不再局限于社会学专业的教育，而是要让社会学意识更为普及，让更多的人具有“社会何以可能”“社会是如何变化的”意识，以便为和谐美好社会建设做贡献。编写《社会学概论精编本》，就是为了促进社会学教学范围的扩展，传播社会学知识和社会学意识。

作为一门现代学科，社会学是从西方社会传播过来的。社会科学不同于自然科学，因为自然科学的研究对象是自然物质世界，不存在历史、文化的差异，而社会科学则不同，需要面对不同历史、不同现实的社会。正因如此，社会学需要中国化、本土化，所以本土化问题并不是伪问题，而是真问题。记得费孝通先生在《开风气　育人才》中回忆，吴文藻先生等社会学前辈们栉风沐雨，筚路蓝缕，致力于社会学的中国化，探寻社会学学以致用的有效路径，可见本土化问题之于学科建设与学科发展的重要性。

主编郑杭生先生在费孝通“文化自觉”理论基础上，提出“理论自觉”的倡议，倡导中国社会学要以中国经验为素材，创造出自己的理论和自己的学派，在世界社会学话语体系确立自己的话语权。

在《社会学概论新修精编本》（第三版）出版之际，虽然主编郑杭生先生离开了我们，但他的社会学思想和理论自觉意识会永远留存下来。在此，谨以此书表达我们对郑杭生先生的深切缅怀！

《社会学概论新修》（第五版）副主编李强教授、李路路教授和洪大用教授对精编本修订工作给予了大力支持和认可，由衷地感谢他们！与此同时，感谢《社会学概论新修》（第四版）的各位作者所做的贡献！在本书第三版修订和出版过程中，感谢中国人民大学出版社人文分社潘宇社长的支持和信任！向盛杰编辑的辛勤工作表示诚挚的谢意！

最后，由于修订时间和本人能力所限，书中难免存有疏漏甚或错误之处，敬请广大读者批评指正。同时非常感谢广大读者一直以来给予本教材的关注和支持！

陆益龙

2019年5月28日

于崇德西楼

第二版前言

《社会学概论新修精编本》（第二版）是对《社会学概论新修》（第四版）的精编和改写。《社会学概论新修》自1994年问世以来经过不断修订和补充，已经是一部比较成熟的教材，累计发行近70万册，被多所不同类型的高校选用为教材或教学参考书。《社会学概论新修》（第三版）自2002年面世，受到各个方面的广泛好评，继2004年被评为北京高等教育精品教材后，2007年又被评为教育部普通高等教育精品教材，并被列入普通高等教育“十一五”国家级规划教材。中国人民大学使用此教材的“社会学概论”课程也被评为2003年度北京市市级精品课程，并于2006年被评为国家级精品课程。在此，本书主编要向关爱本书的广大读者、对本书提过建议的有关人士、对本书给以批评指正和评价的有关专家、对本书做过其他实质性贡献的人员，表示衷心的感谢！

《社会学概论新修》（第四版）是《社会学概论新修》最新的修订版。我们这次对《社会学概论新修》（第四版）进行精编和改写，主要是考虑到两点读者需求的变化：一是社会学正在成为一门显学，关注社会学，希望了解和学习一点社会学知识的社会各界人士越来越多；二是越来越多的高等院校开设了社会学课程，其中很多学习社会学的学生是来自社会学专业之外的，甚至包括一些来自理工类专业的学生。这样，主要为培养社会学专业人才服务的《社会学概论新修》（第四版），在满足新的需求方面就表现出一些不足，特别是其篇幅过大、内容过多，给一些人在学习和掌握方面增加了难度。

出于以上考虑，为了更好地普及社会学知识和推广社会学教育，根据出版社的建议，我们组织专门人员对《社会学概论新修》（第四版）进行了较大动作的精编和改写。最为突出的就是压缩篇幅和内容，使得总字数从原来的64万字变成现在的40多万字，总章数从原来的20章压缩为现在的16章。同时，我们也改变了原来四编加附录的内容编排格式，直接按章展开内容。尽管《社会学概论新修精编本》（第二版）以精编和改写为主，但是，我们根据社会学研究的新进展，在有限的篇幅内还是增加了一些新内容。比如说，我们在第九章“社会组织”中增加了关于当代中国社会组织的介绍等。

我们在编写《社会学概论新修精编本》（第二版）的过程中，充分保留了《社会学概论新修》其他版本的基本特色——以社会运行论为主线，以社会转型论为视角，贯彻社会学中国化和国际化的导向，注意吸收社会学研究的最新成果，反映中国社会变化的实际。在这方面，可以说《社会学概论新修精编本》（第二版）是与《社会学概论新修》其他版本一脉相承的。但是，《社会学概论新修精编本》（第二版）的内容有很大调整，更加注重简洁精练，其服务的主要读者对象是非社会学专业的各界人士，适用于非社会学专业的教学需求，特别是小学分的课程教学。

《社会学概论新修精编本》（第二版）的编写工作由我主持，参加人员包括中国人民大学社会学系洪大用教授、中央财经大学社会学系杨敏教授和中国人民大学社会学系陆益龙教授。最初的基于《社会学概论新修》（第四版）的精编、改写工作由陆益龙教授完成，之后由杨敏教授和洪大用教授分别审读修改，洪大用教授还专门撰写了第十六章“社会建设”。全书最后由我审读修改定稿。

在此，我要感谢参加《社会学概论新修》编写的所有人员，我们多年来的有效合作已经形成了良好的教学与研究团队，我们这个团队继续修订了《社会学概论新修》（第四版），使之更加充分地反映社会学研究的最新进展和中国社会实践的最新变化，从而更好地服务于专业社会学人才的培养，同时也为其他希望更多、更全面系统地了解社会学的人士提供更好的渠道。

我们尤其感谢为《社会学概论新修精编本》（第二版）的编写奠定基础的各位作者。他们分别是：清华大学社会学系李强教授，北京大学光华管理学院彭泗清教授和中国人民大学社会学系李路路教授、潘绥铭教授、林克雷教授、胡鸿保教授、于显洋教授、张建明教授、郭星华教授、刘精明教授、冯仕政教授、史希来副教授、廖菲副教授。他们虽然没有直接参加精编和改写工作，但是都对本书做出了非常重要的贡献，这是本书与其他版本《社会学概论新修》保持一致特色的重要条件。

最后，还要着重指出，没有中国人民大学出版社的建议，就没有这本《社会学概论新修精编本》（第二版）的编写，该社对读者需求的变化最为敏感。我们对出版社的努力和潘宇编审的卓有成效的工作表示诚挚的谢意！

郑杭生

2014 年 5 月 28 日

于中国人民大学社会学理论与方法研究中心

目　　录

第一章　什么是社会学

第二章　社会学的产生和发展

第三章　社会学研究方法

第四章　社会的构成

第五章　文化的结构与功能

第六章　人的社会化与个体化

第七章　社会互动

第八章　社会网络与社会群体

第九章　社会组织

第十章 社会制度与社会政策

第十一章 社会分层与社会流动

第十二章 社区

第十三章 社会变迁与社会现代化

第十四章 越轨与社会控制

第十五章　社会工作与社会保障

第十六章　社会建设与社会治理

第一章

什么是社会学

【本章要点】

- 社会学是关于社会良性运行和协调发展的条件和机制的综合性具体社会科学。
- 社会运行论的中国特色与中国历史上的学术传统、新中国成立以来的现实社会运行密切相关。
- 个人与社会的关系问题是社会学的基本问题。
- 社会学是一门综合性具体社会科学，与其他社会科学学科有着密切关系。
- 社会学具有认识和改造社会、增促社会进步、减缩社会代价的功能。

【关键概念】

社会学 ◇ 社会运行 ◇ 良性运行 ◇ 协调发展 ◇ 个人与社会 ◇ 社会进步 ◇ 社会代价

社会思想古已有之，但作为学科的社会学却只有180多年的历史。“社会学”一词最早是由法国哲学家、社会学家孔德在1838年10月出版的《实证哲学教程》第4卷中正式提出的。孔德使用“社会学”这个术语，是为了表明这是一门用实证方法研究社会现象基本规律的独立学科，以区别于那种思辨的社会哲学或历史哲学。就社会学本身的发展而言，无论是从孔德开始的西方社会学，还是从马克思开始的马克思主义社会学，都经历了一个从一般社会哲学到专门的具体社会科学的演变过程。

第一节
社会学的研究对象

作为专门的具体社会科学，社会学是关于社会良性运行和协调发展的条件和机制的综合性具体社会科学。我们把这个定义代表的观点称为“社会运行论”。社会学的一个特点是它研究其他社会科学学科都涉及但不做专门研究的问题，即社会良性运行和协调发展的条件和机制问题。

社会学的研究对象问题，是一个十分重要的问题。正确地解决这个问题，决定了社会学的理论框架，规定了这门学科的特有角度，规定了这门学科与其他社会科学的区别和联系，规定了这门学科为社会主义实践服务的方向和主要途径，从而也规定了这门学科存在的必要性。

一、社会学研究对象的历史时代根据

社会学在19世纪30年代产生，决定性的因素是时代实践的要求。正如恩格斯深刻指出的那样，“一切划时代的体系的真正的内容都是由于产生这些体系的那个时期的需要而形成起来的”①。因此，揭示社会学独特对象的根本途径，就是要说明这个决定社会学产生的时代的需要。美国社会学家英克尔斯指出了给社会学下定义的三条途径——历史的途径（创始人说了什么）、经验的途径（当代社会学家在做什么）、分析的途径（理性指示什么）②，只有与这些根本途径联系起来，才能是深刻的。

要说明决定社会学产生的时代需要，离不开说明西欧资本主义代替封建主义所引起的社会变化，也离不开说明英国产业革命和法国政治大革命所带来的社会后果。正是这些社会变化和社会后果，使现代社会运行和发展的问题，即如何实

---

① 马克思，恩格斯．马克思恩格斯全集：第3卷．北京：人民出版社，1960：544.

② 英克尔斯．社会学是什么？．北京：中国社会科学出版社，1981：23.

现良性运行和协调发展、避免恶性运行和畸形发展的问题，突出出来了。

在近代西方社会的变革历史中，最核心的事件是18—19世纪的两次大革命。一次是以1789年法国大革命为标志的政治大革命，同时也是思想大革命，到20世纪30—40年代，资产阶级革命已在欧洲主要国家完成了。另一次是18世纪在英国开始，19世纪扩展到整个西欧和美国的产业革命。这两大革命引起的社会变化和后果，主要可以从两方面看。

一方面，社会从传统的封建社会转型为现代的资本主义社会。在这个过程中，两大革命的巨大作用在于，它们促进了生产力突飞猛进的发展："资产阶级在它的不到一百年的阶级统治中所创造的生产力，比过去一切世代创造的全部生产力还要多，还要大。"① 它们推动了自由竞争以及与此相应的经济、政治、社会制度的建立：资产阶级的剥削和统治代替了"由宗教幻想和政治幻想掩盖着的剥削"② 和统治。它们引起了观念的变化：金钱关系、金钱至上的观念代替了宗法等级观念，"人的尊严变成了交换价值"③。它们造成了一个急剧变化的快节奏的现代社会而与千百年沉睡的慢节奏的传统社会不同："生产的不断变革，一切社会状况不停的动荡，永远的不安定和变动，这就是资产阶级时代不同于过去一切时代的地方。"④ 作为上述变化突出表现的工业化和都市化，以及与此相联系的社会问题的产生，对社会学的产生有着直接的影响。在这个意义上说，社会学从一开始就是社会转型的产物。

另一方面，资本主义制度的确立，并没有建立起资产阶级启蒙思想家所预言的"理性的王国"，并没有带来普遍的"自由、平等、博爱"，相反却越来越暴露出这一社会的许多弊病、祸害和恶性循环：作为社会瘟疫的经济危机的周期性发作；作为贫富悬殊标志的富人区和贫民窟的并存；从劳资对立到工人怠工、罢工、破坏机器乃至起义；从大鱼吃小鱼到企业破产、倒闭；从童工的使用到工人丧失劳动能力后的悲惨处境；从失业大军的形成到犯罪率的上升；一边是"生产过剩"，很大一部分粮食和其他制成品被销毁，另一边是挣扎在生死线上的穷人饥寒交迫。这种种社会运行和发展中的障碍和不协调，以极其鲜明的形式，提出了资本主义社会能否良性运行和协调发展的问题。如回答能，则有一个如何达到良性运行和协调发展的问题；如回答不能，则又有一个如何解决、出路何在的问题。从孔德开始的西方社会学传统和从马克思开始的马克思主义社会学传统，根据19世纪空想社会主义的主要代表特别是圣西门的思想，各自做出了不同的回答。马克思主义社会学的创始者马克思、恩格斯，站在推翻旧社会、创建新社会的立场上，着眼于社会革命，来谈论资本主义社会和社会主义社会的运行和发展的问题。尽管马克思、恩格斯没有采用"社会学"这个术语，而把自己的学说叫做唯物史观，但并不影响问题的实质。

---

① 马克思，恩格斯．马克思恩格斯选集：第1卷．2版．北京：人民出版社，1995：277.

② 同①275.

③ 同②.

④ 同②.

作为时代的实践要求的社会运行和发展的问题，特别是社会良性运行和协调发展的问题，就是这样提出来的。“创始人说了什么”，由上可知就是他们所提出的争取社会良性运行和协调发展、避免社会恶性循环和畸形发展的问题。“当代社会学家在做什么”呢？在我们看来，也没有脱离这个根本点。因为随着时间的推移，社会越来越复杂、越分越细微，系统里有小系统，部门里有小部门，因此社会良性运行和协调发展的问题也就越来越重要。至于“理性指示什么”，当然也应当这样来理解。

同任何其他新学说、新思潮的产生一样，社会学的形成首先也是从已有的思想材料出发的，虽然它的根源深藏在社会经济的事实之中。这是恩格斯在分析社会主义从空想到科学时提供的方法论原则。社会学的思想源泉主要来自：

第一，历代思想家在其哲学、政治和伦理观点中所包含的社会思想。例如，孔德不仅受到柏拉图、亚里士多德、霍布斯等人的影响，而且还直接从孟德斯鸠关于历史和社会现象的决定论和孔多塞关于人类理性进步的必要阶段论中引出他关于人类知识、关于政治形式以及关于社会类型的各个三阶段论。在中国，严复把社会学翻译成为“群学”，就是受到荀子关于“人生不能无群”等思想的启示。

第二，从康德到黑格尔的德国古典哲学，以亚当·斯密和大卫·李嘉图为代表的英国古典经济学，以傅立叶和圣西门为代表的法国空想社会主义，是整个马克思主义的三个来源，当然也是其社会学的思想来源。西方社会学中的反实证主义思潮也受到德国古典哲学传统以及社会科学历史学派的影响。韦伯的社会学既受德国人文科学观点又受英法实证主义的影响。

第三，自然科学理论和方法的成就。细胞、能量守恒和转化规律、生物进化三大发现，既是马克思主义产生的自然科学基础，也促进了孔德、斯宾塞等人为代表的用进化论解释社会变迁、用自然科学方法研究社会的实证主义思潮的发展和盛行。

第四，从17世纪在英国发源至19世纪的早期社会统计调查和定量分析，既为社会学积累了有关人口、商业、男女性别比、自杀率等经验观察材料，也为形成社会学的调查研究方法，特别是为社会学成为一门不同于过去思辨的社会哲学的实证社会科学起了推动作用。涂尔干的《自杀论》明显地表现出这一点。

二、社会学研究对象的现实社会根据

如果结合我国从新中国成立到党的十一届三中全会的社会运行和发展的实际，就能够把社会学的对象问题说得更清楚。不过在此之前，有必要先简要地解释一下社会运行和发展的类型。社会的运行和发展大体可以分为三种类型：良性运行、中性运行和恶性运行；协调发展、模糊发展和畸形发展。社会的良性运行和协调发展，不同于中性运行和模糊发展，更与恶性运行和畸形发展相对立。而社会的中性运行又跟恶性运行有本质的区别。

所谓社会的良性运行和协调发展，是指特定社会的经济、政治和思想文化三大系统之间以及各系统内不同部分、不同层次之间的相互促进，而社会障碍、失调等因素被控制在最小的限度和最小的范围之内。社会良性运行和协调发展是生产力和生产关系、经济基础和上层建筑相互适应的体现，是社会运行和发展的理想模式。社会的良性运行和协调发展可以因程度不同而表现出多样性。

所谓社会的中性运行和模糊发展，是指社会运行有障碍，发展不甚平衡，包含较多较明显的不协调因素，但它们还未危害、破坏社会的常态运行。因此，社会的中性运行也可称为有障碍的常态运行。这是一种良性运行和恶性运行之间、协调发展和畸形发展之间的中间状态，是一种不稳定状况；它有可能向前者进化，也有可能向后者退化。我国1957—1959年期间、1962—1966年“文化大革命”之前的时期，总的说来，就处在这样的状况之中。反右斗争扩大化、反右倾运动、片面强调阶级斗争，是政治上的障碍和不协调因素；超越生产力发展的现实阶段，片面地、频繁地进行生产关系方面的调整和革命，如公社化、割“资本主义尾巴”“提前进入共产主义”以及“大跃进”之类，是经济上的障碍和不协调因素。

所谓社会的恶性运行和畸形发展，是指社会运行发生严重障碍、离轨、失控。1959—1961年三年困难时期，我们初步感受到了这种恶性运行；“文化大革命”时期，我们更全面而广泛地感受到了它，如党组织瘫痪、公检法被砸、工厂停工、学校停课、交通运输混乱、武斗升级、无政府状态泛滥、人际关系紧张等。

社会主义社会从根本上、总体上是能够良性运行和协调发展的。不仅宏观上如此，而且微观上也能如此。因为社会主义经济是以生产资料的公有制为基础的，它与生产的社会化是一致的。这正是社会主义优越于资本主义的地方。资本主义由于生产的社会性与生产资料占有的私人性之间的基本矛盾，决定了它在根本上、总体上不能够良性运行和协调发展，至多只能在局部上、微观上做到这一点。对资本主义来说，有障碍的常态运行是它经常出现的面貌，经济危机时期则是它的恶性运行时期。

新中国成立以来的经验和教训从正反两个方面告诉我们：如果搞得不好，社会主义社会也会经常处于中性运行和模糊发展之中；如果再不注意，还会陷入恶性运行和畸形发展，甚至达到崩溃的边缘。十年动乱给我们上了极其深刻的一课。从这个角度看，十一届三中全会的伟大历史功绩在于它真正结束了我国不幸陷入的恶性运行和畸形发展，使社会进入了中性运行和模糊发展的状况，并向我们展示了社会向良性运行和协调发展转化的现实可能性。

推进和维持我国社会主义社会的良性运行和协调发展，关系到我们每个人的切身、长远、根本利益，关系到社会主义制度优越性的发挥。但是，中国社会的良性运行和协调发展不会自动地、自然而然地到来。这就要求我们要研究我国社会良性运行和协调发展的条件和机制，并努力创造这种条件，还要按照这种机制去尽力争取。社会学不是别的，正是一门研究社会良性运行和协调发展的条件和机制的综合性具体社会科学。所谓从社会学角度看问题，正是从社会良性运行和协调发展的角度看问题。

在“社会学是关于社会良性运行和协调发展的条件和机制的综合性具体社会科学”这个定义中，“社会”，主要指现代社会，即资本主义社会和社会主义社会以及将来的共产主义社会。因为社会学是现代社会的产物，而且也只有在现代社会中才会系统地提出社会的良性运行和协调发展的问题。所谓“具体科学”，表明社会学不是哲学科学。所谓“综合性的”，表明社会学不是那种以社会的某一个子系统为自己对象的单科性学科。所谓“条件”，指社会良性运行和协调发展所需的主要的内外部条件。所谓“机制”，指社会良性运行和协调发展的规律性的模式。这里，条件和机制的区分是相对的，例如高质适量的人口既是我国社会良性运行的必要条件，又是重要机制。同时，条件和机制又都与规律性有关。因此上述定义也可表述为“社会学是关于社会良性运行和协调发展的规律性的综合性具体社会科学”。

三、社会学研究对象的中国特色

社会运行论的中国特色首先表现在它跟中国历史上的学术传统密切相关。社会运行的研究在一定程度上受到中国学术传统长期以来看待社会历史的角度的影响，这个角度就是注重考察社会的治乱兴衰。细察诸子百家及以后学者的论述，他们都注重从总体的、综合的角度来评估社会的治乱兴衰的原因与达到治的方法。例如，在《墨子·非命上》中，就有对夏桀乱、商汤治，纣王乱、武王治的评价。而在《墨子·兼爱上》中，则有对治乱原因和达到治的方法的探讨：“若使天下兼相爱，国与国不相攻，家与家不相乱，盗贼无有，君臣父子皆能孝慈。若此则天下治。”此后，汉“文景之治”、唐“贞观之治”，尽人皆知；老庄的“无为而治”，无人不晓。所以在中国传统的史学中，一部中国历史就是社会治乱兴衰的历史。无怪乎程颐说：“看史必观治乱之由，及圣贤修己处事之美。”① 也无怪乎严复在《群学肄言》的序言中把社会学看作研究社会治和乱、兴和衰的原因，揭示社会所以达到治的方法或规律的学问。提出“社会学是关于社会良性运行和协调发展的条件和机制的综合性具体社会科学”，是直接受到严复观点的启发。很明显，社会运行论没有割断中国的学术传统，不是主观杜撰。

其次，社会运行论的中国特色还表现在它与新中国成立以来的现实社会运行密切相关。1949 年后，中国社会有过初步的良性运行和协调发展的时期，有过中性运行和模糊发展的时期，也曾经历过局部的恶性运行和畸形发展，甚至陷入像“文化大革命”时期全面的恶性运行状态。正是对新中国成立以来社会运行状况，特别是对“文化大革命”期间恶性运行状况的反思，再加上严复的具有中国学术传统色彩的社会学定义的启发，使我们形成了社会学是研究社会运行和发展，特别是良性运行和协调发展的条件和机制的想法，提出了社会

① 程颐．遗书：卷二十四//二程集．北京：中华书局，1981.

运行论。

最后，社会运行论的中国特色还表现在它能够有效地为中国社会主义建设事业和改革开放服务。它提供的社会良性运行和协调发展的社会学角度，使我们进一步理解改革开放的必要性：改革是我国社会由中性运行向良性运行的必由之路。它也使我们懂得改革健康发展的途径：就全社会范围看，经济、政治、思想文化各个社会子系统的改革应当保持同步关系，某一子系统的改革过分超前或过分滞后都会对改革产生不利影响。就某一领域看，单项改革必须由配套改革来支持，单项突破、孤军深入很难成功。为什么社会各系统的改革要保持同步关系？为什么改革需要有单项突破，但绝不能长久地孤军深入？从社会学角度看，道理就在于它们是社会良性运行和协调发展的规律性的要求，违背它，改革就无法深入，已经取得的成果也会丧失；自觉遵守它，就能推动改革健康地发展。因为经济改革并不仅仅是经济问题。在现实生活中，我们可以处处感受到非经济的社会因素对经济改革、对经济因素的制约，这里存在着经济与社会协调发展的问题。

四、关于社会学研究对象的观点

社会学对象问题是一个十分复杂、争论颇多的问题。提出社会运行论，是对其他社会学定义进行考察并从不同方面受到启发的结果。回顾和了解国内外在这个问题上的观点，将有助于更全面地把握社会学对象和社会运行论。

"什么是社会学？"一个半世纪以来一直是社会学创始人以及后辈社会学家力图明确回答而又不容易回答清楚的问题。孙本文在《社会学原理》一书中曾系统介绍过从19世纪中叶起到20世纪30年代初为止国外9种关于社会学的定义，即社会学是研究（1）社会现象，（2）社会形式，（3）社会组织，（4）人类文化，（5）社会进步，（6）社会关系，（7）社会过程，（8）社会现象间的关系，（9）社会行为的科学。

有的美国社会学家统计了1951—1971年20年间由美国出版的16种社会学教科书关于社会学研究对象的8种提法：（1）社会互动；（2）社会关系；（3）群体结构；（4）社会行为；（5）社会生活；（6）社会过程；（7）社会现象；（8）社会中的人。当然，社会学在150多年发展过程中积累的定义远比上述17种多得多。

众多的定义主要分属于三大类：第一类侧重以社会及社会现象为研究对象。这种观点在西方社会学传统中的主要代表为孔德、斯宾塞、涂尔干等人，形成了社会学中的实证主义路线。第二类侧重以个人及其社会行动为研究对象。这种观点在西方社会学传统中的主要代表为韦伯等人，形成了社会学中的反实证主义路线。这两类观点影响至深，后世的许多定义多为这两类观点的变形或混成。在马克思主义社会学传统的学者中，既有主张第一种类型的观点的，也有赞成第二种类型的。但他们都是以社会和个人的统一为指导的，都赞成马克思的下述观点：

个人是社会的存在物，应当避免把“社会”当作抽象的东西同个人对立起来；反之，社会又是人们交互作用的产物，是各个人借以生产的社会关系的总和。至于不属于这两大类的其他社会学定义可以看作第三大类，其中有些观点影响不小，但都没有成为社会学发展的主流。

中国社会学界 90 多年来大体有如下几种观点。

（1）侧重以社会为研究对象。其代表性观点有：第一，认为社会学是用科学方法研究社会的治和乱、盛和衰的原因，揭示社会由以达到治的方法和规律的学问。这是严复在 1903 年出版的《群学肄言》的序言中首先提出来的。80 多年后郑杭生在一系列论著中提出并系统论证了如下的定义：社会学是研究现代社会运行和发展的规律性，特别是研究社会良性运行和协调发展规律性的综合性具体社会科学。第二，认为社会学与历史唯物论一样是研究社会发展普遍规律的。1949 年以前中国的马克思主义社会学者李大钊、瞿秋白、李达、许德珩、陈翰笙等均持此种观点。第三，认为社会学是研究社会整体及其规律性。由费孝通主持和指导的《社会学概论》（试讲本）这样定义：“社会学是从变动着的社会系统的整体出发，通过人们的社会关系和社会行为来研究社会的结构、功能、发生、发展规律的一门综合性的社会科学。”台湾的一些社会学者如杨懋春也持类似的观点。在侧重以社会为研究对象的社会学定义中，一般都可看到“秩序和进步”“运行和发展”“结构和过程”这样两个方面。

（2）侧重以个人及其社会行为为研究对象。第一，新中国成立以前主要以孙本文为代表，他从芝加哥互动学派心理行为理论出发，批评他列举的前 8 种定义虽没有什么错误，但均不能认为是适当的定义，而适当的定义是“社会学为研究社会行为的科学”。第二，台湾学者龙冠海也认为社会学的主要旨趣“是在社会互动或社会关系中的人”。第三，1979 年后，有的学者认为“社会学是研究人们的社会性行为规律的科学”（杨心恒等），有的学者认为“社会学应该着重研究人的社会活动的固定化过程和固定化形式”（庞树奇）。

（3）第三种类型的观点，其代表性意见有：第一，“剩余说”，即认为社会学是一门“剩余社会科学”，它的研究对象是其他社会科学不研究的“剩余领域”。第二，“学群说”，即认为社会学“不是一门科学，而是一群科学，一个科学群”。第三，“调查说”，即认为社会学是关于社会调查研究的学科。第四，“问题说”，即认为社会学是研究社会问题的。第五，“未定说”，即认为社会学的对象现在还没有确定。

上述国内外关于社会学研究对象的种种不同观点，是由于研究者对社会观察的角度不同、强调的重点各异、各国的国情有别等原因造成的，这种情况充分表明社会学对象问题的复杂性，因此就有一个对其正确把握的问题。

（1）社会学是有独特对象的，否定这一点是不对的。中外社会学史告诉我们，尽管不同国家、不同时期、不同学派的社会学者对社会观察的角度不同，观点各异，但是他们之间仍然有共同感兴趣的问题可以沟通。一个重要的原因在于：社会学实际上是以别的具体社会科学都涉及，但又不做专门研究的东西为对象的；社会学家们都在自觉不自觉地寻找这个东西，都在有意识无意识地沿着这条路探索。所以不论他们的观点和方法有多大差别，在研究实践中仍然会走到一起。

（2）社会学对象问题上的众说纷纭，正是对那个“别的具体社会科学都涉及，但又不做专门研究的东西”多方面的、积极的探索的表现，是社会学从不成熟走向成熟过程中的必然现象。中国社会学界对社会学对象发表的各种见解应看作学术活跃的可喜现象，同时也表明，社会学对象问题是一个回避不了的重大问题。

（3）在对社会对象的理解上不应强求一致。有一个基本事实是明显的：尽管社会学定义众多，但有影响的不过数家。有些定义正如孙本文先生指出的，“或失之抽象，或失之广泛，或失之含糊，或失之狭隘”。读者完全可以根据自己的理解去判断、去比较哪一个或哪一些定义较好地结合中国国情、能够提供社会学的视角、能够易于把握社会学的内容、能够较好地做到理论上前后连贯。

五、社会学的基本问题

个人与社会的关系问题是社会学的基本问题。所谓个人与社会的关系，是指两者互生、互动的过程，而不是那种僵死的二元对立的关系。这种个人与社会互为因果的思想，马克思早在一个半世纪前就十分明确地提出，“**正像**社会本身生产**作为人的人**一样，人也**生产**社会”[①]。马克思、恩格斯还论及：历史创造了人，人创造了历史；环境创造了人，人创造了环境。马克思还指出：人的本质，在其现实性上，是一切社会关系的总和。[②] 这同样意味着：人在不断地产生社会关系，社会关系也不断地产生着作为社会关系总和的人。

为什么说个人与社会的关系是社会学的基本问题呢？从理论上说，这个问题贯穿于社会学的各个层次、各个方面，是每个社会学家都在自觉不自觉地解决的问题。第一，定义社会学的对象或侧重社会，或侧重个人，都离不开两者的关系问题；第二，区别社会学的学派，如唯实论和唯名论、实证论和反实证论、整体论和个体论等，都是根据这个问题来划分的；第三，确定社会学的属性，如宏观社会学和微观社会学，也是以这个问题为准绳的；第四，社会学的主要内容，不论是社会化、社会互动、社会角色、社会群体，不论是社会组织、社会分层、社会制度、社区，也不论是社会问题、社会控制、社会工作以及社会变迁，无一不是直接或间接地包含着、体现着个人与社会的关系问题。个人与社会的关系问题是社会学发展的根本线索。这对作为社会学的史前史的社会思想史是如此，对社会学史本身也是如此，对社会学理论更是如此。

从现实上说，这个问题也贯穿在实际社会生活的各个层次、各个方面，是每

---

① 马克思，恩格斯．马克思恩格斯全集：第42卷．北京：人民出版社，1979：121.

② 马克思，恩格斯．马克思恩格斯选集：第1卷．2版．北京：人民出版社，1995：56.

个社会成员都在自觉不自觉地回答的问题。实际的社会生活，归根到底是个人，也即每个社会成员，如何从社会中获得资源和机会的问题，或者反过来说，社会如何将社会资源和机会分配给每个社会成员的问题。一个社会要正常运行，个人与社会，具体说来，就是个人利益与社会利益、个人自由与社会秩序、个性发展与社会需求必须保持适度平衡。过分强调个人，或者过分强调社会，不是引起社会无序，便是造成社会缺乏生机，引发种种社会问题与不协调。个人与社会关系的问题处理得正确，社会的动力机制、整合机制、激励机制、控制机制、保障机制才能良性运转，个人才能对社会做出更大的贡献，个人也才能真正获得幸福。

由上可见，个人与社会的关系问题不仅是贯穿社会学各个层次、各个方面的中轴，而且也是社会实际发展的中轴。无论是社会学的理论发展还是社会的现实发展，可以说，都是沿着这个中轴曲折前进的。

从社会学的层次结构看，个人与社会的关系问题与社会学对象有着密切联系。社会学学科的层次结构大体由三个层次组成：第一，社会学基本问题层次，即学科的“元问题”层次，也就是社会学与哲学联结点的社会哲学层次；第二，社会学对象问题层次，即学科的“本问题”中的总问题层次，也就是综合性具体科学的社会学层次；第三，社会学范畴问题层次，即学科的“本问题”中的分问题层次，也就是社会学历史地形成的概念内容的层次。这三个层次的关系，事实上是一般、特殊和个别的关系，或者说是一般性、特殊性和个别性的关系。从社会学的层次结构来看，个人与社会关系之所以基本，是因为它处在元层次，并贯穿于本问题中的总问题层次和分问题层次。

对以往特别是近年来出现的社会学定义，我们可以而且也应当从社会学层次结构的角度，将其分为相应的三类来加以审视：从第一层次给社会学下的定义，典型的是“社会学是研究个人与社会的关系的”①；从第二层次给社会学下的定义，典型的为：“社会学是关于社会良性运行和协调发展的条件和机制的综合性具体科学”②；从第三层次给社会学下的定义，此类的定义最多，如孙本文所列举的9种定义：社会现象、社会形式、社会组织、人类成绩、社会进步、社会关系、社会过程、社会现象间的关系，以及他自己主张的社会行为③，基本上属于这一类。

究竟从哪个层次给社会学下定义最合适呢？首先，直接用社会学基本问题给社会学下定义，是混淆了社会学学科不同层次，即第一层次与第二层次的问题。社会学基本问题不同于社会学对象问题；研究对象的理论前提与研究对象本身不能混淆。将它们合二为一是将社会学学科的“元问题”混同于它的“本问题”中的总问题、将一般性混同于它的特殊性。本来，元问题、一般性要由本问题、特殊性来进一步说明；而本问题、特殊性则是对元问题、一般性的具体化。直接用

① 杨心恒，刘豪兴．对我们以往关于社会学基本问题的反思．社会学研究，1993（6）.

② 郑杭生．论马克思主义社会学的两种形态．光明日报，1985-07-29.

③ 孙本文．社会学原理：上册．上海：商务印书馆，1935：17-21.

社会学基本问题给社会学下定义，就把关系颠倒过来了：一般性、元问题被不适当地用来说明特殊性、本问题。这是不合逻辑的。说“社会学是研究个人与社会的关系的”，这在社会哲学层次上是对的；但它却没有在社会学作为综合性具体科学的层次上具体回答社会学的对象问题。

其次，能否在第三层次给社会学下定义呢？例如把“社会行为和制度文化”作为社会学研究的对象呢？社会学当然要研究“社会行为和制度文化”，但它们只有与特殊的社会性视角和规律性，例如社会良性运行和协调发展的视角和规律性相联系时，才是社会学研究的对象。社会行为和制度文化其实是外延很广的概念，其中的“社会行为”本身就是多少门社会科学，例如行为学、组织行为学、犯罪行为学等研究的领域。所以问题仍然是：社会学研究“社会行为和制度文化”及其相互关系的特殊视角是什么，要揭示其中何种特殊的规律性。这样岂不是转了一圈又回到了原地？从方法论上说，只要把反映某一具体社会现象的范畴，例如社会问题、社会组织、社会制度、社会互动等作为社会学研究的对象，就都会碰到这样的问题。所以，第三个层次也是不合适的层次。

那么第二层次又如何呢？第二层次作为特殊层次，是联系第一和第三层次的纽带。只有处在第二层次，才能满足一个合适的社会学定义至少应当达到的五个方面的要求：（1）能够把个人与社会的关系加以具体化；（2）能够较为合适地规定社会学的本质属性；（3）能够通过它把社会学与社会哲学的联系和区别表现出来；（4）能够通过它把社会学与其他社会科学的联系和区别表现出来；（5）能够通过它把社会学的各个范畴“统”起来。“社会运行和发展，特别是社会良性运行和协调发展的条件和机制”的社会学定义，较好地满足了这些要求。

其一，它把个人与社会的关系，具体化为社会运行状况和类型与社会成员利益和前途的关系，这两者通过各种机制和条件连接起来。

其二，它较为合适地规定了社会学的本质属性，体现出社会学的性质是一门综合性的具体科学。

其三，它既是个人与社会的关系在下一层次的贯彻，又是它的具体化，从而体现出社会学与社会哲学层次的联系和区别。

其四，它是其他社会科学都涉及但不作专门研究的东西。因此，这一社会学定义体现了社会学本问题—总问题与其他学科同类问题的不同和联系，体现了社会学与其他社会科学的联系和区别。

其五，它还体现了社会学对象与社会学各范畴的联系与区别。一方面，它作为一根贯串于其中的线索，把各个概念整合成为一个前后有序的学科内容体系；另一方面，各个范畴又作为具体的社会良性运行和协调发展的条件和机制发挥着自己的作用。

总之，作为本问题、特殊层次，它将元问题和一般层次具体化了；作为本问题中的总问题，它又贯串于各个子问题之中，成为社会学历史地形成的概念内容的总纲。

第二节
社会学的学科地位

对社会科学的学科体系现在有多种分法，但不论哪种分法，社会学都占有重要地位。

一、社会学学科地位的历史演变

孙本文概括的关于社会学学科地位的种种观点，大体上反映了这个问题的历史演变过程。

（1）“总和说”。把社会学和各门社会科学的关系看作整体和部分的关系。

（2）“综合说”。认为社会学是将各门社会科学的成果从社会整体的角度加以综合得出的。这两种看法反映了社会学创立时期的情况，那时社会学刚刚从哲学的怀抱中解脱出来，社会学实际上是社会科学的代名词，同时它又在一定程度上有社会哲学或历史哲学的色彩，具有某种包罗万象、凌驾于各门社会科学之上的印记。

（3）“普遍说”。认为社会学的原理具有普遍性，适用于一切社会现象；各门社会科学的原理则只有特殊性，仅适用于特殊的社会现象。这仍然没有摆脱社会哲学的色彩。

（4）“平等说”。社会学与其他社会科学一样，都研究社会生活现象的一个方面。这反映出随着社会学进入形成时期，逐渐摆脱了哲学的怀抱，越来越明确自己的范围和方法。

（5）“共通说”。孙本文于20世纪30年代在总结前人观点的基础上，提出了自己对社会学地位的看法：“社会学是研究社会生活现象的共通原理，此种社会生活现象的共通原理——社会行为原理——为社会生活现象的一部分，而关于部分的社会现象，故社会学为一种普通的社会科学。”

20世纪70年代，台湾学者魏镛提出了一种以人为中心的社会科学分类，认为社会学与其他社会科学处在并列的地位，认为社会学家是从人类的群居生活中去研究人，而政治学、心理学、历史学、文化人类学等则是分别从人类的权力关系、人类的思想、人类的“记忆”、人类的生活方式等方面去研究人。

社会学学科在祖国大陆恢复后，郑杭生在20世纪80年代中期提出了一种与上述观点不完全相同的看法：把全部社会科学分为一般、特殊和个别三个层次。属于第一个层次的是像历史唯物论这样的哲学科学；属于第二个层次的是社会学、历史学这样的综合性社会科学；属于第三个层次的是经济学、政治学、教育学、法学等专门社会科学。

二、社会学与其他社会科学的关系

就社会学和其他社会科学的关系来说，把社会学定义为研究社会良性运行和协调发展的综合性具体社会科学，既有利于明确它跟历史唯物论的区别和联系，又有利于划清它与其他单科性的和综合性的社会科学的界限以及与科学社会主义的界限。只有划清这些界限，社会学才有独立存在的理论根据，才能明确社会学在社会科学中的地位，否则也很难称得上一门真正的科学或学科。

（一）社会学与历史唯物论的关系

社会学和历史唯物论的关系，是具体的社会科学与哲学科学的关系，是特殊与一般的关系。我们可以从几个方面来看：（1）从对象上看，历史唯物论研究社会发展的一般规律，社会学则研究社会良性运行和协调发展的条件和机制的特殊规律。（2）从科学层次上看，历史唯物论是对包括社会学在内的各门社会科学知识的概括和总结，社会学则没有这么高的概括程度。社会学在历史唯物论的指导下，从社会良性运行和协调发展的特殊角度对其他社会科学进行概括和总结。（3）从作用上看，历史唯物论是考察整个社会的具有普遍意义的世界观和方法论，社会学则着眼于从社会良性运行和协调发展的特殊观点来研究社会。正由于历史唯物论与社会学是一般和特殊的关系，因此它们在理论上是指导与被指导的关系。

把历史唯物论和社会学的关系确定为一般与特殊的关系，我们就能理解在二者的关系上为什么“否定论”“等同论”“代替论”“部分否定论”等统统都是错误的。“否定论”以历史唯物论否定或取消社会学；“等同论”把历史唯物论等同于社会学；“代替论”以历史唯物论代替社会学；“部分代替论”把历史唯物论看作社会学的第一个层次“一般社会学理论”。事实上，历史唯物论并不能取代关于社会良性运行和协调发展的条件和机制的特殊规律的理论。忽视这一点，我们在理论上、实践上都已吃了大亏。上述种种错误理论，混淆了指导与被指导的关系，既贬低了历史唯物论，又不利于社会学理论的研究和发展。与此同时，我们也不能同意相反的极端：用社会学来代替、包容历史唯物论。历史经验表明，无论是在苏联、东欧，还是在我国，明确历史唯物论和社会学的联系和区别极为重要，甚至可以说，这一点是社会学得以顺利发展的意识形态上的前提条件。

（二）社会学与单科性社会科学的关系

社会学和政治学、经济学、教育学、心理学、法学等具体社会科学的关系，是综合性科学与单科性科学的关系。社会学所研究的社会良性运行和协调发展的条件和机制，涉及社会整体，整体与它的各个组成部分，以及各个部分、各个层次之间的关系。用系统论的术语来说，涉及整个社会系统，系统与各子系统，以及各子系统、各个层次之间的关系。像政治学、经济学、教育学、心理学、法学等具体社会科学所研究的对象，则比较单纯，只涉及各有关子系统内部的规律，不具有社会学那样的综合性。这是社会学与政治学等社会科学的区别。但是二者又有联系，这就是每个子系统内部各因素之间也有一个良性运行和协调发展的问题。在这个意义上，社会学与政治学等具体社会科学的关系，是特殊与个别的关系。这一点很像历史学跟其他社会科学的关系：历史学研究各个社会发生、发展、衰落、灭亡的规律；其他社会科学研究的对象也都有发生、发展、衰落、灭亡的历史。在这个限度内可以说，任何社会科学都是历史科学。同样，在其他具体的社会科学都涉及社会良性运行和协调发展的限度内，也可以说，其他社会科学也都是社会学科学。

这样，我们就把全部社会科学大致分为三个层次：第一层次是哲学科学（历史唯物论）——一般；第二层次是综合性的社会科学（社会学、历史学等）——特殊；第三层次是单科性的社会科学（政治学、经济学、法学、教育学、心理学等）——个别。社会学既是哲学和单科性社会科学之间的中介，又和其他社会科学一起成为哲学与社会现实之间的中介。

（三）社会学与其他综合性社会科学的关系

社会学与其他综合性社会科学如历史学、管理学的关系，是特殊与特殊的关系。历史学和社会学的区别在于：第一，历史学面向过去，社会学则面向现在和将来。第二，历史学研究各个社会的发生、发展、衰落、灭亡的规律，尽管也研究社会的横断面，但研究横断面是为了纵向地说明社会，因此历史学主要是一种纵向科学；社会学研究社会良性运行和协调发展的条件和机制，尽管也研究社会的纵剖面，但研究纵剖面是为了横向地说明现实社会，因此社会学主要是一种横向科学。国外有的学者把社会学和历史学看成研究社会的两个拳头，不无道理。

与社会学最接近的是管理学，有的学者甚至认为社会学就是社会管理学。应当承认，这二者是容易混淆的，但是我们觉得它们仍然是有区别的。这就是管理学侧重从管理的主体——管理者、领导人——方面来研究问题。社会学当然也要研究人，但社会学研究人、人与社会、人与人的关系等主要是为了客观地说明社会良性运行和协调发展的不以个人意志为转移的条件和机制。所以管理学与社会学研究的侧重点是不同的。

（四）社会学与科学社会主义的关系

马克思主义社会学与科学社会主义的关系，也是一个极为复杂的问题。这一方面是因为对什么是科学社会主义，现在理论界的意见也不是一致的。归结起来有两种主要意见：一种认为科学社会主义是马克思主义的政治学或政治科学；一种认为科学社会主义是一门综合性的科学。后一种意见认为科学社会主义要揭示出社会主义、共产主义发生、发展和胜利的规律，必须对作为社会形态的社会主义社会政治、经济、思想、文化直到生活方式等所有方面做综合性的考虑，而不能把着眼点仅仅放在政治斗争上。第二种意见实际上是要使科学社会主义在某种程度上社会学化。

明确了社会学的对象，就能比较清楚地说明它们的区别和联系。它们的区别主要在于：(1) 科学社会主义从无产阶级解放的条件这样的政治学角度来研究资本主义社会和社会主义社会；马克思主义社会学则从社会良性运行和协调发展的条件和机制这样的社会学角度来研究资本主义社会和社会主义社会，二者的角度是不同的。(2) 二者的学科性质和层次不同。科学社会主义作为马克思主义政治学属于单科性学科，社会学则是综合性学科，但是这绝不是说，二者之间存在什么从属关系、包容关系。科学社会主义既不能包含社会学，社会学也不从属于科学社会主义。虽然学科层次不同，但并不能推出有诸如此类的关系。科学社会主义和马克思主义社会学的联系在于：它们的目的一样，都是为了推翻旧社会，建立新社会；它们的理论基础一样，都由历史唯物论作为指导思想。它们作为两门从不同的角度来研究资本主义社会和社会主义社会的独立学科，必须是相互补充、相互促进的。

第三节 社会学的学科价值

一、认识和改造社会

社会学的功能和学习社会学的意义主要表现在以下两方面。社会学也主要通过这两条途径为社会主义现代化实践服务。

(一) 社会学的认识意义

第一，向人们提供科学的社会知识，告诉人们社会现象是什么（描述）、为什么（解释）、将来怎样变化（预测）。

第二，社会学不仅提供现成的社会知识，而且通过提供社会学的视角、社会学的方法，帮助人们获得新的社会知识。

(二) 社会学的实践意义

第一，社会学在帮助人们掌握科学的社会知识的基础上，进而帮助人们在维护和改善现存社会结构、社会制度，改革不利于社会发展的社会体制方面避免盲目性，增强自觉性，使自己的社会行动更加合理，更加符合规律性。

第二，社会学以自己的研究成果，对科学地管理社会和制定正确的社会政策提供有根据的、经过论证的实际建议，为改革开放服务，为发展社会主义市场经济服务，促进社会的良性运行和协调发展。

二、增促社会进步，减缩社会代价

社会学不仅有认识社会、改造社会的理性—科学功能，而且还有增促社会进步、减缩社会代价的人文—价值功能。

“增促社会进步、减缩社会代价”是社会学的深层理念。得出这一深层理念，是基于这样的事实：迄今人们看到的每一个社会进步，都是伴随着社会代价的。纯粹的进步、理想状态的进步，在现实社会中是不存在的。世界上找不到没有社会代价的社会进步。现代化的历史，就是一部不断取得社会进步，同时又不断付出社会代价的历史。

所谓“增促社会进步”，就是增加和促进社会的协调发展、可持续发展以及社会成员个人的全面发展。

所谓“减缩社会代价”，很重要的一个方面就是保障社会弱势群体的基本生活，维护社会弱者的基本权益，尊重他们的人格尊严，要千方百计地让他们共享社会发展、社会进步的成果。这就是实实在在的“增促社会进步，减缩社会代价”。不保障弱势群体的基本生活，不维护他们的基本权益，不尊重他们的人格尊严，社会是不可能稳定的，更不可能是和谐的。减缩社会代价，另一层意思就是指尽管社会代价是不可避免的，但人们可以研究如何把代价减少到最低限度、缩小到最小范围的途径和办法。

社会快速转型期的一个鲜明特点，就是社会优化与社会问题并生、社会进步和社会代价共存。30 多年来，我国以社会转型形式出现的社会巨大变化，不管是利益格局、社会关系、次级制度的变化，还是价值观念、生活方式、文化模式、社会控制机制、社会承受能力等等的变化，都表明：一方面，上述各个社会领域都得到了不同程度的优化，另一方面，又引发了、出现了大量问题，有些问题还十分严重；一方面，30 多年的进步和成就，可以毫不夸张地说，是举世瞩目、全球公认的，另一方面，也付出了种种代价，一些代价还非常沉重。构建和谐社会、贯彻科学发展观的目的，就是最大限度地促进社会进步，并把代价减少到最低限度、缩小到最小范围；而构建和谐社会、贯彻科学发展观的过程实际上就是一个不断增促社会进步、减缩社会代价的过程。

社会学历史地形成的范畴，不论是正向研究良性运行、协调发展的范畴，还是逆向研究如何避免恶性运行和畸形发展的范畴，都不仅贯穿着认识社会、改造社会的理性—科学精神，也贯穿着增促社会进步、减缩社会代价的人文—价值精神。

三、构建和谐社会

在构建和谐社会及和谐世界的进程中，社会学研究将会提供理论的支撑。社会运行论提供的社会良性运行和协调发展的社会学角度，能够有效地为中国社会主义建设事业和改革开放服务。它使我们进一步理解改革开放的必要性：改革是我国社会由中性运行向良性运行的必由之路。它也使我们懂得改革健康发展的途径：就全社会范围看，经济、政治、思想文化和社会生活各个社会子系统的改革应当保持同步关系，某一子系统的改革过分超前或过分滞后都会对改革产生不利影响。就某一领域看，单项改革必须由配套改革来支持，单项突破、孤军深入很难成功。拿企业改革的重点来说，企业内部就有劳动、人事、工资等各项制度配套改革的问题；企业外部则有政府转变职能，变直接干预为间接调控的问题，还有社会保险、财政、计划、金融、住房等各项制度的配套改革问题。为什么社会各系统的改革要保持同步关系？为什么改革需要有单项突破，但绝不能长久地孤军深入？从社会学角度看，道理就在于它们是社会良性运行和协调发展的规律性的要求。违背它，改革就无法深入，已经取得的成果也会丧失；自觉遵守它，就能推动改革健康地发展。因为经济改革并不仅仅是经济问题。在现实生活中，我们可以处处感受到非经济的社会因素对经济改革、经济因素的制约，这里存在着经济与社会协调发展的问题。

社会良性运行和协调发展的社会学角度，在构建和谐社会的背景下，也使我们更进一步理解到改革与和谐的关系。现在看来，改革有着双重功能：既可以扩大差异，也可以缩小差异，就看它与怎样的具体条件和环境、怎样的目标相联系。中国的改革大体上经历了拉开差距（扩大差异）和缩小差距（缩小差异）两个大的阶段。在 20 世纪 70 年代末开始的第一阶段，改革的背景是一个平均主义盛行、缺乏生机和效率的社会。在公平和效率的两难选择中，那时正确地选择了“效率优先、兼顾公平”。随着落实科学发展观、构建和谐社会的提出，中国的改革正式进入了要缩小社会差距的新阶段，也就是第二阶段。目前我们面对的是一个差距过大、不协调因素活跃、社会矛盾多发的社会。这就提出了一个问题：我们如何走向未来，是通过差异、对立和冲突，还是通过认同、共识、协调和整合？这提醒了我们，对于今天的社会成员、群体、组织、阶级阶层而言，找到相互之间的共同点、建立起共享生活的基础，有着更为深远的意义。但这是一项极为艰难的事业，它需要我们更新深层理念，特别是树立以人为本的理念，多赢互利的理念，增促社会进步、减缩社会代价的理念，社会治理和善治的理念；调整社会结构，特别是社会三大部门的结构、阶层结构、城乡结构等；转变社会功能，在制定正确的社会政策上下功夫，建立各种调节社会利益的长效机制；重建社会信任，真正做到“权为民所用、情为民所系、利为民所谋”。

总之，社会良性运行和协调发展的社会学角度，为进一步理解和谐社会、科学发展观提供了社会学的学理支撑。“协调发展”在 20 世纪 80 年代还是学术语言，90 年代成为大众语言，到了 21 世纪成为政策语言。对中共十六届六中全会和十七大、十八大报告关于社会建设的一系列问题的分析，如果我们有了社会学的视角，我们就会理解和体会得更加深入、透彻，从而在行动中就会更加自觉、更有成效。

思考问题

1. 社会学这门学科是如何产生的？
2. 什么是社会学的研究对象？如何正确加以把握？
3. 如何理解社会学与其他社会科学的关系？
4. 社会学如何为社会实践服务？
5. 中国社会学与中国社会向社会主义现代化转型是何关系？

阅读书目

1. 郑杭生．社会学对象问题新探．北京：中国人民大学出版社，1987.
2. 郑杭生，李迎生．中国社会学史新编．北京：高等教育出版社，2000.
3. 宋林飞．当代西方社会学理论．南京：南京大学出版社，1997.
4. 波普诺．社会学：第十版．北京：中国人民大学出版社，1999.

第二章

社会学的产生和发展

【本章要点】

- 作为一门独立学科，社会学产生于19世纪中叶的西方社会转型之中，孔德、斯宾塞、涂尔干、韦伯为西方社会学的创立和形成做出了重要贡献。
- 当代西方社会学的发展具有中心从欧洲转向美国，理论多元化、分科化，方法科学化，以及马克思主义学说的影响逐步扩大等特点，形成诸如结构功能主义、社会冲突论、社会交换论、符号互动论以及多种后现代主义理论流派。
- 马克思主义社会学以辩证唯物主义和历史唯物主义为基石，具有强调实践性、辩证性、批判性、价值理想性以及视野的总体性等特点。
- 社会学是在19世纪末开始从西方传入中国并得以发展的，新中国1952年中断社会学学科，1979年开始恢复重建，改革开放及中国社会的快速转型，推动着中国社会学快速发展。

【关键概念】

西方社会学 ◇ 实证主义 ◇ 孔德 ◇ 斯宾塞 ◇ 涂尔干 ◇ 韦伯 ◇ 马克思 ◇ 芝加哥学派 ◇ 结构功能论 ◇ 社会冲突论 ◇ 符号互动论 ◇ 社会交换论 ◇ 后现代主义

社会学是关于社会良性运行和协调发展的条件和机制的综合性具体社会科学。综观这门学科的发展历史便可明白，探求达到一个社会各部分之间的协调发展以维护社会正常运行的规律，乃是任何历史时期社会学的重要任务。

第一节 西方社会学的历史与现状

社会学作为一门独立学科产生于 19 世纪中叶，它的出现并非历史的偶然，而是与剧烈的社会变迁引起的社会运行状态失调有密切的关系。

一、社会学在社会转型中产生

自 18 世纪末叶起，西方社会发生了两次大革命：一次是以 1789 年法国大革命为标志的政治和思想大革命，到 19 世纪 30—40 年代，资产阶级革命在欧洲主要国家已经完成。另一次是 18 世纪中叶从英国开始，19 世纪扩展到整个欧洲和美国的产业革命。两次大革命使西方社会发生了根本性转型，即由传统的农业社会转变为新兴的工业社会，由封建社会转变为资本主义社会。资本主义制度确立后，一方面生产力得到突飞猛进的发展，使社会从生产力到生产关系、经济基础到上层建筑、思想观念到政治制度都发生了重大变化；另一方面，社会运行也暴露出许多弊病和不协调因素，如周期性的经济危机、阶级矛盾、失业、犯罪等等。对于这些问题用传统的方法和在原有的学科体系内已无法做出满意的解释和回答，于是，社会学作为一门不同于其他社会科学的独立的新学科便应运而生，它在社会转型中产生，以解决社会运行和发展中的不协调因素，寻求社会良性运行与协调发展的规律为内容，并且将这条主线贯穿于整个社会学的发展历史。

由于对社会运行状态的看法存有分歧，社会学从一开始便形成了两大对立派别：一是以马克思、恩格斯为代表的马克思主义社会学，另一个是以孔德为代表的西方社会学。

二、西方社会学的创立

从孔德开始的西方社会学的一个突出特点，就是始终表现为一种维护型的社会学，即以维护资本主义制度为目的，以多方面的研究资本主义社会良性运行和协调发展的条件和机制为对象。即使西方社会学中有少数自称为批判的社会学，如法兰克福学派的“社会批判理论”，归根到底也是以批判的形式开始，以维护的结果告终。

中国学术界一般把19世纪30年代至19世纪末叶看作西方社会学的创立时期。这一时期西方社会学的特点是：第一，与哲学关系密切。第二，受实证主义思潮的影响极大。第三，创立社会学的目的在于维护、协调现存的社会关系。主要代表为孔德和斯宾塞。

孔德

奥古斯特·孔德（A. Comte，1798—1857年），法国社会学家，被称为“社会学之父”。早年曾为法国著名的空想社会主义思想家圣西门的私人秘书。圣西门的许多思想对孔德产生了巨大的影响，成为后来孔德创作的思想来源。孔德致力于建立庞大的实证哲学体系，他最先提出和使用了“社会学”一词，并力图把它建设成为一门研究社会的实证科学，因此，孔德通常被当作社会学的创始人。

孔德生活的时代正是法国社会变革的时代，他亲身经历了法国大革命，看到了封建社会制度的瓦解和资本主义制度的确立，于是，他把社会学界定为研究社会秩序和社会进步的科学。他认为整个社会和自然界一样，是建立在协调一致的基础之上的，这就是社会秩序。而社会变迁中旧的社会秩序被新的社会秩序所取代，这就是社会进步。

孔德的社会学分为社会静力学和社会动力学两部分。前者着重研究社会体系存在的条件和作用的规律，他认为社会体系各部分之间的平衡与和谐的关系，是正常运行的基本条件，一旦这种关系遭到破坏，社会系统的运行就会发生障碍，造成社会病态，引起社会混乱与变革。后者着重研究社会体系的发展与变化的规律，他认为社会的发展表现为人类的体质、道德、知识和政治的进步，尤其受人的知识的影响，因此，知识的变革是社会发展中的重要因素。他提出人类知识发展经历了三个阶段：“神学阶段”“形而上学阶段”“实证阶段”。与之相对应的社会发展三阶段是：“军事时期”“过渡时期”“工业时期”。他认为当时的社会已进入了工业时期，即科学的实证阶段，它是社会发展的最高阶段。在孔德看来，资本主义社会有弊病，但是，可以“以爱为原则，以秩序为基础，以进步为目的”来协调社会发展，改进和完善资本主义制度。

斯宾塞

赫伯特·斯宾塞（H. Spencer，1820—1903年），英国社会学家。斯宾塞把进化论用于社会学研究，认为社会是一个有机体，它的进化和生物的进化遵循着同一条规律，所以，人们通常把斯宾塞的社会学理论称为社会有机论。他的著作对当时和后来都产生了较大的影响，并译成多种文字，在世界各地广为流传，其中主要包括《社会静力学》《社会学研究》《社会学原理》等。

斯宾塞的社会学理论是建立在以下两个原则基础之上的：第一，将社会理解为有机体的“社会有机论”思想，体现了他对社会的静态研究。第二，认为社会进化是自然地、渐进地实现的“社会进化论”思想，体现了他对社会的动态研究。斯宾塞的社会有机论认为，社会不过是一些独立的个人集合体。在一切发达的社会有机实体中，都存在三个系统：支持系统，它保证向社会供给必需的产品；分配系统，它保证社会有机体各部分的联系；调节系统，它保证社会各个组成部分服从于整体。承担这三大系统功能的是各种社会设置，如家庭、礼仪、政治、教会、职业和工业。正是这些系统和功能构成了资本主义社会和谐运行和发展的机制。

斯宾塞的社会进化思想认为社会进化是一个持续的、不间断的过程，要经历生长过程、结构进化、功能分化、相互依赖等过程。在社会进化过程中，社会规模由小变大，社会组织由单一的、同质性结构转变为复杂的、异质性结构，并伴有社会各部分的功能分化现象，促使执行不同功能的社会各部分之间相互联系和制约增加。也就是说，在社会发展过程中，社会结构越复杂，功能越分化，各部分间的功能联系和相互依赖程度越高，社会变得越脆弱，若其中一个部分功能失调，就会使社会系统受到影响甚而导致瓦解。所以，在社会进化的过程中，必须加强社会系统之间的相互协调性，以保证社会的良性运行。

三、西方社会学的形成

西方社会学的形成时期大约在 19 世纪末到 20 世纪 30 年代。这一时期的特点是：第一，社会学确定了自己的研究范围和方法，独立的学科体系基本成型；第二，社会学研究的问题越来越具体化和专门化。在这一时期形成了以涂尔干为代表的实证主义路线，以韦伯为代表的反实证主义路线，以及以美国芝加哥学派为代表的重视实际的社会调查的传统。

涂尔干

埃米尔·涂尔干（E. Durkheim，1858—1917 年），法国社会学家，著有《社会分工论》《社会学方法的规则》《自杀论》《宗教生活的基本形式》等。

涂尔干的方法论特点是坚持社会唯实论和社会整体观，反对还原论。他认为社会是独立存在的客观实体，同时也是一个不可分割的整体。社会学的研究对象是社会事实，即在社会层次上发生的种种现象，这些事实构成了社会。因此，涂尔干主张在社会整体层次上进行实证性研究。

涂尔干的社会学理论以社会关系和社会团结为主线展开。所谓社会团结是指在社会里把个体结合在一起的社会纽带，是一种建立在共同情感、道德或价值观基础上的个体与个体、个体与群体、群体与群体之间的、以结合或吸引为特征的联系状态，是维系和控制社会成员的力量，是建立社会秩序的保证。按照社会发展的程度，涂尔干把社会团结分为“机械的团结”和“有机的团结”，前者是指在古代或传统社会中的团结，后者是指在现代社会、具有高度社会分工的社会中的团结形式，社会分工是社会团结的动力，是维持现代社会和谐运行的机制。

此外，涂尔干又从社会团结的视角研究社会反常现象、偏离行为。他认为社会是一个自我调节系统，社会分工会加强人们之间的联系，同时也会带来不可回避的现实危机，如果社会调节系统发生故障，就会使社会联结纽带松弛或断裂，出现社会解组、失范状态以及越轨行为等。为了预防和修复对社会团结的破坏，涂尔干主张建立一种多层次的社会道德规范体系，加强它的调节功能。因为，社会危机在本质上是一种道德危机。在《自杀论》一书中，涂尔干将自杀分为利己式、利他式、宿命式和越轨式四类，并认为自杀与群体联系的强弱有关。在具有凝聚力、整合性高的社区或社会中，群体联系更为密切，自杀率会降低；在个体主义占主导的群体内，自杀率最高。

韦伯

马克斯·韦伯（M. Weber，1864—1920 年），德国社会学家，著有《新教伦理与资本主义精神》《儒教和道教》《经济与社会》等。

在社会方法论方面，韦伯倾向于个体主义，即主张对特定社会行动或社会现象背后的个人动机或隐藏的意义加以理解，与实证主义方法论形成鲜明对照。韦伯在社会研究中，运用一种叫“理想型”（ideal type）的逻辑工具，目的在于对所研究的现象加以纯逻辑的分类和定性，以便理解和把握现象之间的因果链。理想型虽是主观构造的，但不是主观价值判断，而是价值中立的逻辑工具。韦伯认为，虽然社会科学研究不可能做到价值无涉，研究的课题及理论或多或少都会与社会现实及现实中的价值相关联，但社会科学研究仍可在程序上做到价值中立。

韦伯对世界多种宗教的经济伦理的研究是其社会学理论的重要构成。在对宗教伦理的考察中，韦伯试图验证其基本理论假设，即任何社会现象背后都有一种无形的、精神的力量在支撑，一个时代的精神气质决定着社会行动的特征、方向和趋势，以及社会制度的特征。在关于资本主义产生的历史原因方面，韦伯提出新教伦理在其中发挥了关键作用。因为宗教伦理影响着时代精神气质，精神气质又影响着人们的社会行动，而社会制度和社会现象归根到底就是由人们的社会行动决定的。

韦伯把社会行动区分为四种类型：（1）目标合理的行动，即能够达到目标，取得成效的行动；（2）价值合理的行动，即按照自己信奉的价值所进行的行动，不管有无成效；（3）激情的行动，即由于现实的感情冲动和感情状态而引起的行动；（4）传统的行动，即按照习惯而进行的活动。在传统社会中，后两种行动占主导地位。而在资本主义社会，前两种行动占主导地位，这两种行动属于合理化的行动，合理化行动的作用日益加强、范围日益扩大的过程就是合理化运动。资本主义的产生就是合理化运动的结果，当越来越多的人的行动趋向于理性选择时，整个社会包括经济、政治和文化也都会走向合理化。

芝加哥学派

美国芝加哥学派是以芝加哥大学社会学系为中心，注重以经验研究来解决社会现实问题的学派。其特点是强调社会学的应用性和应用研究。芝加哥学派主要对城市的外来移民、贫民窟、犯罪、人口以及种族等问题展开经验研究，目的是诊治社会弊病，改善城市运行。与此同时，他们又提出了城市人文区位安排的模式，提出城市不是一个杂乱无章的庞然大物，而是有一定内部结构的统一体。如帕克（R. Park）和伯吉斯（E. Burgess）等人所著的《城市——对都市环境研究的提议》，为都市社会学研究提供了一种范例。

四、当代西方社会学

当代西方社会学的发展时期大致从 20 世纪 40 年代至今。这一时期的特点是：第一，第二次世界大战之后，西方社会学得到了前所未有的发展，其中心从欧洲转向美国；第二，理论多元化，学派林立，观点分歧；第三，分科化，社会学与其他社会科学相互渗透的趋势加强，分科社会学种类增多；第四，方法科学化，计算机的广泛运用，大大加快了资料处理的速度，使社会学研究方法准确、快速、规范；第五，马克思主义学说对西方社会学的影响越来越大。

结构功能主义

结构功能主义是以帕森斯、默顿为代表，侧重对社会系统的结构和功能进行分析的学说。该学派是第二次世界大战之后在美国崛起的，20 世纪 60 年代在美国社会学界占据重要地位。

帕森斯（T. Parsons，1902—1979 年），美国社会学家，现代结构功能主义的创始人，1945 年他首先正式提出结构功能主义这一名词，主要著作有《社会行动结构》《社会系统》《现代社会体系》等。

帕森斯提出了 AGIL 模型，即任何一种社会系统都应具有四种功能：适应功能（A），即系统必须适应环境并从环境中取得资源，使之得以生存和发展；目标实现功能（G），即系统必须确立自己的目标及目标的轻重缓急，并确定达到目标的手段；整合功能（I），即系统必须协调内部各部分之间的关系，以维持一定的和谐；模式维持功能（L），即系统必须使各部分具有动力和动机，并按一定的规范和秩序参与系统内部的动态过程，以维护和复制原有模式。在社会系统中，这四种功能分别由经济组织、政治制度、法制制度和家庭与教育制度来执行。

帕森斯还强调，一个系统的运行状态是否稳定，不仅取决于它是否具有满足一般功能需求的子系统，而且还取决于这些系统之间是否存在着跨越边界的对流式交换关系。对于一个社会系统来说，维持其内部各个子系统之间边界关系的最低限度的平衡是至关重要的。若能维持它们之间的平衡，就可以达到社会运行的良性状态，就能发挥社会系统的正功能；若失去了这种平衡，社会就会出现冲突，出现病态，使社会运行处于失调状态。

帕森斯的学生默顿（R. Merton）进一步发展了结构功能主义，提出了“中层理论”（middle-range theory）策略，以及新的功能分析范式，诸如显功能与潜功能，正功能与反功能，以及功能选择等，引导人们对现实社会结构的客观后果、社会变革的原因进行功能认识，做出功能评价，大大拓宽了功能分析的领域，并将结构功能主义推到一个新阶段。

社会冲突论

社会冲突理论以科塞（L. Coser）、达伦多夫（R. Dahrendorf）为代表，主要关注和研究社会冲突的起因、形式、制约因素及影响。

科塞认为，冲突是价值观，信仰以及稀少的地位、权力和资源分配上的斗争。冲突产生于社会报酬的分配不均以及人们对这种分配不均表现出的失望，只要不直接涉及基本价值观或共同观念，那么，它的性质就不是破坏性的，而只会对社会有好处。科塞强调冲突的正面功能，他提出了冲突五项正功能：冲突对社会与群体具有内部整合功能；冲突对社会与群体具有稳定功能；冲突对新社会与群体的形成具有促进功能；冲突对新规范和制度的建立具有激发功能；冲突是一个社会中重要的平衡机制。科塞认为，弹性比较大、比较灵活的社会结构容易出现冲突，但对社会没有根本性破坏作用，因为这种冲突可以导致群体与群体间接触面的扩大，也可以导致决策过程中集中与民主的结合及社会控制的增强，它对社会的整合和稳定起积极作用。相反，僵硬的社会结构采取压制手段，不允许或压抑冲突，冲突一旦积累、爆发，其程度势必会更加严重，将对社会产生破坏作用。为此，科塞提出，要建立完善的社会安全阀制度，这种制度一方面可以发泄积累的敌对情绪，另一方面可以使统治者得到社会信息，体察民情，避免灾难性冲突的爆发，破坏社会整个结构。

达伦多夫认为，社会现象本身充满着辩证关系，往往同时呈现出相互矛盾的二重层面，即稳定与变迁、和谐与冲突、共识与压制等等，因此，既要从社会均衡角度研究社会现象，又要从社会压制角度研究社会现象。达伦多夫冲突论的主要论点是：冲突是由于权力分配引起的，因为权力与权威都是稀缺资源，社会组织中的权力与权威的分配都存在着差别，因此，最好的办法是各利益集团各司其事，这样虽时常会有些小冲突，但却限制了严重冲突的集中爆发。在他看来，西方社会是冲突充分展开的社会，冲突的展开必然促进社会结构的有机性不断增强，于是资本主义社会便向“后资本主义社会”过渡。在“后资本主义社会”中，冲突已经制度化，成为有规则的、形式化的、可预测的和可控制的。

社会交换论

社会交换理论是美国当代社会学理论的主要流派之一，产生于 20 世纪 50 年代末期。社会交换论与结构功能主义理论不同，它重点研究人际关系中的交换现象，乔治·霍曼斯（G. Homans）是该理论的创始人之一。霍曼斯认为，利己主义、趋利避害是人类行为的基本原则，因此，人与人之间具有比较普遍的功利关系，他们彼此之间的互动根本上是一种交换过程，这种交换并不都是有偿的，如情感、报酬、资源、公正性等等。

彼特·布劳（P. Blau）的社会交换理论更注重社会中的权力与交换的联系，认为社会资源分配的不平等，以及由此产生的权力的不平等，使得人与人之间形成异质性。人们为获得所需资源，必须用自己的资源去进行交换。但处于权力优势地位的群体在看似自愿、平等的交换中，实际上再生产或延续着社会不平等。

符号互动论

在 20 世纪 60—70 年代，符号互动理论流行于美国及西方社会学界。该理论侧重于从社会心理学角度研究社会，强调个人在互动过程中构建社会结构的能动性，揭示行动者对互动过程的主观理解，以及这一理解对进一步互动产生的影响。赫伯特·布鲁默（H. Blumer）1937年提出了“符号互动”概念，认为符号是社会相互作用的中介，人们通过对符号的定义与理解进行互动，符号互动是能动的与可变的过程，符号互动创造、维持与变革社会组织、结构与制度。

欧文·戈夫曼（E. Goffman）是符号互动理论的代表人物之一，他提出了拟剧分析框架和印象管理理论，从日常生活中的一些互动现象与技巧着手，探讨社会互动中的表演是如何协调人际关系以及维持社会生活秩序的。

当代欧洲社会学新理论

20世纪70年代后期以来，世界社会学的中心重新回到它的发源地——欧洲，涌现出一些新思潮、新理论。这些理论的共同特征就是试图超越传统理论中行动与结构、微观与宏观、偶然与必然之间的二元对立关系，在对立中寻求调和之路。其中较有影响的理论有：

英国社会学家安东尼·吉登斯（A. Giddens）的结构化理论。吉登斯认为，社会是人们凭借自身能动性创造的成果，因此，人文社会科学不同于自然科学，语言使用是其成功的本质性因素。社会学要关注社会生产和再生产、关注社会结构化。吉登斯用行动者模型——分层模型展开对结构化的论述。所谓分层模型，就是将行动者理解为一系列的意识层面，这些意识层面主要分为三个层次：凭借语言的话语意识、凭借理性的实践意识、以动机和认知为主的无意识。在吉登斯看来，结构并不决定行动，而是行动的意外结果。结构只是使行动结构化，行动展现了结构并再生了结构。由此可见，吉登斯对结构与行动二元对立的调和，不过是在两者间进行循环论证。

德国社会学家尤尔根·哈贝马斯（J. Habermas）的交流理性理论。哈贝马斯的社会学主旨就是要把人类从统治中解放出来。关心人类的命运，实现人的自由是他的理论追求。他的理论实践从早期对知识论的反思批判到后期建立沟通行动理论，进而分析批判资本主义社会现实，探求人类未来的理想境地，奠定了他批判社会学体系的基础。但是，他的这种努力是企图在马克思和韦伯之间找到一条新的出路，带有理想主义的成分，因此，我们可以说，哈贝马斯仍然没有摆脱批判性的维护色彩。

法国社会学家皮埃尔·布迪厄（P. Bourdieu）的实践反思理论。布迪厄的治学目标是消解主客观二元对立和揭示社会生活隐秘。布迪厄认为社会本质不是想当然的，社会科学的任务在于帮助人们纠正认识错误，发现生活的隐秘。他提出了反思社会学，提倡知识分子保持自主性，担负起社会批判的重任。场域和习性是布迪厄理论中的最基本理论，他将场域看作由客观限定的位置间客观关系的网络或形构，场域中存在着资本，多个相互联系的场域构成了社会空间，随着社会的分化，场域也呈相对自主化，不同的场域有着不同的自主性的度。习性是通过客观结构和人的历史的结合而创造的形式化了的一组意向，它在潜意识的层面上发挥作用，习性是个体在实践中形成的，又作用于人的实践过程。对于场域和习性二者的关系，布迪厄认为，一方面场域构造了习性，另一方面习性又赋予场域以主观的意义和价值。由此消解主客观二元对立问题。此外，他在资本理论的基础上分析了宏观社会结构，并对社会结构的再生产做了重新阐释。

20 世纪 80 年代以来，随着西方社会急剧变化，社会学研究出现这样一些趋势：第一，马克思主义理论的影响越来越大；第二，理论和方法的多元化；第三，反思性意识在不断强化。

第二节 马克思主义社会学

一、马克思主义社会学的创立

在 19 世纪中叶，马克思、恩格斯创立了辩证唯物主义和历史唯物主义，由此也奠定了马克思主义社会学理论的基石。

工业革命为马克思主义社会学产生提供了客观历史条件，是马克思主义社会学从生产实践出发分析问题和解决问题的社会根据；阶级斗争和无产阶级革命揭示了资本主义社会的根本矛盾，明示了推动工业社会向前发展的根本动力；德国古典哲学在社会理论的转向中为马克思主义社会学提供了直接思想来源。这三种因素共同推动马克思主义社会学的形成和发展。

马克思主义社会学以唯物史观为指导，探讨人类社会的结构与发展，研究社会经济形态及其成分的结构与发展，研究社会各阶级、集团与个人之间的相互关系。古典政治经济学、空想社会主义、法国复辟时期历史学派和德国古典哲学是马克思主义社会学的重要思想来源，它们从不同的角度为马克思、恩格斯从一个新立场、新视角去认识人类社会做了思想理论上的准备，这些观点后来在马克思主义社会学中也得到了改造、批判和发展。

二、马克思主义社会学的基本观点

在《德意志意识形态》中，马克思、恩格斯全面地阐述了马克思主义社会学的基本观点。他们首先深刻论述了人们的物质生产是最基本的历史活动，指出人们不仅要不断生产和再生产自己的物质生活资料以满足人们自身生存的需要，而且还要不断再生产维持人类世代相续的人口，因此，物质生产既是维持自己生活的生产也是繁衍他人的生产。正是在这种物质生产关系中，不仅发生了人与自然的关系，而且也发生了人与人的社会关系或物质关系。

马克思和恩格斯把物质关系从整个社会生活中区分出来之后，就可以清楚明确地论述精神生产及其同物质生产的矛盾关系了。他们认为，人们的精神生产最初同物质生产是直接统一的，只是到了后来由于物质生产的发展才出现了精神生产和物质生产的劳动分工，人类的精神生产有了相对独立性。但是，精神生产无论怎样都是建立在物质生产基础之上的，由生产力和生产关系统一而成的物质生产方式，是社会生活发展变迁的决定力量，任何复杂的政治现象和思想文化现象都能在物质生产方式的矛盾运动中找到根源。这就是社会存在决定社会意识的历史唯物主义基本观点，也是马克思主义社会学分析社会生活的基本原则。从事物质生产活动的人民群众是推动历史向前发展的主体，阶级斗争是历史变迁、社会进步的直接动力。这些考察社会历史变迁趋势、揭示社会结构运动规律、把握社会各种矛盾关系的一系列基本观点，后来在《〈政治经济学批判〉序言》中得到了概括性的经典表述：

> 人们在自己生活的社会生产中发生一定的、必然的、不以他们的意志为转移的关系，即同他们的物质生产力的一定发展阶段相适合的生产关系。这些生产关系的总和构成社会的经济结构，即有法律的和政治的上层建筑竖立其上并有一定的社会意识形式与之相适应的现实基础。物质生活的生产方式制约着整个社会生活、政治生活和精神生活的过程。不是人们的意识决定人们的存在，相反，是人们的社会存在决定人们的意识。社会的物质生产力发展到一定阶段，便同它们一直在其中运动的现存生产关系或财产关系（这只是生产关系的法律用语）发生矛盾。于是这些关系便由生产力的发展形式变成生产力的桎梏。那时社会革命的时代就到来了。随着经济基础的变更，全部庞大的上层建筑也或慢或快地发生变革。①

三、马克思主义社会学的特点

马克思主义社会学的第一个特点就是立足于实践原则。马克思主义社会学认为研究者也不是外在于实践过程的，研究者要积极地参与社会生活实践，在实践中认识社会、创新理论，同时用源于实践的理论指导实践，并在实践中不断检验理论、发展理论。实践性是马克思主义社会学最基本的特点，马克思主义社会学的其他特点都是在这个基本特点的基础上派生出来的。

马克思主义社会学的第二个特点是其思维方式的辩证性。辩证思维方式的特点是，用普遍联系和永恒发展的眼光，对事物开展动态的矛盾分析，要把各种社会事实放到特定的历史条件中开展具体分析，既要重视事物的实践过程，也要注意事物的空间位置。

马克思主义社会学的第三个特点是其研究方式的批判性。所谓批判性，就是要审查现存事物存在的根据，揭示其存在的合法性或被异化、扭曲的原因，以积极的眼光否定其消极性、肯定其合理性，推进事物向健康的方向发展。因此，批判不仅仅是对消极现象的否定与推翻，批判还是对积极现象的肯定与维护。

① 马克思，恩格斯．马克思恩格斯选集：第2卷．2版．北京：人民出版社，1995：32-33.

马克思主义社会学的第四个特点是其价值理想性。马克思主义社会学毫不掩饰其理论的价值追求，它明确地申明自己代表最广大人民群众的根本利益，它以人类应当得到彻底解放的革命目标作为自己的永恒追求，抨击社会生活中的不平等、不公正现象，认为对社会事实的研究不仅要说明其实然性的真实存在，也要揭示其应然性的理想状态。用宽阔的人文情怀关心人生，用鲜明的价值评价导引社会。

马克思主义社会学的第五个特点是其理论视野的总体性。马克思主义社会学主张只有在总体联系中观察和研究社会结构的运行变化，才能达到对人类社会发展过程的完整把握。

第三节 社会学的中国化

19 世纪末，西方社会学开始传入中国，五四运动前后又传来了马克思主义社会学，与其他国家相同，中国也并存着西方社会学和马克思主义社会学两种不同传统。由于近代中国是一个半殖民地半封建的社会，因此，社会学在中国的传播与发展无不具有中国特色，回顾这段历史对于建设具有中国特色的社会学不无裨益。

一、社会学的传入和发展

西方社会学的传入

西方社会学创立之际，正值中国从封建大国沦为半殖民地半封建国家之时，国力衰微达于极点。有识之士为了挽救国家的危机，寻求民族的出路，决心向西方寻求真理，以求变鼎新。在这种西学东渐的变法维新运动中，社会学从西方传入中国，成为当时维新派用来扭转“万马齐喑”的时局，实现社会正常运行和协调发展的一服良药。

西方社会学传入中国的主要渠道之一是翻译出版西方社会学著作。真正把西方社会学介绍来华的应当首推严复，1897 年严氏把英国社会学家斯宾塞的《社会学研究》一书中的前两章《砭愚篇》和《倡学篇》翻译成中文，并在《国闻报》上发表。1903 年又将该书全文翻译为《群学肄言》，由上海文明编译书局出版，该书的出版标志着中国社会学的历史开端。与此同时，章太炎于 1902 年翻译出版了日本岸本能武太的《社会学》，从此，西方社会学著作通过西方和日本两条途径被翻译并传入中国。

西方社会学传入中国的另一条主要渠道是教会学校。教会学校是帝国主义文化侵略的一个工具，西方殖民者为了在中国站稳脚跟，急需了解中国社会现状，他们认为，社会学具有较强的实用性，能够为他们扩展工作提供方便，因此，各教会学校率先在中国开设社会学课程，培养他们需要的人才。1908 年上海圣约翰大学开设社会学课程，1913 年上海沪江大学创立社会学系，这是我国最早的一个社会学系，1917 年该系为配合教学创立了“沪东公社”，为上海杨树浦一带的工人提供社区服务，使该区成为沪江大学师生的社会学实验区。据统计，到 1919 年基督教所办大学开设社会学课程者已达 20 所，它们全部采用西方教材，用西方人讲授，并组织了一些社会调查。① 可见，教会学校对社会学在中国的传播具有不可低估的影响。

社会学传入中国的第三股力量是大批中国学生发挥的作用与影响。从 1909 年开始，留学美欧以及日本的学生日益增加，他们或学社会学专业，或学习了社会学课程，归国之后，许多人从事社会学的教学与研究工作。比如，北京大学于 1916 年开设了社会学班，由留日归国的康宝忠教授自己编写教材向学生讲授。我国著名的社会学家孙本文先生当年就曾受业于康宝忠教授。与此同时，最早一批由中国社会学家撰写的社会学著作也出版了，有陶孟和、梁宇皋合著的《中国乡村与城市生活》、陈长蘅的《中国人口论》等。新中国成立以前社会学家大多是留学归来的学者，如陶孟和、李景汉、陈达、吴文藻、孙本文等等，他们为社会学在中国的传播与发展做出了巨大的贡献。

马克思主义社会学的传播

马克思主义社会学是在五四运动前后传入中国的。1917 年俄国的十月革命给中国送来了马克思主义社会学，中国的无产阶级革命先驱李大钊、蔡和森、李达、瞿秋白等人或著文抨击中国半殖民地半封建社会的弊病与危机，宣传马克思主义社会学，主张建立新秩序；或深入工人、农民、青年、妇女中间进行调查研究，以探求解决社会问题的途径。中国的马克思主义学者认为，世界历史进入了“帝国主义与无产阶级革命的时代”，而在半殖民地半封建的中国，改良是坚决行不通的，只有进行社会革命，建立社会主义制度，才能实现社会的合理运行和协调发展。毋庸讳言，在当时它与西方社会学是相互排斥的，两者是革命与改良的对立。

20 世纪 20 年代起，中国人办的大学中纷纷开设社会学课程。1923 年上海大学成立社会学系，由马克思主义者瞿秋白担任系主任，许多马克思主义者如蔡和森、邓中夏、张太雷等授课，传播马克思主义社会学思想，于是，马克思主义社会学开始出现在大学的课堂里。与此同时，一些马克思主义学者的著作出版，如李达的《现代社会学》和《社会学大纲》，瞿秋白的《社会科学概论》等等，这些都为马克思主义社会学在中国的传播做出了贡献。

20 世纪 20 年代之后，社会学在中国得到了长足的发展，表现在以下几个方面。

---

① 如 1917 年狄德莫指导清华学生对北京西郊 195 户居民的生活费用所做的调查分析；1918—1919 年燕京大学社会学系主任步济时和美籍传教士甘博在北京进行的较大规模的都市调查，调查结果于 1921 年用英文在美国发表，题目为《北京：一个社会调查》。

教育本土化与研究领域的拓展

20世纪20年代以前，教会大学根据其本国的教育法立案而不在中国教育行政部立案，不受中国的任何约束。20年代起，国人在全国范围内掀起了非基督教运动，要求收回教育主权，教会学校由中国人管理。这一强烈要求收到了成效。1925年北京和广州当局颁布教会学校必须以私立学校注册，接受中国政府的管理，按中国教育章程办事，之后推行全国。于是，教会学校的社会学课程宗教性明显减弱，而且也直接面向中国社会了。此外，20年代起，在国外攻读社会学专业的留学生陆续回国，他们在国立、省立、私立大学纷纷创办社会学系，各大学普遍设有社会学课程，开始在国内培养社会学人才。这样一来整个社会学教育大为改观。据许仕廉1927年的调查，1926—1927年国内60所大学（包括国立、省立、私立）开设社会学课程共308科，其中以开设社会理论、社会问题最为普遍，大部分社会学系的工作由中国人主持。[①] 据孙本文1947年12月的调查，中国各大学社会学系教师共138人，除了美籍教师12人之外，其余全部都是中国人，彻底打破了外国教授垄断中国社会学教学的现象。这与20世纪初期相比，有着天壤之别。

中国社会学教育的发展，为社会学界培养出更多更好的骨干人才。据统计，1934年在各类大学主攻社会学专业的学生数达483人。抗日战争爆发之后，西南成了社会学基地，仅成都、重庆等西南9所大学的社会学系，1938—1946年总共有毕业生500余人。可见，这一时期我国培养出社会学专业人才数千人，他们大多从事社会学教学与研究，或者从事社会工作与社会服务。

与此同时，社会学教材建设与研究成果也有很大的发展。最具有代表性的研究成果是以孙本文为主的中国社会学家共同编写的“社会学丛书”，共15种。丛书基本内容是：阐明社会学的性质及范围；系统介绍欧美社会学各派学说的历史和发展及其在各国的现状；介绍在社会建设上所必需的基本知识。丛书每一种都是自成一体的社会学专著，后来为了大学讲授方便，由孙本文合编成《社会学大纲》。此外，孙本文独著的《社会学原理》，被指定为大学教材，先后出版了11版。

社会学研究领域在这一时期也大为拓展，研究趋势已不再是以翻译著作为主，主要从事原理、概论之类的研究，而是遍及各个方面：有注重社会进化与变迁者，以陶孟和、黄凌霜为代表；有注重社会心理因素者，如孙本文、吴泽霖等；有偏重文化因素者，如吴文藻等；有注重社会生物因素者，如潘光旦等；有注重城乡经济因素者，如吴景超、杨开道、费孝通等；有注重社会整体或综合研究者；也有注重社会问题研究者。社会实地调查更为广泛地展开，并取得显著的成果。这些研究成果反映了当时中国社会学的发展水平。

成立中国社会学团体并创办刊物

1913年在北京成立了以从事社会服务，实行改良风俗为宗旨的北京社会实

---

① 杨雅彬．中国社会学史．济南：山东人民出版社，1987：54.

进会。该会于 1919 年 11 月创办了《新社会》旬刊，这是我国最早的社会学专刊，由郑振铎、瞿秋白等人主持。

1922 年中国第一个社会学团体——“中国社会学会”，在北京成立。该学会出版双月刊《社会学杂志》，由余天休主编，总共出了 3 卷，因当时社会学界实力不足，加上某些政治原因，被迫停刊。

《社会学杂志》停刊之后，1927 年由燕京大学社会学系主任许仕廉主持，以燕大名义创办了《社会学界》(年刊)，该刊物是各大学社会学刊物中之巨擘，每年出 1 卷，从 1927 年到 1938 年共出版了 10 卷，所登文章百余篇，绝大部分（约 80%）是关于研究中国社会的文章，撰稿人都是当时社会学界有专长的专家，反映了当时社会学界的研究水平与动态。

继“中国社会学会”之后，1928 年 10 月，在上海的社会学家孙本文、吴泽霖等人发起成立了“东南社会学会”，该会以联络东南各省社会学者共同研究为主旨，是我国社会学界第二个学术性组织。该会出版刊物《社会学刊》（季刊）。不久，学会负责人又与北方的一些社会学家许仕廉、陶孟和、陈达等商议成立全国性的社会学团体。于是，1930 年 2 月，正式成立全国性社会学学术团体——“中国社会学社”，《社会学刊》从第 2 卷起，改由中国社会学社编辑，成为该社的主要刊物，由孙本文任主编。中国社会学社曾明确地把“建设一种中国化的社会学”作为目标，出版学术刊物，为社会学家们提供一块“自己的田地可以耕耘”。学社规定每年召开一次年会，自 1930 年到 1947 年共召开了八次年会，每次都有一个中心主题，收到了许多高水平的论文与报告。中国社会学社的成立，对加强各大学、各地区之间的学术交流，促进社会调查工作和社会学教学，推动社会学学说在中国的传播与发展起到了一定的作用。

开展社会调查与社会实践活动

在中国社会学的成长过程中，注重实际，广泛开展社会调查是它的特点之一。初期的社调工作大都由外国人主持，报告也是用外文撰写发表的。20 世纪 20 年代之后，中国的社调工作逐渐增多，除各大学组织开展一些社会调查活动之外，还成立了一些专门从事社会调查的学术研究机构，如北京的由中华教育文化基金董事会社会调查部改组的社会调查所，南京国立中央研究院社会科学研究所。这一时期社调活动有两个显著的特点：一是这时的社会调查已不再由外国人独占，开始出现了中国人独立进行，并用中文撰写出版的调查报告，如 1924 年商务印书馆出版的《社会调查——沈家行实况》一书，就是一次主要由中国人组织进行的实地调查，并以中文出版的有关我国社会实况调查的第一本书，它在我国社会调查和社会学研究中，是特别值得一提的一次调查和著作。从此，中国人自己进行的社会调查活动比比皆是，范围涵盖了人口、社会各阶层的生活状况、民族问题、乡村经济等等，无所不包。陈达先生 40 年代在西南组织的大规模人口调查，写出了许多有意义、有价值的报告，如《中国人口问题》就享誉国内外。二是掌握马克思主义社会学理论和方法的社会学者开始进入社会学调查的领域，并对受西方社会学影响的旧中国学院派进行了针锋相对的批判。如毛泽东在大革命前后深入南方农村，以马克思主义理论为指南，进行以阶级分析为主的实地调查；陈翰笙在国统区开展的农村调查；以及于光远等人在解放区农村开展的农村调查。他们继承马克思主义社会学革命批判性形态，揭露中国半殖民地半封建社会的弊病与危机，指出解决旧中国社会问题的唯一途径是进行社会革命，从而为建设社会主义新中国铺路奠基。

社会实践活动也是社会学成长发展的主题之一，最著名的社会实践活动是晏阳初的平民教育运动和梁漱溟的乡村建设运动。20 世纪 30 年代，中国的社会学家们为了解决中国的农村危机，掀起了乡村建设运动的浪潮。晏阳初在总结中国历次自救运动的经验教训之后，确立以医治中国社会“愚、贫、弱、私”四大病症为目标的平民教育运动。他认为，中国社会的问题主要是农村问题，其根本问题则是人的问题。因此，他把教育作为改造社会、建设社会的基础，广泛开展了平民教育运动。他所说的教育包括四个方面，培养四种能力，即文艺教育培养知识力，生计教育培养生产力，卫生教育培养强健力，公民教育培养团结力。晏阳初选定河北省定县作为其实施平民教育的实验基地。而梁漱溟则选定了山东省邹平县实施其乡村建设实验计划，他主张中国的出路在于复兴农村，只有靠乡村建设运动，建立新的社会组织，中国才能发展。两者均是在不触及社会制度的前提下求生存、求发展，因此，虽然他们付出了巨大的心血和努力，也取得了一定成效，但毕竟是一种改良，最终未竟全功。不过，他们所做的各种社会调查，如李景汉的《定县社会概况调查》一书，是在这种社会实践活动的基础上写成的，它是旧中国社会学调查的经典著作之一，他们的社会实践活动，对社会学在中国的发展起到了一定的作用。

二、社会学的中断和重建

1949 年新中国成立之后，开始了社会主义建设运动。不少学者自愿成立调查小组，调查城市各种行业，有的加入土地改革运动，并在运动中调查农民生活和农业生产状况。著名的学者费孝通等人还参加了大规模的民族区域调查。清华大学等学校及时调整专业，改变或充实教学内容。然而，本应能够得到大力发展的马克思主义社会学的维护建设性形态，却由于当时的种种认识上的失误，使社会学在新中国经历了波折。1952 年，全国高等院校专业调整时，原有的社会学系、社会学课程相继被取消，同社会学有密切联系的社会心理学、社会人类学、社会工作与人口学等，也相继被取消。1957 年的“反右运动”又使一些社会学家遭到迫害，对于本已遭受到严重挫折的社会学及社会学者不啻是雪上加霜。

粉碎“四人帮”和党的十一届三中全会后，迎来了科学的春天。1979 年 3 月，由全国哲学社会科学规划会议筹备处主持召开了“社会学座谈会”，会议为社会学恢复了名誉，并成立了“中国社会学会”，该会的成立标志着中国社会学正式恢复重建，使沉寂近 30 年的中国社会学得以恢复，踏上了学科重建的新旅途。

与此同时，邓小平在1979年3月30日《坚持四项基本原则》的重要讲话中指出："政治学、法学、社会学以及世界政治的研究，我们过去多年忽视了，现在也需要赶快补课"。于是，社会学"补课"被提到了议事日程上来。补课的首要任务是开展学科建设，尽快培养人才。1980年中国社会科学院首先成立了社会学研究所。同年，上海大学成立了社会学重建后的第一个社会学系。1980年秋后，南开大学经教育部同意和社会学研究会、研究所的支持，举办了为期一年的社会学专修班，1982年正式成立社会学系，并招收研究生。之后，北京大学、中山大学、中国人民大学等高校也都相继成立了社会学系，华中工学院则突破长期文理分立的模式，建立了高等院校中的第一个社会学研究所。这些都表明，祖国大陆社会学的正规教育研究体系开始逐步形成。

20世纪80年代开始，中国社会学进入恢复及重建时期。经过这二十几年的辛勤努力，中国已初步形成了由社会学研究所、高等学校、学会以及实际工作部门构成的社会学研究、教学和工作体系，在老一代社会学家的指导下，组成了老、中、青相结合的社会学专业队伍，取得了一些教学和研究成果，为社会主义事业培养了人才，在国际上取得了一定地位。就其成绩而言，首先，确立了中国社会学的发展方向。从社会学的历史看，始终存在着两大分支，即西方的维护型社会学和马克思主义的批判的、建设性的社会学。中国社会学的恢复从一开始就确立了建立和发展具有中国特色的马克思主义社会学，提出恢复社会学"并不等于恢复这门学科旧有的内容"，要使社会学"成为一门以马列主义、毛泽东思想为指导，密切结合中国实际，为社会主义建设服务的社会学。这是在本质上有别于中国旧时代的社会学和西方各国的社会学"①。郑杭生教授在《社会学对象问题新探》一书中，对马克思主义社会学和西方社会学作了明确的区分，提出了在中国要"建立具有中国特色的马克思主义社会学"，或者是"具有中国特色的社会主义社会学"②。

其次，社会学学术团体、教学科研机构设置与队伍建设已具规模。据不完全统计，到"九五"初期，我国已有社会学会这种群众性学术团体近40个，有社会学系和专业25个，社会学研究所35个。全国已有一支3 000名社会学教学与研究人员组成的专业队伍，其中具有高级职称的660人。③

最后，社会学在国家与社会生活中发挥的作用越来越大。社会学是一门应用性极强的学科，社会学的知识与不少研究成果对国家与社会管理具有重要的影响。例如，小城镇研究、人口问题研究、青少年犯罪研究、下岗失业问题研究、社会保障研究等，成为中央或地方政府实施社会控制的重要决策手段或内容，对中国社会转型与发展发挥着重要的作用。还有许多成果与人民的日常生活密切相

---

① 《社会学研究》编辑部．社会学纪程：1979—1985．北京：中国展望出版社，1986：1．

② 郑杭生．社会学对象问题新探．北京：中国人民大学出版社，1987：150．

③ 郑杭生，李迎生．二十世纪中国的社会学．北京：党建读物出版社，1999：219．

关，许多重要媒介开辟了社会问题与社会调查专栏，或访谈、对话节目，致使社会学深入人们的社会生活之中，并发挥着积极的监督、引导、解释、说明的重大作用。

三、社会学中国化探索

社会学在传入中国后，学界一直致力于将社会学转化为本土的、适合中国社会的学科。在探索社会学中国化或本土化的过程中，社会学界已经取得以下几点经验。

（1）立足中国国情，在本民族的文化传统和历史背景中开展社会学研究。无论是西方社会学，还是马克思主义社会学，其在中国的运用和发展都必须与中国的实际相结合，中国社会学只有联系实际地开展对中国社会问题和社会发展的研究，才能够保持旺盛活力。例如，中国社会学发展初期的社区研究学派、乡村建设学派以及马克思主义社会学，都积极地将各种社会学理论与中国社会现实联系起来，力求理解、认识和改造中国社会。

（2）把学习借鉴与自主创新有机结合起来。在社会学中国化过程中，社会学界一方面始终把握和了解社会学理论和方法的发展前沿，借鉴各种理论和方法来考察和研究中国社会。另一方面，在研究中国社会的实践中，继承传统，发挥自身优势，努力创新社会学理论和方法，形成了具有创新性的社会学理论，如社区学派、社会运行论、社会转型论等。

（3）把理论研究与实践应用有机结合起来。社会学中国化过程中，继承和发扬了马克思主义的实践原则，追求在实践中认识和研究社会，并积极投身于各种社会实践，用马克思主义的观点、方法去参与实践、影响实践，通过理论与实践的有效结合来改造旧世界、建设新世界，为社会主义革命、改革和社会建设提供理论支持或理论指导。

当前，中国的社会学正处于繁荣发展阶段，在坚持以中国社会良性运行和协调发展的条件与机制为研究对象、以历史唯物主义为指导思想、以中国的基本国情及社会改革和社会建设实践为经验素材、有鉴别地吸取西方社会学理论精华的基础上，中国社会学已经形成了具有中国特色的完整的科学体系和自主创新理论的学科体系，从某种意义上说，社会学中国化已经取得了成功，中国社会学在世界社会学体系中已经占有重要的一席。

思考问题

1. 社会学是在什么样的历史背景下产生的？
2. 马克思主义社会学有哪些特点？
3. 社会学是如何传入中国的？
4. 简述早期中国社会学的主要社会调查与社会实践活动。

阅读书目

1. 贾春增．外国社会学史．修订本．北京：中国人民大学出版社，2000.

2. 郑杭生，李迎生．二十世纪中国的社会学．北京：党建读物出版社，1999.

3. 郑杭生．社会学对象问题新探．北京：中国人民大学出版社，1987.

4. 杨雅彬．中国社会学史．济南：山东人民出版社，1987.

5. 孙本文．社会学原理．上海：商务印书馆，1935.

第三章

社会学研究方法

【本章要点】

- 社会学的方法体系由方法论原则、具体研究方法和技术手段三个层次构成。社会学研究方法具有动态性、整体性和经验性等特征。
- 社会学研究主要有实证范式、解释范式和批判范式三大类型。研究的逻辑过程是由问题、理论、假设、操作化和假设检验等几个环节构成。
- 社会学对社会运行及协调发展的理论解释过程主要包括：概念和变量、假设、变量测量和分析、假设检验。
- 问卷调查法、田野调查法、实验法是社会学研究中用于收集经验资料的最常用的方法。历史比较法是常用的分析方法。
- 社会指标是把复杂的社会现象变为可以量度、计算、比较的数字、数据、符号。

【关键概念】

概念 ◇ 变量 ◇ 假设检验 ◇ 操作化 ◇ 范式 ◇ 科学之环 ◇ 问卷调查法 ◇ 田野调查法 ◇ 实验法 ◇ 社会指标 ◇ 随机抽样 ◇ 分层抽样

作为一门综合性的具体社会科学，社会学发展至今，已经形成和积累了相对独立的、系统的和科学的研究方法。正是依托这些系统方法，社会学的特殊视角逐渐形成，学科理论和知识得以不断积累和拓展。

第一节 社会学方法论

一、社会学方法体系

从知识结构的角度看，社会学的方法体系有三个层次构成：第一层次为方法论原则，具有指导研究方向的意义；第二层次为具体研究方法，与研究实践和过程相统一；第三层次为技术手段，是研究过程中所运用的主要工具。

社会学研究方法论的原则，是确定研究者的基本方向、影响研究性质的基本观念和定律。方法论原则通常包括：(1) 哲学世界观和方法论；(2) 逻辑思维方法原则；(3) 社会学的一般化理论。

无论是社会科学研究还是自然科学研究活动，都属于人的认识活动范畴，是人们在一定世界观和方法论指导下进行的对自然界和人类社会的认识。哲学世界观和方法论的意义在于其一般性，即引导人们对世界形成一种基本观念，而且这种观念会影响着其他认识活动和实践活动。因此，研究者所遵循的哲学世界观和方法论，会对其研究方向和基本性质产生根本性的影响。各学科中形成的理论流派和不同的知识体系，在一定意义上说，是不同世界观和方法论发展的结果。

逻辑思维方法原则是指导人们进行正常思维的基本规则。遵循逻辑规则既是进行研究活动的最基本保证，同时也有助于科学研究活动的深入。对科学研究活动有指导意义的逻辑原则主要包括逻辑方法，如分类法、归纳法和演绎法等，以及逻辑规律，如同一律、排中律等。在民族社会学研究中，正确运用分类法、归纳法等逻辑规则，并按照逻辑规律来进行思考和推理，是非常必要的。

学科的发展，一方面取决于学科研究的不断创新，不断超越已有的知识范围；但另一方面，学科的知识积累也非常重要，创新和超越是在知识积累的基础上进行的。所以，在社会学的研究中，已经成型的学科一般化理论对研究实践同样具有方法论原则的指导意义。

二、社会学方法的特征

社会学研究具有自己的独立性和独特性，其独立性表现为研究对象的具体化和专门化，它关注的焦点是社会行为、社会现象以及社会系统。社会学研究方法的基本特征具体表现为：

第一，动态性。社会学的立场和视野是动态的，它是关于变动中的尤其是现实社会的各种事实和关系的动态过程。

第二，整体性。社会学对社会的认识和理解，首先是从整体论（holistic）高度出发的，把社会视为有机统一的整体，然后从静态和动态两个维度来考察和分析社会运行和社会变迁过程。

第三，经验性。社会学注重对社会事实和现实的考察，并在此基础上来理解社会行为和社会运行。在整个研究过程中，获得经验事实是首要的。所以，较多的社会学研究实践都倾向于运用调查研究法。

三、社会学研究的范式

范式（paradigm）概念是由库恩（T. Kuhn）首先提出来的，用来表达科学研究活动的一般特征和规律。[①] 所谓范式，是指一定时期内，科学研究共同体成员在进行常规科学研究过程中所共同遵循的规范和理论与方法论模式。常规科学是相对于科学革命而言的，是指某一时期内科学研究者所积累、传授的知识以及所进行的一般性研究。常规科学活动通常都是在某种范式中进行的，科学研究者既遵循着范式，同时又在建构范式，并为最终突破范式，实现科学革命和技术创新奠定基础和条件。

在社会学发展过程中，根据研究的逻辑特征以及所采取的模式不同，社会学的范式大体可概括为三大类型：（1）实证范式；（2）解释范式；（3）批判范式。见表 3－1。

表 3－1　社会学主要范式

范式类型	本体论	认识论	主要方法	例证
实证范式	强调客观实在性和真实现实的存在，以及规律的可获得性	二元论、客观主义、科学主义	实验、操作化、演绎和定量方法	涂尔干及当代美国社会学的定量研究
解释范式	强调相对性，以及意义的有限可理解性	调和的二元论、交互主体的客观主义	类实验、参与、描述和定性分析	韦伯及格尔兹的研究
批判范式	主张历史实在论，即被社会形塑的实质现实	反映论、决定论	辩证、推论和价值分析	马克思主义及法兰克福学派的社会研究

范式代表科学研究的传统，同时为各学科的研究提供一些基本规则和框架，一般性的研究通常都要遵循范式所包含的基本规范。范式是在一定历史背景下，长期积累逐步建立起来的，它对一段时期内的学科研究都会产生影响。

---

① 库恩．科学革命的结构．北京：北京大学出版社，2003.

第二节 社会学研究的过程

对于一门学科来说，专业性的研究和知识的获得，通常都是在一个系统的、严密的研究过程中实现的。研究过程是指研究者从提出问题到分析问题和得出研究结论的完整的科学活动过程，包括研究的逻辑过程和具体研究的实施过程两种。

一、研究的逻辑过程

科学研究活动的本质就是在一定理性目标指导下，通过不断的演绎和归纳，揭示事物的本质和变化规律。科学研究的逻辑过程就是从理论问题经过研究验证最终回到得出理论的循环过程，连接这一过程的逻辑方法就是演绎和归纳、经验观察和概括总结。根据华莱士（W. Wallace）的“科学之环”原理，研究的逻辑过程由问题、理论、假设、操作化和假设检验等几个环节构成（见图3－1）。

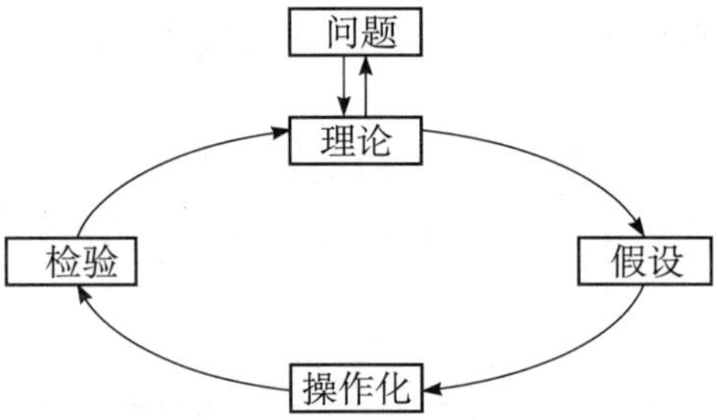

图3－1 科学研究的逻辑过程

资料来源：风笑天．社会学研究方法．北京：中国人民大学出版社，2001.

研究起始于问题，研究者一般要根据自己的兴趣、理念以及相关理论，寻找、发现和提出问题，这些问题必须是和理论相关的问题，而不是常识问题。提出理论问题之后，就需要了解和掌握其他相关理论的解释，然后根据相关理论解释，提出自己的理论假设。为了证明自己所提出的理论假设，需要针对理论假设所包含的解释模型，设计操作化的变量，并对变量进行测量。最后，在测量或观察结果的基础上，检验理论假设和拟合解释模型，并最终概括出理论结论。这一从理论出发，经过研究检验，最终又回归到理论的过程，其间经过多次的演绎和归纳，使知识得以不断积累和扩展，科学理论得以延续和创新。所以，研究的逻辑过程是科学活动和知识增长所遵循的基本规律，或者说科学活动的基本结构。

二、社会学的解释

在社会学的研究中，对社会运行及协调发展的理论解释过程主要包括：概念和变量、假设、变量测量和分析、假设检验。

概念和变量

概念和变量是理论研究的基础和思维的基本形式之一，社会学概念是将社会中的同一类现象和过程以及共同特征抽出来，加以概括。概念包括实体性概念和非实体性概念，例如："组织""社区"等就属于实体性概念，它们是对具体的事物或人进行的概括性表达；"社会运行""社会转型"等则属于非实体性概念，是对非具体现象的概括。

概念能够帮助人们进行概括性的思维，引导人们去关注一类事物和现象，或对事物和现象进行归纳。研究者在使用概念时，需要明确概念的内涵和外延。通常情况下，当我们使用一个概念时，它的内涵和外延是确定的。只有这样，才能运用概念去进行描述和分析。如果概念的内涵和外延具有不确定性，那么，概念就失去了概括和归纳的意义。所以在理论研究中，概念的含义必须是确定的，概念的模糊容易导致偷换概念的逻辑错误。

变量是指含有数值变动的量。在社会科学研究中，为了解释事物或现象之间的关系，通常需要用变量来加以衡量和说明。于是，研究者就必须将一些概念转换成可以操作和测量的变量，例如，"人口规模""迁出（入）率""收入水平""教育水平"等，就属于可以测量的变量。通过对这些操作化变量的测量和分析，可以概括和解释现象和过程的本质及规律。

在研究解释中，变量一般有两大类：一是因变量（dependent variable），也叫依变量，是要解释的现象或过程；二是自变量（independent variable）或独立变量，是自己独立发生变化的变量，用来解释现象或过程的原因。例如，如果我们要研究某个社会中的人口变动情况及其原因的话，那么，可以把人口增长率、迁入（出）率作为因变量；我们可以把经济增长率、人均收入水平、教育水平等作为自变量，来解释它们与区域人口变化之间的关系。

假设

社会学解释通常是对两个变量或多个变量之间的关系进行阐释，揭示它们之间存在何种关系。为了达到解释目标，研究者常常需要预先设想或猜测判断所要解释的变量之间可能会存在什么样的关系，并运用这种预设关系作尝试性解释，这样一种预设的变量关系和尝试性解释就是假设。例如，要解释社会不同民族阶层地位差别的原因，我们可以假设语言差异、受教育水平两个变量与民族阶层地位差别之间存在因果关系。

假设的提出一般具有理论的意义，也就是说，假设中所涉及的两个或两个以上变量之间的关系，通常能够表达和反映该研究领域的一种理论解释。假设分为研究假设（H_1）和虚无假设（H_0），研究假设就是研究者所要验证的假设，是研究目的，虚无假设是指和研究假设相对立的假设。假设在经验材料验证之后，无论是被证实或是被证伪，都具有理论的贡献。理论假设的意义在于，研究者可以更加明确地关注几个变量之间的某种关系，从而找到研究的切入点，为研究的展开和取得研究结论奠定基础。

变量测量和分析

假设是一种主观判断和设想，要知道其是否符合实际，就需要用经验材料来加以说明。那么，什么样的材料才能证明假设是否符合现实呢？这就涉及如何对假设中所包含的变量进行测量，因为通过测量变量的数量变化，并对数量变化的关系加以分析，即可把握和了解所假设的变量关系是否成立。测量就是运用一些指标来衡量某类现象或过程的特征和变动情况。

变量测量具有层次性，一般分为四个高低不同的层次，由低向高分别是：定类测量、定序测量、定距测量、定比测量。

测量主要是为分析服务的，在我们测量出某种社会指标之后，可以通过变量分析来探讨它与其他变量之间的各种关系。变量分析是指研究者为了发现两个或两个以上变量之间的具体关系，常常需要对其他变量加以控制，然后通过统计分析，确认所要考察的变量之间的关系。

假设检验

假设检验是根据抽样分布的原理，运用抽样调查的样本统计值来对研究假设加以验证。假设检验的原则一般采用显著度和否定域，也就是根据统计值是否分布在此范围内的比例来确定是否否定虚无假设，以确认研究假设是否成立。如果能够在显著度都很小的情况下否定虚无假设，那么也就能够证明研究假设成立；反之亦然。

在社会学定量研究中，假设检验一般可以用显著度 $p\leqslant 0.05$ 作为准则，有些研究也运用 $p\leqslant 0.01$ 或 $p\leqslant 0.001$。检验方法主要是非参数检验，包括卡方（χ^2）检验和方差（F）检验。

三、研究的基本程序

具体研究阶段是进行一项研究的完整过程，包括研究的具体方案和研究的具体实施程序或步骤。要确保一项具体研究达到预期的目标，严格遵循研究设计所计划的具体研究步骤是非常必要的。一般来说，具体研究大致可分为八个主要阶段：（1）提出和界定问题；（2）回顾别人的相关研究；（3）进行研究设计；（4）收集资料；（5）整理和分析资料；（6）解释从资料中获得的发现；（7）得出结论；（8）发表或出版研究成果。

具体研究的第一阶段就是提出和界定问题。社会学的具体研究总是要解答某些具体问题，所以问题是研究的导向，也是研究的目的。

提出问题一般遵循这样几个基本原则：第一，问题必须具有理论导向。所谓理论导向，是指所提出的问题是由该研究领域的核心概念构成的，而且问题能够通过经验来证实或证伪。第二，问题最好具有一定的现实意义。理论研究最终要回归到实践，因此，在选择研究问题时，最好考虑现实中人们关注较多的、与实践关系更为密切的问题。第三，提出的问题必须具有研究可行性。也就是说，研究者所提出的问题，在现有的条件下是能够解答的。衡量问题的可研究性的标准有：问题具有明确的范围；问题能切合实际；问题与研究者自身条件相符合。

第二阶段是针对所提出的问题，回顾别人是如何研究的。了解和掌握别人的相关研究，一者可以知道自己的问题是否有了解答，或已经解决到何种程度，这样就可以避免重复劳动，有利于理论和知识创新；二者通过回顾别人的相关研究，也能够拓展自己的视野，为自己回答问题提供了借鉴和参考。

第三阶段就是进行研究设计。研究设计是指为了解答所提出的问题，实现研究目的，对研究中所涉及的资料收集、整理、分析和检验所作的具体计划。例如，如果研究需要通过抽样调查来收集资料的话，那么就需要对如何实施调查进行设计；如果是利用第二手材料来进行研究，那么就需要设计收集哪些二手资料以及如何获取。

第四阶段是收集资料。资料收集需要注意的问题有：(1) 资料必须具有可信性，即资料来源是可靠的，值得信赖的；(2) 资料必须具有针对性，即收集到的资料应针对所要解答的问题，对证明问题具有有效性；(3) 收集资料要注意时效性，也就是说，所收集的资料应该是新的；(4) 所收集的资料必须具有系统性，即资料必须是完整的，而不是断章取义的，它能够用来系统证明所研究的问题。

第五阶段是整理和分析资料。整理资料主要是对收集起来的资料加以汇总、分类、补充完善和加工清理，以便为分析工作做好准备。资料整理完毕之后，就需要对资料进行分析，从中探寻新的发现。

第六阶段就是解释从资料中获得的新发现。在资料分析中发现新问题之后，就需要为这些新的发现寻找理论解释，也就是对所看到的变量之间关系，要从理论和实际的角度去加以解释。

第七阶段是得出结论。研究者根据各种解释的有效性和完备性，提出解答问题的最终结论。一般来说，研究的结论具有概括性，能够概括研究所发现的规律；此外，结论具有完备性，即所作的结论一般是能够自圆其说的理论解释，其逻辑结构是完备的；最后，结论必须具有有效性，也就是能够说明所要研究的问题。

第八阶段就是发表和出版研究成果。发表和出版研究成果的意义主要有：(1) 公布研究结论以便于其他研究者加以检验和评估；(2) 促进学术研究成果的传播和应用；(3) 有利于知识积累；(4) 帮助研究者确立学术地位。

第三节
社会学主要研究方法

在社会科学研究中，通常运用的具体方法基本上分为两大类：定量研究方法（quantitative research methods）和定性研究方法（qualitative research methods）。

定量研究方法是指通过对变量的数量特征和数量变化的测量，以及对数量关系的分析，来解释社会现象或过程的方法；定性研究方法是指注重于描述、剖析和揭示现象或过程的特性和本质的研究方法。定量研究和定性研究所收集的材料以及所运用的分析方法有着鲜明的差别，且各有自己的优势和局限，通常情况下，研究者可以根据研究目标和研究对象的特征，选择合适的方法。对于要从样本推论出总体的研究，定量研究较为合适；对于要揭示研究对象全貌和整体特征的研究，选择定性方法更合适。有些情况下，一项具体研究也可能包含两种方法，或将两种方法结合起来。

一、问卷调查法

问卷调查法（survey）是社会学研究中用于收集资料的最常用的方法之一。调查研究法是向研究对象系统询问社会背景、态度和行为，以发现社会现象和过程的原因或影响因素。调查研究法包括全面调查和抽样调查，全面调查就是对所要研究的对象每一个个体都进行调查。抽样调查是根据一定的抽样原则，从所要研究的对象中选取一些个体作为样本，然后对这些样本进行调查。

调查研究法的基本步骤包括：确定调查总体、选择抽样方案、设计调查问卷、实施调查、汇总和录入数据、分析数据等等。

调查研究的第一步就是要识别和确定调查总体，所谓调查总体，就是所要研究的对象的全体或所有个体。明确调查总体一者是为了掌握研究对象的总体情况，二者是为抽样提供框架。第二步是根据抽样总体的特征以及具体研究的需要选择和确定抽样方案。

确定选取样本的方案之后，就需要着手设计调查问卷。问卷就是由各种问题组成的、用来向被调查者提问的卷子。问卷是收集资料的工具，问卷设计得好与不好，直接关系到所收集的资料能否有效地服务于所研究的问题。所以，社会调查研究中的问卷设计通常都需要在一定的理论指导下进行，所设计的问题带有检验理论假设的目的，能够测量出被访者的社会经济状况、态度和行为等。问卷中的问题根据问答形式的不同，大致分为封闭式问题和开放式问题。封闭式问题是向被访者提供了选择答案的问题，如“您是否看电视新闻节目?”选择答案有：（1）经常看；（2）偶尔看；（3）几乎不看。开放式的问题是让被访者自己给出答案的问题，例如：“您对目前本地的小学教育有何看法?”根据问题内容的不同，问卷中的问题一般包括三大类：一是事实性问题，如性别、年龄和家庭成员等；二是行为性问题，如收入以及其他行为经历等；三是态度性问题，如意识、观念和评价方面的问题。

问卷作为一种测量工具，在设计过程中，需要考虑其信度和效度。所谓信度，是指同一测量工具重复测量，所得结果的一致性程度；效度是指测量工具是否适合于所要测量的对象。

问卷在定稿之前，通常需要进行一些试调查，即用问卷初稿去做访谈，以便发现问卷中是否还存在不准确、模糊和不切合现实的问题。

实施调查是调查研究的关键步骤，大型的问卷调查都需要招募调查员来执行入户访谈任务。因此，在调查实施前，还需要对调查员进行培训，以便调查员了解抽样的原则、问卷设计的意图和进行访问的技巧，从而使得调查员能够在调查中顺利地获得可靠的资料。

有些调查问卷是邮寄或通过人员发放到被调查者手中，然后由被调查者自己填写问卷。这种调查实施方式虽然能节省人力和财力，但是，在问卷回收率、样本的偏差、缺损值和作答准确性等方面，都存在较大的局限性。

调查问卷回收之后，需要将其汇总，并将结果录入数据库以便进行分析。数据录入就是将问卷中被访者的作答内容，按照一定的编码，录入编制好的数据库结构之中。目前，数据录入一般是运用数据录入软件来进行的。

全部问卷数据录入完之后，一般还需要对数据进行逻辑检验和查错，数据检验和查错是为了查出被访者、调查员或录入员在回答、记录和录入时出现的明显逻辑错误或偏差。检验和清理数据可以提高数据的质量，为资料分析打下基础。数据库整理完毕后，就要根据研究目标，运用合适的数据分析的统计方法，对资料进行分析，以此来验证或证明自己的研究假设，并根据资料分析的结果，来对所研究的问题加以解释。

二、田野调查法

田野调查法（fieldwork），也叫田野工作，是人类学、考古学研究中常用的方法。田野调查是指研究者深入研究对象所生活的场域，在与研究对象一起生活的过程中，进行细致观察和深度访谈，以求达到对研究对象及其文化的全貌性研究和深刻理解。田野调查对于研究一些小型社区、特定群体的文化特征及其变迁来说，具有非常重要的意义。

田野调查的主要任务是要解答这样一些问题：谁（who）、什么（what）、何时（when）、何地（where）、为什么（why）。要回答是“谁”这个问题，就需要注意田野调查中的人物的生平背景、特征，包括年龄、性别、社会地位、性格特征等。在田野调查中，研究者还要经常提醒自己：当地人说了些什么、做了些什么，是在何时何地说的、何时何地做的，最后，需要思考当地人为什么那样说、那样做。

在田野调查中，为获得重要信息、材料，进行参与观察和深度访谈常常是必要的。参与观察法（participant observation）是指观察者进入观察对象的生活或工作场所，参与他们的生活和工作活动，在参与过程中观察研究对象的各种行为及其变化情况。参与观察法常常在探寻研究对象的深层思想意识和内部相互关系方面具有较大的优势，它能让研究者在理解被研究者的社会情境的基础上，认识他们的思想意识发展的轨迹。

此外，参与观察法也常常应用于对小群体及其行为的研究之中。一项运用参与观察法进行研究的经典案例是：列波（E. Liebow）曾在高犯罪率的美国黑人社区进行了参与观察，最后写成了《套利的街角》（*Tally's Corner*）。列波深入华盛顿的套利这个黑人集中聚居的社区，与那里的黑人共同生活、聊天、赌博、喝酒，在此过程中，他细致观察社区成员的内心世界以及他们的人际关系。通过观察，他发现黑人社区之所以有较多的非法行为，是因为这些黑人在合法的世界里很难获得自己的位置，所以，选择非法行为成了他们习以为常的事。①

在运用参与观察法来获取研究材料时，需要注意这样几个问题：首先，要明确观察的理论目标，做到参与而不深陷其中。科学研究中的观察，不同于日常生活中的一般观察，研究者在观察之前，需要进行研究设计，明白观察所要检验的理论问题，计划要观察对象的什么以及如何进行观察。同时在参与过程中，需要清醒地明确自己的理论目标，围绕理论目标而观察。为了使观察资料具有更高的准确性和可信度，观察者在观察过程中，还需要在控制观察环境和变量的同时，尽量避免影响被观察者的常规反应，否则，观察的结果极有可能出现偏差。

深度访谈也是田野调查中获得信息和资料的重要途径，只有与当地人进行交流和沟通，才能了解当地人的内心世界，才能真正理解当地文化的内在意义。交流与沟通的必要方式就是深度访谈，也就是与调查对象交朋友、深入谈心。深度访谈一般要有选择地进行，要根据研究的主题选择有典型意义的对象来与之交流、建立感情，以达到深度交谈。有时选择当地的信息灵通人士或所谓的“明白人”作为深度访谈的对象，对研究可能有较大帮助。

在田野调查中，研究者在对待从田野中所获资料时，需要注意主位取向（emic approach）和客位取向（etic approach）的关系问题。所谓主位取向，是指研究对象所倾向于认为的观念或态度；所谓客位取向，是指研究者或局外人所倾向于认为的原因或动机。研究者在田野中一方面要细致观察，认真体会，弄懂并要理解当地人的主位观念；另一方面，研究者还要站在局外人的角度分析这些主位观念的意义和形成原因。也就是说，研究者应把主位取向与客位取向结合起来，全面看待从田野中获得的信息。

完成田野调查之后，研究者需要撰写田野调查报告，田野报告的写作方式主要有民族志（ethnography）的写作方式。所谓民族志，是指详细、全面描述研究对象各个方面形态和特征的田野报告。民族志的特点是以描述、记事的手法为主，以展示研究对象的整体特征和活动全过程为目的，向人们勾画出特定社区和人群的文化图像。

三、实验法

实验法是科学研究的典型方法，特别是在自然科学研究中，实验法具有举足轻重的作用。目前，实验法也较多地被引入社会科学研究中。所谓实验法，就是

① 波普诺．社会学：第十版．北京：中国人民大学出版社，1999.

在控制某些条件的情况下研究变量之间因果关系的方法。为了控制某些自变量可能对因变量产生的影响，实验法常常在实验中将被试或实验对象分为两个组：一组是实验组，另一组是控制组。通过对两组实验结果的比较，即可检验某些变量之间是否存在因果关系。

实验组和控制组的划分和建立通常有两种方法：一是随机分组法，即将实验对象随机地分配到实验组和控制组中；二是配对法，即根据变量相对应的原则，如教育投入量、收入水平、教育水平、性别、年龄、民族等，分别将实验对象一一分配在实验组和控制组。

实验法分为自然实验法和实验室实验法，自然实验法是利用社会情境的自然状态，将其中的一种情境作为实验组，将另一种自然情境作为控制组，然后观察和比较它们的异同，以解释变量之间的关系。实验室实验法是科学研究典型的实验法，即通过设置实验室环境，将想要控制的变量加以控制，以便观察和发现某些变量之间的关系。在社会科学研究中，由于研究对象是人，实验室实验法会存在伦理问题及其他局限性，所以，通常采用自然实验法。

在小范围的研究中，常常可以运用实验法。例如，汉斯（V. P. Hans）曾运用实验法研究过影响陪审员认真态度的因素。①

此外，在一些大规模研究中，也有学者运用自然实验法。例如，乔伊（L. Joy）曾在加拿大三个镇做过实验，研究电视频道的数量与儿童暴力倾向之间的关系。这三个镇的特征分别是有多个电视频道、只有一个电视频道和没有电视节目。实验结果表明，电视频道多的镇，其儿童的暴力攻击性要强于其他两个镇，只有一个电视频道的镇次之，没有电视节目的镇的儿童暴力倾向性最弱。由此他们认为，电视节目中的暴力行为会诱发儿童的暴力攻击倾向。②

实验法常常与观察法结合起来运用，例如，在实验室实验中，一般都需要在实验室对实验对象进行细致观察，以发现变量的变动情况。在自然实验中，同样也离不开观察法，通常在这种实验法中，研究者可以运用实地观察法，也就是在现象或过程发生的具体场所和实际情景中，去观察对象的行为和态度。

四、历史比较法

社会学所研究的社会现象是一般意义上的当时现象或现在时现象。为了探讨社会现象的历史发展轨迹和变迁规律，社会学研究也常常借用历史方法和跨文化的比较方法。

支撑历史比较法的方法论原理是：社会现象的出现，并不是偶然的、自发的，而是连续的、受某种力量影响或支配的。因此，从历史发展的轨迹或因果链

① HANS V P. Jury decision making//Handbook of psychology and law. Springer-Verlag，1992.

② JOY L，et al. Television and children's aggressive behavior//WILLIAMS T. The impact of television：a natural experiment in three communities. Academic Press，1986.

上，或者通过不同背景的比较，就能够发现现在的事件或现象的真正原因。

历史比较法的资料来源主要有两种：一是政府文献资料，包括政府和机构文件档案材料、统计资料和保存下来的其他历史资料；二是民间历史资料，包括民间流传下来的地方史志材料，以及民间口述史资料。

收集政府或官方文献资料，最常见的也是便捷的方法就是去相关档案馆、博物馆和图书馆，去查阅和摘录与研究问题相关的历史文献资料。

民间历史资料的收集，通常需要到当地去，向当地居民问询和查阅个人保留下来的村志、家谱、地契等有形的、物质的历史材料。与此同时，也可以通过访谈的方法，向当地居民收集一些历史记忆材料，如口述史资料。

在历史比较法中，较为常用的分析历史资料的方法主要有：类比分析法和理想类型分析法。

类比分析法是指在分类的基础上对某类现象或事件在不同阶段的表现和特征进行对比，并由此类推出现象产生的原因和变化规律（见表3-2）。

表3-2　类比分析的逻辑框架

历史上	现在
A类现象很普遍	A类现象很少见
分析结论：A类现象是不断进化的	

理想类型分析法是韦伯创立并运用的研究方法，理想类型是一种分析概念或逻辑工具，是高度抽象出来的、反映事物本质特征的分类概念。如“资本主义精神”“新教伦理”“天职观”“科层制”等等。

对理想类型的分析，主要包括比较不同理想类型的本质特征，分析不同类型之间的结构关系，并根据结构一致性的原则，来理解和解释事物或现象的原因。

韦伯曾运用历史比较法解释了资本主义形成的原因，他提出了与马克思不同的论点，认为资本主义的形成不是经济因素决定的，而是与加尔文教派所倡导的伦理精神以及由此而产生的合理化运动密切相关。理想类型的分析与比较是结合在一起的，韦伯把新教伦理解释为资本主义产生的原因，是在将新教与东方宗教进行比较后而提出的（见表3-3）。

表3-3　韦伯理想类型分析逻辑

宗教类型	是否具有资本主义精神	
	具有	不具有
新教伦理	禁欲主义、赎罪意识、天职观	—
东方宗教伦理	—	来世理想、现世回避

历史比较法具有重要的价值和广泛的适用性，其价值和适用性具体表现在以下几个方面：（1）社会运行与社会变迁纵向比较研究；（2）社会结构与社会运行的横向比较研究；（3）社会意识和社会事实成因的比较研究。

历史比较法的局限在于，历史资料或历史事实的不可证实性。由于资料的不可证实性，所以历史比较和推理常常是建立在想象和类比的基础上，从而使得其结论可能带有主观性和选择性。

第四节 社会指标与抽样技术

社会指标是一种量的数据，用来作为具有普遍社会意义的社会状况的指数，使我们在价值和目标方面，能判别出现在处于何处，正去往何处，以及评价某项专门计划与后果。社会指标是对受规范约束的直接利害关系所作的一种统计，它便于人们对社会主要方面的状况做出简明的、综合的和公平的判断。在所有情况下，它都是衡量繁荣的直接标准。

社会指标是把复杂的社会现象变为可以量度、计算、比较的数字、数据、符号。在社会指标的研究中，不存在能否用数量表现的问题，只存在怎样用数量表现的问题。一般说来，社会指标表现的是社会或某一方面的总体现象，如离婚率、自杀率、犯罪率等，而不是单个的个体现象。

一、社会指标的类型和功能

从不同的目的出发，人们通常将社会指标区分为不同的类型，不同类型的社会指标具有不同的功能。社会指标主要有以下几种。

描述性指标与评价性指标

描述性指标是对社会客观现象的描述。由于这些指标没有与一定的理论、模型、目标相联系，因而它们仅仅能反映出社会事实本身，并不能说明其价值状况。例如，行政单位、工厂、文化机构的数字，财政收入、商品销售额等数字，如果没有比较，这些数字本身并不能说明什么问题。

评价性指标也称作分析性或诊断性指标。它是指能反映出社会发展、社会效果、社会影响在某些方面的利弊得失的指标。这类指标通常是人们按照某种目的将两种以上的社会现象做比较而得出的，它们发挥着说明社会现象的功能。比如，将财政收入与支出相比较来说明财政状况的好坏，将行政单位与生产单位做比较说明各部门比例关系是否合理等。

观察性指标与计划性指标

观察性指标又称作信息性指标，是指人们对正在发生或已经发生了的社会现象的描述或评价。它的作用在于理解过去和及时反映现在。计划性指标是指人们在了解过去和现在的基础上对未来的预测，因而亦称作预测性指标。

投入指标、生产量指标与产出指标

由于受经济学的“投入—产出分析”理论的影响，一些人将社会也看作“投入—产出”的过程，由此创造了社会学分析的理论模型和“投入—产出”指标。投入指标是指在某一社会过程中发挥作用的“可供资源”。例如，在一定数量单位的人口中，教师所占的比重；可用于城市绿化的资金总数等等。生产量指标通常是指工作量或承担的次数等。如每一教师所负担的学生数或授课的小时数；绿化资金的利用率、周转率等。产出指标亦称结果性指标，它主要是用以评价社会政策或措施的结果。例如，教育投资的产出指标有：学龄儿童入学率、毕业生升学率等。

肯定指标、否定指标和中性指标

从一定的价值取向出发，社会指标可以区分为肯定、否定和中性三种类型。肯定指标也叫作社会进步或发展指标，如国民生产总值增长率、人均收入增长率等。它们反映了社会的好的一面，是人们所希望发展的指标。否定指标又叫作问题性指标，如失业率、犯罪案件数与犯罪率等。这类指标是人们不希望发展的，它们的上升标志着社会否定因素的增加。而中性指标是指与人们的价值取向、人们的愿望没有直接利害关系的指标。它们本身并不能说明社会进步与否，如人口的民族构成、工人总数等。

客观指标与主观指标

客观指标亦称非感觉指标，是指反映客观社会现象的指标。如反映社会条件、社会环境、社会问题甚至包括人们的社会活动等的数字或比例关系。主观指标则是人们对客观社会现象的感受，所以也称作感觉指标。它表现为人们的心理状态、情绪、愿望和满意程度等。例如，人们对住房、交通、环境和公共安全等的满意程度。通过主观指标可以较深地了解人们的所想、所望。

经济指标与非经济指标

一般认为，社会指标在结构上是由经济指标和非经济指标两部分构成的。但是，也有些学者认为社会指标不包括经济指标。我国国家统计局根据我国的具体国情提出，社会统计指标体系基本上不包括经济统计指标，它反映除经济以外的社会现象。[①] 人们把社会指标等同于非经济指标是因为社会指标在一开始确实是作为经济指标的对立面而提出来的。

从理论上看，社会指标是相对于自然指标而言的，因此它应包括经济指标。从实践上看，越来越多的国家已经把经济指标与非经济指标结合起来作为社会指标的两个基本部分。

不同类型的指标发挥着不同的功能。社会指标的比较重要的功能有以下四方面：

（1）反映社会状态是社会指标最基本的功能。在异常复杂的现代社会面前，要想凭直接经验认识社会已越发不可能了。社会指标的作用在于，它集中了最重要和最具典型意义的现象，并使之具有一定条理，从而将社会或某一方面的状况清楚地再现出来，使人们易于了解和把握。

（2）社会监测功能。通过指标的测量，可以监测社会运行状态，如人口、家

---

① 国家统计局社会司．社会统计指标体系：草案．统计，1983（12）.

庭、健康营养、住房、环境、交通运输、生产活动、社会活动等方面的情况。监测的功能可以分为：对社会状态的监测和对社会目标的监测。两者的侧重点不同，对社会状态的监测是指人们通过对社会指标的比较、分析而定期或随时监测社会或某一方面的运行。对社会目标的监测是指通过社会指标而对社会计划的进度进行监测。

（3）预测功能。这是指根据已占有的材料，在对过去、现在分析的基础上，摸索出社会指标的变化规律，而对未来的结果的测算。社会指标的预测功能主要有两个方面：一是预测发展，例如，根据本年度工农业生产增长情况预测下年度的增长率；二是预测问题，即提早发现那些将会给社会带来危害的问题。

（4）比较和评价功能。由于社会指标具有明确的规定性，因而使事物之间的比较成为可能。通过比较，我们可以对社会运行与发展、社会计划与政策进行评价，分析利弊得失，得出正确结论。比较有横向与纵向之分。横向比较指时间序列上同一时期的社会指标的比较，即小至个人、群体之间，大至国家、社会制度之间的比较。目前世界各国几乎都建立了各自的社会指标体系，这为国际比较提供了有利条件。国际比较有助于我们开阔眼界，认清我国的长处与短处。纵向比较是指对社会不同发展时期的历史比较。利用社会指标进行纵向比较，可以使我们认清社会或某一方面发展的准确位置，即在某一特定时期，是前进了，还是止步不前，或是后退了。

二、社会指标体系的建立

要发挥社会指标的上述特长与功能，首先必须建立起不同领域的、适应不同目的和用途的社会指标体系。所谓社会指标体系，是指为综合反映与说明社会或社会某方面状况而设计的一组具有内在联系的社会指标。

从目前情况看，社会指标体系的建立主要有三种方式：

（1）规划性社会指标体系。这是政府利用公共机构的相应分类而建立起来的，如与政府的能源、交通、邮电、城乡环境、教育、文化、司法等机关相对应而建立的指标体系。由于能得到政府和各部门的协助，因而按此方式建立指标体系方法简便，成本也不算高。1983 年，国家统计局社会司开始着手建立中国社会统计指标体系。起初，提出 13 大类，最后确定为 15 大类，70 个中分类，共 1 100多个指标。15 大类是：自然环境，人口与家庭，劳动，居民收入与消费，住房与生活服务，劳动保险与社会福利，教育，科学研究，卫生，环境保护，文化，体育，社会秩序与安全，社会活动参与，生活时间分配。①

（2）根据社会目标建立的社会指标体系。这一方式是从一个总的或一系列社会目标出发，逐级发展子目标，最终确定各项社会指标。这是一种从一般到特殊的方法。与规划性社会指标体系相比较，根据社会目标发展建立的社会指标体系

① 国家统计局社会统计司．中国社会统计资料．北京：中国统计出版社，1985.

最重要的特点是，有明显的、内在的逻辑一致性。

由24个西方国家组成的“经济合作与发展组织”所建立的社会指标体系就采用了这一方式。它从满足人的需要、实现人的发展这一总目标出发，关注15个领域，共33个变量的社会指标（见表3-4）。

表3-4　经济合作与发展组织的社会指标体系

序号	共同关切的问题	指标
1	寿命	（1）在出生及1、20、40和60岁时的平均期望寿命 （2）出生前后的死亡率
2	生活健康状况	（1）短期失去工作能力（根据工作能力限制的天数计算每人每年不参加工作的天数） （2）长期失去工作能力（根据失去工作能力计算的人口百分数）
3	教育设施的利用	（1）正常教育经历（上学的年数） （2）成人教育（每年成年人受教育的百分数）
4	文化程度	（1）扫盲率（实际扫盲人口的百分数）
5	就业机会	（1）失业率（未就业劳动力百分数） （2）非自愿的部分时间工作（部分时间工作者寻求全日就业人数的百分数） （3）受阻劳动力（适于就业者，由于认为无就业希望而不寻求就业的人数之百分数）
6	工作生活质量	（1）平均工作时间 （2）上班路程所需的时间 （3）每年带薪假日 （4）典型的工作班次（各种班次的百分数，如白班、夜班或节假日上班等） （5）收入分配（雇员在受雇单位所得收入份额） （6）职业性伤害或致命事故（每十万人中的伤害或事故人数） （7）工作环境的公害（在高温、低温、高噪音和多灰尘条件下工作的人数）
7	时间利用	（1）闲暇时间（每周平均小时数） （2）业余活动（经常参加所选择的各类业余活动者的百分数）
8	收入	（1）收入分配（不同收入水平的居民分组） （2）低收入（最低收入居民户的收入在分配总额中的比例） （3）物质贫困（低于中位数水平收入的居民数比重）
9	财富	（1）财富分配（分位户组所得国民收入份额）
10	住房条件	（1）室内居住面积 （2）可使用室外面积（享有这种条件的城市人口百分数） （3）基本享受（独户享有抽水马桶、自来水、固定盆浴和室内厨房等的住户人口百分数）
11	服务设施	（1）几种选定的服务设施的使用（在一定时间内使用某种服务设施的人口百分数）
12	环境公害	（1）受空气中污染物之害（人口百分数） （2）受噪音污染之害（人口百分数）
13	社会现象	（1）自杀率（每十万人中的自杀人数）

续前表

序号	共同关切的问题	指标
14	危险事故	（1）致命伤害（每十万人中意外死亡人数） （2）严重伤害（人口百分数）
15	受到威胁	（1）担心人身安全（夜间惧怕单独在住家附近走动的人口百分数）

（3）依据理论建立的社会指标体系。这是非官方建立社会指标体系的基本途径。一些研究人员、学者根据他们所提出的理论和假说，将社会现象编制成指标体系，并且用他们的理论来说明这些指标。其实，严格说来，任何一种指标体系都要有某种理论做基础，不过，有些严密，有些不很严密。我们暂且把建立在较严密的理论体系之上的社会指标体系看作这一类型。

按这一方式建立的指标体系，较著名的如生命周期指标体系，它是按英国经济学家理查德·斯通所提出的理论建立起来的。它把人从生到死的整个周期分为不同阶段，根据每个阶段的特点、社会标准和人的自我实现来确定社会指标。

三、社会指标体系的应用

社会指标体系通常在以下几个方面得以应用：

（1）社会指标体系最直接的应用就是定期提供社会报告。所谓社会报告就是根据社会指标体系所提供的数据，经过分析而得出的关于社会状况及其发展趋势的总结性评价。社会报告与一般的社会统计资料或统计报告是有区别的。

社会报告常常是由政府或政府部门提出来的。政府定期地和经常地提出社会报告，就形成了社会报告制度。随着社会指标运动的发展，早在 20 世纪 70 年代，世界上已有 30 多个国家建立了经常的社会报告制度，比较突出的有美国、英国、加拿大、荷兰、瑞典、澳大利亚和日本等。近年来，我国国家统计局和地方统计局均定期公布国家和地方的《国民经济和社会发展计划执行情况的报告》，这些基本上相当于一种社会报告。

（2）在生活质量研究中的应用。所谓生活质量是指满足人们生活需要的全部社会与自然条件的综合水平。它既包括物质生活条件，也包括精神生活条件；既包括经济条件，也包括广泛的政治、文化、思想条件。几乎在社会指标概念出现的同时，生活质量概念也出现于社会学的体系之中。

在对生活质量的测量与研究中，人们广泛应用了各种社会指标。目前，世界上运用社会指标提出的生活质量模式已不胜枚举。据统计，仅美国专门著作中出现的生活质量模式就有数十种之多。

（3）在社会运行研究中的应用。社会指标在社会运行的协调性研究中的应用，主要表现为社会运行的投入—产出分析。一般说来，投入指标多与社会运行的结构相关联，因此，我们称之为结构性指标。产出指标多与社会运行的功能相关联，因此，称之为功能性指标。

结构性指标主要有三个方面：第一，基础总量指标。它是对社会基本状况的反映，这一类指标是整个指标体系的基础。第二，基础相对指标。它是直接利用基础总量指标而得出的比例数字。第三，政策性指标。政策的变化也是一种投入，它是一种信息性投入，它在社会运行过程中发挥着巨大作用。

功能性指标也有三个方面：第一，结果性指标。它是一定的基础性指标（基础总量指标、基础相对指标）在政策等变量的影响下产生的结果。第二，行为性指标。严格地说，它也是一种结果，不过它是通过人或人们的行为表现出来的结果。第三，感觉性指标。

(4) 在社会决策中的应用。随着社会指标研究的发展，特别是自 20 世纪 60—70 年代的社会指标运动以后，社会指标与决策之间的联系越来越密切了。人们之所以花费大量的时间和金钱研究社会指标，最重要的目的就是要为决策者描绘出一幅现实社会和未来社会的有科学依据的图景，使决策能建立在可靠的基础之上。社会指标促进了“经验型决策”向“科学型决策”的转化。在古代，决策主要是凭借领导人的阅历、知识、智慧、胆识等实现的，这是一种靠个人经验的“经验型决策”。随着现代社会的发展，这种决策方法已经逐渐过时了，因为，现代的社会系统更为多样化，社会分工更为专业化。

社会指标体系是科学决策的各阶段所必需的工具。现代的科学决策有一定的程序，而社会指标贯穿了决策程序的各个阶段。第一，目标阶段。即确立决策的目标，这需要决策者将一种理论构想或目的具体化为一系列的指标或指标体系；同时，又要为目标规定限度或边界条件，即获得所需的最低限度的成果，这也需要通过社会指标来说明。第二，信息阶段。一般说来，大量的信息都是以社会指标的形式出现的。第三，设计阶段。这就是说，要找出关键性的指标，确定各种指标之间的关系，建立起指标模型或预选方案。第四，评估阶段。即根据指标的定性、定量、定时分析，比较各种不同的方案。第五，选择阶段。它是由领导者与专家通过社会指标的权衡而得出最终结论，指标值高的方案总是比指标值低的方案容易中选。第六，试验阶段。即要获得在实际应用中可能出现的各项数据和指标。第七，实施阶段。这是决策的最后一个阶段，由于社会现象的复杂性，在这一阶段常会出现一些事前未料到的变化，这就要求我们建立起反馈系统，随时了解实施中各项社会指标的进度，从而控制局势的发展。由此可见，社会指标参与了社会决策的全部过程。

四、抽样技术

所谓抽样，就是按照一定的方式，从总体中抽取能代表总体的一部分元素，即样本，然后根据样本中所包含的信息对总体的状况进行估计和推算的过程。

抽样技术与几个基本概念有密切关系。(1) 总体和样本。总体指的是所研究对象的全体。样本由从总体中抽取的部分个体（或单位）所组成。(2) 抽样单元和抽样框。为了便利地实现随机抽样，常常把总体划分成有限个互不重叠的部分，每个部分叫作一个抽样单元。抽样时，给抽样单元赋予一个被抽中的概率，可以是相等的，也可以是不相等的。在设计概率抽样的方案时，必须有一份关于全部抽样单元的资料，如名单、地图、规模等等，称之为抽样框。（3）抽样误差和非抽样误差。用样本估计总体产生的误差叫作抽样误差。非抽样误差是在抽样调查中由于人为的差错或一些不可控制的因素所造成的误差。（4）总体指标。总体指标就是调查的目标量，也就是有关的总体参数，因而又称总体值或参数值。

根据从总体中抽取样本的方式，抽样分为概率抽样与非概率抽样。概率抽样依据概率论的基本原理，按照随机的方式进行，它充分考虑等概率的原则，可以避免抽样过程中的人为影响，可以对样本的误差加以控制，以保证样本的代表性。概率抽样包括简单随机抽样、系统抽样、分层抽样、整群抽样、多段抽样等具体方式。非概率抽样则主要是按照抽取样本的方便性、主观判断、主观意愿来选取研究对象，与概率抽样相比，其最大的区别是非概率抽样无法保证抽取样本的等概率性质，样本误差无法控制和估计。非概率抽样有偶遇抽样、主观抽样、配额抽样、滚雪球抽样。

概率抽样的过程一般包括界定总体、制定抽样框、决定抽样方案、实际抽取样本和评估样本质量等几个基本的步骤。

五、简单随机抽样

简单随机抽样最为直接地体现了抽样的等概率、随机性的原则，因而也是最为基本的概率抽样形式，事实上，其他抽样方式也是以简单随机抽样为基础的。因此，了解简单随机抽样是学习其他抽样方式的入门。

简单随机抽样

简单随机抽样就是按照等概率原则从含有 N 个抽样元素的总体中抽取 n 个元素（$N>n$）组成样本的方式。所谓等概率，就是在总体 N 中抽取 n 个元素时，总体中每一个元素被抽中的概率都是相等的，即都是 n/N。简单随机抽样所得到的样本称为简单随机样本。简单随机抽样所采用的办法通常有抽签法和随机数表方法。抽签法是先将总体中的每个单元都编上号，写在签上。将签充分混合均匀后，每次抽一个签，签上的号码即表示样本中的一个单元。另一种常用的简单随机抽样的办法是随机数表法。随机数表是随机形成的，表中的数码和排列没有任何规律性，故又称乱数表。

样本规模也称样本容量，确定样本规模是抽样设计的重要环节。在简单随机抽样过程中，当估计参数为总体均值时，最小样本规模确定为：

$$n'=\frac{t^2S^2}{\Delta^2}$$

这里，Δ 为绝对抽样误差，t 为规定的绝对抽样误差的 t 值范围，S^2 为总体元素的方差。当估计参数为比例 P 时，这时的样本规模可从如下方式得到：

$$\text{因为 } S^2=\frac{N}{N-1}\cdot P(1-P)\approx P(1-P)\text{，所以有 } n'=\frac{t^2P(1-P)}{\Delta^2}$$

在上述公式中，极限抽样误差 Δ 是人为规定的，t 值则对应于所要求的置信度，可以从 t 分布表中查出。

概率与规模成比例抽样

概率与规模成比例抽样（sampling with probabilities proportionate to size，PPS）是社会学调查研究中最常用的抽样方法之一。PPS 抽样使用多级抽样的形式，它根据元素的层级划分特征，依次由高到低抽取各层级的样本单位。不同的是，虽然 PPS 抽样在确定各级抽样单位规模时，上一级抽样单位的数量也应该与下一级保持平衡，但是每一个级或层次内的子抽样，其样本规模都是相同的。由于不论初级抽样单位（primary sampling unit，PSU）大小，都从中抽取固定的样本单位，PPS 抽样的样本规模的变动也得到了控制。同时，PPS 抽样在抽取较高层级的样本单位（即是对群或层的抽样）时，每个群中选的概率与群规模的大小成正比关系，比如在某一层级中，一个 PSU 的规模是另一个的 3 倍，则前者中选的概率也是后者的 3 倍，成了不等概率抽样。不过在下一级抽样时，由于 PPS 抽样是从每个抽中的 PSU 中抽选固定的样本量，这时子抽样的概率就与规模成反比，即 PSU 越大，PSU 内的元素被抽中的概率越小，因而对于总体每一元素来说，中选的概率仍然是相同的，保证了抽样的等概率特性。

PPS 抽样步骤如下：

假设要在某个城市 56 万多符合调查要求的人口中抽取 400 人进行调查。显然如果按照简单随机抽样或系统抽样的方式，找到一份 56 万多人口的全部名单来制作抽样框是非常不现实的。但我们知道，该城市是由区、街道、居委会三级组成的，于是我们分阶段来抽样。该城市区一级单位只有 4 个，4 个区中共有 21 个街道，我们决定以街道为初级抽样单位（PSU），先在 21 个街道中抽取 4 个，然后在每个被抽中的街道中再进一步分别抽取 4 个居委会，继而在每个被抽中的居委会中分别抽取 25 人作为样本（4×4×25＝400）。具体操作是：

第一步，先抽取 4 个街道。将 21 个街道符合调查要求的人口规模和累计规模排列出来，并给出每个街道的选样范围，如表 3－5 所示。

表 3－5

序号	街道名称	人口（万） （PSU 规模）	PSU 累计规模	选样范围	中选号码
1	雨湖路	3.60	3.60	1～3.60	
2	城正街	3.20	6.80	3.61～6.80	
3	平政路	1.20	8.00	6.81～8.00	6.865 514
⋮	⋮	⋮	⋮	⋮	⋮
8	羊牯塘	1.30	19.90	18.61～19.90	
9	鹤岭	1.80	21.70	19.91～21.70	21.008 014
⋮	⋮	⋮	⋮	⋮	⋮
20	宝塔	1.20	54.80	53.61～54.80	
21	易家湾	1.77	56.60	54.81～56.60	
合计		56.67	—	—	

第二步，采用系统抽样的方式抽取街道。首先计算抽样间隔。在规模为56.67万的总体中，抽取4个PSU，抽样间隔的计算是K=56.67/4=14.142 5（万）。在1～K的范围内，使用随机数表或随机函数给出一个随机起点，比如是6.865 514，由于6.865 514落在平政路的选样范围，平政路即为第一个抽选到的PSU；根据等距抽样原则，第二、三、四个PSU的选取就不难获得。比如第二个点的号码是21.008 014（=6.865 514+14.142 5），落在鹤岭街道的抽样范围内，鹤岭即为抽中的第二个街道。依此类推。

第三步，按照抽取街道的方式，对每一个被抽中的街道，分别抽出4个居委会。

第四步，在抽到的16个居委会中，用系统抽样或简单随机抽样的方式分别抽出25户家庭。

第五步，入户抽样。入户抽样即是在被抽中的每户家庭中抽出一位合适的家庭成员作为访谈对象，其简便操作的方式是利用入户抽样表（见表3-6）。该表是按照随机等概率的性质编制出来的。

表3-6

序号	问卷编号尾数		1	2	3	4	5	6	7
	与本人关系	年龄							
1	⋮	⋮	1	1	1	1	1	1	1
2	⋮	⋮	2	1	2	1	1	2	1
3	⋮	⋮	1	3	2	②	3	1	3
4			2	2	4	1	3	4	1
5			2	5	3	2	4	4	1
6			3	1	4	4	5	2	6
7			4	5	6	5	7	2	3
8			4	5	6	2	7	1	8
9			2	4	9	5	8	3	7
10			5	10	3	4	10	2	9
11			2	5	11	8	7	11	10

使用入户抽样表要求首先对问卷进行编号，在进入被抽中的家庭后，调查员要询问该家庭中所有符合调查要求的家庭成员的年龄，比如，某次调查的一个例子是："请问您家18～65周岁的成员（含18、65周岁，指共同居住、共同生活、财产共享的家庭成员）有几位?"然后，请调查员将符合条件的家庭成员，从年龄最大的一位开始，按年龄大小顺序记入随机数表。问卷编号的尾数与最后一位家庭成员的序号交叉，所获得的随机数字，即是被抽中的家庭成员的序号，该家庭成员即是被访对象。比如，用一本编号为"0204"的问卷进入一户有3位成员符合抽样条件的家庭，表中序号3和问卷尾数4交叉处的随机数字为2，则序号为2的家庭成员即是将要访谈的对象。使用入户抽样表需要注意的是，不能特意挑选问卷进入被访者家庭，否则就会破坏入户抽样的随机性。

第五节 分析解释与理论构建

在社会学的研究过程中，通过田野调查和社会调查主要是为了获得经验、信息、数据和资料，而要形成具有普遍意义的认识，就需要对经验材料进行系统科学的分析，并在此基础上构建能对社会现象及其运动变化规律加以有效解释的一般理论。

一、分类分析法

社会学研究要理解复杂多变的社会文化现象和社会问题，把握其中的规律，首先必须将复杂现象加以简化，分类处理就是简化方法之一。分类分析法通过确定社会现象的类型然后分析各种社会类型，可以将那些分散的、个别的社会现象联系起来，概括出它们的共同性及其他重要特征。通过分类，可以将经验材料加以重新组合，使其具有某种顺序性和一贯性。因为在类别中，我们可以看到庞杂现象的简化特征及规律。

分类就是按一套规则或标准将资料归入适当类别单元之中，并赋予规则和类别单元一定的抽象逻辑术语及名称的方法。涂尔干（又译迪尔凯姆）给分类法做出这样界定："所谓分类是在开始研究时，用科学的方法从众多的不确定的个体中抽出一部分确定的个体，作为类型的标准，然后对这些确定的标准进行观察，而不必对各个个体进行全部考查。"①

分类分析需要抓住两个核心问题：一是支配分类系统的逻辑规则，也就是分类标准问题；二是标明类别系统的逻辑术语，亦即分类名称问题。分类标准是确保分类一致性和连贯性的基础，也是事物或现象某一重要特征和规律的反映。分类名称则是对事物特征的总结和概括，对不同类别的命名，本身就是将复杂现象加以简化的方式。

在确立分类标准时，需要遵循两条原则：一是针对性原则，即分类标准的确立能有效揭示和有助于分析事物或研究对象的重要特征；二是合理性原则，即按照标准进行的分类较为符合事物或对象的特征和规律。

在确定分类名称时，关键在于要使类别术语具有高度的概括性。一个类别名称既要包括该类别所指的全部事物，同时也要反映出该类别事物的某种重要特征。例如，将农村自然村落分为"单姓村"与"多姓村"，其中类别名称中的"单姓"和"多姓"实际就概括了该类别的一些基本特征。

① 迪尔凯姆．社会学方法的规则．北京：华夏出版社，1999：64.

在分类分析中，为使研究分析符合逻辑，需要运用形式逻辑的集合论原理。在分类中合理运用集合论的一些原理，需要重点把握集合概念与描述方法、集合关系及集合的基本运算方法这几个方面。描述集合的方法主要有两种：罗列法和界定法。分类中常涉及的集合关系主要包括子集、交集、并集、余集与泛集等。

在分类分析中，最为核心的就是"类型"（typology）的划分。因为类型的形成，不仅包含了对现象特征的归纳，而且也代表对现象关系的认识。要在庞大复杂的现象中抽象出简化的类型，一方面需要敏锐地抓住现象的重要特征，另一方面需要进行理论演绎。

分类中的类型通常有两大类：一种分类类型是事物固有的类型，即在事物或现象的构成中自然具有的类型性特征。如自然及社会世界中的"生—熟""前—后""上—下"等，这些相对应的范畴既是事物的固有结构特征，又是对事物的分类方式。

另一种分类类型属于建构性类型（constructed typology）。所谓建构性类型，是指人们根据理论建构的需要，或理论解释需要而对社会事物或现象进行的类型划分。在建构性类型中，既包含研究者的理论假设，也包含研究者对研究对象特征的抽象和概括。建构性类型并不等同于主观随意划分，而是需要按照一定理论演绎逻辑来确立划分规则，同时所建构的类型又能与客观事物的特征相吻合。就像费孝通将土地产权分为"田面权"和"田底权"那样，既提供了权利结构分析的理论视角，同时又能简洁地概括出现实的基本特征。

科学合理运用分类分析法，必须严格遵循分类的逻辑方法和步骤，使分类构成完整的逻辑系统。就分类步骤而言，一般有两种分类方式：一是自上而下的分类，二是自下而上的分类。

自上而下的分类方法是从所要加以分类的事物或现象的总体开始，然后按照不同的分类标准将其所包含的元素进行逐层、逐级的分类。从集合论来看，自上而下的分类就是在一个泛集里逐步按照一种单质属性进行再分类的方法。

自下而上的分类是从具有相同属性或特征的个体开始，将它们归纳成不同类别，然后再逐步概括类别间的共性并形成另一种类别系统。从集合论角度看，自下而上分类形成类别集合的方式是罗列法，而自上而下分类形成集合的方法则是界定法。其主要步骤包括：第一，从个体或元素中找出共同属性或相似特征；第二，根据相似性或共同特征将不同个体归入不同的初步组群；第三，对组群特征进行再归纳，总结出新的分类系统并进行再组合分类；第四，综合概括出分类系统规则。例如，费孝通在对江村的研究中，根据调查所了解关于地主的情况，将地主分类为"在村地主"和"不在村地主"。这一分类既很好地揭示了经验事实，又能为分析地主与村庄的关系提供了有用范畴。

自下而上的分类分析方法是农村社会学研究中的常用方法。我们在田野调查或农村实地考察中获得大量经验资料和信息后，就面临如何运用这些资料为构建理论服务。通常情况下，较为有效的方法就是对分散、庞杂的资料加以归纳，概括出其中的共同属性或相似性内容，然后再将具有共同特征的现象或内容加以抽象，形成类别系统。如果分类系统中的概念能有效地概括事物或现象的特征与规律，那么，这种分类实际上也就成为解释现象的重要理论构成，因为任何理论其实都是由概念有机组合而成的。

二、内容分析法

内容分析法有狭义和广义之分，狭义的内容分析法就是指对研究资料的内容进行分析的方法；广义的内容分析法则是定性研究的一种分析策略，主要指对特定的即与研究对象密切相关的定性资料所包含的意义、主体意识与观念，以及社会与文化法则等进行系统分析的方法。如博格（B. Berg）认为："内容分析是对资料的特定部分进行细致的、具体的和系统的考察和解释，以便确定其模式、主题、倾向和意义。"①

内容分析法有三个关键步骤：第一，从田野经验材料中整理出有规律的内容；第二，系统分析内容所包含的更深层意义；第三，揭示和解释内容所隐含的规则和意义。

作为一种定性分析的策略，内容分析的对象既可以是参与观察的记录，或是田野调查所获得的音像资料、文件材料和档案资料等，也可以是定性访谈的材料。如果分析的对象是访谈材料，那么内容分析常常会引入叙述分析法（narrative analysis）。因为访谈资料的内容包含了叙述的过程和叙述的内容，叙述分析就是要从复杂的叙述材料中分析和解释社会现象的本质。

叙述分析就是通过对叙述材料基本内容的分析，揭示叙述者如何在所叙述的经历中建构意义的，以及这种个人的意义建构过程又是如何与社会世界联系起来的。所以，叙述分析虽然以分析内容为基础，但分析的重点并不在于重现叙述内容，而在于分析故事是怎样讲述的，为什么会以这种方式讲述？也就是说，揭示意义结构才是叙述分析的真正目的。犹如蕾丝曼（C. Riessman）提出的那样，叙述分析实际上是看待叙述文本不同方式的连续统（continuum），而非一种标准方法。②

叙述分析的主要内容可概括为三个方面：（1）结构；（2）意义；（3）互动。结构分析就是分析叙述的结构，叙述结构包含表面的或微观的结构和深层的或宏观的结构两种。表面结构即指叙述者是怎样讲述他们的故事的，这种结构代表叙述的语言学特征，如叙述语言的语义结构和语法结构特征。深层结构指的是叙述者为什么那样叙述，也就是叙述中的社会关系和结构。意义分析是叙述分析的核心。意义分析由两个方面组成，一是分析叙述故事的意义，二是对故事意义的意

---

① BERG B. Qualitative research methods for the social sciences. Pearson Education, Inc., 2007: 303.

② RIESSMAN, C. Narrative analysis. CA: Sage Publications, Inc., 1993: 6.

义分析。前者是了解故事或事件之于叙述者个人的意义，后者则要理解和揭示故事所包含的社会意义。互动分析类似于符号互动分析，即把叙述视为一种交流互动的过程，这一过程得以实现，其实是靠那些符号在其中所起的作用。因此，互动分析就是要揭示支撑互动过程背后的符号及其意义。

叙述分析的基本脉络有两条：一是故事（事件、经历）；二是情节（见图3-2）。在分析故事的过程中，主要抓住三个要素即人物、情景和关系，也就是要分析故事或事件中的人物有哪些、在什么样的情景中形成了哪些重要社会关系。

在情节分析中，主要关注两个要素：一是时间，二是互动。时间分析不仅要了解故事发生的时间，而且还要揭示故事的时间性和历史性，也就是从时间维度去理解故事的意义。互动实际上包括故事中的人物互动和故事叙述者与听众的互动。互动是由人们相互作用的行动构成的，也是构成事件和社会的基本元素，人们总是要通过行动才能构建起社会，因而几乎所有意义也都在互动中建构的。分析互动，目的也就在于揭示互动行动背后的社会意义。

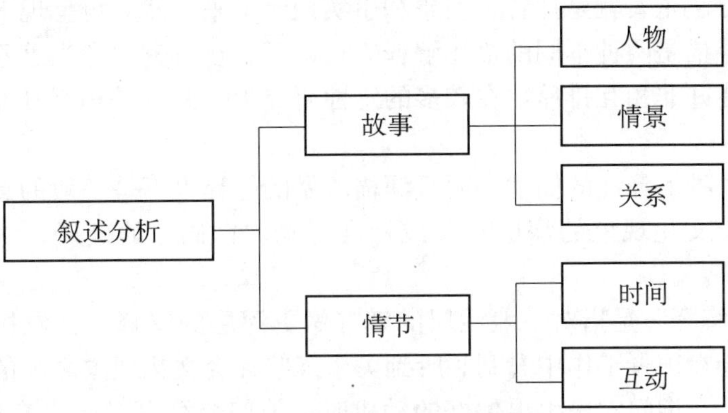

图3-2 叙述分析的逻辑框架

三、深描与解释

在社会学的研究中，通常会运用描述法来呈现经验材料并进行解释。描述有两种形式：一是轻描或浅描（thin description），二是深描（thick description）。轻描是指一般性描述，即把一般经验事实和表层现象描绘和呈现出来，内容主要包括这样几个方面：（1）背景描述。主要描述一个社会、一种文化、一个群体、一件事件的背景和情境。（2）行动描述。主要描述在一定情境或背景中发生的各种社会行动和互动。（3）关系描述。主要描述一定背景下人与物、人与人、人与团体之间存在的不同联系。（4）谈话描述。主要描述在访谈过程中被访者对问题的回答和对现象及事件原因的解释。

深描其实是一种解释方法，格尔茨（C. Geertz）把深描视为“迈向文化的解释理论”，认为：“文化就是这样一些由人自己编织的意义之网，因此，对文化的分析不是一种寻求规律的实验科学，而是一种探求意义的解释科学。”① 深描的目的就在于析解各种神秘莫测文化现象背后的意义，也就是说，深描包含了分析和解释。

深描与一般描述的区别并不是深浅程度上的差别，而是性质、方向和方法上的差别。具体而言，它们之间的区别在于以下方面：其一，深描属于解释性描述，而浅描或轻描属于描述性描述。解释性描述的目的不在于呈现经验现象，而在于破解现象背后的“信号密码”，也就是现象的原因或行动的动机；描述性描述则主要是呈现或再现客观事实。其二，深描解释是客位取向，而浅描解释则是主位取向。在一般性的浅描中，更加追求描述贴近当地人或当事人的事实和观念，尽量把当地人所说或所做的解释描述出来，并认为这种主位的解释更可信、更真实。而深描则恰恰相反，深描所关注的不是当地人或当事人怎么说怎么做，而是关注于他们所说所做的意图或动因是什么。其三，深描所采用的主要是析解方法，而浅描所采用的方法主要是记录方法。析解方法就是分析和解释一些表象或行为的意指结构，即揭示在一些现象背后究竟隐含何种社会意义或原因。浅描所用的记录方法主要就是把各种表象和事实记录下来，然后再呈现出来。

深描与轻描是两种不同的描述解释方式，两者在研究中充当着不同的解释功能，这些功能并非相互排斥，在较多的定性研究中，两者是相互补充、有机构成一体的。

深描是一种解释性的描述，而且深描所做的解释也不是一般的意义说明与解释，而是社会文化现象的深层意义或社会行动“密码”的破译，深描解释属于“解释之解释”。

“解释之解释”是指对一般浅层的解释做更深层的解释。在农村社会学研究中，研究者会在田野工作中看到和听到关于某些社会文化现象之间的关联和原因解释。例如，在询问农民生男偏好的动机时，他们会给出诸如“养儿防老”“农业需要男劳力”之类的主位解释。尽管这些解释可能是符合逻辑的，也可能是出于真实意思的表达，但是，对于研究者来说，如果研究的解释仅仅停留在当地人的解释之上，那么，研究就可能没有达到揭示深层意义的目标，而只是对浅层意义和表象加以说明而已。

所以，深描解释的主要任务之一就是对访谈中的一般解释做深层意义的分析和解释，也就是要揭示被访者为何做出这种解释，在这种解释背后隐含怎样的一种观念结构或意指结构？在此基础上再理解和解释那些现象或行为之于被访者的意义。

至于深描解释所要揭示的现象或行动的深层意义，主要是指在人们的内心深处所赋予行动和现象的意义。深层意义不同于行动的一般原因或动机，而是更深层次的、与观念系统及认知结构相关的驱动力和动因。深层意义与人们在一定社会文化背景下形成的意指结构也有密切关系，任何文化中的人都会赋予一些符

---

① 格尔茨．文化的解释．南京：译林出版社，2002：5.

号、行动以一定的意义，因而任何行动都与文化中意指结构有关。意义解释就是要译解符号的意指，即符号指向何种意义。

格尔茨在对印度尼西亚巴厘岛的斗鸡现象的研究中，提供了一种深描解释的典型范例。他对巴厘岛的斗鸡现象的描述，并不是简单说明斗鸡和赌博参与者的行为动因，而是揭示了隐藏在斗鸡和赌博行为中的社会等级结构这种深层意义。由此破解斗鸡现象所代表的不是一般游戏，而是“深层的游戏”，所有以不同身份参与这一游戏的人实际上是在演绎着巴厘岛社会的等级结构，斗鸡就是用金钱来赌他们的地位。

深描解释所揭示的深层意义，帮助人们在微观现象与宏观结构之间建立一种联想和想象，这种连接对于理解地方性知识和观念结构起到了中介作用。很好地运用深描法来分析和解释社会文化现象，将对提高认识和理解的深度有着重要意义。

四、数据的量化分析

社会学的定量研究需要对抽样社会调查数据进行统计分析，这样才能在理论构建和经验观察之间建立起联系，因此，对数据的统计分析是整个实证研究过程的必要构成。

对社会现象量化的基本方式就是用变量来描述概念，根据测量水平或层次的不同，变量一般分为四种即定类变量、定序变量、定距变量和定比变量，统计分析方法的选择通常要参照变量的测量水平。定类变量的测量水平最低，变量取值只代表名称或类别的编码，没有量的差异，如性别变量中男性为1，女性为2，只是类别编码。定序变量的测量层次比定类变量较高，变量的取值不仅表达类别关系，而且也表示次序关系，如学历变量中的小学、初中、高中、大学等的编码。定距变量的测量层次更高，变量属性间的距离或差异具有实际意义，如温度的测量。定比变量是测量层次最高的变量，除具有定距变量的所有特征外，还有真实测量的特征，其0值是非人为制定的。变量的测量水平越高，其所含的信息会越多。

用于社会学定量研究的数据一般分为两类：一类是截面数据（cross section data），一类是面板数据（panel data）。像一次普查、抽样社会调查所得的数据属于截面数据，而面板数据则是对一定对象在不同时点进行追踪调查所获得的数据，通常情况下截面数据运用较多。

在对抽样社会调查数据进行量化分析中，通常运用的统计分析方法大体包括描述性统计分析和高级统计分析。描述性统计分析是基本的统计分析，也是将复杂的社会现象用简化的统计值描述并呈现出来的分析方式。常用的描述性统计分析主要有频数分析如频数和比例，集中趋势分析如平均数、众数和中位数，离散趋势分析如标准差和离散系数，相对位置分析如四分位数，列联表分析、相关分析等。

高级统计分析是指运用一些相对高级的统计模型来分析社会现象和社会问题中所包含的更为复杂的变量关系。常用的统计模型可分为两类：一是因果模型（dependance model），二是相依模型（interdependence model）。因果模型是用于分析自变量的变化如何影响因变量变化的模型，而相依模型则是用于分析变量、类别和案例之间的结构关系。[①] 常用的因果模型分析方法主要有多元回归分析、Logistic 回归分析、logit 模型分析，这些分析方法适用于对单因变量的因果关系分析。在对多因变量分析中，主要运用典型相关分析和多元方差分析方法。在对复杂社会现象进行因果关系分析时，时常会面临变量之间会有多重因果关系，那么可运用路径分析法，分解出变量的直接作用和间接作用。如果多重因果关系还有不能直接观测的潜在变量，则需要运用结构方程模型来进行分析。

常用的相依模型分析主要包括因子分析、聚类分析和对应分析，其中因子分析和聚类分析适用于对多个有精确测量值的测量型变量进行分析，对应分析可用于分析不同非测量型变量的类别关系。

使用面板数据进行统计分析，可运用事件史分析法来进行因果关系分析。事件史分析主要用来分析某一事件发生的方式及其决定因素，常用的分析模型有离散时期 Logit 模型和 Cox 比例风险模型。定量研究的统计分析可以借助于一些统计软件，较为常用的统计软件有 Stata 和 SPSS 软件。

五、社会学研究的理论构建

构建社会学理论必须从资料出发，需要从经验事实中去探寻和总结一般化的规则，资料之于理论建构是必要的。但是，资料并不等同于理论，经验事实仅仅是事实，而不是理论。所以，仅有资料对于理论建构还不充分。也就是说，资料对于理论建构是必要的但不是充分的条件。此外，在检验理论时，人们通常坚持用事实去证实或证伪一般理论观念，其实，事实性的检验也只是理论检验的一个重要组成部分，而不是全部。因为事实不能完全证实或证伪一般理论，即便理论中的具体内容被事实证伪，而理论的其他部分也不一定被彻底否定。事实检验是对理论的不断修正，并促进理论不断发展。任何理论都要受制于事实，并通过经验事实加以修正，但理论的发展和提升仅靠事实检验是不够的。

社会学研究要构建理论除了要对调查经验资料进行加工和发挥外，还需要非经验的或先验的思想活动的参与。何以能从具体事实中抽象出一般化的规律呢？以及抽象出的理论是否具有较好的解释功能呢？这一点通常取决于理论的建立者具有较高的非经验的或先验的思维能力。理论的构建需要研究者首先提出理论假设或理论问题。理论假设虽然与经验有着某种间接联系，但就某个专门研究而言，假设是先于经验的。为了从经验事实中得出理论，一般需要对事实有某些假定或设想。提出这些设想，往往依赖于研究者所拥有和掌握的先验的思想。

---

① 郭志刚．社会统计分析方法：SPSS 软件应用．北京：中国人民大学出版社，1999：7.

参与理论构建的先验思想的源泉是研究者的理论素养，即研究者养成或习得的抽象思维和理论概括的能力，其中主要包括理论想象力、逻辑推理能力和理论演绎能力。社会学的理论主要是关于社会世界中的各种现象关系的原理，要在复杂现象中探寻一般规则，想象力是非常重要的。此外，要建立系统的、严密的理论体系，必须有可靠的逻辑推理和理论演绎及阐述能力。这些先验的因素并不直接来自经验观察，而是源自理论习得。先验的思想主要来自一个学科的理论传统，即科学连续统（continuum），也就是科学研究者一代一代向下传承的、连续统一的理论传统（见图 3－3）。①

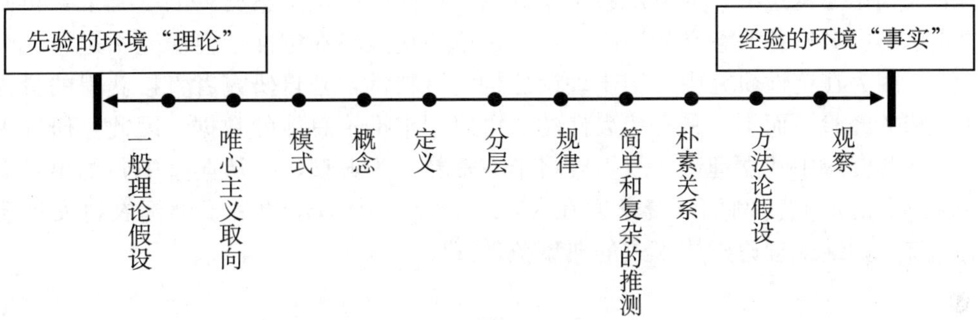

图 3－3　科学连续统及其成分

对于社会学的研究者而言，可以通过亲身经历去感知社会世界，因而把握事实或经验相对较为容易，而要实现研究的目标并构建起一种理论，还必须对所经历的事实进行先验的思考。不然，研究者所把握的事实与普通人的经验就没有实质性区分，而且也不可能形成对社会学理论体系有所贡献的理论知识。

构建理论有两种模式：一是演绎式理论建构模式，二是归纳式理论建构模式。两种理论构建模式主要在逻辑推理过程中所采取的方式有所不同：前者采取的是演绎式推理，即从一般到个别特殊；后者采取的是归纳式推理，即从个别特殊推导出一般。

演绎式理论建构的程序大致可分为五个基本步骤：

1. 详细说明主题。
2. 详细说明理论关注的现象范围。理论将运用于所有人类社会生活，还是仅仅运用于美国，甚或只是运用于年轻人，或者其他什么？
3. 详细说明主要概念和变量。
4. 找出关于变量关系的既存知识（定理或命题）。
5. 从这些命题逻辑地推论至你们正在考察的特定主题上。②

在演绎式理论建构过程中，首先需要明确主题。主题一般是研究者感兴趣的、旨在解释的问题。在说明主题时，要运用一些概念或变量，并对概念和变量

① 亚历山大．社会学二十讲：二战以来的理论发展．北京：华夏出版社，2000：6.

② 巴比．社会研究方法．北京：华夏出版社，2000：81.

的内涵及所指范围加以交代和澄清。在主题表述方面，需要根据一定的判断提出某种设想或假设。而且，这些假设通常要与相关的理论传统或既有知识有一定联系。在提出理论假设之前，需要了解与该主题相关的其他理论成果和已有的认识，这样可以使自己的理论能够与其他理论形成对比和讨论的空间。在提出理论假设之后，就需要根据主题的范围对相关事实加以考察，并逐步推进逻辑演绎和理论阐述。例如，倪志伟在构建中国农村市场转型论中所采取的理论构建策略就是演绎式理论构建模式。①

归纳式理论建构模式主要采用逻辑归纳方法，即从个别到一般的逻辑方法。归纳式理论建构过程一般从观察个案开始，在获得一定个案材料的基础上，再归纳或总结出具有普遍意义的原则。这一理论建构策略在定性社会研究中运用尤为广泛，因为在定性研究中，用于理论建构的资料常常来自研究者直接获得的具体和特殊的经验，而不是具有代表性的、可以用来推论总体的数据。因此，研究者要从这些资料中建立理论，就需要将个案资料作为典型，并从典型中归纳出具有普遍意义的原则。例如，费孝通在《江村经济》中构建的关于中国农村发展理论，就是归纳式理论建构模式的典型范例。②

思考问题

1. 社会学研究主要有哪些范式？
2. 田野调查在社会学研究中有何意义？
3. 试述怎样建立社会指标体系。
4. 举例说明如何进行 PPS 抽样。
5. 试述如何建构社会学理论。

阅读书目

1. 袁方．社会研究方法教程．北京：北京大学出版社，1997.
2. 风笑天．社会学研究方法．北京：中国人民大学出版社，2001.
3. 郑杭生，等．社会指标理论研究．北京：中国人民大学出版社，1989.
4. NEUMAN W L. Social research methods: qualitative and quantitative approaches. Boston: Allyn and Bacon, 1997.
5. 何建章．中国社会指标理论与实践．北京：中国统计出版社，1989.

---

① 倪志伟．一个市场社会的崛起：中国社会分层机制的变化//边燕杰．市场转型与社会分层：美国社会学者分析中国．北京：三联书店，2002：217－259.

② 费孝通．江村经济：中国农民的生活．北京：商务印书馆，2007.

第四章

社会的构成

【本章要点】

- 社会是人类生活的共同体，社会在本质上是生产关系的总和，它是以共同的物质生产活动为基础而相互联系的人们的有机总体。人口、资源、环境、文化是社会的基本构成。
- 社会结构是社会系统的各个组成部分及要素之间持久的、稳定的相互联系模式；社会运行是社会有机体自身的运动、变化和发展；社会转型是一种特殊类型的社会纵向运行，指社会从传统型向现代型的转变过程。
- 社会类型是对社会的基本性质及典型特征的归结、概括和划分，用来表征特定社会及其现象的基本性或典型性。从生存方式上看，社会发展经历采集狩猎社会、园艺社会、游牧社会、农耕社会和工业社会等类型。从社会关系上看，滕尼斯（F. Tönnies）将社会区分为两种类型：公社（community）社会和社团（association）社会。

【关键概念】

社会 ◇ 共同体 ◇ 社会结构 ◇ 社会转型 ◇ 社会类型 ◇ 生存方式 ◇ 滕尼斯 ◇ 公社社会 ◇ 社团社会

社会学的研究离不开社会这个基本的事实。因此，把握社会的内涵和本质、社会构成的要素以及结构和类型等，是我们进行社会学研究的一些基础环节。

第一节 社会及其构成

一、社会的本质

社会是人类生活的共同体。马克思主义认为，社会在本质上是生产关系的总和，它是以共同的物质生产活动为基础而相互联系的人们的有机总体。

在汉语里，“社会”一词最早出现于唐代的古籍中。《旧唐书·玄宗上》（本纪第八）中就有记载：“礼部奏请千秋节休假三日，及村闾社会。”此处“社会”一词是目前见到的社、会两字的最早连用，意指村民集会。它是由“社”和“会”两字演进而来。“社”的含义比较复杂，原指祭神的地方。《白虎通·社稷》说：“封土立社，示有土也。”“会”为聚集之意。后来两字连用意指人们为祭神而集合在一起。古籍中有时也用“社”指志同道合者集会之所，如“文社”“诗社”，或指中国古代地区单位，如“二十五家为社”[①]。在西方，英语 Society 和法语 Société 均源于拉丁语 Socius 一词，意为伙伴。日本学者在明治年间最先将英文 Society 一词译为汉字“社会”。近代中国学者在翻译日本社会学著作时，袭用此词。因此，可以说，正是在中西文化的交流中，才形成了今天汉语里“社会”一词的含义。

西方社会学者对社会的解释多种多样，但概括起来，主要有两大派别。一派叫作社会唯实派或实体派，他们认为社会不仅仅是个人之集合，它也是一个客观存在的东西，是真实存在的实体。其代表人物有：德国的乔治·齐美尔、法国的涂尔干等。另一派叫作社会唯名派，他们认为，社会是代表具有同样特征的许多人的名称，是空名，而非实体，真实存在的只是个人。这一派的代表人物有：美国的 F. H. 吉丁斯、法国的 G. 塔德等。我们认为，这两大派别各执一端，他们的观点虽然都包含了某些合理因素，但未免失之偏颇。我们的观点是，社会的本质既不是在整体，也不是在个人之中，而只能在人与人的关系、个人与整体的关系中去寻找。在这个问题上，马克思主义揭示了社会的本质。

社会的本质是指规定和制约各种社会现象的内在基础和根据。社会的本质不是抽象的、非历史的，而是具体的、历史的。在现代化的过程中，社会生活逐渐脱离自然形成的传统习俗秩序，不断向人们创造和构建的秩序转变。对社会变迁

---

① 陈宝良．中国的社与会．杭州：浙江人民出版社，1996：1－6.

的本质以及现代社会的本质及特征的探讨和理解，成为社会学一个非常重大的课题。社会学家们从不同的侧面展开了关于社会的本质的研究，构成了多种理论体系，如社会有机体论、生活共同体论、社会行动论、社会关系论、社会系统论等。马克思主义通过对现代社会的研究、分析和批判，形成了马克思主义社会学，阐述了一种独特的社会系统理论，深入解释了社会的本质。

在马克思主义社会学看来，社会是一个整体系统，构成社会统一体的各个组成部分是相互包含、相互依存的，其中，生产关系的总和即生产方式构成了一个社会存在、运行和发展的基础，是规定着和制约着一切社会关系和社会现象的本质所在。

在此基础上，马克思阐述了马克思主义社会学对现代社会的本质和规律的认识：生产关系适合生产力状况，即生产力决定生产关系和生产关系反作用于生产力；经济基础和上层建筑的辩证关系，即经济基础决定上层建筑，同时上层建筑又具有能动的反作用。

综合马克思主义经典作家的论述，他们的基本观点包括两个方面：第一，社会不是单个个人的堆积或简单相加，它是人们的联系或关系，是人们相互交往的产物，是全部社会关系的总和。第二，人们的交往首先是在生产、分配、交换、消费中发生的经济交往，因此，人们之间的最基本的、决定其他一切关系的是生产关系。生产关系是社会的基础和本质，它是不以人们的意志为转移的客观物质关系。

二、社会的特征

对于人类社会来说，其共同特征主要表现为：

第一，社会是由人群组成的。人是社会系统最基本的要素，没有人也就无社会可言。人是社会生活的开拓者，人是社会活动的发起者，人是社会关系的承担者，人是社会过程的推动者。当然，这里所说的人，是人群而不是单个的个人，单个的人是不能称其为社会的。

第二，社会以人与人的交往为纽带。人与人的多方面的联系，形成了整个社会系统。这些联系概括起来是横向与纵向两个方面。所谓横向联系，即同一时代人们之间的联系。社会分工越发达，这种联系就越发展。所谓纵向联系，即历史联系，它表现为人类文明前后相继的无止境发展过程。

第三，社会是有文化、有组织的系统。人类社会与动物结群不同，社会创造出了原来自然界中所没有的文化与文化体系。文化形成后，又成为社会最主要的构成要素，这样社会便按照一定的文化模式而组织起来。

第四，社会是以人们的物质生产活动为基础的。马克思主义指出，人类社会的联系尽管复杂，但却是有规律可循的。由于物质资料的生产活动是社会系统的基本活动，所以人们在这一活动中所结成的生产关系是社会系统的基础和本质。

第五，社会系统具有心理的、精神的联系。人类具有高级神经活动，这是任何其他动物、电脑所无法比拟的。在高级神经活动的基础上，人类创造出了一系列的语言、文字、符号及多种非本能的通信方法。这些符号及通信方法，反过来又大大加强了人们之间精神上的互动与联系。

第六，社会系统是一个具有主动性、创造性和改造能力的活的机体。社会的主体——人，能够主动地发现社会自身以及社会与自然之间的不平衡，并主动地进行调整使之实现平衡。不仅如此，社会还不断创造着维持自身生存和发展的物质条件。在这种创造性活动中，社会自身也得到了发展，因而可以说，社会具有自我再创造的能力。除社会以外，其他系统都只能适应自然，而社会却具有改造自然的能力。

三、社会的要素

社会既是抽象的，又是具体的。就具体社会存在而言，它是由一些基本要素结合而形成的，这些要素主要包括：人口、资源、环境、文化。

人口要素

人口要素是社会存在的基本前提之一。任何社会，都是由人构成的社会，即人类社会。一定数量和质量的人口成为一个社会的核心。社会中的人口要素有数量和质量两个方面的体现。

人口数量是指一定地区、一定时点人口的总数。一个社会的人口与人的出生、成长、衰老和死亡密切联系在一起，人口数量可以通过人口的出生率、死亡率和自然增长率得到反映。

人口质量是指人口在质的方面的规定性，包括思想素质、文化素质、身体素质，通常称之为德、智、体。思想素质是支配人们行为的意识状态，文化素质是人们认识和改造世界的能力，身体素质是人口质量的自然条件和基础。

人口结构也称人口构成，是反映一定地区、一定时点人口总体内部各种不同质的规定性的数量比例关系。人口结构涉及性别、年龄、民族、婚姻状况、文化程度、阶层、职业、宗教信仰等方面，可以划分为人口自然结构、人口社会结构、人口地域结构三大类型。

一般来说，数量适度、质量合格、结构合理的人口是社会良性运行、协调发展的必要条件。从目前的情况看，我国依然面临着人口过多特别是某些地区人口增长过快，高素质人口在总人口中的比例偏低，以及人口老龄化趋势迅速发展等严峻问题，所以，要使我国人口继续向数量适度、质量合格、结构合理转变，仍是未来一定时期内的一项重要任务。

资源要素

资源要素是人类社会生存和发展的基本物质条件，是社会系统运行的动力来源。资源是由人类从自然界或世界中发现的有用途和有价值的物质。资源是生产活动的前提，并通过生产转换为社会生活的物品，然后在消费过程中产生价值。在最一般的意义上，资源大体分为两大类型：自然资源和人文资源。自然资源又可分为两类：可再生性资源和不可再生性资源；人文资源则可划分为经济资源、政治资源、文化资源、社会资源。根据资源的表现形态，还可区分为实物资源与符号资源、实体资源与虚拟资源。

资源是相对于人类社会活动而言的，即可资利用的物质或事物。因此，从人类可持续发展的角度看，资源具有有限性和稀缺性以及整体性等特性。有限性和稀缺性是指任何资源对于人类社会永恒发展来说，可能都是稀缺的、有限的，而不是无限供给的。这样人类就需要从长远考虑去合理地开发、利用和管理资源。整体性是指资源为人类社会所共享并影响整个人类社会生存和生活。因此，合理分配、利用和保护资源尤为重要。

环境要素

环境要素是社会存在和运行所依托的空间的、物质的基础。环境有广义和狭义之分，这里所说的社会构成的环境要素为狭义的环境，即指人类社会在一定空间、地域中直接或间接获得生产和生活所必需资源的各种自然条件，也就是自然环境。自然环境是构成社会的最基本物质基础。在特定的自然环境中，生物与其生存环境通过物质、能量的交流，形成具有一定结构和功能的有机整体即生态系统。

人类社会与自然环境之间的和谐关系越来越被人们所认识和重视。社会与环境的关系既有适应的部分，即人类需要在环境中生存和生活，因而必须适应特定的环境；但同时又有人类改变环境的部分，尤其是随着生产力的提高，人类改变环境的能力和速度也在加快，其中有些活动对环境所造成的影响是破坏性的，即与人类适应环境的关系是相背离的，人们越来越难以适应自身活动所改变的环境了，这就是现代化过程中的环境污染问题。由此看来，环境污染的危害性在于其破坏社会的基本要素，因此，环境污染表现为对自然环境的损害，其实质则是对社会根基的危害。保护环境，促进人类社会和自然环境的和谐发展，是人类社会可持续良性运行的重要条件。

文化要素

文化是社会的又一重要构成要素。任何社会，都包含了人类通过智慧和心智而创立和积累的文化，如语言、习俗、艺术、宗教、法律、制度以及各种物品等。

从某种意义上说，文化是人类社会活动的全部成果，是人类所创造的一切物质的与非物质的产品的总和。因而文化非常广泛且显得抽象，但文化又是具体的，与社会生活密切相连。在日常生活中，人们既是由文化组织起来而有序地生活，同时又在延续和创造文化。

文化之所以是社会的构成要素，是因为文化把自然人统合起来构成社会。如中国古代的“社”就是与祭祀活动相关，表明人类总是要通过文化活动来组织和安排生活，并通过文化来维系人群的关系，构成相当稳定的社会秩序。

文化是个人社会化的重要机制，个人通过学习文化掌握成为社会成员所需的规则、技能和知识。社会秩序总是在一定文化提供的互动规则下形成的。

四、社会的功能

人类社会一经形成就要发挥作用，这种作用就称为社会功能。社会的基本功能有以下几方面：

第一，整合的功能。整合（integration）或社会整合（social integration）是社会学术语，指社会将无数单个的人组织起来，形成一股合力，调整种种矛盾、冲突与对立，并将其控制在一定范围内，维护统一的局面。就我国社会而言，当前，我国正处于剧烈的变迁时期，社会群体、社会关系、社会观念等方面的矛盾、冲突均较为突出，因而发挥社会整合的功能就显得尤为重要。

第二，交流的功能。社会创造了语言、文字、符号等人类交往的工具，使个人之间、家庭之间、群体之间、国家之间的交往成为可能。社会也为人类的交往提供了多种多样的场所，为人类互动提供良好条件。社会还为人类交往提供了规范，使人类互动能合理地、得体地进行。

第三，导向的功能。社会有一整套行为规范，用以维持正常的社会秩序，调整着人们之间的关系，规定和指导人们的思想、行为的方向。导向可以是有形的，如通过法律等强制手段或舆论等非强制手段进行；也可以是无形的，如通过习惯等潜移默化地进行。

第四，继承和发展的功能。人的生命短暂，人类一代代更替频繁，而社会则是长存的。人类创造的物质和精神文化通过社会而得以积累和发展。

第二节 社会结构和社会运行

社会结构是指社会系统的各个组成部分及要素之间持久的、稳定的相互联系模式，即社会系统的静态构成状况。从不同角度看，社会结构具有多样性，如阶级结构、职业结构、人口结构、利益结构、社会规范结构等。社会结构反映的是社会静态的状况，同时又预示着动态变迁的趋势和内容。

一、宏观社会结构

宏观社会结构指社会的整体结构，即整个社会关系的构成状况，包括社会的经济结构、政治结构和文化教育结构。具体说来，社会制度以及世界体系就代表社会的宏观结构。

社会制度是指在一定历史条件下形成的社会关系及与之相联系的社会活动的

规范体系。在社会关系中，社会制度占据最重要的地位，因为社会制度是社会关系的综合体系，也是社会关系的最高层次。社会制度是一种固定化的较为持久的社会关系。

社会制度为社会提供了一个宏观架构，通过各种关系规则给个人行动设置了选择集，人们的行动被限定在选择集的范围之内，人们的社会关系也由制度而设定，这样，社会生产活动及社会生活就在制度框架下有序进行。例如，婚姻家庭制度规定和设置了社会生活的基本单位，并满足了基本社会需要和繁衍后代的需要，使得社会得以延续和发展。文化教育制度提供文化和知识传承的体系。

此外，社会制度还从宏观上确立了个人关系、群体关系以及个人与社会关系的基本形态。社会的任何结构现象都是人的行动的产物，都是人的实践的结果。在此意义上说，社会结构不过是人作为能动的主体时，其行动的相互关联、彼此影响的模式化体系。因此，人的行动实践与社会结构之间是同构互生的关系，这种关系中蕴含着社会结构转型、社会生活变迁的活力来源。

个人关系，指日常发生的人与人之间的直接联系或互动，它是一种较低层次的社会关系，这种关系常常是非正式的，没有什么固定的要求，更没有通过法律、法规、规则、规章等形式固定下来。因而它常常是不稳定的、变动不居的。

社会学历来重视对个人关系的研究。这是因为：第一，个人关系是全部社会关系的起点，其他社会联系都是由此展开的；第二，个人交往是社会中最频繁发生的社会关系与社会互动；第三，它是人们对于社会关系、社会互动的最直接的体验，因而能给人们留下最丰富的感性认识。人们常常是通过直接的人与人之间的互动来观察一个社会。正因为如此，在我们社会主义国家中，应认真对待和处理个人关系。在我国现实生活中，像同事关系、上下级关系、朋友关系、顾客与服务员关系、老乡关系、邻居关系、夫妻关系、父母与子女关系、婆媳关系等，都是值得重视的个人关系。

群体关系，指在社会的群体或组织的层次上所发生的社会关系。它是社会关系的中间层次。与个人关系相比，群体关系具有一定的稳定性、持久性，它受到社会群体的规则、规范的约束。例如，一个社会团体内部的小组与小组、成员与成员之间的关系受到这一团体的规则、规章的约束；而两个或几个社会团体之间的关系则更受到各种严格的社会规范的约束。

群体关系在社会关系中占有重要地位，它比个人关系更明确、更集中地表现了社会关系的基本倾向，它是社会制度的基础。马克思主义经典作家历来重视群体关系，特别是阶级关系，他们认为，阶级斗争是阶级社会发展的直接动力。当然，在我国现阶段，由于作为一个完整的阶级的剥削阶级已经消灭，社会各阶级已不是原来意义上的阶级，因此，阶级关系在我国已不占主导地位。而阶层的关系、职业群体的关系以及其他一些非阶级的社会集团的关系成为我国社会生活中日益重要的群体关系。个人与社会的关系问题，实质就是个人行动或实践范围问题，这是由社会制度所确立的。例如，在西方社会，制度更倾向于个人行动自由。

从全球范围来看，社会宏观结构是一种世界体系，它与各个国家的社会系统构成既相互联系、相互影响，又相互有别的社会结构。在世界体系这一宏观社会结构中，一方面存在着人类社会发展的共同趋势和结构特征，如当今世界体系中全球经济一体化和各国相互依赖的程度越来越高；另一方面，世界体系又存在着各种利益格局，这些格局受制于历史文化、意识形态、政治制度和经济发展水平。

社会学对宏观社会结构的研究，主要包括阶级阶层结构研究、宏观经济制度研究、宏观社会制度研究、社会关系网络研究、群体关系研究以及全球化和现代化研究。这些研究可以让人们从宏观的高度去了解和认识社会的全貌和架构，把握社会运行的整体趋势。

马克思主义社会学在分析宏观社会结构方面，提出了几个重要观点和视角：一是生产力和生产关系的辩证关系，即生产力决定生产关系，生产关系又反作用于生产力；二是经济基础与上层建筑的辩证关系；三是阶级分析的视角，即在私有制社会，社会结构表现为阶级结构，阶级地位和阶级关系决定其他社会关系。

二、微观社会结构

与宏观社会结构不同，微观社会结构主要是由各种具体的、基本的社会单位构成现实社会的形态。微观社会结构是指社会个体相互联系、相互作用的模式，如在日常生活中人际互动的模式、个人在一定社会领域扮演社会角色的模式等。

在微观社会结构中，基本的结构单位主要包括：个人、角色、群体、组织、社团、社区等。这些基本的结构单位或要素的有机统一构成了一个社会的结构现象，形成了一个整体性社会的结构系统。在不同的社会中，结构单位或要素的统一方式和机制是不同的，因此，从微观社会的结构现象也能看到社会的基本状态和发展趋势。

个人是构成社会的最基本的单位，这里所说的个人不是抽象的概念，而是指社会生活中的具体行动者，社会学者科尔曼称之为“法人行动者”。[①] 现实社会中，每个人既与其他人相互联系，又与他人存在差异和相对独立性。社会中的每个人都会按自己的意志行动，现实社会也正是由各种各样的个人的具体行动构成。个人行动是社会学考察的重要内容，因为通过对大量个人行动的考察，可以发现社会运行的规律。

在社会学看来，社会类似一个大舞台，舞台上的各种各样的角色就是其微观构成之一。角色与个人行动相关，因为角色扮演是通过个人行动实现的。不过，角色还有其他引申意义。个人是怎样扮演社会角色的？为什么那样表演？这些问题就涉及在现实社会生活中，个人角色扮演与地位、社会期望以及角色规范是密切相关的。社会中有各种各样的位置或地位，对应这些位置，社会或大众已经赋

① 科尔曼．社会理论的基础．北京：社会科学文献出版社，1992.

予了相应的社会期望，于是人们的角色扮演行为就按照这些期望来进行。

群体和组织是构成社会的基本单位。群体和组织将个人联系起来，成为个人行动的重要依托。也就是说，个人的行动和角色扮演总是在一定群体和组织内进行的。例如，个人亲属角色的扮演是在家庭这一初级社会群体内进行的，个人的职业角色是在学校、工厂或机关等组织内进行的。所以，对群体和组织等微观社会结构的考察，既是了解个人行动的重要视角，也是认识社会系统运行机制的有效途径。

在微观层次上，社团和社区也是社会的重要构成。有共同利益或共同志趣的个人的联系构成社会活动的共同体，这就是社团。社团成为个人社会活动的重要载体和场域，也是社会生活的重要侧面。同样，社区是个人在共同区域里的生活基础上构成的社会单位，人们在具体生活中形成的社会认同及相互联系，成为构建这一社会单位的基础。

对微观社会结构的考察，是社会学认识和理解社会的必要途径。只有通过微观社会学的研究，才能获得认识的具体经验材料，才能从大量具体经验中总结出各种社会现象的原因，归纳出社会运行的规律。例如，在探讨青少年犯罪的原因时，微观社会研究通过对犯罪青少年的特殊情况、特殊经历、走上犯罪道路过程的具体考察，会从中总结出青少年犯罪的差异性和共性，并在比较分析的基础上发现青少年犯罪问题产生的原因及规律，从而可以有针对性地采取预防和治理措施。所以，对微观社会结构的研究有助于我们深入细致地了解社会及社会问题的具体情况，了解社会构成和运转的现实基础。

三、社会运行与社会转型

（一）社会运行

所谓社会运行指社会有机体自身的运动、变化和发展。表现为社会多种要素和多层次子系统之间的交互作用以及它们多方面功能的发挥。

社会运行大体上包括纵向与横向两个方面。纵向运行也就是社会的变迁与发展。社会系统在其前后相继的纵向运行中表现出如下一些基本关系。第一，继承的关系。即后来的社会接受了过去社会所留下的遗产。今天人类社会之所以形成了如此灿烂的文化，在很大程度上是由于继承了数千年以至于数万年的历史成果。当然，继承关系是没有价值取向的，即所继承的不见得都是好的东西。历史上的一些糟粕，也常常被后来的社会系统或某些子系统所继承。第二，变异的关系。社会纵向运行虽然继承了过去的东西，但它不是一成不变地照搬，而是随时修改着、变化着。社会的变异有多种表现：有些仅在原来基础上发生微小的变化，如人的形体的变化；而另一些则是巨大的变化，甚至是根本的变革与创新，如社会由无阶级社会进入阶级社会，文字等精神文化的创造，蒸汽机、核动力等物质文化的发明。当然，无论怎样的创新，它都不可能是“无源之水”，我们总可以从原来的社会系统中找到它的根源或根据。第三，中断的关系。在社会的纵向运行中，有很多东西被历史发展所抛弃。有些是因条件变化了，后来已无存在的必要；但另一些是至今仍有存在价值的，却因种种变故，出现了发展的中断，如我国历史上一些古方、古法、古书、古曲的失传等。

横向运行指社会发展某一阶段上，社会诸要素、社会诸系统的交互作用。与纵向运行一样，横向运行也表现出了一些基本关系。第一，交叉与渗透的关系。社会是一个整体，社会各要素、各系统的区分是相对的，而不是绝对的。在现实生活中，它们是交织在一起的，你中有我，我中有你。例如，政府本是政治系统的重要因素，但它却总是同时承担着部分经济功能、文化功能、价值观导向功能。第二，制约的关系，即社会某些要素、子系统的功能的发挥会限制和约束另一些要素与子系统的发展。如经济的不发达常限制了文化、思想的发展。当然，制约不一定是坏事，有些制约关系是发挥“正”功能的，如法制系统的健全，约束了违法行为的发展，现代人口理论的发展限制了无计划人口再生产状况的发展。第三，促进关系。与制约关系正相反，它指一个系统功能的发挥对另一系统起着推波助澜的作用。例如，物质文明与精神文明的发展就是相互促进的。第四，转化的关系，即一种要素转变为另一种要素、一个系统的问题转变为另一系统的问题。例如，一对本来是业缘关系的同事，通过接触，建立了感情，便可能发展为具有血缘关系的家庭。

总之，无论纵向运行还是横向运行，社会诸要素与诸系统都表现出了相互联系、交互影响、交互作用的特点。

在社会要素、社会各个部分交互作用下，什么样的社会运行才算是好的或良性的社会运行呢？换言之，本书第一章所提出的良性、中性、恶性运行三种运行状态，有没有什么原则或标准能把它们区分开来呢？我们认为主要有三条原则，即综合性原则、协调性原则和满足需要的原则。

综合性原则

如何评价与衡量一个社会的运行与发展状态，是社会学中的一个争论较多的问题。长期以来，各国社会学家们所提出的标准相当多，然而却没有一个是公认的标准，即没有一个是为所有社会学家们共同推崇和为所有国家都乐于接受的标准。这是因为：一方面，各种社会所处的时代、环境以及各种客观条件不尽相同，甚至是截然相反的。例如，美国社会学者 E. S. 博加德斯在其《社会学》著作中提出的衡量社会进步的 14 条标准，其中有：健全的身心、有利健康的环境、从事创造性工作人数的增加、工商业民主的发展、劳资关系的协调以及注重精神和宗教的发展等。这些标准曾受到一些社会学家的推崇。但是，它们是针对西方资本主义国家的情况而言的，是有其局限性的。另一方面，人们的价值取向也常常是各不相同，甚至根本对立的。因而主观上也无法统一。在第九届世界社会学大会上就曾出现过在衡量标准和价值取向上互相对立的观点。不少社会学家坚持认为：科技革命和工业发展是现代社会进步的标志。与此相反，印度社会学家 C. 达斯古普塔根据印度的传统道德提出，现代科技对地球上绝大多数人是惨无人道的，它将给世界带来灾难性后果。他提出应以素食者人数、从事自然经济的人数等48条标准来说明社会的进步状态。他的观点竟得到与会很多社会学家的赞同。由此可见，要想找到评价社会运行与发展的统一标准是十分困难的。但是，从上述简单介绍中我们也可以看出，有一点是为绝大多数社会学家所肯定的，即从社会学的角度看，衡量社会运行与发展不能只从某一个方面或某几个片面的角度出发，而必须用一种全面的、综合性的标准来评价。这个标准应包括社会的各个基本方面——这就是社会学的综合性原则。

综合性的含义，主要可以从两个角度来把握。首先，它指对社会运行评价的全面性，即要对多因素、多层次的社会做周密全面的考察。不仅从横的方面，也从纵的方面；不仅对它的要素、结构、功能以及联系方式做考察，也要对其历史过程、现时状况和未来趋势做考察。其次，它强调对社会运行评价的整体性。社会运行的状况最终要通过整体的运行表现出来，局部运行和发展的良性与否必须通过它对整体所发挥的作用才能显示出来。整体效益是衡量社会大系统以及各个子系统运行状态的根本依据。

一般说来，综合性原则的运用有两条基本途径：

(1) 理论综合研究。这是为人们广泛地、频繁地使用的一种基本方法。在这方面，马克思主义经典作家所撰写的大量著作都堪称楷模。他们在分析有关国家的运行状况时常常采用综合研究的方法。例如，列宁在十月革命前夕撰写的一系列著作中，通过研究俄国的社会状况指出，当时的社会恶性运行已达到极点，革命形势已经具备，必须用苏维埃新政权取代反动的旧政权。毛泽东在中国新民主主义革命的各个历史阶段，通过对中国社会状况的全面研究而得出了指导中国共产党进行斗争的方针政策。他们对当时的社会运行状况所做的理论综合研究已被实践证明是正确的。理论综合研究的一般过程是，首先通过广泛深入的调查研究占有大量实际材料，然后通过分析材料说明其内在的联系，并从中找出最重要的联系，最后得出科学的结论。

(2) 利用数学、统计学等模型的综合研究。社会学历来重视运用数学、统计学及其他工具来研究社会，由此形成了数学、统计学等理论模型。这类模型的基本出发点是，社会现象虽然复杂，但总可以通过一定的方法而加以计量。计量化的社会现象具有准确、严格、客观性强和容易比较等特点。

协调性原则

所谓社会运行的协调性就是社会多种要素、社会各部分之间的相互配合。社会运行的协调性包括三个方面：

(1) 结构性协调。结构是要素的内在联系形式或方式。所谓结构的协调是指社会要素的联系具有较高的有序性、合理的比例与排列以及严密的组织性。社会结构是社会运行的基础，它对社会运行状态起着根本性制约作用。社会良性运行必须建立在结构协调的基础上。如果结构不协调，那么，无论怎样从功能上调整也无法使社会呈现出良性运行状态。同样的道理，所谓中性运行，是以社会结构的部分协调为前提的。而社会恶性运行的根本原因就在于结构的基本失调——社会要素的有序性被破坏、各方面比例严重不合理。在这种情况下，即使部分功能是协调的，社会也无法摆脱恶性运行的状态。

由此看来，改变社会恶性运行状态，使之向中性和良性发展的基本途径就是对社会进行大规模的结构性调整。一般认为，社会结构具有稳定性的特点，即结构具有维持其原有的秩序、组织和比例的趋向。这表现在运行上，就是社会运行的惯性。在社会良性运行的情况下，结构的这一特点固然是好事，但是，在社会恶性运行的情况下，它会给大规模的结构性调整带来巨大的阻力。例如，在我国“文化大革命”期间，社会结构性失调严重。党的十一届三中全会的伟大历史功绩，就是冲破了这种结构的稳定性和运行的惯性，拉开了大规模结构性调整的序幕。

（2）功能性协调。所谓功能性协调是指社会系统在活动和作用上相互配合与相互促进。反之，如果配合不上，甚至相互促退、抵消则是功能的失调。由于结构状态的不同，功能上的协调有两种情况。一种是在结构协调基础上的功能协调，这时，功能上的协调有牢固、可靠的基础，是一种比较稳定和持久的协调。另一种是结构不协调，但是由于人们主观上的努力，在结构发挥作用上做了尽可能的调整，这时，功能上也可能实现暂时的协调。

功能的协调在社会运行中发挥着重要作用。首先，功能的协调与否是社会运行状态的直接标志。结构作为基础往往隐藏得较深，而功能是表层的东西，社会良性运行要通过它直接表现出来。其次，功能协调的特点也给社会运行状态以深刻的影响。我们知道，功能作为一种活动，常常是变动不居的，功能上的协调也是经常变化的。因而，良性运行绝不是一劳永逸的，要想维持它，就要不断地付出艰苦的努力。功能协调变动不居的特点也说明，社会运行总是处于平衡→不平衡→新的平衡→新的不平衡……的矛盾运动之中。社会良性运行也并不等于没有矛盾了，而只是说，有结构性协调做基础，大体上实现了功能的协调关系。

（3）结构与功能之间的协调。结构的协调与功能的协调是互相配合、互相促进的，这就是结构与功能之间的协调。结构与功能之间的协调程度也是衡量社会运行与发展的重要条件。

首先，一般说来，结构决定功能。当结构处于协调状态时，功能的协调也比较容易实现。但是，结构协调并不等于功能一定协调，为了真正实现功能协调，还需要调整好结构与功能之间的关系。其次，功能的协调可以在一定程度上有助于结构的协调，最终有利于社会的良性运行。前面说过，结构具有稳定性特点。结构的调整往往是较大幅度的调整，容易引起社会运行上较大的动荡。因此，人们一般并不过多地调整结构。特别是在社会结构仅有轻微的不协调时，人们往往通过功能性调整来补偿结构性不协调。通过功能的调整来促进结构性协调的另一种方法是，发挥结构内在和潜在的多种功能。我们知道，一种结构并不是只具有一种功能，而往往具有多种功能。这样，在结构不变的情况下，可以通过促进多种功能发挥作用，以弥补结构上的某些不协调。最后，结构与功能在变化上的相互配合，也对社会运行产生重大影响。一方面，功能的变化是结构变化的前提，社会总是因功能上的变化而最终导致了结构上的变化。另一方面，结构一旦发生变化，就要求有新的功能迅速与之配合，否则，社会良性运行也难以实现。

(4) 社会变迁时期的协调问题。在运用协调性原则评价社会运行时，有一种情况我们必须加以注意，这就是如何看待社会变迁时期的协调问题。由于社会运行的惯性、社会结构的稳定性和功能对结构的补偿作用，社会运行往往会产生这样的现象，即虽然社会结构已经失调，但社会运行在表面上仍处于一种常态运行之中。而当人们着手改变不合理的社会结构，做出大幅度的结构性调整后，结构确实比过去协调了，但是，结构性调整所带来的社会震动，却使社会表面上反而处于不协调与动荡之中。马克思主义认为，革命、新的社会制度的诞生、新的社会结构的建立是要有“阵痛”的。在中国当前的经济体制改革中，我们也遇到了类似“阵痛”的现象。在此情况下，要想正确评价社会运行状态，就必须用全面的和发展的观点看待协调性问题。

满足需要的原则

就人类社会而言，需要是个人、社会集团和整个社会对于维持和发展其自身活动的条件的各种要求的总和。所谓满足需要的程度是指个人、社会集团与社会实现其生存和发展的条件所达到的水平或状态。从心理学角度看，需要是人们的一种特殊心理状态。但是，需要并不是一个纯粹的主观范畴。马克思主义认为，需要本身并不取决于个人的思想意识和心理感觉，而是取决于自然的、社会的、历史的、经济的和文化的等等客观条件。因此，人类所提出的需要并不是主观随意的，而是具有一定客观确定性的。同样，满足需要的程度也是一个具有一定确定性的、可以量度的范畴。

人类有多方面的需要。就其基本方面而言，人们常将它区分为：自然需要与社会需要、客观需要与主观需要。自然需要是人作为有生命的自然物的需要；社会需要则是作为社会的人所需要的一切。客观需要是与物质相联系的需要，如人类对于衣、食、住、行的需要，健康的需要，收入与消费的需要等；主观需要是与人的精神活动相联系的需要，如归属的需要，珍惜声誉、受尊重的需要，自主、自决的需要等。满足需要的程度是通过上述多方面需要得到满足的状况来衡量的。

为什么要用满足需要的程度作为衡量社会运行状态的根本原则呢？因为，首先，人是社会的主体，人是社会活动的承担者和社会运行的推动者。在此种意义上，所谓社会运行，也就是人类自身的运行。评价社会运行状态最终要用人类自身的状态来说明，而人类自身状态的直接标志就是人类需要满足的程度。其次，客观事物本身如果不与人类相联系就无所谓好与坏。如果仅将社会运行看成是纯粹客观的、与主观无联系的东西，那就难以说明其优与劣。衡量社会运行状态必须与作为主体的人的要求相联系。而满足需要的程度就是连接客观状态与主观要求之间的桥梁。最后，满足需要的程度也是前面所讲的两个原则的落脚点。第一个是综合性原则，按照此原则我们追求的是社会各个系统的最佳状态。第二个是协调性原则，照此原则我们寻求系统之间的协调。但是，无论是综合性还是协调性的最佳状态，都只是我们衡量社会运行的手段，而非我们的最终目的。马克思主义认为，共产主义者追求的最终目的是满足人类自身的需要。因此，综合性、协调性最终还是要落实到满足需要上来。

（二）社会转型

社会转型是一种特殊类型的社会纵向运行，一般是指社会从传统型向现代型的转变，或者说由传统型社会向现代型社会转型的过程，具体而言，就是从农业的、乡村的、封闭的传统型社会，向工业的、城镇的、开放的现代型社会的转型；抽象而言，社会转型表现为社会结构、社会运行机制以及价值观念体系三个方面的转换。而转型社会则是指在这一转换过程中的一种特殊社会运行状态，这种运行状态的各种特殊性、复杂性构成了当今中国社会学的主要研究议题，中国社会学正是在研究转型社会中逐步走向成熟的。

正如传统社会或传统型社会有不同的发展阶段一样，现代社会或现代型社会也是如此，例如，工业社会和信息社会就是不同的发展阶段，而现代性也有旧式现代性和新型现代性的区别。当我们说“社会转型”时，着重强调的是社会结构的转型，在这个意义上，“社会转型”和“社会现代化”是重合的。

社会转型度是衡量社会转型程度的重要指标体系，具体可分为速度、广度、深度、难度和向度五个次级概念。

社会转型速度是衡量社会转型整体的快慢的概念，具体表现为许多相应的特征，如工业化速度、城市化速度、社会结构的变迁速度等。

广度主要衡量社会转型所涉及的社会领域的范围，包括不同的社会部门（思想、经济、政治、日常生活等）、不同地区、不同群体，它们都是社会转型的阵地。转型广度也反映社会转型的初始化程度，一个国家或地区、社会或社区社会转型在哪几个领域出现了，其广度也就延伸到了那里。

深度主要衡量转型在经济、政治、文化、价值系统、社会生活领域纵深发展的程度，以及社会转型在社会结构各层间梯次推进的程度两方面。深度既是社会整体转型的深入，也是有广度的深入。

难度则是对转型的促进因素与阻碍因素的衡量，以及对社会承受能力强弱的衡量。任何社会转型的深入程度，都是这两类因素相互作用的结果，是社会承受能力强弱转化的产物。不同的传统、文化背景、转型的条件和力量，都会影响转型主体的促进或阻碍因素的消长，因而也会影响到转型难度的大小。

转型的向度指的是对现代化模型或道路的选择。正确的向度即符合转型主体的实际情况的道路的选择，反映出社会转型的成功率的大小，因而也是对社会转型度衡量的一个重要指标。在中国社会转型的过程中，1840—1949 年我们基本上是在学习西方，美、英、法、日我们都学过，但没成功，最后孙中山觉悟，我们要以俄为师。1949—1978 年这一阶段，基本上是借鉴苏联的模式。

社会转型势是分析一个国家或地区、一个社会或社区转型能力、转型趋势不平衡的概念工具。与社会转型势相关的概念还有社会转型域、社会转型势级和社会转型势位。

"势"主要是为了说明不同社会或地区的转型能力和发展水平上的差异。根据社会转型势的不同，可以把中国社会划分为优（强）势级、中势级、弱势级三级不同的转型地区：东部地区是转型强势地区，中部地区是转型中势地区，西部地区则是转型弱势地区。例如中国西部投入很多，但由于转型能力的巨大差别，资金和人才最终又回流到东部来了。当然，转型强势地区，确切地说，是强势因素占优势的地区，但并非一切都强，也不同程度地存在着弱势因素和中势因素；同样，转型弱势地区，也并非一切都弱，也不同程度地存在着强势因素和中势因素，而转型中势地区也有自己的强势因素和弱势因素。

社会学的一个特点是将能够量化的对象尽量量化。我们提出社会转型度和社会转型势的概念，就是试图把社会转型能够量化的部分，用社会指标表示出来。对一个国家、地区或一个社会、社区从传统到现代过渡的社会转型研究，总是围绕社会转型的度和势两个基本方面展开的。

第三节 社会类型

社会类型是对社会的基本性质及典型特征的归结、概括和划分，用来表征特定社会及其现象的基本性或典型性。社会类型是一种理论和思想的提升，它通过对历史的和过程的观察与想象维度，将各种具体的、分散的、孤立的社会生活现象加以概括、抽象和综合，提取出具有普遍性的逻辑解释，进而提供对社会进行研究的不同理论模型。社会类型类似于某类社会，但并不是这类社会的复制；它来源于某种社会现实，但并不等同于这种社会现实。

一、社会生存方式

社会的存在离不开人类基本生活需要的满足，人类为了满足衣、食、住、行等需要，就要采取一定的方式获取相应的物质资料。人类获取生活资料以及获取资料的方式就是一个社会的生存方式，也叫生计模式。

回溯人类社会的发展历程，主要生存方式有：采集狩猎社会、园艺社会、游牧社会、农耕社会和工业社会等。

采集狩猎社会是人类最古老、最简单的生存方式。在这样的生存方式下，人类通过小规模的群体组织，共同采集果实和其他植物作为主要生活资料，同时一起合作打猎和捕鱼以满足生活需要。就社会构成方式而言，采集狩猎社会是以一定领地上的小型亲属群体为基础，再通过群体之间的相互联系逐渐构成规模更大的社会。

大约在 9 000 年前，人类出现园艺社会。在人类了解和掌握了植物生长规律之后，学会了种植植物以作为最重要的生活资料。较早的园艺社会主要分布在山地和河流两岸地区。在那里，人类可以直接播下种子，以刀耕火种方式种植作物。依靠肥沃的土地和丰富的水，并借助于植物循环生长原理，园艺生产能够提供比直接采集植物多得多的生活资料。与此同时，人们还可通过捕猎提供辅助性食物。

游牧社会的人们主要依靠饲养动物为生，放牧的动物是他们最主要的食物和生活资料来源。游牧社会为了饲养牲畜去不同地点，社会生活便倾向于流动性或非固定居所的生活。人们为了更好地喂养牲畜，常常随着时间和季节的移动而不断地在不同地区间来回迁徙。由此游牧社会的社会设置较不固定，社会多以联合起来的亲属团体的团队或部落为基本构成。

大约在公元前 3000 年，人类进入了农耕社会。在农耕社会，人类主要依靠农业生产来满足生活需要。与园艺社会的生产不同，在农业生产中，人们学会了运用犁等农业生产工具耕种土地，生产各种农作物，并通过灌溉系统保障农作物生长所需的水。这样，农业生产的产出率大大高于园艺社会。随着产品的丰富，社会中的部分成员可以从食物生产中分离出来，从事管理和文化事业，于是农耕社会的社会分化较为明显，出现固定的官僚机构和权力阶层，他们在社会中承担着公共事务的管理职能，如灌溉系统的兴建、维护和管理等。

到了公元 17 世纪和 18 世纪，随着机器生产的出现，以及生产的机器化，形成了人类社会的工业革命，并导致社会结构的巨大变迁，由此产生了工业社会。工业社会将人们组织和集中到工厂里从事生产，工厂按照一些系统的规章制度来安排生产。由于工厂工人所生产的产品并不能直接满足自己日常生活需要，而需要其他人来提供生活资料，于是，围绕工厂逐渐形成分工明确的城镇或城市社会。所以，在工业社会，人们因社会分工而不断向某些地方即城镇聚集，由此各种专门机构和公共机构等科层组织体系逐步形成。

二、公社社会

德国社会学家滕尼斯将社会区分为两种类型：公社（community）社会和社团（association）社会。[①] 公社社会是指多数社会关系都建立在血缘关系和地缘关系基础上的社会区域共同体。

血缘关系是人的先天联系，它在人类社会产生之初就已存在，因而通常认为，它是人类最早形成的社会联系，不过社会的发展不断赋予它新的内容。纵观社会发展的不同历史时期，比较重要的血缘关系有：家庭、宗族、氏族等亲属关系。所谓氏族，是指有着共同的祖宗或宣称有共同祖先的亲属集团。其成员的联系依赖于图腾、象征及仪式。所谓宗族，也可称家族，是指以一定亲属关系为基

① 滕尼斯．共同体与社会．北京：商务印书馆，1999.

础、按照一定继嗣规则而组成的亲属集团。例如，中国汉人家族，是以父系直系亲属关系为基础，按父系继嗣规则组成的父系亲属集团。继嗣规则通常按与自己祖父的关系远近来确立成员资格、家族地位和仪式地位。家庭是以直系亲属关系为中心而组成的生活共同体。在家庭中，婚姻关系是基础，亲子关系是纽带。家庭有核心家庭与扩大的核心家庭之分。前者指只有一对配偶（即一个核心）的家庭，后者是指有两对或两对以上的配偶的家庭。

在不同的时代、不同的社会制度下，血缘关系的联系的紧密程度及其地位、作用是不相同的。在前资本主义社会中，血缘关系是社会组织的基础，其地位相当重要。近代以来，随着资本主义的发展，血缘关系的地位和作用有下降与减弱的趋势。由于传统和文化的差异，血缘关系在不同国家的地位、作用并不一致。在我国，传统上一向重视血缘关系，直到目前血缘关系主要是家庭，在社会上仍发挥重要的功能。

血缘关系在社会中既有正功能也有负功能。就正功能而言，它起着联系社会与群体，使之增强内聚力，从而形成牢固的整体的作用。这种功能在古代交往不发达的情况下尤其重要。因为，血缘关系先天地规定了人们之间的联系，规定了人们之间的权利与义务，因而使人们很容易形成一个整体。在近代社会中，血缘关系中的家庭仍然发挥着重要的正功能。如家庭具有经济功能、教育功能、人口再生产的功能、娱乐的功能等等。就负功能而言，由于血缘关系是人们的一种先天的联系，因而一个人在他刚一出生时就已被置于一定的血缘联系之中，直到死也未必能完全退出这种联系。这样，血缘关系实际上使人们处在一种相当被动的地位上。出生于条件优越家庭的人，固然占据有利的地位，但是，由于他们没有做任何奋斗，仅仅凭先天的血缘就获得了这些优越条件，因而容易产生一种惰性；而出生于条件较差家庭的人，由于先天的血统而处在不利的地位上，常常给他们带来一系列的苦恼。在人类社会的发展过程中，有一种要求逐步摆脱先天束缚的倾向。应该说，这是一种进步的要求与倾向。在我国社会主义条件下，应正确处理血缘关系的正功能与负功能，尽量地发挥其正功能，比如发挥家庭的多种功能；尽量地避免和抵制其反功能，比如反对搞“血统论”，防止一些人利用职权为亲属谋取私利等。

地缘关系是指人类社会的区位结构关系或空间与地理位置关系。人类要生存就必须占有一定的空间或位置，由此形成了人们之间的地缘关系。早在人类社会形成之初，人们就已经有了一定的地缘联系，但是，比较稳定的、牢固的地缘关系的形成是自人类社会采取了定居形式以后才发生的。原始社会中、后期，随着种植和畜牧的出现，人们的区位结构有了相对稳定性，一种牢固的地缘关系便形成了。牢固的地缘系统形成后，始终有不断扩大的趋势。由最初的氏族部落居住的村落一直发展到国家的出现，其间经历了漫长的岁月。在地缘关系的发展中，城市的产生与发展具有重要意义。因为，城市的出现不仅使同一居住地的人口急剧增长，大大扩展了居住地的范围，明确了地缘界限，而且也真正突破了血缘系统的束缚。不仅如此，城市的产生与发展还使人们之间的地缘关系有了政治色彩。马克思主义认为，城市是随着阶级的出现而产生和发展起来的。

在不同的国家和地区，对地缘关系的划分有所不同。一般来说，可大致分为三级、四级、五级以至于更多级。我国的地缘系统按七级划分就是：国家、省、市、县（或大区与小城镇）、乡（或街道）、村（或居民区）、邻里。

如果就地缘关系的典型特点而言，可以分为封闭型与开放型。封闭型地缘关系指工业革命以前的社会。那时小生产占统治地位，分工不发达，人们局限于较小的地缘范围内，流动性很低，很多人一生一世都只在一个村、镇里生活。开放型的地缘关系指工业革命以来的社会。机器大生产的发展使人们摆脱了小生产的束缚，现代大城市的发展使大量人口摆脱了土地的束缚进入流动的工业城市，现代交通工具的发展使人们远距离的、较快的流动成为可能。在开放型的地缘关系中，人们的居住与工作仅仅具有相对稳定性，人们在居住与职业上的流动不断形成新的地缘联系。从社会发展趋势看，开放型的地缘关系也有不断扩大的趋势。例如，跨国公司的出现就使地缘联系超越了国界的限制。

地缘关系的功能也是双向的。其正功能是维系社会的稳定，反功能则是束缚人们的发展。我们的任务就是制定出符合客观实际的政策，以充分发挥其正功能，减少其反功能。就其反功能而言，在我国，长期的封建社会传统使得地缘关系的封闭性很强，并由此形成了人们很强的地区观念、乡土观念、老乡观念。如果人们以这些观念待人处事，那就会在社会上造成反功能。针对这种情况，我们就应当用开放性的观念来引导。与此同时，地缘关系的正功能也是十分突出的。在我国目前的情况下，随着农业劳动生产率的提高，农村出现大量剩余劳动力，而城市又一时无能力容纳剩余的农业人口，这时，相对稳定和封闭的地缘关系就发挥着维护社会安定的正功能。基于此种情况，我国提出了在新世纪逐步推进城市化的战略。这是恰当地把地缘关系的开放性与封闭性结合起来的好政策，符合我国实际情况。

三、社团社会

社团社会是指建立在非人情的、正式的、契约化的和专业化的关系基础上的社会，如现代城市社会。社团社会由于高度社会分工导致人们的联系是一种相互依赖的有机联系，也就是说，从事不同职业的人群要维持正常社会生活都离不开其他职业群体的存在。因此，在社团社会，职业及业缘关系是主要社会关系。

业缘关系是指以人们广泛的社会分工为基础而形成的复杂的社会关系。与血缘关系和地缘关系不同，业缘关系不是与人类社会俱来的，而是在血缘和地缘关系的基础上发展起来的。在人类社会之初的原始社会，最初的分工只是由于生理差别即性别和年龄的差别而自然产生的自然分工。[①] 在这种自然分工的基础上所

① 马克思，恩格斯．马克思恩格斯全集：第47卷．北京：人民出版社，1979：334.

形成的社会关系，与其说是业缘关系，不如说是一种血缘关系。因此，可以认为，建立在广泛的社会分工基础上的真正独立的业缘关系是随着阶级社会的产生而形成和发展起来的。

与血缘关系和地缘关系相比较，业缘关系的发展具有更重要的意义。这是因为：第一，业缘关系是人类社会发展的一个重要基础。在人类历史上，几次大的分工与业缘关系的发展曾大大推动了社会发展的进程。工业革命以来，社会上逐渐发展出一整套极其复杂的分工体系与业缘关系，它们促进了现代经济的发展，并成为现代社会存在与发展的基础。第二，业缘关系反映着社会前进的步伐和整个社会的面貌。仅从社会分工主要领域的演变看，由畜牧业、农业、手工业，发展到纺织、机械等轻、重工业，再发展到电气、电子工业，进而发展到原子能、电子计算机、空间技术、遗传工程等新兴工业及教育、卫生、金融、信息等第三产业的飞速发展和作用的提高，这些都标志着人类社会越来越快的节奏。

虽然业缘关系对社会发展具有如此重大的促进作用，但是，这并不是说，它就只有正功能而没有反功能。业缘关系的反功能主要表现在，业缘关系的基础是把人局限在某一种职业上的社会分工。就一定的历史阶段而言，这种分工无疑是有利于各个社会部门、各种专门行业以至于全社会发展的。但是，从另一方面看，它同时也限制了人们的发展。在以剥削制度为基础的社会里，这种分工使剥削者处于从事统治、管理等活动的有利地位上，而被剥削者则处于被统治、被管理的不利地位上。这样，分工体系和业缘关系就起着维护剥削制度的作用。在剥削制度消灭以后，业缘关系不再具有统治与剥削的意义，但是，业缘关系和庞大的职业网络束缚人们发展的现象依然存在，相当大的一部分人还只能整日从事枯燥乏味的机械性劳动。因此，企图突破业缘关系的束缚始终是人们的一种无可非议的要求。值得欣慰的是，20 世纪中期以来，随着生产的发展和劳动者工作时间的减少，人们已经看到了一种希望，即由于人们的闲暇时间越来越多、业余生活越来越丰富，因而人们有可能在闲暇时间里从事多种活动以得到全面发展。

社团社会中，家庭及亲属关系的影响力渐渐削弱。家庭生活更多地属于私人空间，对公共空间及社会关系的作用已明显弱于公社社会。

在社团社会，主要社会活动如经济、政治和文化教育活动大多是以正式组织的方式进行的，人们在工厂或公司里从事生产和经营活动，在政党组织和机关里从事政治活动，在学校里进行教育活动。所以，正式组织或社团是把现代社会中的人联系起来的基本方式。

与公社社会不同，社团社会的社会秩序主要不是依靠习俗和惯例来维持的，而是依靠法律和制度来维持的。法律和制度是引导、制约人们行动的基本规范和原则。

人类社会从公社社会向社团社会的过渡和转变，在历史学家和社会学家看来，是社会的“大转型”(great transformation)。经过此次大转型，人类社会不断从传统向现代化方向发展。

思考问题

1. 社会是怎样构成的？
2. 怎样理解社会的功能？
3. 什么是宏观和微观社会结构？
4. 试比较公社社会与社团社会。

阅读书目

1. 陈宝良．中国的社与会．杭州：浙江人民出版社，1996.
2. 滕尼斯．共同体与社会．北京：商务印书馆，1999.
3. 马克思，恩格斯．马克思恩格斯选集：第1卷．2版．北京：人民出版社，1995.
4. 郑杭生，等．社会运行导论．北京：中国人民大学出版社，1993.

第五章

文化的结构与功能

【本章要点】

- 文化是考察和理解社会的重要维度，文化是一个复杂的综合体，其中包括知识、信仰、艺术、道德、法律、风俗以及人作为社会成员之一所获得的各种能力和习惯。
- 文化是普遍性和特殊性的统一，具有可习得性、共享性、象征性、全括性和整体性。
- 文化有物质文化与非物质文化、主文化与亚文化、主文化与反文化、评比性文化与非评比性文化之分。
- 文化包括象征符号、价值观念、规范体系和物质文明四个基本构成要素。
- 文化具有认同功能、规范功能、整合功能和涵化功能。

【关键概念】

文化 ◇ 文化的普遍性和特殊性 ◇ 整体性 ◇ 非物质文化 ◇ 亚文化 ◇ 评比性文化 ◇ 象征符号 ◇ 认同 ◇ 整合 ◇ 涵化

文化是人类所特有的，文化联系着社会生活和社会运行的各个方面，因此，文化是考察和理解社会的重要维度，是社会学中的重要概念。

第一节 文化及其特征

一、什么是文化

“文化”一词英文为culture，来源于拉丁语，原意是指“耕耘”“耕作”，其最初含义与农业文明有直接的联系。在最广泛的意义上说，文化是与自然现象不同的人类社会活动的全部成果，包括人类所创造的一切物质的与非物质的产品的综合。关于文化的定义，可谓数不胜数。人类学家克罗伯（A. L. Kroeber）和克拉克洪（C. Kluckhohn）曾做过简单统计，文化的定义有160多种。英国人类学家爱德华·B. 泰勒（Edward B. Tylor）给文化下的定义有较广泛的影响。他认为：文化是一个复杂的综合体，其中包括知识、信仰、艺术、道德、法律、风俗以及人作为社会成员之一所获得的各种能力和习惯。[①]

文化是人类代代相传的整个社会生活的结晶，社会的存在不可能离开文化的继承和创造。文化是人类具有区别于动物界特征的根本标志，是人类智慧的集中体现。其他动物都不具有人类的那种思想、知识和技能以及将这些文化知识继承和发扬光大的能力。一些动物也会模仿或学习，但它们所习得的动作不可能作为种群的知识系统得以积累和传承下去。动物的行动模式取决于种群的遗传，具有社会性的动物，其社会性行动也是由遗传因素决定的。也可以说，文化是人类所唯一独有的，人类社会的生活方式和行为方式是按照一定的文化逻辑来进行的。就拿日常生活中的饮食来说，不同文化环境中的人都会遵循自己的饮食习惯，同时，人们又可以随着环境变化以及文化交流，改变和接受另一种饮食习惯。譬如中国人到了西方国家，也可能要适应吃西餐的习惯。从一定意义上说，人类社会的行动模式和社会结构是由文化所型构的。

二、文化的特征

文化作为人类社会所特有的构成，主要具有以下特征：

第一，文化具有可习得性。文化是超生物性的，任何文化都是人们后天习得和创造的，文化不能只通过生物遗传而获得，而是要通过一个个社会性的个体主

① 泰勒．人类学：人及其文化研究．桂林：广西师范大学出版社，2004.

动学习并综合起来的结果。人类学习文化主要依靠符号性学习和意义性学习。符号性学习就是将事物、知识、技能用符号来替代，通过知识的符号化，人们可以将其储存和积累起来，然后通过教育和传授达到代代相传。意义性学习指人们是在把握和了解各种事物及行为的意义基础上而习得文化的。在文化学习中，我们并不仅仅只是要了解某些事物，而是要理解它们之于生活的意义。意义性学习使人类的文化学习具有能动性、创造性和多样性，人类社会之所以存在多种价值观、制度和行为方式，正是因为人们在学习和创造文化的过程中，赋予物质世界以各种各样的意义。

第二，文化具有共享性。文化并不是个人所特有的，而是所有社会成员所共享的。我们在社会生活中学习文化，主要是通过观察、听和交流互动等途径进行的，个人社会化的过程正是要在一定文化环境中接受文化的熏陶的过程，所以，一个社会的文化是开放的、供大家共享的。文化的共享过程，为文化学习、交流和传承奠定了基础。

第三，文化具有象征性。象征性是指人类在创造文化时总是赋予其丰富的象征意义，文化的意义要远远超出文化现象所直接表现的那个窄小的范围。人类正是在不断建构象征意义的过程中，在不断创造文化，人类社会的发展也体现为文化象征性的发展。此外，文化象征性为价值观的确立和秩序的建构奠定了基础。人类信仰、思想和道德规则的形成，离不开象征意义的建构。例如，社会生活中禁忌规则、宗教信仰等，就是人们所建构的象征意义体系。

第四，文化具有全括性（all-encompassing）。文化不是单一的现象，而是涵盖社会生活的各个方面。各种社会行动或社会现象，都包含了文化因素的参与。从世俗的日常生活，到神圣的信仰，都与文化有着密不可分的关系。例如，我们吃什么、穿什么，我们接受什么样的价值观，不同社会、人群之间就存在差异，这些差异主要来自文化，即文化差异。我们每一个社会成员的行为，都或多或少受到文化的影响和制约。所以说，文化是无所不包的。同时，在这一意义上，文化既抽象又具体。之所以抽象，是因为它体现在所有的社会行动或现象之中；之所以具体，是指我们可以将狭义文化看作各种具体行动。

第五，文化具有整体性。虽然文化几乎涵盖了人类所有的行动，但并不是说文化就是大杂烩。文化是一个有机系统和整体，由不同的要素有机构成，各构成要素之间按照一定的规则或规律形成一个统合的整体。例如，每一种文化在生态环境、生计策略、观念、语言、艺术、习俗和制度等要素之间以及要素的内部结构中，都含有一种规则或法则，人类学家通常把这种规则称为文化法则或文化文法（culture grammar）。每一种文化系统都是按照一定的规则联系起来的整体，构成系统的各个组成部分都在整体中发挥着特定功能。

第六，文化是普遍性和特殊性的统一。对于人类社会来说，文化是普遍的，也就是说，无论是过去还是现在，无论是土著社会还是文明社会，所有的人群都有文化，这就是文化的普遍性。但是，人类文化又是特殊的。文化的特殊性是指每一个社会或人群，都有自己特色的文化。不同的地域、族群、国家和社会，都具有与他人不同的文化。文化的特殊性是人类多元文化产生的原因，人类社会中完全相同的文化几乎不存在。

第二节 文化的分类

一、物质文化与非物质文化

物质文化指物质世界中，一切经过人的加工、体现了人的思想的东西。非物质文化，又称精神文化，指制度、规范、观念等。

精神文化区分为理念文化（或观念文化）与制度文化。理念文化是还处在思想、观念状态的文化，还没有变为社会规范。制度文化则是已成为多数人遵循的规范，它反过来对人们的行为具有约束力。

物质文化与非物质文化在使用上是有差异的，物质文化因自然规律的作用，在使用过程中不断被损耗，非物质文化却可以被反复使用而不损耗。

当然，物质文化与非物质文化的区分是相对的，两者常是结为一体的。

二、主文化与亚文化

主文化是在社会上占主导地位的、为社会上多数人所接受的文化。主文化对社会上大多数成员的价值观、行为方式、思维方式影响极大。亚文化指仅为社会上一部分成员所接受的或为某一社会群体特有的文化。亚文化一般并不与主文化相抵触或对抗。

亚文化又可分为不同的类别：

（1）民族亚文化。它是为社会中少数民族群体所特有的文化。例如，我国50多个民族在参加社会整体生活的同时，也都保留着本民族的语言、文字、生活方式等。当然，民族亚文化与主文化并不是泾渭分明，而是彼此交融的。中华民族文化就是汉、满、蒙、回、维、藏等多种民族亚文化交融的结果。

（2）职业亚文化，指为各种职业群体特有的文化。各种专业性较强的职业都有一些专门的训练，有专门的职业术语、职业道德、职业习惯等等，这样，不同职业就形成了不同的职业亚文化。在中国，传统上不同职业集团有着不同的祖师爷和祭祀对象。木匠的祖师爷是鲁班，商人礼拜的是赵公元帅，郎中的护法神是药王。

（3）越轨亚文化，指为一些反社会集团所特有的文化。反社会集团的行为规范往往偏离主流文化所规定的行为规范，相对于主流文化来说，反社会集团的群体规范是越轨行为。比如，一些犯罪集团制定一些团体规范，确定每个人的角色和权利义务，要求成员对群体首领效忠。又如，在某群体内创造了一套联络暗语或黑话等。越轨亚文化反过来又成为犯罪行为产生的重要根源，犯罪团伙成员的犯罪行为虽被主流文化视为违法，但在犯罪团伙内的亚文化中却是被肯定的，受到同伙的赞扬。因此，越轨亚文化为犯罪行为提供了容易滋生的环境。

从发展的角度看，主文化与亚文化的区分不是绝对的，两者都在发生变化，也可能互相转化。主文化可以转变为不占主导地位的亚文化，亚文化也可以转变为占主导地位的主文化。例如，现代科学技术在20世纪初从西方传入中国时，它是当时中国社会的亚文化，然而在目前中国社会已上升为主文化。

对于主文化与亚文化的性质或是非曲直，我们只能具体问题具体分析。新兴的、符合历史发展方向的文化，在开始时常常并不是主文化，而仅是一种亚文化，但由于它有发展前途，往往最终上升为主文化。因此，仅凭主文化、亚文化的地位并不能判断其性质，只能根据它们在社会上所起的作用而对其作出判断。

三、主文化与反文化

这是根据文化在社会中的地位、作用，从对立、冲突的角度对文化做的区分。也有学者认为，反文化是一种特殊的亚文化。一般说来，在这里，主文化指在社会上占主导地位，对现存社会秩序起着维护、支持作用的文化。反文化是对现存秩序的背离和否定，是对现存主文化的抵制和对抗。例如，20世纪60—70年代，在西方社会青年人中兴起的“嬉皮士”运动，就是一种否定当时西方主导价值观的反文化。当然，反文化不一定都是坏的东西，反文化的性质取决于它所反对的文化的性质。否定有发展前途的优秀文化的反文化，当然是有害于社会的。反之，如果反文化所反对的是阻碍社会发展的文化，那么它就是有益于社会的文化。例如，我国1915年兴起的新文化运动，它所反对的是封建专制、旧礼教，它所提倡的是科学、民主，这种反文化是有进步意义的。

四、评比性文化与非评比性文化

就不同民族文化比较而言，文化或外来文化可以区分为评比性文化和非评比性文化。

所谓评比性文化是指有好坏、高下之分的文化，即在两种文化的比较中，可以评出孰优孰劣的文化。一般说来，评比性文化都是比较容易鉴别其价值的文化。例如在美国文化中，先进的科学技术、发达的教育、优质的服务，以及价值观念中的强调独立性反对依附性、重视现实讲究实际、赞赏创造性和奋斗精神而反对墨守成规和不求进取等，都是它的优秀文化成果，或称优性文化。而吸毒、赌博、卖淫、高犯罪率和颓废思想等等则是其文化中的糟粕，即劣性文化。由于评比性文化有明显的优劣之分，因此，人们对它的态度也比较明确，即吸收和发展优性文化，剔除和抛弃劣性文化。这也是我们在改革开放中必须坚持的。

所谓非评比性文化，也可称作中性文化，是指在文化比较中没有明显的优劣、高下之分的文化。这类文化多与人们的行为方式、习惯、习俗相联系。属于这类文化的有：庆典方式、拜访方式、赠礼方式、玩笑方式、哀悼方式以及礼仪、禁忌、姿态、发式等等。例如，我们中国人吃饭用筷子，西方人用刀叉，有人说刀叉容易使用，有人说筷子有益于人脑发展。其实，它们是中性文化，并无严格的好坏之分。又如，中国人通常以握手互致问候，而西方人习惯于拥抱，这也难分优劣。承认非评比性文化的存在，意味着承认各民族的平等和尊重各民族的文化差异。

由于中性文化与人们的日常生活密切相关，因而它是任何一个民族文化中不可或缺的一部分。它在社会中发挥着重要功能。一般说来，中性文化是民族分野的重要标志，它有助于维系社会的团结与稳定，有助于增强社会的内聚力。中性文化的大规模变迁，即人们行为方式的大幅度变化，往往会引起社会的较大的动荡，因此是应尽力避免的。

既然中性文化具有重要功能，正确对待中性文化就是我国的改革开放中一个十分重要的问题。由于中性文化没有明显的优劣之分，因而我们的改革与吸收外来文化的重点绝不是中性文化。相反，如果在吸收外来优秀文化的同时，注意维持我国传统的中性文化的稳定性，将有利于社会的安定团结，有利于改革开放的顺利进行。与此同时，由于中性文化与人们的行为方式、习俗等联系密切且无明显的高低之分，因此，我们对于它的演变与发展不应采取过多的干预政策，而应听任其自然发展，既没有必要大张旗鼓地提倡某种外来的中性文化，也不应采取禁令方式阻止某些外来中性文化的发展。

第三节 文化的构成

文化虽然是复杂的系统，各种文化之间存在着各种各样的差异，但是各种文化系统都有一些基本的构成要素，这些要素主要是：象征符号、价值观念、规范体系和物质文明。不同文化之间的差异也主要体现在这四个要素的差别之上。

一、象征符号

象征符号是人类通过意识控制而创造或建构起来的象征体系，用来引导人们的互动、交流、思维、情感、学习和控制。某种意义上说，象征符号是人类文化的重要基础，人类诸多社会行为依赖于象征的使用，如在语言、艺术、宗教、哲学中，就包含着丰富的象征符号。

文化中最重要的象征符号应该算是语言了。语言是人类交流互动的媒介和工具，是人类有意识创造并不断发展的符号体系。在无文字的社会，人类虽然只是通过言语来进行交流，但言语不仅仅是交流的媒介符号，而且也包含着人类不断赋予言语的种种意义。例如，同样的发音"嗯"，在不同的情景里，人们可以赋予其多种意思。所以，意义的建构是象征符号的基本特征，人们不仅在创造各种象征符号，同时也在不断赋予各种符号以不同的意义。

文化中的象征符号还包括物质象征符号，人类赋予某种物质以超越于物质本身的意义时，就建构起物质象征符号。例如，在中国汉人的婚姻礼俗中所使用的枣子，就是一种谐音象征的运用，人们用这种物质表达一种对婚姻的祝福，祝福新婚夫妇早早生子。在宗教里，有很多物质象征符号，如教堂、佛塔等。此外，在各种仪式中，人们所使用的器物，大多具有一定的象征意义。例如，在各种庆典仪式上，人们布置仪式会场的颜色、标识口号以及相关物品，都具有一定的象征意义，是符号体系不可或缺的构成。

姿态和行动也是文化象征符号的组成部分。姿态也就是各种肢体语言，不同的文化中，人们用各种肢体语言表达着丰富的意义。例如，中国人的作揖、英国人的耸肩、日本人的鞠躬等，都表达一些礼节的意义，因而成为文化的象征符号。

人类在社会生活中，不断地创造或建构象征符号，因此象征符号是动态的、发展的。随着生活环境的变化，人们可能赋予已有的象征符号以新的意义，或者用新的符号表达某种意义。譬如，某些语言符号的意义就随着时代的发展而具有时代意义。

二、价值观念

每一种文化都有自己的核心价值观念，不同的价值观是文化差异的重要体现。文化价值观是指社会成员共同持有的关于是非、善恶、好坏、自我与他人利益关系的观念和倾向。价值观对社会成员的价值判断和行动选择有着巨大的影响。

不同文化之间，价值观念会存在这样或那样的差异。例如，在晚辈与长辈或年少者与年老者的关系问题上，西方文化的价值观更加注重两者的平等以及普遍性人际关系原则；而东亚文化则更为强调晚辈或年纪较轻者要尊敬长辈或年老者。不同群体、职业和阶层，价值观也可能存在差异。例如，在生育文化方面，不同民族之间、不同职业和阶层之间，人们对生育规模、性别评价等会有明显差异，汉人的生育意愿相对较强，而且生男偏重较明显，对农民来说，生男偏重尤为突出。

不同文化之间的价值观念既存在差异，又有相通之处，尤其在基本的是非、善恶、好坏等标准方面，各种文化之间有着较多的相通之处。例如，损人利己在多种文化中都被视为不好的行为，较多的人会认为助人为乐的行为是善良的。

在文化的熏陶下，价值观念通过多种途径代代相传。例如，一些传统美德如勤劳、勇敢、诚实、敬孝等通过道德宣传和教育，一代代传递下来。在此过程中，有些价值观也随着时代的演进而产生巨大变化。例如，中国传统的孝道价值观念，虽然当代人也提倡孝道，但这一价值观的内容已经发生了较大转变。传统孝道的主要内容是晚辈对长辈的服从和从属地位，而现代孝道的主要内容则是晚辈对长辈的感恩和尊重。

文化价值观与社会成员的行动有着密切的关系。关于价值观与社会行动之间的关系问题，社会学理论中有两种倾向：其一，认为价值观决定行动者的态度和行动，如帕森斯主张，人们在社会化早期，基本价值观已经形成，个人在社会生活中就会按照这些价值观来选择行动，也会按照这些价值观来进行社会评价。因而文化价值观念的变迁是引起社会变革的重要原因之一。其二，认为人们的行动创造和建构了价值观，W. 萨姆纳（W. Sumner）倾向于这种观点，在他看来，习俗或风俗是一个社会的基本价值观，不同文化的习俗是该社会的成员通过日常行为创造和建构起来的，当多数成员都遵从某种行动方式时，也就形成了某种习俗。风俗习惯是人们在生活中的实践行动构成的，而且人们也遵照习俗来作出行动选择。

这两种观点是从两个极端来解释价值观与社会行动之间的关系的，他们把价值观和社会行动视为两种相对静止的事物，因而不可避免将两者置于二元对立状态。如果将两种观点综合起来，对价值观和行动之间关系的认识可能会更加全面。

三、规范体系

文化的规范体系为社会秩序奠定了基础。文化中的规范体系是按照一定的价值原则建构起社会行动规则系统，包括正式规范和非正式规范。

非正式规范主要有社会习俗、民风民德（mores）、乡规民约等。社会习俗是一种无形的规范系统，其引导性或约束力来自众人的行为和大众的压力。由于社会习俗是较多社会成员所选择的行动方式，个人在相应的社会环境中也就会遵照众人的行为趋向而选择相同或相似的行动。例如，每种文化中都有相应的服饰习惯，如男子不穿裙子，所以人们会自觉遵从这一习俗规范，如果违背这种习惯，就要承受巨大的社会压力。此外，各种文化中都会有这样或那样的禁忌习俗，如西欧习俗中的忌食狗肉等，禁忌就是要求人们在某些场合不要选择某些行为方式，这也就是行为规范。

民风民德是维系社会秩序的重要规范系统之一。民风指社会风尚，属于倡导性规范，即在社会中流行和倡导的行为模式。社会风尚通常赋予某些行为如助人、友善等以积极的、正面的意义，并在大众中加以褒扬和宣传，从而对人们的行为选择起到正面的引导作用。民德中还包含禁止性的规范，即对某些行为加以禁止，例如对偷盗以及其他败坏道德的行为加以惩罚，以便达到禁止的目的。

乡规民约是在特定范围的群体或社会中，人们根据默契达成多数人所认可和接受的契约或规定。例如，对哪些行为加以禁止、对某些禁止行为的惩罚方法、解决纠纷的方式方法等，在社会生活中，如果遇到这些现象，人们就会遵照乡规民约来加以处理。

正式规范主要包括规章制度和法律。规章制度是社会团体和组织中的基本行为规范，现代社会中，团体和组织是社会生活的主要载体，人们通过组织和团体联系起来，而要维持这种联系，就需要制定相应的规章制度，以确定成员的行动范围。所以，规章制度通常是正式的、明文规定的行为规范。

法律属于约束范围较广、约束力更强的正式行为规范，因为法律是通过国家机器来制定、推行和执行的规范。就规范内容来说，法律不仅包括对行动范围和规则的规定，而且还包括对违反规则行为的处罚原则。对那些严重危害公众利益的行为，法律规定的惩罚力度也最为严厉。所以，法律规范不仅具有引导和制约社会行为的作用，而且对某些不良社会行为具有威慑作用。

四、物质文明

每一种文化都包含各自的物质文明，它是由该文化中的社会成员所共同创造的物品集合体，包括技术、工具、住宅、食物、服饰、书籍等人工制品。

物质文明是人类创造的，同时也是人类生存和生活的物质基础。人类在创造或制造物品以及获得其他物质的过程中，也就创造了文化。所以，通过对物质文明的考察，也可以认识和了解人类社会生活的基本状况以及社会结构、制度和文化观念。考古学家们在发掘古人的遗迹时，就是要通过对前人所遗留下来的物品的系统考察，来还原前人社会生活的形态和文化形态。例如，从古墓的结构及其中的陪葬品中，考古学家能够追溯和发现当时社会的结构特征、习俗和价值观。

文化中的物质具有实用的、功利的价值，也就是说，人们创造或制造出的物品，主要是为了满足社会生活的基本需要，是自身需要的产物；与此同时，文化中的物质还具有社会意义，即人们创造和运用某些物质是要把人们联系起来，组成有机的社会。例如，拉德克利夫-布朗在研究安达曼岛人时发现，安达曼岛人制造并使用火，是为了满足日常生活的需要。同时，他们又赋予火以非常特殊的意义，整个社会生活几乎都围绕着火。人们之所以对火给予如此强调和重视，就是要在社会中培养人们对社会的依赖感，由此增强社会团结。①

物质文化与语言、艺术、价值观、规范等非物质文化之间有着相互影响、相

① 拉德克利夫-布朗．安达曼岛人．桂林：广西师范大学出版社，2005.

互作用的关系：一方面，人类是在一定的文化观念及社会规范的引导下创造物质的；另一方面，人类创造出的物质又在一定程度上影响人们的规范和观念。例如，计算机和互联网等物质的出现，正改变着社会互动和交往的方式，也改变着人们的观念，同时也需要我们建构新的规范来适应这种新的互动方式。

第四节 文化的功能

文化是社会系统的重要构成之一，在维系社会运行和发展上，文化系统起着独特的作用，其主要功能表现在以下几个方面。

一、认同功能

文化是社会或民族分野的标志，在不同的国家、民族或群体之间，文化所表现的区别要比人类的皮肤颜色或任何其他生理现象所表现的区别深刻得多。地域、疆界只能划出两个国家、民族形式上的区别，只有文化才能表现出其内在本质上的区别。我们在表 5－1 中，仅以中国和美国的几个方面的文化为例，说明文化所表现出的差异。

表 5－1　中美文化认同比较

文化内容	中　国	美　国
产业特点	农业人口占很大比重，重工业和制造业在工业中占据主导地位	农业人口比例甚微，第三产业、信息、高技术产业在工业中占据主导地位
社会关系	注重家庭、家族等血缘关系	注重事缘、业缘等非血缘关系
价值观	强调集体主义、集体成就	强调个体主义、个人成就
妇女形象	以贤妻良母为模范，妻子要协助丈夫	强调妇女的独立
对子女的要求	要求子女、年轻人要服从家长、尊敬老人	要求子女独立，自己决定事情、给子女以较多自由
谈话方式	在进入主题前有较多的寒暄、客套	喜欢开门见山，直接进入主题
感情表达	含蓄、不外露	直接表达，外露
异性交往	男女之间在公开场合不宜过多接触、不宜过于亲密，同性之间可以有身体接触	男女之间在公开场合可以互相亲吻、挽手，同性之间不宜有身体接触
对生日、逝世的态度	重视纪念死者	重视庆贺生日

二、规范功能

文化使社会有了系统的行为规范，文化给一个社会提供了材料与蓝图。

有了文化，人们便有了行为标准。文化也使人们相互间的行为功能协调和相互配合。

文化使一个社会的规范、观念更为系统化，文化集合、解释着一个社会的全部价值观和规范体系。文化所包含的规范体系有：(1) 风俗，它是人们在长期社会生活中自发形成的、历代相传的日常行为规范的总和。如衣着、饮食、待人接物、婚丧嫁娶、庆贺等的方式。(2) 道德，它是调整人们之间相互行为的一种较为长期、稳定的规范体系。(3) 法律，它是由国家制定、强制实施的规范体系。(4) 价值观念，它是人们评价、判断事物的思想标准。它表现为人们对于受到赞许的事物的追求。

三、整合功能

文化使社会团结有了重要的基础，这一点也常被称作文化的整合（integration）功能，即使社会形成一个整体。仅有了社会要素还不等于一个社会，社会要素之所以能形成社会是靠了文化的联系作用。

从文化整合的观点出发，社会上的各种文化机构都从不同侧面维持着社会的团结。政治机构实现着社会控制、协调着群体利益，教育机构驯化着社会成员、使之更符合社会之需要，军队保证着社会的安全，等等。

与此同时，由于文化已经形成了一个整体的体系，文化的各构成部分相互依存，因而，如果文化的某一个部分出现解体，也可能威胁到整个文化体系，进而导致社会团结、社会整合的瓦解。这方面的一个典型例子是人类学家对于澳大利亚的亚尤伦特部族文化的研究。

四、涵化功能

人需要通过文化涵化（enculturalization）才能成为社会的人。人刚生下来时还只是一个生物的人，没有思想，没有知识。人怎样从一个生物人演变成一个社会人的呢？最主要的就是一步一步地接受文化熏陶，掌握文化规则，并按这些规则行事，这样才能被社会或他人接纳。人由生物人转变为社会人的过程，或者说个人社会化的过程，实际上就是个人不断学习和运用文化的过程。

思考问题

1. 什么是文化？文化有哪些类型？
2. 怎样理解文化的基本特征？
3. 文化由哪些要素构成？
4. 怎样理解文化的社会功能？

阅读书目

1. 基辛．当代文化人类学概要．杭州：浙江人民出版社，1986.
2. 本尼迪克特．文化模式．杭州：浙江人民出版社，1987.
3. 拉德克利夫-布朗．安达曼岛人．桂林：广西师范大学出版社，2005.
4. 梁漱溟．中国文化要义．上海：上海人民出版社，2005.
5. 庄孔韶．银翅：中国的地方社会与文化变迁．北京：三联书店，2000.

第六章

人的社会化与个体化

【本章要点】

- 社会化是个体在与社会的互动过程中，逐渐养成独特的个性和人格，从生物人转变成社会人，并通过社会文化的内化和角色知识的学习，逐渐适应社会生活的过程。在此过程中，社会文化得以积累和延续，社会结构得以维持和发展，人的个性得以健全和完善。社会化是一个贯穿人生始终的长期过程。
- 社会化包括初级社会化、预期社会化、发展社会化、逆向社会化和再社会化等类型。
- 人的社会化过程会涉及一系列个人、群体和机构。家庭、学校、工作单位、同龄群体和大众传播媒介等都是重要的社会化主体。
- 分析社会化的主要理论视角有库利的“镜中我”理论、乔治·米德的“角色扮演”理论、弗洛伊德的精神分析理论、埃里克森的人格发展“八阶段”论以及源于芝加哥学派的生命历程理论等。
- 当代社会一个重要的新趋势和新特征就是个性化或个体化。由于社会结构的急剧转型和变迁，个人作为社会关系体系中的一个基本单元、作为社会行动过程中的一个实体单位，他的独立性、独特性、主体性会日益充分地得到显示和表达。
- 从社会互构论来看社会化与个体化的基本关系，可以发现，社会化与个体化是对现代社会和现代人发展的理论刻画，个体化在某些方面是对传统社会化的超越。

【关键概念】

集体化社会 ◇ 社会化 ◇ 社会化的类型 ◇ 社会化的过程 ◇ 社会角色 ◇ 角色扮演 ◇ 个体化社会 ◇ 个体化 ◇ 个体分化 ◇ 人的主体性 ◇ 人的主体性发展阶段 ◇ 个体化的机制 ◇ 社会互构论

社会化和个体化与社会学的基本问题——个人与社会的关系问题——有着密切的关系，也可以说是社会学基本问题的更为具体的展开。因此，社会化与个体化构成了社会学理论的一项基础性的研究。本章包括三个方面的主要内容：第一是对社会化与个体化的概括性讨论；第二是对人的社会化的定义、研究视角、过程和内容等的介绍；第三是关于人的个体化的意涵、机制以及个体化与人的主体性的关系等的探索。

第一节 社会化与个体化概要

在当代社会快速转型和变迁的背景下，现代性呈现出高度成熟、高度发达的特征，其中有一些现象是当今社会所独有的，它们使我们今天的生活与早期现代社会明显地区别开来。因此，研究者往往用“个体化社会”来刻画当代社会的一些特点。与之相应，早期现代社会的特征则可以概括为“集体化社会”。通过社会化与个体化的内容，我们能够把握古典社会学理论与当代社会学理论的一个标志性的界分，同时也能够了解当代中国社会学理论的创新性探索。

一、集体化社会与人的社会化

对于理解现代社会和现代人而言，人类生活的现代性转型和变迁是一个广阔而深刻的视野。如果将早期现代社会与当代社会进行比较，两者无论是社会的组织方式、劳动关系，还是交往方式、生活方式等等，都有着巨大的反差，甚至是截然不同的景观。我们用“集体化社会”来概括早期现代社会的基本特征。通过这一视角，可以探查到社会学有关“人的社会化”理论的生长和积累的线索。

（一）“集体化社会”的发展

西方现代性约自 17 世纪开始，经过几百年的发展，在 19 世纪进入了建构现代社会的关键时期。与前现代社会相适应的各种秩序逐渐瓦解，初级群体、传统社区和旧的城乡区隔，以及人们的集体记忆和认同也受到了削弱，各个狭小的、松散孤立的自然社会逐渐融为一体，形成了一种总体性的社会结构。与此同时，社会的组织方式也由自然状态向人为状态转变。社会对自然事物的控制和转化能力不断提升，而各种大型社会集体和组织提供了实现这种控制和转化的资源、技术及行动的实体条件，从而成为推进现代性的支撑性的社会基础。

这一时期社会生活的集合性趋向是着重以大型集体和组织方式来展现的。活跃在这一时期的一些普遍社会现象（社会群体和组织、阶级阶层、民族国家、福利国家等）凸显了这样一个事实：这是一个建构集体化社会的时代。这种建构卷入了当时社会中最重要的行业、群体、集团和组织，从而形成了聚纳和汇集个人的社会机制，使得个人融于现代社会秩序之中，成为这个时代所期待的那种集体性存在。[①]

这一过程确定了“集体化社会”的重要特征，并对社会学关于“现代社会”的理论预设产生了深刻的影响。譬如，社会是整体性的，“整体”即意味着社会是一个自成一体的实体，通过经验观察可以把握这种整体性的基本轮廓、直观形态、特定组成等。再如，社会是结构性的，即社会有着不同的子系统、组成部分和构成要素，它们之间是结构性的关系状态，彼此作用、相互影响。再有，社会有其整合的机制，这一机制促成不同的子系统、组成部分和构成要素之间的有机结合，在变化中具有进行自我调节和稳定的能力。

(二) 人的社会化的经典研究

现代人是现代性转型和变迁过程的产物。社会劳动分工造就了高度分化、利益不同、价值多元的个人，与此同时，各种大型的集合体通过技术、制度和文化对个人进行调节和制导，按照标准化的行动模式对之进行教化，促使个人适应于特定行动方式和目标要求。正如我们所知，现代个人的出生、入学、就业、结婚、生育、退休等，几乎都成为集体和整体的构造。集体是几乎“全能的”，可以承载个人的全部人生，使个人命运与特定集体的命运紧紧捆缚在一起。所以，个体立存于这种“集体化社会”之中，可以说是约 19 世纪至 20 世纪大部分时间里的基本状态。

“人的社会化”理论反映了社会学对早期现代社会的深入研究和独特回应。譬如，在涂尔干看来，我们研究的起点，就是要考察个人人格与社会团结的关系问题。为什么个人越变得自主，他就会越依赖社会？为什么在个人不断膨胀的同时，他与社会的联系却愈加紧密？[②]齐美尔着重对社会交往如何使个人属性转变为社会现象，并发展出共同体生活做了大量的探讨。韦伯对现代社会的总体文化趋势，以及这一过程中社会与个人不断增长的工具理性和技术理性，给予了深入的思考和阐述。库利对个人的早期社会化以及初级群体的特殊作用做出了奠基性的研究。米德分析了自我观念在社会互动中的发生和形成过程，强调了符号互动能力在人的自我发展和角色社会化中的不可或缺的作用。帕森斯致力于解答“社会系统如何实现自身整合”，他的聚焦点始终没有离开过“个体的可整合性”这

---

① 郑杭生，杨敏．现代性过程“个人”的创生与集体化：行走在自我创新前夜的“个人”．社会，2006 (2).

② 涂尔干．第一版序言//社会分工论．北京：三联书店，2000：11.

样一个问题。在一定意义上说，社会化理论中有关人的个性发展、文化传递、角色承担以及“生命历程”等视角和范式，从不同的侧面刻画了当时个体的集体化和组织化趋势。

二、个体化社会与人的个体化

20 世纪下半期（特别是末期）以来，由于社会结构的急剧转型和变迁，各种大型集体和社会组织也发生了持续性的消解或重组，它们的影响力也在明显地衰落或转变，相对而言，当代个人面对的是一种更为个性化的或“个体化的社会”。进入 21 世纪以来，这一发展趋势仍在持续。

（一）“个体化社会”的到来

二战以后特别是 20 世纪中后期，当代社会出现了一些明显的新趋势，这一过程使得早期现代性工业化所确立的社会化大生产体系不断受到动摇，大型集体和社会组织对社会结构和社会过程的影响力逐渐降低，推动了“集体化社会”向“个体化社会”的转变。这些趋势的重要方面如下。[①]

第一，社会生活的信息化、网络化和数字化。随着当代科学技术的最新发展和应用，互联网和信息技术取得了突破性进展，对社会生活的各个领域（包括经济、政治、文化、教育以及日常生活等）形成了全方位的影响。

第二，经济活动性质的转变。计算机、信息、网络技术的广泛应用，促成了抽象化的符码数字象征系统对经济活动的渗透，虚拟经济的规模迅速扩大。在一些国家，以套利为目的的投机经济不断取代以生产为主体的实体经济的传统地位。不确定性、高波动性和高风险性也随之成为当代经济领域的常态现象。

第三，社会生产体系的轻型化、小型化和微型化。随着社会产业结构由重型化的工业制造业向轻型化的信息服务业的转型，以及社会生产的信息化、符码化和数字化，社会生产体系也相应形成了轻型化、小型化和微型化的发展趋势。

第四，社会劳动部门的白领化、年轻化、女性化。社会产业结构的转型导致了新的劳动和分工趋势，在这种变化中，我们可以识别出职业群体、年龄和性别这几个具有重要意义的变项。这组趋势意味着，个人的知识、技术和信息能力等对劳动世界的影响日益增加。

第五，劳动方式的自主化和个体化。借助计算机、网络、传媒等新技术，劳动时间和空间的流变性大大加强，同时弹性也达到了空前水平。各种小规模的、个人的、家庭内部的作业方式应运而生，劳动场所更加多样、多元和分散，劳动方式也呈现出灵活、流动和权变的特点。

第六，就业方式的开放性和选择性。各种迹象表明，长期就业、稳定就业的观念日益受到挑战，职业和岗位的固定模式不断被打破，个人与群体之间“终生拥有”的现象越来越罕见。随着个人对职业选择的自由度的提高，各种形式的短

---

① 郑杭生，杨敏．中国社会转型与社区制度创新：实践结构论及其运用．北京：北京师范大学出版社，2008：3-13.

期就业、临时就业或自雇用越来越成为常态。

（二）人的个体化的当代关注

在当代社会的现代性快速推进的过程中，人的个体化成为社会生活中引人注目的一种现象，甚至可以这样说，个体化现象成为当代社会的一个问题。有关个体化问题的研究提供了社会学理论的新生长点。其中，现代主义和后现代主义反映了“个体化”问题上两种不同的研究取向。

现代主义取向的个体化研究

在持现代性立场的当代社会学理论家看来，当今社会仍处于现代性的持续过程中，但相对于早期现代化和工业化时期有了很大的区别。如贝克将当代社会称为“第二次现代化社会”，认为“某种制度化的个人主义”是这一时期的标志，社会各个领域和过程的基本机制都是以个人为取向的。贝克援引教育、社会权利、政治权利、民事权利、劳动市场以及家庭等方面的现象指出，人们对既定的集体性范畴的依附变得很脆弱。[①]吉登斯主张，我们处在“后传统社会”之中，以往的集体现象比如阶级变得具有了个人特性，并通过个人的“传记”表现出来，不再像以前那样是“终生经历”。他既认为，作为集体性人类，我们注定要分裂下去，这不可挽回；同时也强调，应当发展出可信赖的人类生活形式，对传统的捍卫仍然具有重要的作用。[②]哈贝马斯指出，社会的边界发生了动摇，并影响了生活世界的时空坐标以及人们在社会结构中的定位。电子媒体技术和大众传播产生的效果，使特定事件在生活世界中变得无所不在。与此同时，差异消失，结构解体，具体角色多样化、生活方式多元化、生活设计个人化。[③]

在持现代主义立场的社会学家看来，当代社会是高度发达的现代社会，或称晚期现代性、风险化社会，个体化是这一时期的一个重要特征或标志。

后现代主义的个体化

在后现代主义理论家的眼里，当代社会学家“比过去的社会学家努力去掌握的任何事情都更加流动、更具异质性以及更不成型”[④]。他们敏锐地观察到，人们的集体信念出现了动摇，社会的秩序性和一致性受到了深刻的怀疑。鲍曼认为，个人经过社会化融入社会系统再生产过程的方式已经发生了深刻的变化：个人现在则被组织成消费者或游戏者，变为能够对新的刺激和经验作出反应和体验的有机体，更像是“有创造能力的”演员，或者是自我克制、自我推进、自我平衡的单元。[⑤]总的来说，后现代主义者认为应当重视的社会现象不是相似性、一致性、连续性、有序、和谐，而是差异性、多元性、裂变性、无序、冲突和对抗。福柯断言，人在西方思想中的核心地位仅仅是一个幻觉；被非中心化之后，

---

① 贝克，威尔姆斯．自由与资本主义：与著名社会学家乌尔里希·贝克对话．杭州：浙江人民出版社，2004：20－21.

② 吉登斯．超越左与右：激进政治的未来．北京：社会科学文献出版社，2000．吉登斯．为社会学辩护．北京：社会科学文献出版社，2003.

③ 哈贝马斯．公共领域的结构转型．上海：学林出版社，1999：31－32.

④ 瑞泽尔．后现代社会理论．北京：华夏出版社，2003：219.

⑤ 鲍曼．生活在碎片之中：论后现代道德．上海：学林出版社，2002：173－174.

人被挤向了事物的外围，要接受许多力量的支配。①布希亚认为，后现代的世界里没有意义，它是一个虚无的世界，“一切尚在之物都只是一些碎片。所有剩下可做之事也都不过是去游戏这些碎片。游戏碎片——这就是后现代”②。

后现代主义者对当代社会的弊端采取了强烈的批判姿态，他们往往用犀利和极端的话语来表达这种批判性，其观点中不乏真知灼见，但总体上表达了思想和理论的迷失甚至绝望。

三、社会化与个体化的基本关系

社会互构论基于对个人与社会之间的关系这一社会学基本问题的研究，来阐述社会化与个体化的基本关系。

社会化与个体化是对现代社会和现代人发展的理论刻画

从历史过程的视野对社会进行探究，“集体化社会”与“个体化社会”表现了现代性经历的两个发展阶段，凸显了两者之间的巨大反差。如果从现时的视角对社会展开结构性的分析，这两个阶段有着各自的社会生活状态，它们分别反映了现代社会两种不同的景观特征。因此，人的社会化与人的个体化是同一现代性过程的两个侧面、两个维度，它们体现了现代社会的持续递进和现代人不断成长的实践经历。

社会化与个体化有其各自特定的含义

在上述两个侧面中，社会化是每个人必然经历的基础性发展过程。经由社会化，一个人实现了从自然的生物个体向社会人的转变，并在这一过程中形成了个性和自我、内化了社会价值标准、获得了角色技能、适应了社会生活。个体化意味着，在当代社会高度发展的基础上，人的社会化过程具有了早期现代社会所未有的特征，从而提升了个人的发展指向，同时也更新了个人的现代性内涵。因此，社会化与个体化有着不同的含义，两者不能彼此取代。

个体化在某些方面是对传统社会化的超越

个体化不仅内含了自然的生物个体向社会人的转变，而且意味着一个社会人向更新的现代人的持续迈进。唯有在现时代，在社会生活高度开放、社会进步高速推进、社会流变的快节奏条件下，个人的完整性、独立性和独特性以及自主选择和自我责任才越来越清晰地表现出来。所以，当代社会对当代人的社会化提出了新的要求和目标，使得传统意义上的社会化内容势必发生一系列调整和改造，并促使社会化的各种机构（家庭、群体、教育、劳动和职业体系，以及国家政府机构、传媒、网络等）以及相应的制度和对策发生转变。

---

① 福柯．词与物：人文科学考古学．上海：上海三联书店，2001.

② 瑞泽尔．后现代社会理论．北京：华夏出版社，2003：135-136.

第二节 人的社会化

任何社会都是由具体的人组成的，社会的良性运行和协调发展离不开个体的参与和建设。因此，社会学必须考察：人是如何从一个生物个体成长为一个社会人的？个体的人格和角色技能是如何形成和发展的？怎样培养有利于社会良性运行和协调发展的人格和角色？如此等等，都与人的社会化相关。

社会化理论通过不同的研究视角，对个体从生物人到社会人、社会人到现代人的转变，以及现代人的成长和发展给予了深入的解释。

一、社会化概述

我们经常可以听到人们使用“社会化”这个词，比如“保障社会化”“养老社会化”等等。与这些用法不同，在社会学中，“社会化”是一个有着特定内涵的专门术语。

（一）社会化的定义

在社会学中，“社会化”概念的内涵有一个从狭义到广义的发展过程。一般来说，20 世纪 50 年代以前的社会化研究主要以少年儿童为对象，研究的重点是个体如何从一个“生物人”转变为一个“社会人”。这一阶段的研究属于狭义的社会化研究。从 20 世纪 50 年代开始，在结构功能主义社会学和人的现代化研究的推动下，社会化研究的范围逐渐扩大，形成了广义的社会化研究。在广义社会化的观点看来，社会化不仅是一个“生物人”向“社会人”转变的过程，而且是一个内化社会价值标准、学习角色技能、适应社会生活的过程，社会化贯穿了人生过程的始终。

近年来，随着研究的深入，广义的社会化研究又有新的发展：一是强调研究个体的社会化对于整个社会良性运行和协调发展的意义，以及个体社会化过程中社会环境因素所起的作用，个体的成长与社会运行和发展之间的互动关系。二是扩大“个体”概念的内涵。以往社会化研究中的“个体”一般是处于不同年龄阶段的生物意义上的个体，即我们在日常生活中所见的一个个具体的人。后来，社会化研究中的“个体”概念的内涵逐渐发生了变化，“个体”既可以指一个个具体的人，也可以指社会意义上的一个群体或单元，比如一个同龄群体（cohort）、一个文化群落，甚至处于特定发展水平上的某种文化传统。

社会化概念的内涵除了有一个从狭义到广义的发展过程外，还存在三种不同的理解角度：文化的角度、个性发展的角度和社会结构的角度。

从文化的角度，社会化是一个文化传递和延续的过程，社会化的实质是社会文化（核心是价值标准）的内化。这种研究角度受文化人类学的影响，属于社会化研究中的文化学派。它形成于社会学的初创时期，美国社会学的创始人 W. 萨姆纳和 W. 托马斯开创了这方面的研究。美国社会学家 W. 奥格本确立了社会化研究的文化角度。

从个性发展的角度，社会化被视为一个人的个性形成和发展的过程，社会人就是经由社会化过程而形成的有个性的人。这个研究角度明显受到心理学中社会化研究的影响。美国社会学家库利和乔治·米德关于“自我”的研究是这一研究角度的重要体现。在他们看来，内化他人的态度，并按照社会上其他人的一般期待来调整自己行为的过程，就是社会化过程。

社会结构的角度认为，社会化就是要使人变得具有社会性。1950 年，美国社会学家 S. 萨金特在《社会心理学：综合的解释》一书中，首次把角色概念与社会化联系起来，认为社会化的本质就是角色承担。后来，帕森斯进一步发挥这一观点，认为社会化过程就是一个角色学习过程；在此过程中，个人逐渐了解自己在群体或社会结构中的地位，领悟并遵从群体和社会对这一地位的角色期待，学会如何顺利地履行角色义务。

综合上述三个研究角度，所谓社会化，是指个体在与社会的互动过程中，逐渐养成独特的个性和人格，从生物人转变成社会人，并通过社会文化的内化和角色知识的学习，逐渐适应社会生活的过程。在此过程中，社会文化得以积累和延续，社会结构得以维持和发展，人的个性得以健全和完善。社会化是一个贯穿人生始终的长期过程。

（二）社会化的类型

社会化包括五种类型。它们是：初级社会化、预期社会化、发展社会化、逆向社会化和再社会化。这五种类型，有的是人生必须经历的，比如初级社会化；有的则是不一定会经历的，比如再社会化。

初级社会化（primary socialization）是发生在生命早期的社会化。其主要任务是向儿童传授语言和其他认知本领，使其内化社会文化规范和价值标准，能够正确理解社会关于各种角色的期望和要求。初级社会化主要发生在儿童时期，是整个社会化过程的基础。

预期社会化（anticipatory socialization）是这样一种社会化形式：人们在此过程中学习的不是现在要扮演的角色，而是将来要扮演的角色。比如，学生在大学里进行的大量学习都是为将来在工作中所要扮演的角色做准备，这种学习过程就是预期社会化。预期社会化大量地发生在青年时期。

发展社会化（developmental socialization）是相对初级社会化而言的，并且是在初级社会化的基础上进行的。它指的是成年人为了适应新形势提出的角色要求而进行的学习过程。比如改革开放之后，政府官员都要重新学习社会主义市场经济知识，这就是发展社会化。发展社会化亦称继续社会化。

逆向社会化（reversal socialization）是指晚辈向长辈传授文化规范和知识的社会化。社会化长期被认为是一个单向过程，即长辈将社会文化规范和知识传授给晚辈。现在，社会学家普遍认为社会化是一个双向过程，即长辈与晚辈之间相互传授知识和规范。现代社会的变迁速度快，知识更新速度也快，一些成年人往往要接受逆向社会化。

再社会化（resocialization）是指全面放弃原已习得的价值标准和行为规范，重新确立新的价值标准和行为规范。再社会化与发展社会化有本质的不同：第一，发展社会化着眼于人的完善，而再社会化着眼于人的改造；第二，再社会化的形式一般要比发展社会化要剧烈。再社会化虽然着眼于人的改造，但它并不一定是负面的和强制性的。改造罪犯，让罪犯洗心革面，重新做人，这是再社会化，是负面的、强制性的。而其他某些形式的再社会化，比如：新兵入伍后要全盘放弃原来的生活方式，接受新的生活方式，这虽然是强制性的，但却不是负面的；一个移民在新的国家和文化环境中，可能也要放弃原来的文化，接受新的文化，这种再社会化往往是主动的、正面的。

(三）社会化的理论视角

社会化的最终结果就是形成每个人独特的“人格”。人格“指的是特殊的思想、感觉和自我观照的模式，它们构成了特殊个体的一系列鲜明的品质特征。人格可以分为几个主要部分：认知（思想、知识水平、知觉和记忆）、行为（技能、天赋和能力水平）及情感（感觉与感情）”[①]。自我意识是个体关于“我是谁”的看法和判断，是人格的核心组成部分，它是在社会化过程中逐渐形成的。

“镜中我”理论

美国社会学家库利（C. Cooley）是最早将“自我”概念引入社会化研究的社会学家之一。他认为，自我或人格是社会的产物，是通过社会互动而产生的。他将自我意识的形成分为三个阶段：首先，我们设想自己在他人面前的行为方式；其次，实施行为之后，我们设想或理解他人对自己行为的评价；最后，我们根据自己对他人的评价的想象来评价自己的行为，并据此做出下一步反应。在这样一个循环往复的过程中，就逐渐形成了每个人的自我意识和个性。库利非常形象地将这一过程形成的自我概念称为“镜中我”，即每个人的“自我”观念其实是他人这面“镜子”的反射。库利还注意到“初级群体”社会化过程中的重要作用。

“角色扮演”理论

美国社会学家乔治·米德（G. Mead）是社会学中符号互动论的代表人物之一。他认为，自我意识是随着符号使用能力的发展而发展起来的。人出生之初是没有自我意识的，随着符号使用能力的提高，人开始将“我”作为一个符号，作为一个对象来加以思考，自我意识开始产生。米德将“自我”分为“主我”（I）

---

① 波普诺．社会学：第十版．北京：中国人民大学出版社，1999：147.

和“客我”（me）两个部分。“主我”是自发的、能动的，为自我和人格的发展提供动力；“客我”是内化了的社会要求和期待，是在社会互动过程中形成和发展起来。自我的发展过程是“主我”与“客我”之间的不断互动过程。

米德认为，社会化的实质是“角色扮演”（role taking），即学会理解他人对于角色的期待并从事角色行为。他将社会化过程分为三个阶段：模仿阶段（imitation stage），孩子只能简单地理解和模仿父母的动作，“角色扮演”是非常有限的；嬉戏阶段（play stage），孩子开始扮演一些特定的角色，这些角色在孩子的生活中占有重要地位；博弈阶段（game stage），孩子的需要及其能够扮演的角色的范围更加扩大，开始观察、理解和模仿“一般化他人”的角色。米德认为，随着上述阶段的展开，一个人“客我”的内涵和外延也在不断扩展。

精神分析理论

弗洛伊德（S. Freud）认为，人格的发展在很大程度上是受“无意识”驱动的。弗洛伊德将人格划分为三个部分：本我（id）、自我（ego）和超我（superego）。本我是人格结构中最原始、最隐秘的部分，其基本成分是人类的基本需求和冲动，特别是性冲动。本我受本能驱动，遵循快乐原则。自我是从本我中分化出来的。由于个体必须接受现实的限制，学会在现实中获得需求的满足，于是，本我发生了分离，服从现实的这一部分即成为自我。自我遵循的是现实原则。超我是自我中分离出来的，是人格结构中的最高部分。它是个体接受社会道德规范的教养而后逐渐形成的，服从社会的道德要求。它遵循的是完美原则。在三者中，自我和超我属于意识层次，本我属于潜意识层次。本我、自我和超我三者如能和谐一致，那么人格发展过程将会是正常的，反之则会出现某些心理疾病。

人格发展“八阶段”论

美国心理学家埃里克森（E. Erikson）对弗洛伊德的理论做了修正。[①] 他不同意弗洛伊德的泛性论观点以及人格在四五岁时即已基本形成的观点，认为社会文化对于人格发展也有重要影响，并且人格的发展贯穿人的一生。他认为，人在成长的每个阶段，都会遇到某种心理问题，都要对周围环境所提出的特定社会要求做出反应。根据个体在各个时期的典型心理反应，埃里克森将社会化过程划分为八个阶段：

（1）信任与不信任（婴儿时期，0～1岁）。在这一阶段，婴儿能否得到父母或他人的良好照料非常重要。（2）自主与羞怯、怀疑（幼儿时期，2～3岁）。儿童开始学习对自己的肢体活动加以自主控制，用自己的感官去熟悉周围环境。（3）主动与内疚（学前时期，4～5岁）。儿童具有了语言的能力和从事游戏活动的能力，他开始表现出与他人交谈和一起从事游戏活动的主动性。（4）勤奋与自卑感（学龄时期，6～11岁）。儿童对周围事物的用途和构造的好奇心增强，乐

---

① 黄育馥．人与社会：社会化问题在美国．沈阳：辽宁人民出版社，1986：18－25．波普诺．社会学：第十版．北京：中国人民大学出版社，1999：151－152.

于使用工具去进行操作活动。(5) 认同与角色混淆（青少年期）。这一时期青少年特别注意观察和认识各种社会角色的意义，学会扮演不同角色，实现角色的自我认同。(6) 亲密与孤独感（青年期或成年早期）。个人将经历求爱和建立家庭等事件。顺利地完成这些活动，需要个人学会和异性交往并建立亲密关系的能力。(7) 关注后代与关注自我（中年期或成年期）。个人的社会成就已相对达到顶峰，自己的子女已逐渐长大，增加了对他人特别是对下一代人的关心。(8) 完善与绝望（成熟期或老年期）。在这人生的最后阶段中，个人会经常回忆和总结自己一生的活动，力图给自己的一生做出一个使自己满意的解释。

如果个人能成功地解决每一阶段中面对的问题，就会在心理和行为上表现出积极的反应；反之，就会出现“认同危机”，给下一阶段的社会化过程留下隐患。

生命历程理论

生命历程（life course）理论是兴起于 20 世纪初的一种研究方法，在 20 世纪 60 年代以后得到迅速发展。[①] 该理论起源于美国芝加哥学派关于移民问题的研究。它从社会力量和社会结构来解释个体的生命历程。这一理论的基本分析范式，是将个体的生命历程理解为一个由多个生命事件构成的序列。

比如，一个人一生中会经历入学、就业、生育、退休等生命事件，这些生命事件按一定顺序排列起来，构成了一个人的生命历程。因此，以“生命事件”概念为中介可以打通社会结构与个体社会化过程之间的关系。基于生命事件发生的先后次序以及相互之间的过渡关系，构成了生命历程理论研究的基本主题。第一，同样一组生命事件，如果排列顺序不同，对人生的影响也会大不相同。比如这样一组生命事件：(1) 上学；(2) 丧父；(3) 就业。如果按 1、3、2 的顺序排列，就意味着一个人毕业参加工作之后才遭遇了丧父之痛，丧父这一事件对此人人生的影响是比较有限的，因为他已经能够自立了。如果是另一种顺序排列，如早年丧父，显然会直接影响到他一生的成长。第二，生命事件之间是相互影响的，事件之间的过渡关系非常重要。在上面的例子中，上学、丧父、就业这三个事件显然是相互影响的，把握了这三个事件之间的过渡关系，就能够了解它们对个体社会化过程的影响。

生命历程理论在考察宏观的社会结构与个体的生命历程之间的关系时，有以下四个要点：第一，生命发生的时间和空间。时间和空间对人的生命历程有重大影响。生活在不同时间和空间的生命会面临不同的社会景观。

第二，生命的相关性。任何一个人总是生活在一定社会关系之中的，生命与生命之间是相关的，生命历程与生命历程之间是相互联系的。这是很容易理解的。把握生命的相关性就要考察不同生命历程之间的互动关系。

第三，生命的时间安排（timing）。生命的时间安排，是指一个社会对个体生命历程中特定角色和事件所发生的时间和结果的期望。一个社会一般会有一个“标准时间表”，个体关于生命历程的时间安排如果符合社会的期待，就会

---

① 李强，等．社会变迁与个人发展：生命历程研究的范式与方法．社会学研究，1999 (6).

比较顺利，反之则有可能带来麻烦。生命的时间安排，可能会因某些突发事件而打乱。

第四，人的能动性。上面三点着重指出的是影响个体生命历程的外部因素。但是，这并不意味着个体的生命历程完全取决于外部环境。事实上，个体的能动性在自己的生命历程中也有很大作用，因此也是生命历程分析中不可缺少的方面。

二、社会化的条件和主体

作为生物个体的人要想经过社会化成为具备社会知识、掌握社会规范的社会人，需要一定的生物条件，不是任何生物都可以经过社会化而成为社会人的。与此同时，社会化还需要一定的社会条件，离开这些条件，即使具备了生物条件的人类个体也不能成为正常的社会人。

（一）社会化的生物及社会条件

个体的社会化是以人的生物遗传素质为基础的。在生物界中，只有人类个体能够接受社会化的训练而具备社会属性并参与人类社会生活，离开了人类特有的生物素质，社会化的活动就无法进行。这种社会化所依赖的生物基础主要在于人类具有经生物进化和人类长期劳动实践而形成的高度发达的大脑。人脑在容量和结构上与其他动物的脑有很大差别，从而使人脑在功能上大大超过动物的脑，形成了人类具有接受社会化的一系列潜在能力。这些潜在能力主要表现在以下几个方面。

语言能力

人类所具有的语言能力是人类个体接受社会化的一个重要条件，语言是客观事物在人的大脑中形成的表象、概念和思想的外部表现，是人类表达思想和感情所使用的工具和符号。人类只有借助于口头、书面、手势等语言形式，才能彼此传达信息，交流思想。语言是人类在长期实践活动中形成的，是人类社会所特有的现象。语言能力是以人类高度进化的大脑机能为基础的，人类在长期的进化和劳动活动中，发展了语言的器官和大脑有关语言的机能，通过语言能够表达头脑中的表象、概念和思想。

另外，一切知识和观念都是靠语言来传达和接受的，人们借助语言来学习社会文化，掌握社会规范和社会技能，学习大量的间接知识，迅速扩展自己的信息量。人们大量的社会互动也凭借语言来实现，这使得人们能够理解他人的思想和要求，同时也向他人表达自己的思想和感情。没有这种社会互动，个体的社会化是难以完成的。

思维能力

在影响社会化的因素中，直接与人类语言能力联系在一起的，是人类的思维能力。正是人的大脑及高级神经系统，使人具有能动地反映客观外部世界的特殊思维活动能力，包括形象思维、抽象思维和逻辑思维能力。这是人类区别于其他动物的根本特征，也是人类个体能够接受社会化、适应社会生活的最重要的生物基础条件。

人脑和动物脑在机能上相互区别的关键在于：动物脑只能在第一信号系统范围里活动，即只能对直接作用于各种感觉器官的具体刺激做出反应；而人脑不仅可以在第一信号系统内，而且更主要和更大量的是在第二信号系统中活动，即对作为信号刺激的语言做出反应。在社会化过程中，人们正是运用了特有的思维能力，才能对所接受的各种有关外部事物的信息加以分析、归纳，形成判断和进行推理；才能把所学到的知识、技能通过记忆贮存在大脑中，并根据社会活动的需要，随时提取这些信息。人们在社会生活中通过理性思维对周围事物做出事实判断和价值判断，并在此基础上理解各种社会规范对自己的要求，确立起自己的角色观念、价值观念和行为方式。

学习能力

人具有的语言能力和思维能力，使个体在社会化过程中表现出其他动物所不可比拟的学习能力。动物也具有一定的学习能力。心理学家们的实验研究表明，三岁以下的黑猩猩的学习能力与同龄的小孩相差无几，但三岁以后两者的学习能力迅速拉开距离。儿童的学习能力很快提高到黑猩猩一生都无法达到的水平。这是由于动物不具有运用第二信号系统的抽象思维能力，动物的学习只限于直接或间接的模仿，缺乏创造性活动的能力。而三岁以后的儿童由于发展起了语言能力、抽象思维和逻辑思维的能力，其学习能力立即发生了一个质的飞跃。

人的学习能力在社会化中的作用表现为：(1) 人可以更迅速、正确和深刻地认识客观事物的本质属性，理解所处社会环境的意义，接受社会文化的熏陶。(2) 人在通过各种途径认识事物的同时，能迅速根据所了解和学习的知识，确立起自己的思想观念、态度、动机和行为模式，以此来指导自己的社会活动，提高自己适应社会的能力。(3) 人类意识活动中的意志能力，可以使人主动地加强自己的学习动机，使个体的社会化成为有目的、有计划、积极主动的活动。

较长的依赖生活期

人类个体在出生后由于受到生理发育上的限制，有一段较长的依赖生活期。所谓依赖生活期是指人类个体在出生后由于生理、心理、意识和行为能力尚未发展健全，不能独立生活，因此在生活上、心理上依赖他人，受他人照顾、监护的时期。这段时期大致经过乳儿期、少年期甚至青年期。

个体的依赖生活期一般长达十几年。在这一时期，个人在生活上和心理上都要依赖于父母或其他人的照顾才能生存和正常地发育成长。一方面，这决定了一个人一出生就要在一定的社会环境中生存，和他人发生社会交往，潜移默化地接受特定的风俗，养成与周围环境相适应的行为习惯和生活方式。另一方面，由于儿童与其抚养人或监护人之间的这种依赖与被依赖的关系，使得后者易于在儿童心目中形成权威形象，同时也形成依恋、敬爱和畏惧的感情，这些都对儿童的思想观念和行为方式的确立产生很强的指导和制约作用，从而对早期社会化有着十分重要的影响。

（二）社会化的主体

人的社会化过程会涉及一系列个人、群体和机构，其中最重要和最有影响者被称为社会化的主体[①]，主要包括家庭、学校、工作单位、同龄群体和大众传播媒介等。对于人的社会化，这些社会环境条件是必要的，其作用往往也是不可替代的。

家庭

几乎对每个人来说，家庭都是个体出生后接受社会化的第一个社会环境，家庭的教育和影响对个人早期社会化甚至一生的社会化都具有重要意义。

首先，家庭教育和家庭环境的影响是一个人社会化的开端，为个人一生的社会化奠定了基础，并对个人的观念、心理和行为习惯发生潜移默化的、深刻而持久的影响。

其次，家庭环境对个人社会化的意义在于对儿童感情和爱的培养。在各种社会环境中，家庭所可能给予个人的感情的交流和爱的体验是最多的。一个人感情的正常发展，能够理解爱、懂得接受别人的爱并将自己的爱给予别人，这种能力很大程度上来自他的家庭影响。

最后，如前所述，家庭中父母的权威对儿童社会化具有重大影响。一般来说，儿童的依赖生活期都是在家庭环境中度过的。因而父母借助于自己的权威形象对子女进行社会化指导，是子女易于接受的。

学校

学校作为社会化的社会环境条件之一，其特点主要有：首先，学校是专门为社会化目的而设立的学习机构。这个特定的环境向学生提供各种有组织、有目的、系统化的教育条件。学校教育重视专门学习，带有一定的强制性，对人的社会化具有较强的指导作用。同时，学校受社会的正式委托，帮助年轻一代学会适应社会生活的本领，在传授科学知识和技能的同时，也培养和树立学生的价值观念，使学生在德、智、体、美等方面全面发展。

其次，学校是一个有组织群体机构。学校有一系列的规章制度，学生必须学习和遵守这些行为规范和准则，按照规范的要求去扮演自己的社会角色，并理解和把握这种有组织群体中的人际关系。在学校里，儿童第一次面对次级群体中的社会权威，要遵守那些带有强制性的行为准则，在更大的群体中作为一个普通的成员去努力培养自己与他人交往的合作性和独立性，学会参照他人的评价来评价和调整自己的行为。

同龄群体

同龄群体是指那些在年龄、兴趣爱好、家庭背景等方面比较接近的人们所自发结成的社会群体。同龄群体也是个人社会化的一个重要环境因素。同龄群体对

① 波普诺．社会学：第十版．北京：中国人民大学出版社，1999：157.

个人有较强的吸引力和影响力，它的群体规范和价值往往被个人作为社会化过程中的重要参照系，而成为个人社会化的一个重要环境因素。随着儿童的成长及兴趣和爱好的扩展，相互之间会结成同龄伙伴。

在同龄群体中，儿童感受到一些不同于家庭和学校环境中的新的东西。首先，同龄群体中的大多数活动不是由某种权威事先为他安排好的，他可以以一种独立的姿态，在平等的基础上和他人进行交往。这种活动可以大大提高儿童的独立意识，使其学会扮演多种社会角色，增加人际交往和解决人际冲突的能力。其次，个体在同龄群体中接受大量亚文化的影响。在年轻人组成的同龄群体中，往往有着独特的亚文化，包括共同的思想观念、价值标准、兴趣爱好、服饰发型、隐语、符号等。这些都构成了对个体社会化产生重大影响的环境因素。

工作单位

在一个人结束自己的学校生活后，就要走入社会，在工作单位里开始自己的职业生涯。这个过程并不意味着个人社会化的结束，而是社会化在工作单位这一新的社会环境中又开始了一个新的阶段。

首先，工作单位是个人进行职业社会化的主要场所。个人要在工作单位的职业活动中学习职业技能、遵守职业规范，学会扮演职业角色等等，个人在工作单位中通过自己的职业活动和职业成就来确立自己的社会地位，实现个人的人生理想和价值，并在这一过程中形成个人的能力、品格、气质、性格等心理特征。其次，工作单位给人们提供了一个检验和发展家庭及学校社会化成果的场所。一个人离开学校，进入工作单位，意味着他开始真正地走入社会，他在家庭和学校中所受的社会化训练能否使他适应这个社会，需要在工作单位这一社会生活环境中加以检验。人们会在工作单位中发现许多书本上没有或与书本上不相符合的文化因素，这些新的因素甚至会冲击和威胁他们在家庭和学校中所形成的价值观念。

大众传播媒介

大众传播媒介是指社会组织为在广大社会成员之间传递信息、互通情报所采用的各种通信手段，如广播、电视、报纸、书籍、杂志等。大众传播媒介通过新闻报道、舆论宣传、知识教育、生活娱乐等方式，为广大社会成员理解和接受社会所倡导的价值观念、奋斗目标、社会规范和行为方式等，提供了一个广泛的社会环境。

在现代社会中，随着大众传媒的日益发达，它在人们社会化方面的影响显得日益重要，这种影响具有表现形式上的多样性、内容上的丰富性和受众的广泛性，对人们的价值观念具有导向作用，对人们的行为活动具有暗示作用。在美国等西方国家，电视被社会学家称为儿童的“主要社会化力量”。[①]

---

① 刘易斯，科塞，等．社会学导论．天津：南开大学出版社，1990.

三、社会化的过程和内容

社会化过程既是连续的，又具有阶段性特征。以人的生命周期为标准来看人的社会化过程，社会化可分为儿童期、青年期、成年期、老年期等四个阶段。在每个阶段，人的身心发展状况有很大的差别，社会化也有不同的任务和特点。

（一）早期社会化

早期社会化包括儿童期和青年期的社会化。儿童期是社会化过程的开端，其内容主要是初级社会化。根据瑞士学者让·皮亚杰的研究，儿童的主要认知方式是具象思维，通过感觉和模仿来认识整个世界，容易受到外界环境的影响。这决定了家庭生活环境在儿童社会化过程中的重要性。美国心理学家鲍伦德的研究表明，家庭教养方式对孩子的社会化影响很大。最适宜的教养方式是威信型的，即父母为子女所订立的规则，不但合情合理，而且本人率先垂范。过于专制或宽容对孩子的成长都不利。[①] 此外，家庭关系对儿童的成长也有重要影响。那些父母经常与孩子沟通的家庭，孩子会显得自信、有朝气。相反，父母之间的冲突容易使孩子心理机能较差，容易发生情绪混乱，甚至罹患精神分裂症。[②]

青年期上承儿童期，下接成年期，是人生的一个特殊时期。青年期的起止时间因个体和社会条件而有差别。一般而言，青年期在 11 至 21 岁之间。在这一时期，个体性器官趋于成熟，开始出现青春期性征，由此而带来很多生理和心理上的困扰。青年人容易遭遇“自我认同危机”，即对自己的角色定位认识不清，所作所为与社会的角色期待不相符合。“自我认同危机”不能及时化解有可能会导致偏离行为。正因为如此，青少年犯罪越来越成为现代社会中日益严重的犯罪问题。[③] 青年期大量进行的是预期社会化。预期社会化在整个社会化过程中都在进行，但在青年期表现得最为明显。

早期社会化的困境在于，儿童和青少年在生理和心理上都还不成熟，缺乏独立思考和判断的能力，主要是以模仿的形式接受外界环境的影响，对新奇的东西感受特别强烈。在这种情况下，要保证社会化的顺利进行，社会就必须提供相对稳定和统一的社会规范和价值标准，提供令人敬佩和信服的社会权威形象。

（二）成人继续社会化

在成年期，人在生理上已经完全成熟，并将面临许多重大生命事件的发生，如恋爱、结婚、生子、就业等等。成年人的社会化是初级社会化基础上的发展社会化或继续社会化。在这一阶段，自我形象已经基本确立，人格已经基本定型。个体有

---

① 张春兴．心理学．上海：上海人民出版社，1994：378－381.

② 时蓉华．社会心理学．上海：上海人民出版社，1998：113－114.

③ 张春兴．心理学．上海：上海人民出版社，1994：388－389.

很强的自主选择和创造能力，不但能够根据自己的意志去选择扮演某种角色，还能根据自己的意志去创造某种角色。个人在成年期需要扮演的角色比人生其他任何时期都更为复杂，并且，扮演得成功与否将直接影响到个体在社会分层中的地位。

在现代社会，社会变迁速度快，而且程度剧烈，继续社会化问题就显得非常突出，它不但关系到个人的发展，而且关系到整个社会转型的顺利完成。个人要适应时代的快速变化，就必须不断接受新的信息、技术、规范和价值等。

在成人期内，继续社会化甚至可能包括再社会化：一是因为个体所处的环境发生根本变化，如移民到文化反差巨大的社会，为了适应新的生活环境，个人必须对早期的社会化内容重新更新。二是个人在初级社会化过程中，可能会出现偏差或失败，例如青年人的越轨和犯罪，从而导致个人必须接受强制性的再社会化，即劳动改造，以弥补早期社会化的不足。

此外，个体进入老年期之后，社会化的主要问题不仅包括生理方面，也包括社会方面的因素，如家庭、社会地位的变化。如何让老年人适应自身及社会环境的变迁，幸福地安度晚年，是老年人继续社会化的核心内容。中国已进入老年化社会，关注老年人继续社会化的意义非常重大。

（三）代沟问题

代沟是指社会的不同世代之间在价值观念和行为选择方面出现的差异、隔阂甚至冲突。从社会学角度来看，代沟实际上反映了社会结构的转型、社会生活的变化。社会变化越迅速、越深刻，世代之间的代沟也就越明显。从这个意义上说，代沟的存在是客观的，代沟的出现是不可避免的。但是，对代沟问题应当有一个正确的认识，并有意识地加以调适，以避免亲子之间、家庭成员之间、世代之间的矛盾和冲突，以及由此引发的种种社会问题。我们可以从两方面去理解：

一方面，代沟是社会发展过程中的正常现象。代沟是社会文化在“遗传”过程中的“变异”，是下一代对上一代文化的扬弃。正是通过这样的“变异”和扬弃，社会文化才得以向前发展。在这个意义上说，代沟是好事。另一方面，对代沟的性质要做具体分析。不能简单地否定或肯定代沟两方中的任何一方，不能笼统地说老年人保守或说青年人激进。凡是有利于社会进步的，能够促进人的全面发展的，不管是来自年轻人的还是老年人的，都要鼓励，都要支持。

（四）社会化的内容

个人在社会化的过程中，基本内容主要包括生活和劳动技能的学习、道德规范的学习和角色扮演的学习三大方面。

在早期社会化阶段，个人首先需要学习的就是独立生活的能力，其次是劳动和文化知识的学习。生活技能学习主要是在初级社会群体中进行的，家庭占主要位置，然后是邻里和伙伴群体。个人在初级社会群体中，主要通过模仿和重复实践逐渐掌握独立生活所需要的基本技能。在现代社会，正式组织在传授生活和劳动技能方面发挥着重要作用。例如，在学校中，个人通过集中学习而掌握更为丰富的技能和知识。

社会化的第二项重要内容就是道德社会化，也就是社会成员学习文化价值观和道德规范，并用规则和道德规范指导自己行动选择的过程。道德规范是社会规范体系的一个重要组成部分，在维护社会秩序、保持社会团结方面发挥着难以替代的作用。在这里，道德规范不是狭义的道德，而是广义的文化价值观和行为规则。个人要成为社会的一员，必须与社会主流价值观保持一致，同时需要了解和遵守社会的各种规则。没有规矩不能成方圆，没有行为规则就难以维持社会秩序。

关于角色扮演，我们在下面做专门的介绍。

第三节 社会角色扮演

社会就像一个大舞台，其成员就是舞台上的每个演员。他们通过角色扮演，把分散的个体组合成一台戏。

一、社会角色及其类型

社会角色是指与人们的某种社会地位、身份相一致的一整套权利、义务的规范与行为模式。它是人们对具有特定身份的人的行为期望，它构成社会群体或组织的基础。具体说来，它包括以下四方面的含义：

（1）角色是社会地位的外在表现。社会地位是人们在社会关系体系中所处的位置，角色是地位的外在的、动态的表现形式，社会地位总要通过角色表现出来。（2）角色是人们的一整套权利、义务的规范和行为模式。任何一种社会角色总是与一定的行为模式相联系的，涉及一系列的权利与义务。（3）角色是人们对于处在特定地位上的人的行为期待。当人们知道某人处在某种地位上时，便预先就期望他具备一套与此地位相一致的行为模式。（4）角色是社会群体或社会组织的基础。社会群体或社会组织是人与人之间形成的一种特定的社会关系，而这种社会关系的网络就是由社会角色编织而成的，角色是社会群体与社会组织的基础单位。

在社会中，角色不是孤立存在的，而是与其他角色联系在一起。这样一组相互联系、相互依存、相互补充的角色就是所谓角色集。任何一个人都不可能仅仅承担某一种社会角色，而总是承担着多种社会角色，他所承担的多种角色又总是与更多的社会角色相联系，所有这些就构成了角色集。角色集包括了两种情况：一种是多种角色集于一人身上，这主要强调的是一个人内部的关系。另一种是一组相互依存的角色，这主要强调的是人与人之间的关系。

根据不同的分类方法，可将社会角色分为多种类型。

先赋角色与自获角色

从人们获得角色的方式来分，社会角色可分为先赋角色和自获角色。先赋角色亦称归属角色，指建立在血缘、遗传等先天的或生理的因素基础上的社会角色。如一个人从一出生就被赋予了种族、民族、家庭出身、性别等角色。自获角色亦称自致角色或成就角色，指主要是通过个人的活动与努力而获得的社会角色。自致角色是个人将自己的角色愿望付诸实践而形成的一种结果。自工业化社会以来，许多原来属于先赋的角色变成自致角色。社会上的一些重要角色，如职务、职称、头衔等都是靠人们的后天努力而获得的，这显示了社会的进步。

规定性角色与开放性角色

从社会角色规范化的程度来分，社会角色可分为规定性角色和开放性角色。规定性角色是指有比较严格和明确规定的角色，即对此种角色的权利与义务，应当做什么、不应当做什么都有明确规定。这类角色的行为要受到较大的限制，如警察、法官、公务员、党员、团员等等。开放性角色是指那些没有严格、明确规定的社会角色。这类角色的承担者可以根据自己对角色的理解和社会对角色的期望而从事活动。人们在扮演这类角色时，有很大的选择余地，如父母、夫妻、子女、亲戚、朋友、同学、顾客、乘客等大量日常生活中的角色都是开放性的。

功利性角色与表现性角色

从社会角色追求的目标来分，社会角色分为功利性角色与表现性角色。功利性角色指那些以追求效益和实际利益为目标的社会角色。如商人、企业家、经理等各种以效率和盈利为目标的社会角色，就属于这一类。表现性角色指不是以获得经济上的效益或报酬为目的，而是以表现社会制度与秩序，表现社会行为规范、价值观念、思想道德等为目的的社会角色。如各级党政干部、法官、警察、学者、教授、艺术家等，他们所承担的也主要是表现性角色。表现性角色的行为发挥着维护社会道德、实现社会稳定的作用。

二、社会角色扮演过程

所有社会成员，都会承担某种社会角色。当一个人担任了某种角色并按其要求的行为规范去行动时，这就是社会角色的扮演。在社会舞台上，人们的角色扮演经过了认同、表现和建构的过程。

社会角色扮演过程的第一个步骤就是角色认同或确定。对于每一个个人来说，社会角色的确定也就是要回答“我是谁”的问题。在此过程中逐渐确定自己的实际地位、与别人的关系，从而承担起某种角色。如果人们对自己的角色确定不当，就会出现一些失误，包括不能胜任角色，未能承担合适的角色，选择了不适当的角色等。

角色扮演的第二个步骤就是角色表现。人们在确定了自己的角色后，另一个问题就是怎样把这个角色表现出来。社会角色的表现也像舞台表演一样需要布景与道具[①]，所不同的是社会舞台上出现的是真正的实物。但布景与道具只是一种背景与衬托，一个角色的仪表、风度等这类更为直接的表现，往往会给别人留下深刻印象并引发联想。

在角色的表现上，应注意前台与台后之分。在人们的生活中，这两种行为是有区别的。此外，角色的表现还有赖于角色之间的配合。在一组社会角色中，某一个角色的表现不当常常会破坏全体角色的表演效果。

角色扮演的第三个阶段就是角色建构。人们在扮演某一种社会角色时，首先遇到的就是社会或他人对于这一角色的期望。与此同时，角色扮演者需要对自己的角色加以认识、理解，并选择合适的表现方式进行表演。所以，在角色扮演的实践中，人们也在不断地建构角色，努力将角色演得更好，赋予角色更丰富的内涵。

三、角色冲突与协调

人们对社会角色的扮演也常会产生矛盾，遇到障碍，甚至遭到失败，这就是角色的失调。常见的角色失调有以下几种情况。

角色冲突

角色冲突是指在社会角色的扮演中，在角色之间或角色内部发生了矛盾、对立和抵触，妨碍了角色扮演的顺利进行。前面讲到的角色集的两种情况，就可能产生两种不同类型的角色冲突。

一种是角色间的冲突，即不同角色承担者之间的冲突。它常常是由于角色利益上的对立、角色期望的差别以及人们没有按角色规范行事等原因引起的。这种角色冲突会发生在领导与群众之间、服务员与顾客之间、邻居之间、夫妻之间、婆媳之间、父母与子女之间等。另一种是角色内的冲突，即由于多种社会地位和多种社会角色集于一人，而在他自身内部产生的冲突。这又有不同的情况：首先，一个人所承担的多种社会角色同时对他提出了角色要求，使他难以胜任；其次，一个人所承担的几种角色，其行为规范互不相容，这时也会产生角色内冲突。最后，在单一的角色内部，有时也会发生冲突。

角色冲突妨碍与破坏人们的正常生活秩序，应尽力避免。针对一个人因承担角色过多而造成的角色紧张，就应减少他的过多的兼职，使他能把精力用在最重要的岗位上。针对因角色规范不一致而产生的冲突，就应采取使人的角色单一化的做法，即在一种场合只扮演一种角色。

角色不清

所谓角色不清指社会大众或角色的扮演者对于某一角色的行为标准不清楚，不知道这一角色应该做什么、不应该做什么和怎样去做。社会的急剧变迁，常常是造成社会角色不清的最主要原因。

在社会与文化的迅速变迁时期，很多社会角色都在发生变化。人们会感到，

---

① 戈夫曼．日常生活中的自我呈现．杭州：浙江人民出版社，1989：22－23.

很多角色的行为规范都超出了他们过去习以为常的范围。这样发展的结果是，很多人对这些角色的行为规范究竟应是什么样子，感到迷茫。此外，在社会变迁中，总会不断产生一些新的职业与新的社会角色，社会还没有来得及对它们的权利义务做出明确规定，角色承担者本人不清楚，其他人的看法也有分歧，角色不清便由此产生。只有通过长期互动，在社会确立了明确的规范后，这种角色不清才能避免。

角色中断

所谓角色中断，指一个人前后相继所承担的两种角色之间发生了矛盾的现象。人们在一生中随着年龄和多方面条件的变化，总会依次承担多种角色。角色中断的发生是由于人们在承担前一种角色时并没有为后一阶段所要承担的角色做好准备，或前一种角色所具有的一套行为规范与后来的新角色所要求的行为规范直接冲突。

解决这一类因准备不足而产生的角色中断的办法是：从角色承担者个人来说，应对自己的人生有所设计，应了解人的一生中不可避免地要相继承担的那些角色的特点，为未来的角色做些准备工作；对于家长来说，应注意对子女的成长进行指导；对于社会来说，应加强对各种不同角色的培养、培训和提供咨询等工作，对于那些因社会原因而造成角色中断的人，应给予社会的帮助。

角色失败

角色失败是角色扮演过程中发生的一种极为严重的失调现象。它是指由于多种原因使角色扮演者无法进行成功的表演。角色失败会给社会造成恶劣后果并使角色承担者受到重大打击。从角色失败的结果上看，通常可分为两种情况：一种是角色的承担者不得不半途退出角色，如经营者因经营不善而发生破产、公职人员因失职而被罢免、学生中途退学、一个公民因犯罪被逮捕失去了公民的权利等。另一种是，虽然还处在某种角色的位置上，但其表现已被实践证明是失败的。

社会成员在社会生活中遇到角色冲突是常有的事，在面对各种各样的角色冲突时，要理顺角色关系，更好地扮演自己的社会角色，就需要进行合理的角色协调。角色协调的基本原则主要有：(1) 在特定情景中，从属角色应服从主导角色或以主导角色为主；(2) 根据社会主流价值观，权衡不同角色的价值合理性程度；(3) 规避损害公共利益的角色。

第四节 人的个体化

在这一部分中，我们将对人的个体化做一些具体的探讨，譬如，个体化的意涵，个体化发展的历程及主要阶段，对个体化进行观察和研究的重要维度，以及个体化的过程和机制等。

一、个体化的意涵

所谓个体化，概括地说，是指在当代经济活动、社会生产和劳动、就业方式及社会生活进一步开放和快速流变的条件下，个人作为社会关系体系中的一个基本单元、作为社会行动过程中的一个实体单位，他的独立性、独特性、主体性日益充分地得到显示和表达的过程。也可以这样说，“个体”是“个体化”过程的结果。而且，个体化是一个不断发展的过程，作为“个体”的人也将随着这一过程的展开向更高的境界趋近。

“个体”

一般而言，“个体”是作为与“整体”相对应的概念来使用的。相对于整体的个体，可以泛指任何一个在整体中具有相对独立性的单位。从逻辑学而言，个体既可以是集合概念，也可以是非集合概念。如一个相对独立的单体单位可以视为一个个体，这是非集合性的个体；而若干个单体单位的集合也可以构成一个个体，如一个群体、一个组织、一个社会、一个国家等，这是集合性的个体。

在社会学中，“个体”概念一般是作为生命现象的单位和非集合性单位来使用的。也就是说，社会学中的“个体”，特指人类社会的最基本的终端单位，即“个人”。

“个体化”过程

从基本的意义上说，个体化是个人及其自我的生成、转变和发展的过程，每一个人经由各自独特的社会生活实践，成为一个独特而生动的个体。从社会学意义上说，个体化所思考的，是关于人如何成为独特而生动的个体，以及作为个体的他（或她）与社会的演替和变迁过程这两者之间的一体同构关系。也就是说，“人的个体化”是与“人的社会化”相对应的一个概念，这两个侧面构成了个人的成长过程。

个体化的上述观点体现了社会互构论的基本思想：“在社会互构论看来，个人和社会分别表现了人类生活共同体相互关联的二重含义：个人是社会的终极单元，社会则是个人的存在方式；从共同体的构成而言，它是众多的个人；从众多个人之间的关系上看，它就是社会。人类生活共同体的发展就是个人与社会的互构关系的演变过程。”① 也就是说，任何个人都既是他自己的，同时也是社会的产物。

“个体化”与“个体分化”

“个体化”与“个体分化”有着密切的关系，因为人成为独特而生动的个体本身就意味着个体之间的分化。可以说，当代个人之间的高度分化是个体化的一

① 郑杭生，杨敏．社会互构论：世界眼光下的中国特色社会学理论的新探索：当代中国“个人与社会关系研究”．北京：中国人民大学出版社，2010：121.

个基本含义。

个体分化意味着，随着现代社会的专业化的劳动分工和生产体系的不断发展，个人之间日益呈现出明显的差别性和异质性。个体的分化是一个不断推进的过程。通过这一过程，个体的独特性得以生动地展开，每一个体与其他个体之间也形成了明显的分殊。他们对自我利益赋予不同的定义，对自身的权利作出不同的理解，其目标取向是多元的，行动能力是有差异的，手段方式也是多样的。与此相应的是，个体在社会空间中的分布状态在不断变化、解组和重组，这些都会在当今的社会生活中具体地反映出来。不同个体的专业分工、职业岗位、社会阶层、角色身份等等标识，也会表现出层化、级化甚至极化现象。由此，个体分化过程必然对现代社会生活的各个方面产生巨大的、持久而深刻的影响。

二、个体化与人的主体性

我们知道，人的主体性对于人，尤其是现代人有着根本性的意义。当我们说个体化是一个人的独立性、独特性、完整性的日益充分显示和表达之时，即意味着人的主体性是人的个体化的实质性蕴涵。一定意义上可以说，人的个体化过程是以人的主体性发展到一定水平为其标志的。

人的主体性

关于人的主体性，从不同的学科角度可以作出不同的界定。在社会学中，人的主体性可以理解为，人作为一个社会生活实践的主体，其行动过程体现出的自主性、能动性和创造性。

人的主体性突出体现在自觉能动性上，它能够使自我内在的主观意识活动与外在的客观实践过程能动地形成联结、过渡和转化，以及预设性的意义赋予，即对自我和他人的行动动机、意图和意义给予解释，并对行动的目标、方式、环节等预先进行制定和设计。

人的主体性是不断发展的

前现代社会只有极少部分人享有特权和主体身份，绝大多数社会成员受着传统社会关系的束缚，很难具有独立的主体人格和自主行动权。与之不同，现代人则是普遍具有主体性的人，现代社会本身就是人以自我为主体进行的一项宏伟工程。所以，个人具有自我的主体性是现代人与前现代人的一个实质性区别。

随着现代性的不断扩展和走向全球，现代社会也呈现出越来越成熟的发展趋势，现代个人的发展与现代社会的这一进程也是一致的。在现代社会，个人将经历自我主体性的不断成长和成熟，这既是个人自我实现、自我完善的过程，也是现代社会进入一个又一个更高的发展阶段的过程。在这个意义上也可以说，人的主体性发展构成了现代性变迁的一个基本趋势，是衡量社会现代性进程的一项标识性内容。也因如此，我们以“个体化”来描述人的主体性发展的当代阶段。在我们看来，这是当代个人正在经历的一种过程。

人的主体性的发展阶段

依据社会的进程，可以将人的主体性的发展概括为三个重要的阶段，即人的“人类化”阶段、人的个性化阶段、人的个体化阶段。

从自然界剥离：人的“人类化”阶段。人类初始的生存完全依赖于自然界，完全从属于自然，人类也把自己看成是与其他自然事物相同的自然存在。人类的这种意识状态经历了漫长的岁月。在一个很长的时期里，原始自然与自然人群社会的关系呈现出“浑然一体”的状态。同时，人也察觉到自己与其他自然生物的区别，将自己视为一个不同于它们的“类”。因此，人把自己视为一种“个体”，在人的历史进程初期是一个重大事件。因为，这意味着自然界与人类、人类群体与个人的“浑然一体”走上了终点：一方面，人与其他的自然生物“个体”区分开来了；另一方面，人也在自然人群之中形成了分化。这样，人从对自然界的依属状态中将自己剥离了出来，迈开了走向“社会”漫长途程的第一步。[①] 马克思主义社会学从宽阔的历史视野考察和分析人的发展，揭示了作为“自然个体”的人的终结即是“社会人”的开端，论述了创造性的劳动过程如何使人突破了自然界的限制，开始了人和社会的真正历史，阐释了劳动实践和生产方式的变革锤炼了人的自主性、能动性和创造性。

从传统向现代的变迁：人的个性化。一般认为，约 17 世纪，人类生活和社会组织发生了从传统型向现代型的变迁。在这段大约三个世纪的时间里，人类社会生活经历了“建构现代”的关键时期，前现代的各种人类生存群体、传统社区、城乡区隔纷纷瓦解，各个狭小的、孤立的、分崩离析的自然社会被融为一体，现代民族国家得以崛起和屹立，民族的和国家的意识取代了传统上松散的集体记忆和认同。这种变化促成了一种学术上的关注：当人走出了对自然的完全依属，成为现代社会集体中的一个行动单位时，其个性特征是怎样的。我们前面所介绍的各种社会化理论视角，实际上都涉及对这一问题的思考。例如，文化的角度、社会结构的角度、个性发展的角度，以及库利的“镜中我”、米德的“角色扮演”、弗洛伊德的精神分析、埃里克森的人格发展等理论，对于人的个性化的研究都是具有代表性的。

现代性的当代发展：人的个体化。当代社会生活变迁使个人的完整性、独立性和独特性充分显示出来，这种个体化是人的主体性发展的第三个阶段。前面我们分析了二战以后特别是 20 世纪中后期，当代社会出现了一些明显的新趋势，如经济的信息化、符码化和数字化，经济活动性质的转变，生产的轻型化、小型化和微型化，社会劳动部门进一步白领化、年轻化、女性化，劳动方式的自主化和个体化，就业方式的开放性和选择性，等等。总的来看，我们时代的社会生活日益脱出以往的固定形态，表现出更为流变、多样和未定的状态。与社会结构、

① 这里应当指出的是，“个体”最初是自然史和生物史的一个分析范畴，而且很长时间里，社会科学中的“个体”与自然史、生物史中的“个体”并未划分开来。经典时期社会学理论家所使用的“个体”仍然带有这种脱胎的印记。

组织模式和生活方式的转型变迁相应的是，以往集体化和组织化的社会景观正在被改造，个人也变得更为异质、多元和多样。人的主体性发展的个体化阶段正是对这些变化的一种回应。

三、个体化的机制

人的个体化过程是随着人的生命周期展开和推进的。我们大致可以观察到人的个体化的儿童期、青年期、成年期、老年期等主要阶段。在现实的生活实践中，每一个个人必然经历自己独特的个体化，这一过程不会拘泥于某种固定的模式。当代个人也因此呈现出多元异质、万千形貌。

如同社会生活的大多数领域和过程一样，人的个体化过程也有其内在的机制。所谓机制，亦称机理，原意是指机器的构造和工作原理，在自然科学中引申为事物或自然现象的作用原理、作用过程及其功能。概括地说，机制就是带规律性的模式。[①]根据对机制的上述解释，我们可以对个体化机制下一个简单的定义。所谓个体化的机制，即指人的个体化过程的带规律性的模式。在人的个体化过程中，贯穿着一些基本的机制。把握这些基本的机制，有助于我们更为深入地认识个体化过程的规律性。

个体化的自主机制

所谓个体化的自主机制是指，个人作为社会实践的主体具有行动的自主性，在行动过程中能够发挥自觉意识和支配能力，对实践过程产生主导和控制作用，并为自己的自主行动后果承担责任。个体化的这种自主机制体现在社会生活和个人生活的方方面面，不仅推进了现代社会这项人为工程的设计和实施，同时也塑造出了每一个人的历史。正因如此，马克思这样主张，“人在积极实现自己**本质**的过程中**创造**、生产人的**社会联系**、社会本质，而社会本质不是一种同单个人相对立的抽象的一般的力量，而是每一个单个人的本质，是他自己的活动，他自己的生活，他自己的享受，他自己的财富”[②]。

个体化的能动机制

个体是具有行动自主性的实践主体这一点，逻辑地决定了他也是能动的行动主体。所谓个体化的能动机制是指，个人在行动过程中能够主动地对自我意识、心智状态、身体机能等主观内在因素进行调整，从而积极地应对环境、机遇、挑战等迅速变化的客观外界因素。由于当代社会的快速变迁，相对于以往，个体在社会生活中会更多地面对自我主观方面的困境和客观外界的挑战，这些实践中的多重压力和动力使得个体的能动机制显示出更为重要的意义。许多实例都说明，在当今社会生活中，能动机制对于人的个体化过程发挥着特殊的作用，在很大程度上甚至可以决定个人、组织、企业的兴衰。

---

① 郑杭生．社会学概论新修．3版．北京：中国人民大学出版社，2002.

② 马克思，恩格斯．马克思恩格斯全集：第42卷．北京：人民出版社，1979：24.

个体化的选择机制

所谓个体化的选择机制，指个人在实践中会预先对自己的行动给予意义的预设，制定行动的目标，进行行动方案的策划、手段和方式的比较、步骤和环节的设计，并对可能出现的不确定性做出预测和评估，以达到预期的目标结果。选择机制是与个体的自主性和能动性密切联系在一起的。在现实生活中，选择机制的发挥能够促使人们对人生机会进行合理的“核算”。比如，志愿者活动是一项很有意义的公益事业，然而具体的个人会根据自己的实际情况和条件，来选择参与或是不参与，或者选择参与的方式和形式。再如，在青年时期，个人会遇到各种重大的人生事件，如入学、就业、择偶等等，这些事件的应对和处理都需要选择机制的发挥。面对同样的人生事件，个体的选择机制的发挥也是带有独特性的。

个体化的创新机制

所谓个体化的创新机制，意味着个人通过对社会实践的积极投入和参与，使得自己的活动以及社会生活能够成为一种创造性和建设性的过程。当代社会的迅速流变，使得社会生活的性状日益显露出“轻盈”“流畅”的特点。对于个人来说，创新往往意味着一种生存方式和发展方式。一个人必须能够打破已有的优势和成就，不断创造新的优势、取得更高的业绩。对于不同的人来说，创新机制的具体发挥带有很突出的个人特点。譬如，现代社会拥有相对完善的教育体系，使越来越多的人在系统的学习过程中获得了创新能力，成为专门领域中的学者、专家或有用人才。也有一些人是通过实际工作的锻炼逐渐培育出了创新能力，如我们社会中的许多工人工程师、技术标兵、革新能手，他们的成长就经历了这样的道路。

思考问题

1. 为什么说人性、自我和社会人都是在社会互动中形成的？
2. 社会化有哪些主要类型？社会化过程涉及哪些社会群体和机构？
3. 什么是社会角色和角色扮演？如何处理社会角色失调问题？
4. 如何理解“个体化的社会”的来临是当代社会的一个新趋势和新特征？
5. 怎样理解社会化与个体化的基本关系？
6. 个体化有哪些重要机制？如何理解个体化在某些方面是对传统社会化的超越？

阅读书目

1. 波普诺．社会学：第十版．北京：中国人民大学出版社，1999.
2. 阎云翔．礼物的流动．上海：上海人民出版社，2000.
3. 郑杭生，杨敏．社会互构论．北京：中国人民大学出版社，2010.

第七章

社会互动

【本章要点】

- 社会互动是指社会上个人与个人、个人与群体、群体与群体之间通过信息的传播而发生的相互依赖性的社会交往活动。
- 社会互动是在一定的情境下进行的。情境不同，人们的互动方式往往不同。社会发展尤其是社会转型必然引起社会互动模式的重要变革。
- 对互动的分析主要包括互动的向度、深度、广度和频度四个维度。互动类型主要有合作、竞争、冲突、强制、顺从。
- 集体行动又称为集合行为，是一种人数众多的自发的无组织行为。一般具有三个特征：人数众多，无组织性，行动者相互依赖。

【关键概念】

社会互动 ◇ 符号互动 ◇ 参照群体 ◇ 社会交换 ◇ 社会戏剧 ◇ 本土方法论 ◇ 竞争 ◇ 合作 ◇ 冲突 ◇ 强制 ◇ 顺从 ◇ 集体行动

社会互动（social interaction）是社会学基本的分析单位，是微观社会学的主要课题。它是个体层次与社会结构层次及文化层次的中介，是个人走向群体乃至更大的社会组织制度的转折点。

对于人类生活来说，社会互动具有非常重要的意义。人性、自我和社会都是在社会互动中形成的。互动是最基本、最普遍的日常生活现象，是我们每个人最直接体验到的社会现实。个体的社会化离不开与他人的互动，在互动中才能发展出个性与自我。互动还是社会形成的条件。马克思认为，“社会——不管其形式如何——是什么呢？是人们交互活动的产物”①。德国社会学家齐美尔也认为社会是通过人们的互动而产生的，各种人际互动形式是构成宏观社会结构的基本材料，是社会学研究的独特主题。②

第一节 社会互动的含义及理论

研究社会互动是从微观层次上理解社会结构、建立理论体系的基础。很多社会学家和社会心理学家都对互动进行了深入的研究，提出了一些很有见地的理论观点。

一、社会互动的含义

日常生活中，我们经常与各种各样的人打交道。要么是对他人采取行动，如给同学写信，向教师提问题；要么是对他人的行为做出反应，如回答他人的提问，对他人给予的帮助表示感谢。这种社会交往过程就是社会互动，又称为社会相互作用或社会交互作用。一般来说，社会互动是指社会上个人与个人、个人与群体、群体与群体之间通过信息的传播而发生的具有相互依赖性的社会交往活动。我们可以从以下几个方面来理解社会互动的含义。

（1）社会互动必须发生在两个或两个以上的人之间，一个离群索居的人不能发生社会互动。

（2）个人之间、群体之间只有发生了具有相互依赖性的行为时才存在互动，并不是任何两个人的接近都能形成社会互动。

（3）社会互动以信息传播为基础。大多数互动过程中，人们不仅交流信息，而且还交流思想和情感。如果没有信息的交流，或者互动双方互不理解，互动就

① 马克思，恩格斯．马克思恩格斯选集：第4卷．2版．北京：人民出版社，1995：532.

② 约翰逊．社会学理论．北京：国际文化出版公司，1988.

无法进行，“对牛弹琴”就是如此。在跨文化人际交往中，双方只有对彼此的文化价值观念和行为方式有足够的了解，才能够顺利地进行互动。①

（4）社会互动可以是面对面的，也可以在非面对面的场合下发生。有时，人们虽然远隔万水千山，却可以通过信件、书籍、图形、电话和互联网等手段进行信息交流，形成社会互动。在信息技术高度发达的今天，人们可以通过可视电话、互联网等形式实现虚拟的“面对面”互动。

（5）社会互动总是在特定的情境下进行的，同一行为在不同的时间、不同的场合具有不同的意义。

（6）社会互动还会对互动双方及他们之间的关系产生一定的影响，并有可能对社会环境形成一定的作用。例如，在一个班级中，如果同学之间经常一起讨论各种问题、交流学习经验，一起外出游玩，那么每个人都可以感受到同学的友谊和集体的温暖，同学关系就会比较和谐，班集体也会有较强的凝聚力。相反，如果班级内人际沟通和互动不够充分，同学之间就难免发生误会和矛盾，班集体就可能十分涣散。对整个社会来说，互动也具有重要的意义。人际层次上的种种互动会影响到宏观层次上的社会状况。例如，夫妻之间的互动好坏，会影响到离婚率的变化，甚至影响青少年犯罪率的改变。

（7）人们的互动往往遵循一定的行为模式，具有一定的互动结构。例如，肯顿（A. Kendon）等人考察了人们相互问候时的情况。通过分析大约 70 个人相遇时问候的互动片段，他们发现人们遵循着共同的“问候程序”：“双方都看到了对方，并给对方一个表示，表明他们将与对方形成一个问候的场面。随后就是双方同时改变空间—朝向关系，接着可能有一个明显的姿势表示‘远距离致意’，然后可能是走近几步，进入‘近距离致意’（如握手）。”② 这种互动模式大都是人们约定俗成的东西，对生活在相同文化和社会背景下的人来说，它们是不言而喻的。

二、社会互动的理论

在社会学中，并没有一个统一的互动理论。长期以来，互动理论呈现出百家争鸣的局面，即使在同一学派中，也有概念上的分歧。③

德国社会学家齐美尔认为，社会学的研究对象应是与互动内容相对应的互动形式，并对社交、统治与服从、冲突与凝聚等具体互动形式做了详细的分析。在美国，以乔治·米德、布鲁默、库恩等人为代表的符号互动论学派对社会互动过程和互动结构做了详细的说明。社会学和社会心理学其他方面和流派的理论也大都

① 陈向明．旅居者与“外国人”：留美中国学生跨文化人际交往研究．长沙：湖南教育出版社，1998.

② 肯顿．行为互动．北京：社会科学文献出版社，2001：10.

③ 特纳．社会学理论的结构．杭州：浙江人民出版社，1987：401.

涉及社会互动。因此，存在着各式各样的互动理论。下面我们介绍几种有代表性的关于社会互动的理论观点。

符号互动论

符号互动论特别注意符号沟通问题。所谓符号，是指能够有意义地代表其他事物的事物。例如，鸽子可以作为代表和平的符号，课堂上学生的举手是表示要发言或提问的符号。声音、语言、文字、图画、手势、姿态、表情等都是符号。符号沟通是将人从动物界区分开来的主要标志。动物的行为是本能的，是对外界刺激的直接反应。人的互动与此不同，人不仅存在于自然物理环境中，也存在于符号环境中。人类有思维能力，我们对社会环境的反应是按照事物对我们的意义而做出的。只有当互动的双方都能确定和理解各自的处境，能够进行符号沟通时，才能顺利地进行社会互动。符号互动论关于社会互动的基本观点主要是：人与人的互动是运用符号进行的，是符号互动；人的行为是有意义的行为，要理解某个行动，就要对行动者赋予其活动的意义做出解释；意义不是固定不变的，它的确定有赖于互动的背景和情境，是在互动过程中产生、修正、发展和变化的；在互动过程中，人们往往从他人的角度来解释其思想和意向，并以此来指导自己的行为；人们从自己所认识到的他人对自己的态度和看法中来认识自己，形成并修改自我概念。

当代符号互动论有两个主要派别。以布鲁默为首的芝加哥学派注重用人文科学方法来研究互动过程，以库恩为首的艾奥瓦学派主张用实证主义方法来研究互动结构。符号互动论有很多追随者，但是，这一理论也受到不少学者的批评：它将社会关系简单地归结为人际关系，忽视了宏观社会结构；忽视了互动的内容和社会经济条件对互动形式的重要影响；它所使用的一些概念没有明确的定义。

角色理论

与符号互动论一样，角色理论也不是一个单独的理论。它是一个以角色概念为核心的解释人类行为的研究取向。前面我们已经对有关社会角色的一些问题做了详细的阐述，这里只简要地介绍角色与互动的关系。

角色与互动是密不可分的。一方面，互动是角色之间的互动。日常生活中，人际互动之所以能够有条不紊地进行，是因为互动的双方都遵循一定的角色规范而进行交往。如果一方角色失调，就可能使互动中断，或者改变原来的互动方向。互动还有赖于人们扮演他人角色的能力，这一能力使人们能够辨别和理解他人使用的交往符号的意义，从而预知他人的反应。另一方面，角色的形成和扮演也是在互动中完成的。没有另一方来参与互动，角色就失去了依存的条件，就无法实现实际的角色行为。事实上，角色理论与符号互动论的联系非常密切。

参照群体理论

“参照群体”是指个体在心理上所从属的群体，是个人认同的为其树立和维持各种标准、提供比较框架的群体。个体将其参照群体的价值和规范作为评价自身和他人的基准，作为自己的社会观和价值观的依据。一个人的参照群体与他在行政上、组织上或地位上所从属的群体可能是相同的，也可能是不同的。例如，一个农村青年可能会仿效城市青年的思想与行为方式，将城市青年作为自己的参照群体。

参照群体理论揭示了非面对面的人际接触对个人行为的制约作用，反映了个人与群体的互动的特殊方面。对个体来说，参照群体有两个基本的作用，一是规范作用，二是比较作用。前者是指参照群体在个体内化价值规范，形成社会态度的过程中具有重要的影响。后者是指参照群体往往是个体对自我、他人进行评价时所采用的比较性标准。

参照群体理论是研究个人的客观社会地位与其社会观点之间相互作用的社会心理机制的工具，是探明个体动机与社会结构之间相互作用的机制的工具。因此，它从一个更广阔的角度和更深入的层次增进了我们对社会互动的理解。如果说符号互动论和角色理论揭示了生活舞台上不同表演者之间的符号沟通和角色扮演的规律，那么参照群体理论则表明了舞台背景和表演者的内心世界对他们在台上的互动的制约作用。

戏剧理论

戈夫曼采用戏剧分析的方法，从印象管理的角度来揭示人们社会互动的特点。在《日常生活中的自我呈现》一书中，他指出，世界是一个大舞台，生活就是演戏，表演者最关心的是留给观众什么样的印象。他的理论主要研究人们运用哪些技巧来创造在别人心目中的印象，所以又称为“印象管理理论”或“印象整饰理论”。这一理论认为，互动的一方总想控制对方的行为，使对方通过对自己行为的理解，做出符合自己计划中的行为反应。日常生活中有很多这样的事例。

在《互动形式》一书中，戈夫曼讨论了人际互动中如何做“面子功夫”等问题。其观点对于我们理解中国人生活中常见的“保面子”“争面子”“给面子”等行为很有启发性。戈夫曼还对互动时的礼仪进行了详细的研究，他指出有四类人际礼仪：(1) 表达式礼仪——用来表示对他人的问候、恭维和感谢等。例如，见面时向人点头微笑。(2) 回避式礼仪——表示对他人的隐私与个人空间的尊重。例如，陌生人之间要避免长时间的视线接触。(3) 维系式礼仪——用来维持人际关系，使之不中断。例如，逢年过节时走访亲友，给久不见面的老同学寄贺卡等。(4) 认可式礼仪——用来表示对别人身份的认可。如别人结婚时去道喜等。这些人际礼仪在日常社会生活中具有重要的作用，是个人维持和加强与他人的联系，表达对他人的尊敬与关怀的重要方式，如果违背了这些礼仪，就很难与他人融洽相处。

戈夫曼对互动细节的观察非常敏锐，对互动秩序和形式的分析也相当深入，他的理论观点产生了很大的影响。但是，对戏剧理论也不乏批评。有人认为戈夫曼夸大了人类行为的表演性与虚伪性。

社会交换论

社会交换论着眼于人们在社会生活中相互交往的外显行为，用代价和报酬来分析社会关系，认为社会互动的实质是人们交换酬赏和惩罚的过程。这一理论认为，交换行为不仅存在于市场关系之中，而且存在于包括友谊、爱情在内的多种社会关系之中。在《社会生活中的交换与权力》一书中，布劳写道："邻居们交换恩惠；儿童交换玩具；同事们交换帮助；熟人们交换礼貌；政治家们交换让步；讨论者交换观点；家庭主妇们交换烹饪诀窍。"① 社会交换论提出了以下几个命题：

（1）成功命题：一个人的某种行动越经常得到报酬，这个人就越愿意从事该行动。

（2）刺激命题：如果某特定刺激的出现曾经成为一个人的行为得到酬赏的原因，那么现在的刺激越是同过去的相同，这个人就越可能采取这种行动或与此类似的行动。

（3）价值命题：某行动对某人越有价值，那么他越有可能采取该行动。

（4）剥夺—满足命题：某人在近期内越是经常得到某一特定酬赏，随后而来的同样酬赏对他来说就越没有价值。

（5）侵犯—赞同命题：当某人的行为没有得到预期的酬赏或者得到了未预计到的惩罚时，他将会被激怒，并可能采取侵犯行为，所预期的酬赏变得更有价值；当某人的行为获得了期望的酬赏甚至大于期望的酬赏，或者未遭受预料中的惩罚时，他会很高兴，并可能采取赞同行为，该行为的结果也变得更有价值。

上述命题中所说的酬赏是指个人在与他人的交往中所得到的收获，它包括金钱、社会赞同、尊重和服从四类。它们的价值依次增高，最有价值的酬赏是他人的服从，即控制他人的权力。

社会交换论试图以交换的观点来解释人类互动的本质和规律，其理论基础是个人主义与功利主义。它强调个人的目标和报酬，认为每个人都在尽量避免痛苦和增进快乐。这一理论忽略了人类行为的社会前提，带有浓厚的心理还原主义色彩。

本土方法论

这一理论是美国社会学家加芬克尔（H. Garfinkel）于 20 世纪 60 年代创立的，又译为"民俗方法论"。它研究人们在日常互动中如何建立和共同使用对现实的定义，详细考察社会成员在建构和解释他们的社会现实并对其赋予意义时所使用的方法和步骤。

本土方法论者认为社会互动是由形成人们正常交往基础的规则所决定的，这些规则通常是理所当然、心照不宣的；但是，如果违背了这些规则，互动就不能顺利进行。为了证明社会互动中这类隐含规则或称背景假设的重要性，本土方法论者进行了一项著名的研究，称为"无背景试验"或"打破规则试验"。② 其中一个试验是让学生与家人交谈，要求学生抛开原来的与家人交谈的习惯，而采用不同的方式。例如，按照严格的礼节，称父亲为"先生"，对一些不言而喻的东

---

① 布劳．社会生活中的交换与权力．北京：华夏出版社，1988：104－105.

② GARFINKEL H. Studies in ethnomethodology. Englewood Cliffs, N. J.: Prentice Hall, 1967.

西装作不了解。结果，家人感到很震惊，甚至很气愤，交谈很难进行。这一研究揭示了互动中隐含规则的重要性。事实上，在任何一个互动过程中，都存在着一些背景知识，互动双方都必须了解这种背景知识，遵守其隐含的规则，用通俗的话来说，就是互动双方要有“共同语言”，并遵守“共同语法”，否则就无法沟通。

第二节 社会互动的情境与过程

社会互动是在一定的情境下进行的。情境不同，人们的互动方式往往不同。不同的情境、不同类型的互动在过程上也有不同的表现形式。社会发展，尤其是社会转型必然引起社会互动模式的重要变革。

一、社会互动的情境

日常生活中，人们经常强调要“审时度势”“入乡随俗”“到什么山上唱什么歌”，其意思都是说要明白自己所处的情境，并选择与具体情境相协调的行为方式。了解情境及情境的要求，是社会互动的基础。

根据参与互动的人数，我们可以划分出二人关系、三人关系、多人关系等不同的互动情境。在二人组中，每一方仅仅需要同另一方有关系，会比较充分地考虑对方具体的需要、愿望和个人特点，因此，两人关系可以获得在其他任何社会形式中不可能存在的亲密感情和独特性，从而产生一种排他的特征。但是，这种亲密性也有可能使两人的冲突更加强烈。例如，恋人之间有时会出现激烈的冲突，在局外者看来，有些争吵似乎只是无关紧要的琐事，但对他们自己来说却充满了感情意义，显得十分严重。

在三人组中，每一方都面对着两个人，需要考虑两个人的个性特征。这时很难达到二人关系中可能具有的亲密性。齐美尔认为，当三人组中有两人发生冲突时，由于相互关系的不同，第三者可能扮演多种不同角色。主要有：（1）中间人——中间人以局外者的身份持公平和客观的态度来调解双方的冲突，但他并不能解决冲突。（2）仲裁人——仲裁人是冲突双方都认可的、能以公平的态度做出解决冲突的最后决定的人。（3）从中渔利者——利用两人实际的或潜在的冲突来获取个人利益的人。第三者可以在冲突的双方中自由地选择支持哪一方，因此他可以向他们提出某种要求作为提供支持的交换条件。（4）分裂者和征服者——故意挑起和助长两人之间的冲突以便从中获利。

在多人关系中，会产生社会网络，互动形式更为复杂。这时在群体之中还会形成亚群体。在大型群体中，个人面对的不仅仅是其他个人，而是似乎超越了个别成员之上的客观结构。在正式组织中，往往会形成明确的分工和严密的组织规范来制约人们的互动。集体行动中的人际互动特点将在后面说明。

根据互动的目的，我们可以划分出熟悉情境、工作情境和社交情境三种不同类型。购物、商业谈判、工作会议、上课等都是工作情境。在这种情境下，互动双方有特定的目标，有明确的分工，言谈举止限制在一定的范围之内，而且很少情感的交流。

宴会、舞会、郊游大都属于社交情境。社交情境下，人们往往是为了互动而互动，并无其他的目的。人们通常会进行轻松愉快的交谈，这些话题可能并没有什么实际意义，例如谈谈天气、说说见闻等。但是，这种交谈却具有重要的沟通功能，成为社交双方增进了解的工具。正因为没有什么明确的任务和特定的话题，人们才可以轻松地展示自己的个性，进行愉快的交往。在这种场合，如果有人坚持把话题引向与日常实际工作有关的内容，反而会破坏轻松的气氛，被人看作不识时务。有时，在社交情境下，人们的互动能带来思想上的愉悦，可能有一些感情投入，从而促进关系的发展。

熟悉情境主要是指我们与熟人之间的日常交往的场合。家庭成员、亲戚朋友、邻居、下班后的同事之间的交往就属此类。这时互动双方并没有特定的目的，行为方式上可以较为随便，不必严守工作规则或社交礼貌，按社会习俗行事即可。

当然，上述划分并不是绝对的。人们在情境面前享有较大的主观能动性和灵活性。不少时候，情境及其对应的行为方式往往是由互动者协商决定的。例如，宴会本来是一项重要的社会礼仪，是一个社交情境，不是工作情境。但是，在不少人看来，请客吃饭也是“办事”的一个重要方式。很多公事、私事都是“在餐桌上解决”的。这样一来，就避免不了人情、面子的影响，主管官员很难铁面无私，公事公办。这种情境混淆是与现代科层制的要求相违背的。面对这种情况，除了法规的制约之外，也需要官员们将公与私区隔开来，在私人交往领域，当然可以讲人情，多关照自己的亲友，但在公共事务上，就不能徇私情。这种区隔，是社会文明与进步的需要，是中国人社会互动方式变革的一个方向。

根据互动参与者之间人际关系的性质来分，有情感关系、工具关系和混合关系三种情境。[①] 情感关系是家庭、亲密朋友等初级群体中的人际关系，它可以满足个人在关爱、温情、安全感、归属感等情感方面的需要。这种关系中的人际互动和社会交换遵循各尽所能、各取所需的需求法则。当一个家庭成员需要某种生活资源时，有能力供给的其他成员便会尽力予以满足。

工具关系是个体为了达成某种目的而与他人交往时发生的关系。这种关系只是他达成目的的工具。交往双方并不预期有亲密的情感关系和长期交往。这时的互动和交换遵循公平法则，如买卖双方的等价交换。

---

① 黄光国．人情与面子：中国人的权力游戏//中国人的权力游戏．台北：巨流图书公司，1988：7－56.

混合性关系界于情感关系与工具关系之间，是个人与亲戚、一般朋友、邻居、同学、同事、同乡等建立的各种人际关系。它既有情感性成分，又有工具性成分。彼此都预期将来还会继续交往，而且有一定的情感联系，这时人们多以人情法则行事，交情的深浅和面子的大小对互动方式和互动结果有重要的影响。

上述三种关系可以发生转化，在实际交往中有较大的灵活性。例如，通过人情与面子的运作，可以将工具关系发展为混合关系，从而改变交往法则。

二、社会互动的过程

社会互动是一个内涵非常丰富的概念，不同情境、不同类型的互动在过程上往往差别很大。这里我们介绍两种观点。

贝尔斯的互动过程分析

美国社会学家贝尔斯（Bales）提出了一种小群体研究方法——互动过程分析。[①] 他认为，小型群体的面对面互动包括12类互动范畴，涉及取向问题、评价问题、控制问题、决定问题、紧张问题和整合问题六项功能性问题，互动可以分为下列阶段。

第一阶段：定向阶段，主要解决情境辨识的问题。参加互动的成员在开始互动时往往首先要确认是何种情境。例如，当大家被召集在一起时，人们首先关心的是要干什么，是社交性的联欢，还是严肃的工作会议。

第二阶段：评价阶段，主要解决态度确定问题。明确了互动情境后，成员们往往要考虑自己对此情境持何种态度。例如，如果是一次社交性的联欢，那么是积极主动参与，还是逢场作戏凑凑热闹，或是消极地冷眼旁观。

第三阶段：控制阶段，主要解决行为选择问题，即对此情境做些什么。如果倾向于积极参与联欢，那么是去表演节目，还是找几个自己感兴趣的人聊天，或是多做些服务工作。

在这里有几点需要注意：首先，这三个阶段并不是直线发展的，有时可能会重复某一阶段。例如，在控制阶段之后有可能进行重新的定向和评价。参加聚会时，一开始你可能以为是一场严肃的学术讨论，你便郑重其事地准备做笔记、发言，但进行一段时间后你可能发现大家都不认真，于是你也就开始敷衍了事。其次，在互动的各阶段中往往伴随有情绪的因素，互动过程分析可能要同时涉及工作任务领域和社会情绪领域。最后，在多人互动中，人们与谁互动，进行哪方面的互动都有较强的选择性。贝尔斯的互动分析方法得到了广泛的应用，用来探讨诸如集体问题解决、角色发展、上下级交往等问题。[②]

芝加哥学派的四阶段说

美国芝加哥学派的帕克和伯吉斯等人主张把互动过程分为四个阶段。

---

① 贝尔斯．一套用于小群体互动分析的范畴．美国社会学评论，1950（15）．

② 肯顿．行为互动．北京：社会科学文献出版社，2001：23－24．

第一阶段：竞争。互动双方争夺同一个目标。这时双方只是一种排斥关系，而非对立关系。

第二阶段：冲突。由于激烈的竞争，双方可能产生对立情绪，出现以攻击对方为目的的行为。

第三阶段：顺应。冲突在少数情况下会以一方消灭另一方而结束互动，但大多数情况下，冲突的一方或双方会部分地改变其思想、态度和习惯来适应对方，以避免、减少或消除冲突。

第四阶段：同化。顺应的结果使双方在很多方面日益接近、融合，趋于一致，实现同化。

这种观点也适用于不同文化之间的互动，两种文化体系相碰撞，也会发生交流、冲突、认同和融合的过程。但是，并非所有的互动都要经历这种过程，只有双方利益上或认知上不一致才有可能如此。

三、社会转型与社会互动

社会转型与社会互动之间存在着密切的关系。一方面，社会转型必须通过长期的、广泛的社会互动来实现。转型难免引起不同利益群体之间的竞争、冲突和顺应，引起新旧文化之间的冲突和融合。只有通过长期的、有效的社会互动，才有可能理顺各种关系，实现新旧更替。另一方面，社会转型必然引起互动情境和互动方式的根本变革。这里，我们以中国社会改革过程中人际互动的变化来说明。

改革过程中，城市人际关系的格局发生了很大的变化。以国有企业职工为例。对他们来说，以前的工作单位就像一个大家庭，单位中人与人之间主要是合作关系，利益矛盾不突出。在工作中，提倡的是“比学赶帮超”，有劳动竞赛，但很少利益竞争；在情感上，领导如同家长，同事亲如兄弟姐妹；在收入上，虽然很低，但吃“大锅饭”，大家都差不多，所以，人际关系较为简单，人情味很浓，即使有矛盾也是大家庭内部的矛盾。随着改革的深入，很多单位实行了就业、分配、福利等方面的改革，“优化组合、竞争上岗”“劳动合同制”“企业兼并与破产”等措施的实施，使单位中人际关系的性质发生了很大的变化，竞争性明显增强，利益矛盾增多，人际关系变得较为复杂。而且，员工与企业之间的劳动纠纷也时有发生。如何适应形势的变化，协调好企业中的人际关系，建立新的规则来保障良性的人际互动，是一个相当迫切的问题。

社会变革也促使农村人际互动行为发生了改变。以礼物交换为例。阎云翔在中国北方一个乡村的人类学调查表明，自 1949 年以来，村民一直保持着礼物交换的传统习惯，但是，送礼的目的、缘由和方式都发生了显著的变化。其中最重要的变化是由传统的仪式性馈赠向现在的工具性馈赠转变。在过去，村里有礼仪专家指导人们送礼，仪式性的送礼往往遵循一些深奥精细的规矩，物质性比较淡，象征性比较强，“人们更重视送礼的正确方式和通过礼物表达的美好感情，而不是其中包含的金钱价值”[1]。在20世纪50年代，传统礼仪被当作封建迷信加以批判，送礼行为也变得“粗糙”很多，庆典时的一些演说和祝词被取消了。20世纪80年代，礼仪专家重新活跃起来，但是，礼物交换中的精致礼节却没有恢复，而且，礼物的内容越来越注重交换价值而非象征价值，村民为了获得保护和照顾而给干部送礼的行为越来越普遍，礼物交换的工具性越来越强。

第三节 社会互动的维度与类型

要把握社会互动的特征，除了从情境与过程两方面入手外，还需对互动本身的构成进行分析，即从互动的维度和类型等方面进行考察。

一、社会互动的维度

对互动本身的构成进行分析，即要找到一些具体的指标来描述特定互动的状态，这就是互动的维度分析。一般来说，互动有下列四个维度。

向度

向度反映社会互动的方向，表明互动双方的关系的性质，主要包括：(1) 情感关系——是亲和还是排斥？是融洽还是对立？(2) 地位关系——是平等的还是不平等的？权力分配的格局如何？(3) 利益关系——是一致还是冲突？冲突程度多大？不少学者认为，情感上的亲疏爱憎与地位上的尊卑是人际互动的两个最基本向度。而且，情感向度上遵循回报性（即爱引发爱，恨导致恨），地位向度上遵循互补性（即支配引发顺从）。

深度

深度反映社会互动的程度，表明互动双方相互依赖程度的大小。我们可以从互动双方利益关联的大小、情感投入的大小、互动延续的时间长短和互动规范的复杂程度等几方面来分析互动的深度。一般来说，如果利益上事关重大、情感上卷入很深、时间上持续较久（或其结果的影响很深远）、规范上较为复杂，则是深度互动，反之只是表层的互动。例如：异性之间见面打个招呼，只是非常浅层的互动；如果他们一起跳舞，就更进了一层；如果开始恋爱，那就进入了深度互动。

广度

广度反映社会互动的范围，表明互动双方交往领域的大小。有些互动局限于特定的领域，有明确的行为规范，如上课只是为了传授、学习知识，学术会议只

---

① 阎云翔．礼物的流动．上海：上海人民出版社，2000：225.

是为了讨论某个问题。有些互动则涉及很多方面，互动方式较为灵活，如朋友之间、家庭成员之间的互动大都是全面的互动。

频度

频度反映一定时间内发生社会互动的多寡。同一个班级里，我们与有的同学经常来往，与另外一些同学则只是偶尔交往。互动频度的差别往往影响到人际关系的深浅和好坏。

综合考察社会互动的四个维度，可以了解互动双方人际关系的密切程度。例如，英国社会心理学家阿盖尔（M. Argyle）等人曾经将工作同事关系区分为四种类型：工作外的朋友、工作中的朋友、友好的工作关系、单纯的工作关系。他们发现，人们与不同类型的同事的交往情况很不一样。表 7-1 是他们在一个工厂中的调查结果。从表中可以看出，人们与工作外的朋友不仅工作上相互支持，而且在多种非工作活动中互动频繁；对于工作中的朋友，交往范围相对比较窄（几乎没有讨论个人生活、交流情感、给予忠告等行为），非工作交往的频率也减少；对于单纯工作关系的同事，则交往很少、很浅。

表 7-1　　跟不同类型的同事的互动情况

互动内容	工作外的朋友	工作中的朋友	友好工作关系	单纯工作关系
彼此协助对方的工作	4.5	3	2	1
讨论工作	5	4	2	1
偶尔聊天	5	4	3	1
争论或表示反对意见	1	1	1	1
传授一些关于工作上的事物	2	2	1	1
开玩笑	5	4	2	1
作弄	5	3	2	1
讨论你的私人生活	4.5	1	1	1
讨论你的感觉或情绪	2	1	1	1
要求或给予个人忠告	4.5	3	1	1
一起喝咖啡、喝酒或用餐	5	1	3	1
委员会工作或工作上类似的讨论	1	1	1	1

说明：以 5 分制来计算互动频率，1＝没有或很少这样做，5＝经常这样做。

资料来源：阿盖尔．工作社会心理学．台北：巨流图书公司，1995：155.

二、社会互动的类型

根据互动情境、互动维度、互动方式等标准，我们可以划分出多种互动类型。例如，按情感关系，可分为友好的互动、敌意的互动及情感无涉的互动；按利益关系，可分为合作、竞争、冲突；按地位关系可分为强制、服从与平等协商；按互动广度可分为单一角色性互动、多重角色性互动；按互动深度可分为表层互动与深层互动；按互动媒介可分为言语性互动与非言语性互动；按互动单位可分为人际互动与群体互动；按互动途径可分为直接互动与间接互动。社会互动的基本类型主要有以下几种。

合作

合作是社会互动中人与人、群体与群体之间为达到对互动各方都有某种益处的共同目标而彼此相互配合的一种联合行动。人们之所以需要合作，是因为仅靠某一方的单独行动往往无法实现这种利益或目标。从广义上说，人们社会生活的很多方面都必须建立在合作的基础之上，没有合作就没有群体或社会可言。

一般说来，成功的合作应具备以下条件：第一，目标一致。合作总要有某种共同目标，至少是短期的共同目标，否则就无法合作。即使是竞争对手之间，也可能存在共同目标与共同利益，因此也存在合作的必要与可能。第二，对于如何达成目标能够取得基本共识。如果合作双方对怎样做事情没有相近的理解，即使目标一致也无法合作。此外，志趣相近、能够为对方着想、能够站在对方的角度看问题，也有助于合作的顺利进行。第三，动作配合。合作本质上是一种行为，因而只有见之于行动才称得上是合作。第四，要讲信用，即说话要算数。这样双方才能相互信赖，真诚合作。

在社会生活中，人们能否很好地合作还受到互动双方的个性特征和人际技能的影响。许多企业在招聘员工时，往往会考查应聘者是否具有良好的合作意识与团队精神；越来越多的单位认识到团队协作的重要性，团队技能训练的项目已经被引入到许多企业的员工培训中。学会合作，已经成为新世纪对于人才的一个基本要求。

竞争

在这里，竞争是指社会上人与人、群体与群体之间对于一个共同目标的争夺。例如，体育比赛中运动员之间或运动队之间对于冠军的争夺，生产厂家对于销售市场的争夺，以及人与人之间争取先进、争取好成绩、争夺发明创造权的活动等都属于竞争。

竞争具有以下特点：首先，它必须是人们对于同一个目标的追求，目标不同就不会形成竞争。其次，这个被追求的目标必须是比较少的和比较难得的，即一个人或者一些人夺取到了目标就意味着另一个人或另一些人失去了得到的机会。对于数量很多、轻而易举就可得到的目标的追求，不能形成竞争。最后，竞争的目的主要在于获得目标物，而不在于反对其他竞争者。这就是说，竞争虽然也是人与人之间的一种相互排斥或相互反对的关系，但它是一种间接的反对关系，而不是直接的反对关系。虽然竞争双方中一方的胜利就标志着另一方的失败，但对方的失败不是直接目的而只是间接目的。因此，我们经常可以见到运动场上是对手，运动场下是朋友的现象。这种反对关系的间接性还表现在，竞争参加者之间不必直接接触，在不同地方的、互不相识的竞争者之间也可以处在竞争状态。例如，分处两地的生产厂家对于同一种商品销售市场的争夺。

为防止竞争发展为人们之间的一种直接的反对关系，就必须制定一些竞争各方都必须遵守的规则。例如，参加体育比赛就必须遵守公平竞赛的规则，如果不遵守规则或没有规则可遵守，那么，激烈的比赛就会成为一场混战，就会酿成剧烈的冲突。而涉及政治、经济领域的一些大规模竞争，往往需要法律、制度来予以规范和控制。

改革开放以来，个人之间、企业之间的竞争已经成为我国社会生活中的普遍现象。在竞争中，人们的工作积极性、企业的经营管理水平、产品的质量都有了显著的提高。但是，由于还缺乏完善的法规制度，我国目前还存在着不少恶性竞争的现象，如假冒伪劣产品的泛滥、销售中给回扣等不正之风就是较典型的例子。

冲突

冲突是人与人或群体与群体之间为了某种目标或价值观念而互相斗争的方式与过程。冲突与竞争虽然都是人们之间为了一定的目标而互相排斥或反对，但两者有很大的区别。首先，冲突的更为直接的目的是要打败对方，它是直接以对方为攻击目标的一种互动行为。其次，冲突的双方或各方，有直接的、公开的、面对面的接触，因此，它是一种直接的反对关系。最后，冲突各方所争夺的目标既有相同性又有不同性。由于冲突各方往往在价值观念上有很大差距，因而，他们虽然在同一领域争夺，但所要实现的目标可能各不相同。

冲突的种类多种多样。从冲突的规模上划分，有个人之间的冲突和集团之间的冲突；从冲突的性质上划分，有经济冲突、政治冲突、思想冲突、文化冲突、宗教冲突、种族冲突、民族冲突以及阶级冲突；从冲突的方式或程度上划分，有诉讼、辩论、口角、决斗、械斗、战争等。

由于冲突往往导致一些不良的后果，人们一般对它持否定态度，希望消灭一切冲突。但是，一些社会学家注意到，冲突也可以具有一定的正面功能，完全消除冲突不仅不可能，而且没有必要。冲突可以反映出社会、组织或人际关系中的问题，促使社会变迁、组织变革和人际关系的调整；团体之间的冲突还可以增进团体内部的团结一致；有时，冲突还是人与人之间、团体之间、文化之间加深了解和理解的前提。要发挥冲突的正面功能，尽可能降低冲突的负面影响，就需要人们对冲突进行有效的调控，自 20 世纪 70 年代起，冲突管理已经成为一个比较热门的研究领域。①

强制

强制是社会互动的一种形式，在这种形式中互动的一方被迫按照另一方的某些要求行事。强制的核心是一种力量对另一种力量的统治或制约。因此，强制意味着互动双方力量的不平衡，一方的力量明显高于另一方的力量。在强制性互动中，所借助的力量可以是物质的力量，如武器、军队、警察、法庭、监狱，也可以是精神上的力量，如处分、批判及各种各样的社会压力。

强制作为一种社会现象广泛地存在于社会上的多种关系之中，从父母为教育子女而采取的强制手段，到各种规章制度对人们的强制限制，直到具有国家法律意义的强制，都属于此类互动。当然，各种强制在性质上是有很大区别的。我们应特别注意把具有阶级统治、国家法律意义的强制与一般的强制区别开来。

---

① 汪明生，等．冲突管理．北京：九州出版社，2001.

顺从与顺应

顺从与顺应虽然都是与强制相反的互动形式，但是，两者在意义上还是有所区别的。

顺从指互动中的一方自愿地或主动地调整自己的行为，按另一方的要求行事，即一方服从另一方。虽然每个人的顺从性并不一致，但是，大多数成员对于群体的要求是顺从的。顺从是任何群体乃至社会都不可缺少的互动行为，没有顺从，任何群体、社会都将无法运行。

顺应的含义比顺从更广泛些，除顺从的含义外，它还指互动的双方或各方都调整自己的行为，以实现相互适应。顺应的种类包括：和解，即互动双方改变敌对态度建立友好关系；妥协，即双方通过确定一些条件而暂时平息冲突；容忍，即暂时采取克制态度以避免发生冲突。

第四节 集体行动

在有多人参与的社会互动中，人们的行为由个人行为转变为群体行为。由群体行为产生的事件往往是反复出现的常规事件，各种社会管理机构和制度主要是针对这类常规事件而设立的。但是，社会中也存在少量的非常规事件，这类事件是由集体行动产生的，例如自然灾害（地震、洪水、大火）出现后的群众骚乱、集会、游行罢工、种族冲突，此外还有社会流言、民众舆论等等。从维持社会良性运行的需要来看，社会组织不仅应该能处理常规事件，也应该能处理非常规事件。这就需要了解集体行动产生、发展、消失的规律。

一、集体行动及其特征

集体行动（collective action）又称为集合行为或集群行为。它是指一种人数众多的自发的无组织行为。集体行动一般具有下列三个特征：(1) 人数众多。它是同一时间内采取相同行动的许多人共同做出的。(2) 无组织性。它通常是自发的、非理性的，它变化无常，很少处于均衡状态。(3) 行动者相互依赖。集体行动中，个人都不是独立行动的，而是与他人相互依赖、相互影响。

我们还可以从与组织行为的对比中来理解集体行动的特点。在行为产生的原因上，组织行为主要是解决那些程序化了的经常事件，而集体行动往往是处理某个社会突发事件；在行为方式上，组织行为一般遵循正常的社会规范和角色关系，而集体行动往往采取非常规的方式；在互动特点上，组织行为一般是经过组织层次产生的制度化行为，而集体行动是通过个人情感相互刺激产生的；从持续时间看，组织行为是长期的重复行为，组织可以通过自己的行为达到长远目标，获得长期利益，而集体行动持续时间短，主要是为了应付突发事件。

二、集体行动的理论

集体行动，尤其是那些显然是非理性的并且往往带有破坏性的行为，历来是社会学家和社会心理学家非常感兴趣的问题。他们提出了很多理论观点来解释这种行为的机制和过程。下面我们介绍几种较有代表性的理论。应该注意的是，某些理论只适用于一些特定的集体行动，并不是具有普遍性的集体行动理论，例如，紧急规范理论就不能用来解释流行现象。

基本条件说

在1963年出版的《集体行动理论》一书中，斯梅尔塞（N. J. Smelser）试图对集体行动进行综合解释。他认为，集体行动实质上是人们在受到威胁、紧张等压力的情况下，为改变自身的处境而进行的尝试。如时髦、狂热可视为对无聊状况的反应，恐慌是对威胁状况的反应，骚乱是对紧张和不满状况的反应。集体行动的发生有六个“必要且充分”的基本条件。[①]

（1）环境条件。它是集体行动产生的背景，包括物质条件和社会条件两类。例如，没有一定的空间场地，群众就无法聚集，集体行动就不能产生，因此一些公共场所如公园、广场、剧场、街道、体育场等往往成为突发性集体行动出现的地方。

（2）结构性压力。这是指经济萧条、自然灾害、贫困、种族歧视、前途渺茫等社会因素对人们产生的心理压力。这些压力促使人们自发地集体努力去解决问题。

（3）普遍情绪的产生或共同信念的形成。要出现集体行动，人们还必须对他们的处境形成某种共同感受，对某些问题产生共同的看法，出现相似的普遍情绪。

（4）诱发因素。环境条件和结构性压力本身并不足以引发集体行动。集体行动的出现往往需要一个“导火线”。诱发因素的作用在于肯定人们中间已经存在的怀疑与不安，助长普遍性的社会情绪。

（5）行为动员。这是在以上各条件基本具备的情况下，传递信息和压力感，唤起大众情绪的行为。这一工作可以使许多最初仅仅旁观的人，经过鼓动而成为实际的参加者，可以使原本松散的无组织群体产生一致行动的倾向。

（6）社会控制能力。集体行动是否产生还要取决于社会控制的成败。社会控制如果十分强大有力，就可阻止集体行动的发生；如果软弱无力，或者措施不当，集体行动就难以避免。一些社会学家提出社会减压阀理论，认为为了防止破坏性集体行动的发生，社会应该有自己的减缓结构性压力的机制，例如可以通过

---

① 波普诺．社会学：第十版．北京：中国人民大学出版社，1999：597－598.

协商对话方式来疏导群体中的一些不满情绪。

模仿理论

法国社会心理学家塔尔德（G. Tarde）在其1901年出版的《模仿律》一书中，试图用“模仿”来解释集体行动的一致性。社会学家勒庞（Le Bon）和心理学家弗洛伊德都对模仿与集体行动的关系进行过深入分析。模仿论认为，当人们面临突发事件时，他们往往会处于丧失理智状态，失去自我控制能力，出现哭泣、吼叫、模仿等简单的初级行为。这时他们便会本能地彼此模仿，力求与在场的多数人的行为一致，由此导致集体行动的产生。

感染理论

这一理论认为集体行动是人们情绪感染的结果。勒庞在其1895年出版的《乌合之众》一书中，认为集群的特征表现为有意识的人格已经消失，无意识的人格占据主导地位，情绪和观念的感染、暗示的影响使集群心理朝着某一方向发展，并具有将暗示的观念立即转变为行动的倾向。[①] 在集群中，个人的文明程度降低，理性思考和自我控制减弱甚至消失。在感染的作用下，个体会被一时的冲动所主宰，卷入非理性的狂乱之中。

紧急规范理论

这一理论认为，在集体行动中虽然没有群体规范，但面临突发事件时，人们之间通过互动会产生一种“紧急规范”。紧急规范一旦产生，同样会对在场者形成规范压力，迫使他们去仿效和遵从，从而产生集体行动。比如在火灾发生后，大家可能都惊慌失措，不知该干什么。但只要有人提第一桶水来救火，这个行为就成为紧急规范，大家都会去提水救火。相反，如果有人第一个逃走，这也将成为紧急规范，大家同样会仿效，出现争先恐后的逃跑现象。紧急规范理论往往将集体行动中最先出现又迅速得到其他人效法的某种行为方式看作“紧急规范”。

匿名理论

匿名是指人没有明显的群体或个人标志。匿名理论认为，在集体行动中个体之所以会做出他平时很少出现甚至根本没有做过的越轨行为，是因为他处于匿名地位。人处于匿名状态时，没有明确的个人标志，不必承担破坏规范的后果，由此而产生责任分散的心理，同时，匿名状态也会使人的群体遵从性降低，这两个因素都会降低人受到的社会约束力，使他容易从事越轨行为。事实上，人在破坏规范时往往想使自己处在匿名状态，正如强盗作案时要戴上面具，诬陷者写诽谤信时要署上假名。

控制转让理论

上面的几种理论都把集体行动视作非理性行为，把其参与者视作违反常规、情绪冲动的非理性行动者。控制转让理论却不同意这种分析。这种观点认为，正常情况下，每个行动者都控制着自己的行动，而在集体行动中，行动者已经把对

---

① 勒庞．乌合之众．北京：中央编译出版社，2000.

自身行动的控制转让给他人。[①] 这种控制转让并不是一时冲动的感情用事，不是对外界刺激的本能反应，而是理性行动者采取的有目的的明确行动。当人们认为保持自主地位所付出的代价超过所获利益时，他们就可能将控制转让给他人。控制转让的目的是最大限度地获取效益。大多数成员转让控制并非必然导致恐慌或聚众生事，也有可能导致某种秩序井然的活动，转让控制的结果如何取决于接受转让的行动者最初采取的行动。如果接受转让者控制不了形势，就可能出现集体行动。

三、几种典型的集体行动

集体行动的类型十分广泛，这里只选择几种有代表性的行为做简要介绍。

恐慌

恐慌是指人们在面临某种直接威胁时，所出现的紧张心态及违反常规的行为。危机出现时，人们往往极度恐惧，每个人都想避开危险源，对正常的规范和必要的合作关系置之不顾，结果使局势更加险恶，行为的结果与希望达到的目标不相符合。自然灾害、军事入侵等极端紧急情况和股市下跌、物价上涨等一般威胁都可能引发恐慌。

谣言

谣言是从不知名的来源发出、通过非正式的途径而传播的信息。它往往是人们在某一广泛关心的事件情况不明，没有确切的事实根据的情况下，利用集体想象构造出来的。谣言传播本身就是一种集体行动，它也是各类集体行动的一个重要组成部分，是集体行动中的一个信息渠道。谣言可以是凭空捏造的，也可以通过对正确信息的加工、歪曲而成。这种加工有四种方式：(1) 简略化。谣言传播时可能使原有信息越来越简短、概括，失掉许多重要成分。(2) 片面化。对原有信息断章取义，突出或夸大其中的某些内容。(3) 同化。接收者根据自己的信念和态度对原有信息添油加醋，再传播给他人。(4) 逻辑化。传播者对原信息的空白处、不合理处加以补充以自圆其说而后再往下传。当人们无法获得信息，或对正式传播渠道提供的信息不信任时，谣言就可能非常盛行。

流行

流行是指一个时期内在社会上流传很广、盛行一时的外表和行为的风格，是一段时间内为人们广为崇尚的生活模式。流行涉及服饰、音乐、美术、娱乐、语言、用品等各个方面。流行具有新奇性、消费性、周期性、选择性等特点。人们追求流行是个性表现与从众心理的统一。一方面，它可以满足人们希望自己显得与众不同、引人注目的心理需求。在竞争性强、地位意识较浓的现代社会里，它是人们向别人表明自己的社会特征和个性特点的一种手段。另一方面，追求流行又是对某种行为方式的仿效，是适应社会生活的从众行为。流行是人们一定的心

① 科尔曼．社会理论的基础．北京：社会科学文献出版社，1992.

理需要的满足方式，这些需要包括：他人对自己的承认、个人威望、自我显示、自卑感的补偿、新经验的获得、心理上的安慰、求爱、出人头地、从众等。流行具有许多积极的功能，包括表达社会感情、形成社会风气、增加社会的同质程度、传播新的价值观念、促进生活方式的变革、促进社会控制等。流行也有一些负功能，例如，流行讲究新奇、奢侈，往往会给社会财富带来很大浪费。流行还会刺激人们的攀比心理，使一些人不顾自己的主客观条件去赶时髦。

思考问题

1. 社会互动的情境关系有哪些？
2. 社会互动有哪几个维度？
3. 社会互动的基本类型有哪些？
4. 集体行动有哪些特征及社会影响？

阅读书目

1. 肯顿．行为互动．北京：社会科学文献出版社，2001.
2. 布劳．社会生活中的交换与权力．北京：华夏出版社，1987.
3. 阎云翔．礼物的流动．上海：上海人民出版社，2000.
4. 科尔曼．社会理论的基础．北京：社会科学文献出版社，1992.

第八章

社会网络与社会群体

【本章要点】

- 社会网络是行动者在互动中形成的社会联系。社会网络是社会互动的背景，同时社会互动也形成新的社会网络。
- 社会网络具有资源获取、组织管理、日常生活联系等方面功能。社会网络分析是一套理论、方法和技术。社会网络分析有助于分析复杂的社会结构和社会关系，主要分析社会网络的结点、位置、联系、密度、规模等方面。
- 社会群体是指处在社会关系中的一群个人的集合体，其存在不仅为个人自己所意识到，且也被群体以外的人们所意识到。社会群体有初级与次级群体、正式与非正式群体、内与外群体、所属与参照群体之分。群体依靠凝聚力、内部关系、规范、领导力量等因素而形成。
- 初级群体是人们生活中最重要的一种群体，是个人与社会之间的桥梁。家庭就是最重要的初级群体，是社会的基本细胞。

【关键概念】

社会网络◇网络分析◇网络结构◇嵌入性◇强关系◇社会群体◇初级群体◇非正式群体◇内群体◇参照群体◇婚姻与家庭

社会网络分析与社会群体分析是社会结构分析的重要视角。人的各种社会关系的交织，构成了社会网络，而在社会网络中密切互动的人们则在产生共同利益和集体意识的基础上形成各种各样的社会群体。社会生活是以群体形式进行的，正如我国古代思想家荀子所言，“人生不能无群，群而无分则争，争则乱，乱则离，离则弱，弱则不能胜物”。社会群体既是人们生存与生活的基本单位，又是社会的结构要素之一，它在个人与社会之间发挥着重要的桥梁作用。

第一节 社会网络

社会互动是社会形成的基础，人们在互动中形成了各种社会关系，组成社会网络，结成社会群体，从而形成复杂的社会结构。

一、什么是社会网络

社会网络是行动者在互动中形成的社会联系。因此，社会网络与社会互动之间有着密切关系。一方面，社会网络是社会互动的背景，大多数社会互动都发生在社会网络结构之中。有些网络是人们的互动自然结成的，如个人出生在家庭之中，就拥有了家族和亲属网络。许多社会互动的产生是由于个体具有特定的社会地位，所以拥有一组社会关系。另一方面，社会互动虽然是在社会结构中进行的，但同时社会互动也形成新的社会网络。人们在互动的基础上会形成复杂的社会关系，构成复杂的社会网络。个人也会有意识地通过各种社会互动与交往来建构社会网络，以获取各种资源。

社会网络与群体有着某种相似性，其成员之间都有一定的交往，共享某种程度的认同感和团结感，有某种共同目标和期望。但相对而言，群体成员的同质性更强，群体更具凝聚力，而社会网络联系则较具局限性与松散性；个体所属的群体往往是有限的，个体所属的网络则是多重的，如同学网络、朋友网络、亲戚网络等。①

齐美尔分析了个人与群体以及网络的关系。他认为，当一个人加入一个群体时，受到群体约束，建立了个人和群体的基本关系，这就是所谓的社会网络关系。而且，当个人进入一个社会网络时，他不仅仅是这个网络中的一个点，而且也将其他网络关系带入现在的网络。因为一个人往往同时参加了很多群体，身上带有很多其他群体的印记。当一个人进入一个新的群体时，又把他所隶属的群体

---

① 波普诺．社会学：第十版．北京：中国人民大学出版社，1999：134.

关系带到刚刚参加的群体中来。由此也产生了个人和群体关系的二重性。各种网络的交叉和结合，既形塑了新的社会网络结构，又会改变社会资源的利用和分配方式。

一项分析社会网络联系的"小世界"研究试验表明，在那些大规模的、看上去毫无组织的人口中，实际上充满着各种各样的社会网络，人们之间有着广泛的联系。甚至只要经过两三个朋友的朋友，通常就足以将这个世界上的任何两个人联系起来。①

现代交通和传媒技术的发展，对社会互动产生了巨大的影响，尤其是互联网的兴起，使人际交往超越了传统的时空界限，使我们有可能与世界任何其他角落的人互动。网络互动中的匿名性和符号性，使互动有了更多的可塑性、建构性和自主性，一定程度上可以不再受性别、年龄、种族、地域和职业等各种身份和因素的限制。如林南所分析的电脑网络在新的层面上拓展了人们社会互动的空间，使得人类社会的整体联系更为紧密。②

网络带给人们方便的同时，也对日常社会交往造成了冲击，比如影响公众舆论、网络交往失范影响日常社会交往等。目前，使用互联网成瘾、扭曲的网恋和交往中的不诚实行为是网络互动中存在的主要问题。网络的便捷性等优势在很大程度上使现代人没有必要进行面对面的交流，日常生活的许多方面都涉及人与自动化系统以及计算机的互动，而不是人与人的直接交往，人们因此越来越自我隔绝。不过，通过网络等新媒介的交往，不会代替人们面对面的互动，这是因为在以间接交往为主要特征的现代社会中，会使得个体更渴望彼此接近。面对面的情境会提供互动各方更多的信息，远比电子交流要丰富得多，面对面的交流能更好地表达诚意和促进相互间的理解。③

二、社会网络的类型

社会网络是社会行动者（个人、群体、组织乃至国家）及其相互关系的集合。组成网络的结点可能是单个的人，但关系的种类可以是多样的，如亲属关系、朋友关系、邻居关系等，因此而形成多种社会网络。个体间的关系可以是人际关系，也可以是交流渠道、商业交换或贸易往来等。按不同标准，社会网络有不同的类型。当然，各种划分会有一定程度的重叠性。对网络类型的划分也取决于在什么层次、因什么目的而进行的网络分析。④

根据网络中所交换的资源，可分为符号资源（如信息、观念、价值、规范、消息等）网络、物质资源（指物质事物，也可能是金钱等可以换取物质事物的符

---

① 波普诺．社会学：第十版．北京：中国人民大学出版社，1999：137.

② 林南．社会资本：关于社会结构与行动的理论．上海：上海人民出版社，2005：211-216.

③ 吉登斯．社会学．北京：北京大学出版社，2003：126-129.

④ 张文宏，阮丹青，潘允康．天津农村居民的社会网．社会学研究，1999（2）.

号）网络和情感资源（指赞赏、尊敬、喜欢、高兴等）网络。

按社会网络所涉及的社会关系的类型，可分为信息网络、资金网络、讨论网、聊天网、情感支持网、社交圈、生意圈等等。

按网络的主体是个人还是群体，可分为人际关系网、家庭网、组织关系网、国际关系网等。

按网络成员之间关系的亲密程度可分为初级网络与次级网络。

按网络中联系的强弱程度可分为强关系网络和弱关系网络。强关系是指人们在其中投入更多时间、更多情感，并且彼此更为亲密也更为频繁地提供互惠性服务的关系。弱关系则是指那种自我卷入不多甚至没有卷入的关系。大多数人在社会中拥有更多的弱关系网络。

按网络成员相互联系的密切程度可分为闭合性网络与开放性网络。闭合性网络中成员间交往频繁、联系紧密。开放性网络中成员间交往稀少、联系松散。社会网络的封闭性对于规范的形成十分重要，一定程度的封闭为系统内部的人际信任提供了条件。①

按网络的结构模式，可以分为“团体格局”网络与“差序格局”网络。我国社会学家费孝通认为，西方社会是“团体格局”的社会，由若干人组成一个个的团体，就像一捆一捆扎在一起的柴火，柴与柴之间有明确的界限。中国社会结构和西方不同，我们的社会结构好像把一块石头丢在水面上所发生的一圈圈推出去的波纹，是“差序格局”的社会，其社会关系是以“己”为中心，逐渐从一个一个人推出去的，是私人关系的增加，社会范围是一根根私人联系所构成的网络，范围的大小根据中心的势力强弱而定。团体格局里人们争的是权利，差序格局里人们却是攀关系、讲交情。②

三、社会网络的功能

人们的生活机遇与其社会关系网络有密切关系，日常生活的很多现象都与“关系”有关。即使在市场经济条件下，关系也起着重要作用。例如，即使在劳动力市场很规范的美国，也鼓励使用“关系”，很多情况下，公司并不是在市场上系统地搜寻合同伙伴，而是使用社会网络中过去交往过的伙伴。③

获得实际收益，是社会网络最一般的功能。大量的网络分析都关注社会交往与网络被工具性地加以利用的情况。具体而言，社会网络的功能体现为以下方面：

第一，社会资源获取功能。人们可以通过社会网络获取资源，改变自身的社会地位。研究表明，网络关系在求职过程中相当重要，甚至有人说得到一份工作

---

① 科尔曼．社会理论的基础．北京：社会科学文献出版社，1992：372.

② 费孝通．乡土中国．北京：三联书店，1985：21－28.

③ 周雪光．组织社会学十讲．北京：社会科学文献出版社，2003：111－112.

“关键不在于你知道多少，而是你认识哪位有权力的人士”[①]。在职业领域，人们会为了结识“合适”的人而进行社会交往、建构社会网络，目的是希望能够有助于以后的发展。例如，中国的农民工在从农村到城市的流动过程中，也主要是通过其传统的亲缘和地缘社会网络获取信息与寻求帮助的。

第二，组织管理辅助功能。根据社会网络的嵌入性观点，基于网络的社会关系在几个方面会影响经济交易，如影响对信息与机会的获得，减轻与交易或企业相关的风险和不确定性等。社会网络的作用在中国社会转型背景下更具特殊性，转型经济的高度不确定性可能会更促进社会网络的培植和利用，许多企业把社会网络当成最有效的寻找商业伙伴的方式，甚至企业间合同的签订与执行都大量利用熟人关系。[②]

第三，日常生活联系功能。社会网络在日常社会生活中有重要的社会支持功能，如亲友网、聊天网、社会支持网等方面的研究都表明这方面的功能。各种网络能为其成员提供各种支持和保障，包括物质上的，更重要的是情感和精神方面的。从这方面而言，社会网络本身就是目的，而不再是工具。

还有一些较为宏观的研究，涉及经济、文化、政治与社会等多方面，例如分析社会网络与民主，社会网络与经济增长，社会网络与技术、制度创新等，都表明了社会网络在经济社会发展中的重要作用，其发挥作用的机制主要是提供信息、降低交易成本、促进信任和化解风险等。

大多数社会网络分析都强调社会网络的积极功能，但是建立和维护网络也是有代价的，需要花很多时间和精力，而且网络也有局限性，人们过分依赖网络的时候，网络反而限制了人们获得信息的其他机会与渠道。网络也会排斥圈外人。从宏观层面看，因为社会网络嵌入社会结构之中，各类社会组织通过社会关系网寻求社会资源，若干社会网络的强势关系还可能形成利益集团和联盟，导致对社会资源的垄断，从而扩大分裂，造成冲突，带来社会整合问题。

四、社会网络分析

社会网络分析是一套理论、方法和技术。社会网络分析有助于分析复杂的社会结构和社会关系。社会网络理论的兴起得益于社会网络分析法，这一方法是20世纪60年代以来由怀特（H. White）等人由数学的图形理论发展出来的一套数学分析方法，它可以有效地对网络结构进行测量。作为一种理论方向，社会网络分析最富有生命力的地方就在于它抓住了社会结构的重要本质——社会单位间关系的模式，并且认真地对实体和关系及其性质进行概念化，形成了许多基本

① 波普诺．社会学：第十版．北京：中国人民大学出版社，1999：134.

② ZHOU X G, et al. Embeddedness and contractual relationships in China's transitional economy. American sociological review, 2003 (1).

概念。

点或结点（nodes），是指各类社会行动者，可以是个人、位置、法人或集体行动者，或者任何一个能与另一个实体发生联系的实体。这些单位被概念化为点或结点。

位置（position），社会结构由位置组成，位置是点的归类，一个位置可以包括许多点，占据同样位置的点具有共同的特征。社会网络分析就是要了解位置的内容、位置间的关系以及形式等。

关系（ties），或称联系（linkage），是指在网络分析图中结点之间的连线。结点本身可能是单个的人，但联系的种类可以是多样的，如信息、金钱、商品、服务、影响、感情、尊重、特权等。网络分析通过联系的数量、密度、方向、强度等方面，分析社会网络的特征。网络中所有结点之间联系的真实数量和潜在数量称为联系的数量。网络中个人关联的程度称为密度（density），例如：如果一个人的大多数朋友都彼此相识，说明他的朋友网密度高；如果他的朋友们彼此不认识，说明他的朋友网是松散连接的，是低密度的。网络内任何两个人间存在关系的数目称为网络的可接触性（reachability），密度越高，可接触性越高，个体拥有的关系也越多。个体在网络中能够直接接触他人的数目称为范围（range），范围与网络密度有关，密度越高，个体拥有的关系范围越广。网络中人们之间的社会联系的强弱程度称为网络强度。资源在网络中的流动方向和顺序称为网络的方向。分析关系或资源的流动是单向还是互惠的，由此可以理解网络中的联系是如何构建和维持的。

网络分析法坚持一种实在论的观点，认为社会关系和结构是客观存在的，行动者之间真实存在的关系可以作为外在物对行动者产生作用。社会网络分析法认为世界是由网络而不是由群体组成的，行动者之间的关系居于首要地位，而行动者的属性居于次要地位。因此，网络分析法的分析单位不是行动者，而是行动者之间的关系，注重收集和分析关于行动者之间联系、接触、联络等方面的数据。可以说，网络分析的认识论和方法论，有助于消解社会学中个人与社会、宏观与微观、行动与结构等二元对立问题，网络分析成为连接微观分析与宏观分析的桥梁。

怀特提出的“机会链”理论，解释了内部劳动力市场的升迁现象。科尔曼等人提出的二级传播理论，以非正式关系解释传染病流传及信息流通问题，也引发了许多后续研究，例如有人分析非正式社会网络在知识创新和传播中的重要作用。①

格兰诺维特（M. Granovetter）提出的“弱关系优势理论”，对劳动力市场中寻找与变换工作的问题做了讨论。他认为要从互动的频率、情感强度、亲密关系和互惠交换四个维度来测量关系的强弱。他提出的“弱关系”假设认为，强关系是群体内部连接的纽带，而弱关系则是群体之间的纽带。群体内部由于身份地位

---

① 罗家德．社会网分析讲义．北京：社会科学文献出版社，2005：4.

的相同性，导致信息的重叠；而由弱关系相联系的不同群体则掌握着不同的信息，因此弱关系起着有效传递信息的桥梁作用。[①]

林南等人的社会资本理论把资源获取作为中介变量，以社会网络解释寻找工作等现象。林南的社会资源理论认为，不管是强关系还是弱关系，社会关系所带来的社会资源才是寻找工作和职位升迁的关键。社会资源是“财富、地位、权力以及与个人有直接或间接联系的那些人的社会关系”[②]，社会资源嵌入社会网络中，可以通过关系网络摄取，从社会网络中动员了的社会资源就是社会资本。林南把社会结构看作按照某种规范的荣誉和报酬而分等的人组成的社会网络。社会结构呈现金字塔形，在同一等级中的个体，接近和控制荣誉和报酬的机会相似，他们之间的联系是强关系；不同等级拥有接近和控制荣誉和报酬的机会就不同，他们之间往往是弱关系。而弱关系却将不同等级拥有不同资源的人联系在一起，其作用不仅是信息的沟通，资源交换也是通过它进行的，因此弱关系是摄取社会资源的有效途径。

边燕杰等人提出并用在中国社会中的实证研究证实了“强关系”假设，发现在伦理本位的中国社会中，职业流动者的社会网络主要是由亲属和朋友两类强关系构成，社会网络发挥作用的形式以提供人情为主，以传递信息为辅，这些作用在转型经济时代尤为突出。[③]

博特（R. Burt）1992 年提出的“结构洞”理论，分析了组织内权力的运作以及升迁过程。“结构洞”理论认为，社会网络中的某个或某些个体与有些个体发生直接联系，但与其他个体不发生直接联系，无直接联系或关系间断的现象，从网络整体看好像网络结构中出现了空洞。存在结构洞时，连接两者的第三者拥有信息优势和控制优势，为了保持这种优势，第三者会尽力保持结构洞的存在，从而使另外两者高度依赖于自己的活动，所以，网络可以帮助人控制局势，提高讨价还价的地位。

第二节 社会群体

社会群体不是任意的一个人群。形成社会群体的人群有区别于其他人群的特征，有存在的基础。

---

① 格兰诺维特．弱关系的力量．国外社会学，1998（2）.

② 林南，等．社会资源和关系的力量：职业地位获得中的结构性因素．国外社会学，1999（4）.

③ 边燕杰，张文宏．经济体制、社会网络与职业流动．中国社会科学，2001（2）.

一、什么是社会群体

所谓社会群体，是指处在社会关系中的一群个人的集合体。这个集合体的存在，不仅个人自己能够意识到，而且也被群体以外的人们所意识到。也就是说，群体成员有共同的认同及某种团结一致的感觉，对群体中每个人的行为都有相同而确定的目标和期望。社会群体有广义狭义之分。广义上的社会群体，泛指一切通过持续的社会互动或社会关系结合起来进行共同活动，并有着共同利益的人类集合体；狭义上的社会群体，指由持续的直接的交往联系起来的具有共同利益的人群。

在现实社会中，社会群体和一般的聚集体之间的界限是很模糊的。社会群体与社会类属的界限偶尔也有改变。但是，无论广义上还是狭义上的社会群体，都具有以下可与其他人群区分开来的共同特征。

（1）有明确的成员关系。特定社会群体中的人称他们自己为该群体的成员，并且期望本群体成员做出某种行为，而这种行为又是他们不期望非本群体的外界人做出的。通过某些可与群体外的人区分开来的标志，这些人不仅被该群体的成员所认同，而且，非本群体的成员也一致认为他们是属于该群体的。军队的军服，学校的校徽，都是某种便于区分的标志。

（2）有持续的相互交往。群体成员之间的关系不是临时性的，他们保持比较长久的交往。一个群体内部，人与人之间的交往可以是面对面的，非常亲密的，就像在一个家庭里一样；也可以是间接的，比较疏远的，大公司董事会成员与雇员之间的交往就是一个典型例子。

（3）有一致的群体意识和规范。群体成员在交往过程中，通过心理与行为的相互影响或学习，会产生一些共同的观念、信仰、价值观和态度。群体成员有共同的兴趣和利害关系，并遵循一些模糊的或者明确规定的行为规范。在群体面临外部的压力或者内部少数成员的反叛时，群体意识和群体规范将更为清晰，其作用也更为明显。

（4）有一定的分工协作。尽管在不同的群体中，内部分工协作的程度不一样，但是，群体内部的分工协作还是普遍存在的。在一些小型的初级群体中，内部成员的分工不很严格。在一些大规模的次级群体中，内部成员的分工协作是明确的、严格的、制度化的。无论在何种群体中，都有明显或不明显的领导与服从的关系，以及伴随此种关系的内部权威。

（5）有一致行动的能力。在群体意识和群体规范的作用下，社会群体随时可以产生共同一致的行动。社会群体与乌合之众的根本区别就在于有没有一致行动的能力。同样是乘客，公共汽车中的乘客是“乌合之众”，而单位包车旅游，车上的乘客就是一个群体。前者各怀目的，后者一致行动。

社会成员为什么要聚集在一起，并形成社会群体？也就是说，社会群体存在的基础是什么？社会学一般从以下两个方面进行分析。

（1）从社会成员个体方面来看。个体有群聚的本能，并希望在群体中满足其各方面的需要，如安全的需要、爱的需要、归属的需要和自尊的需要等。

（2）从社会自身来看。群体是社会生产过程中的产物。群体生活是社会的本质。

社会存在的前提是物质资料的生产。这种生产正如马克思所说："人们在生产中不仅仅影响自然界，而且也互相影响。他们只有以一定的方式共同活动和互相交换其活动，才能进行生产。为了进行生产，人们相互之间便发生一定的联系和关系；只有在这些社会联系和社会关系的范围内，才会有他们对自然界的影响，才会有生产。"[①] 实际上，正是物质资料生产以及人类自身生产的需要，促成了群体关系的发生和群体的形成。

群体一旦形成，便有其自我维持的倾向。但是，按照社会学家帕森斯的理论，群体得以持续存在，群体内部活动得以持续进行，必须具备以下几个必要条件：第一，群体必须能够适应自然环境和社会环境的状况；第二，成员的利益必须受到保护，成员能为实现自己的目标从事活动，但不妨碍群体目标的实现；第三，群体赋予其成员一定的地位和作用，并以此谋求成员之间的统一；第四，群体能够满足其成员的各种欲求并提高其能动性。这些条件如果得不到满足，群体即使形成，也难以持续存在。

二、社会群体的类型

在实际研究中，我们可以依据不同的标准将社会群体划分成不同的类型。一般而言，社会学界通常采用以下五组分类。

初级群体与次级群体

主要依据群体成员间关系的亲密程度来划分。

所谓初级群体，又叫直接群体、基本群体或首属群体，指的是其成员相互熟悉、了解，因而以感情为基础结成亲密关系的社会群体。典型的初级群体有家庭、邻里、朋友和亲属等等。复杂组织中的一些非正式群体，如军队中的战友群、工厂中的工友小集团以及学校里的"哥们儿"群体等，也属于初级群体。

所谓次级群体，又叫间接群体或次属群体，指的是其成员为了某种特定的目标集合在一起，通过明确的规章制度结成正规关系的社会群体。在这类群体中，成员间的感情联系很少，面对面的接触很有限，主要是依据既定的角色联系在一起。其典型是各类社会组织，如军营、学校、大工厂和政府部门等等。

正式群体与非正式群体

主要依据群体的正规化程度及其成员间的互动方式来划分。

正式群体的正规化程度高，其成员间的互动采取制度化、规范化的方式，成员的权利、义务及彼此间的关系都有明确的且常常是书面形式的规定。

---

① 马克思，恩格斯．马克思恩格斯选集：第1卷．2版．北京：人民出版社，1995：344.

非正式群体的正规化程度低，其成员间的互动采取随意的、常规的方式，成员的权利、义务及彼此间的关系并没有明确的——尤其是成文的——规定。在非正式群体中，成员间通过经常性的自由交往，形成了一些不言而喻的规范和角色期望，大家自然地结合在一起。

内群体与外群体

主要依据成员对群体的心理归属来划分。

内群体与外群体的概念，是美国社会学家 W. 萨姆纳在 1906 年提出来的。他试图通过这两个概念来描述群体成员对自己人或别人群体的感情。所谓内群体，指成员对其有团结、忠心、亲密及合作感觉的群体，也就是成员在心理上自觉认同并归属于其中的群体。在内群体中，成员具有相互爱护及相互同情的情操；与同属于一个群体的人在一起，彼此容易认识和了解，因而感觉自然自在。人们的日常生活大多以内群体为中心。

所谓外群体，泛指内群体成员之外的其他任何“别人”的结合。内群体中的成员对外群体及其成员普遍抱有怀疑和偏见的态度，甚至采取蔑视、厌恶、仇视、挑衅等敌对态度，在心理上无任何归属感。

内群体与外群体常常互相隔离，乃至处于对立的地位。当彼此有严重的利害冲突时，比较容易导致抵制、争斗、侵略等行为。

所属群体与参照群体

主要依据成员的身份归属来划分。

所属群体指的是成员身份所属的群体。它规定着成员的身份及其日常活动。

参照群体并非某一（些）成员身份所属的群体，但它却被某一（些）成员用作其所属群体的参照对象。作为参照对象的群体简称参照群体。参照群体一般是与所属群体同类的群体。例如，大学中某班级的成员选择另一班级作为其参照群体，并以该班级的状况来评判自己所属班级。但是，有时候参照群体并非与所属群体同类。根据成员的不同参照需要，会形成不同的参照群体；同一参照群体的意义在不同时期有可能发生变化。

参照群体通常对其成员的认知、情感、态度和价值观念等产生重大影响，并因此而削弱或加强所属群体的团结。

血缘群体、地缘群体、业缘群体与趣缘群体

主要依据群体内人际关系发生的缘由、基础及其性质来划分。

基于成员间血统或生理联系而形成的群体叫血缘群体，包括家庭、家族、氏族、部落、部族等等具体形式。血缘群体历史最为悠久，是个体学习、参与社会生活的出发点。

基于成员间空间或地理位置关系而形成的群体叫地缘群体，包括邻里、老乡、民族社区等等具体形式。这类群体的出现比血缘群体要晚。比较稳定的、牢固的地缘群体是人类采取定居形式后的产物。

基于成员间劳动与职业间的联系而形成的群体叫业缘群体，包括各种各样的社会经济组织、政治组织和文化艺术组织等具体形式。这类群体的出现是生产力日益发展、社会分工越来越细、阶级社会逐步产生的结果。

基于成员间兴趣、爱好、志向等相同或相近而形成的群体叫趣缘群体，包括通常人们所说的各种业余爱好群体，如登山协会、桥牌协会以及一些志愿者团体等形式。目前，由于网络技术的发展，一些爱好上网的人还结成“网友”群体，这是趣缘群体的一种新形式。

三、社会群体结构和过程

社会群体作为个人与社会之间的桥梁，其内部已因成员间的相互作用而产生了一定的结构模式。规范、地位、角色、权威及成员间的关系，都是这种结构模式中的要素。

群体凝聚力

群体凝聚力也称群体内聚力，指群体吸引其成员，把成员聚集在群体中并整合为一体的力量。

群体凝聚力的发展一般表现为三个层次：第一是人际吸引，群体中尚未形成规范压力，或者，成员尚未了解、接受规范；第二是成员对规范的遵从，把个人的目标与群体的目标相结合，自觉接受群体规范的约束，并在此基础上与其他成员建立更深的关系；第三是成员把群体的目标自觉地看成自己的目标，并将群体规范内化为自身的行为准则，各成员因此对群体有强烈的认同感与归属感，产生高度整合的一致行动，这是群体凝聚力的最高层次。

影响群体凝聚力的因素包括成员个人、群体自身以及环境等方面。

（1）从个人和群体的心理互动上看，群体自身是否对其成员具有吸引力和成员个人是否感受到这种吸引力，都对群体凝聚力产生重要影响。

（2）从个人和群体间的利益关系看，这两种利益能否保持一致，也影响着群体凝聚力的状况。如果成员通过遵循群体规范，在群体中活动，并能够充分满足自己的各种需要，就会刺激其积极性，提高群体凝聚力。

（3）从成员在群体中的关系结构看，这一结构是否遵循一致性原则和互补性原则，也直接影响着群体凝聚力的高低。

（4）从群体成员与其领导的关系看，群体成员是否了解和信任其领导的才能，以及领导资格的取得是否具有合法性，甚至领导个人是否具有魅力，这些都对群体凝聚力有很大影响。具有权威的领导和成员对此权威的认同、拥护，是增强群体凝聚力的必要条件。

（5）从群体与其环境的关系看，如果一个群体内部尚不存在分裂性因素，当其面临环境的巨大压力与威胁时，其凝聚力也会大大增强。

群体凝聚力对群体形成及维持的作用表现为：保持群体的整体性、协调性，控制群体成员，保证成员的自信心与安全感。群体凝聚力对社会的作用则视群体意识及其价值规范的内容而有正面、负面及中性之分。

与群体凝聚相反的过程就是群体的离散，表现为群体凝聚力的消解。而群体内部冲突往往是导致群体离散的重要原因。但是，并非所有的冲突都必然导致群体的分裂、瓦解。这里，应当联系到特定群体的规模、内部结构以及冲突是否涉及群体的核心价值观念等方面加以具体分析。

群体规范

群体规范指在某一特定群体活动中，被认为是合适的成员行为的一种期望，是群体所确立的一种标准化的观念。

群体规范的形成有其一定的心理机制。人们在共同的生活中，对于外界事物的经验具有一种将其格式化、规范化的自然倾向，这种规范化的经验被称为定型，它有助于人们在重新遇到此类事物时尽快做出反应。群体规范就其形成过程来说，也属于定型。另外，群体规范的形成还受模仿、暗示、从众、服从等因素的影响，是群体成员为着目标的实现而发生相互作用的结果。

群体规范在群体成员的共同活动中一经形成，便具有一种公认的社会力量，并不断内化为人们的心理尺度，成为对各种言行的判断标准。群体规范还指示了人们满足需要所采取的方式和相应的行为目标，从而规定了人们日常行为的范围和准则。最后，群体规范由于能够促成群体成员行为的一致、协调，从而发挥了维持群体生存的功能。

群体与群体之间，尤其是正式群体与存在于其内部的非正式群体之间规范上的冲突与对立，往往会造成一些混乱状态，在实际工作中应注意防止。

群体内部关系

群体内部关系指成员间彼此交流与作用的状态和过程，是群体结构的重要组成部分。我们可以从三个方面对其进行考察。

首先，从群体规模入手，我们发现群体规模的大小直接影响着群体成员间关系的数量和形式。一个由三四人组成的群体内部的相互关系，与一个由 50 人或者 500 人组成的群体内部的相互关系显然是不同的。随着群体规模的增大，群体内潜在关系也在增多。对于大群体中数量庞大的潜在关系，不能用通常的方法来处理。大群体不可能依赖于自发的或随意的协约，它需要有具体的、明确的任务分工和责任规定。群体规模巨大意味着具有正式的组织、权力层、管理人员以及广泛的次级群体关系。如果协调得好，大群体也可能比小群体更有效率。这在后文的“社会组织”中将继续探讨。

其次，我们可以利用“社网图”来分析群体成员间关系的状态及该群体结构的紧凑程度。所谓“社网图”，是美国社会学家莫里诺（J. Moreno）使用过的一种表示群体内成员间个人偏好的示意图。该图由一个个的圆圈及彼此间的联通线组成。每一个圆圈代表一个群体成员，联通线表示他们之间的关系。联通线有两种：一种是单箭头的，表示单向选择关系，即一方喜欢与另一方接近，但另一方则比较冷淡；另一种是双箭头的，表示双向选择关系，即双方喜欢相互接近。

“社网图”有直观、准确的优点，是分析群体内部关系的重要方法，已被广泛应用于群体领导资格、信息传递途径、宗派集团分析等课题。但是，在研究大规模群体时，“社网图”就显得过于复杂，联通线错综交织，难以直观了解，只能借助于计算机等工具进行处理。

最后，我们可以通过群体内部信息沟通方式，来分析群体成员的地位结构类型和凝聚力状况。一般而言，群体内部的信息沟通有两种形式：一种是以“星型”结构为代表的分散方式；一种是以“轮型”结构为主的集中方式。

群体领导与决策

群体中存在着领导者和追随者，这是群体结构的一个重要特征。所谓群体领导，是指在群体内部关系网络中处于中心位置，并能对群体其他成员进行引导和施加影响的角色。承担这一角色的人，或者具有某些突出的品行，或者对群体活动积极参与并做出了实际贡献。他们可从群体内自发产生，也可从群体外加以委任。

一般说来，群体中有两种主要领导形式：一种是工具性领导，指引该群体为达到最终目标而奋斗；另一种是表意性领导，力求造成群体的团结与和谐。在群体中，这两种角色由不同的人扮演。

不同的领导者还可能采取不同的领导作风。领导作风大致不外乎以下三种基本类型：权威型（也叫“独裁型”），这种类型的领导者独自决定群体政策和分配任务，几乎是单纯发号施令。民主型，这种类型的领导者倾向于与群体成员讨论、交流以确定政策和任务，从而保证群体行动的一致。放任型，这种类型的领导者散漫怠惰，几乎不对群体成员加以指导或组织，任其自由行动。

所谓群体决策，指在群体活动中，群体针对遇到的问题而做出判断和决定的过程，是群体发挥作用的重要步骤。

群体决策一般经历以下几个连续的阶段：第一阶段是搜集信息，群体成员通过分析这些信息来决定自己的态度。第二阶段是对搜集到的信息做出估价，此时，成员表明自己的看法，并对他人的意见做出反应。第三阶段是做出决定，在这一阶段，随着联盟的组成和一个正在形成的多数派将其观点强加于少数人而会出现紧张情绪。一旦决定做出，就出现第四阶段。这时成员们普遍努力恢复他们之间的融洽关系，以保证群体继续团结。

第三节 初级社会群体

初级社会群体一直是人们生活中最重要的一种群体。初级群体研究是社会学和社会心理学感兴趣的一个热点，并已分化出许多流派。这种研究具有重要的理论意义和现实意义：第一，初级群体是个人与社会之间的桥梁，研究初级群体，有助于全面、深入地把握社会过程。第二，初级群体可被看成社会的雏形。第三，由于初级群体在人们的社会生活中占有非常重要的地位，对人们的心理与行为有着重大影响，因而，研究初级群体中人们的心理过程与行为方式，有助于推动社会心理学与行为科学的发展。第四，科学地研究初级群体，正确认识其存在的必然性，揭示影响人们心理与行为的诸种因素，有助于在实际工作中，通过对初级群体的改造和引导，发挥其正功能，以便改进工作方法，提高工作效率，并创造良好的社会环境，促进社会成员的健康成长。

一、初级群体的基本特点

初级群体一般具有如下特点：

（1）成员有限。初级群体一般是指 2～30 人的小群体。因为，只有在小的群体中，人们之间才可能进行比较深的交往，建立比较密切的感情联系。人数过多，就必然发生次级关系，而失去初级群体的特征。

（2）成员间有直接的、经常的面对面互动。在人数较少的初级群体中，人们可以直接地、面对面地交往，不需要什么中间环节。正是在直接交往中，成员对于彼此的言谈举止、性格特征都非常熟悉，从而增进了彼此间的感情联系。初级群体的形成与维持，还有赖于成员互动的经常性。短暂的接触，很难形成初级关系。

（3）成员间相互扮演多重角色，表现了全部个性。在初级群体中，成员间并没有明确、严格的分工，不可能仅仅保持一种角色关系。一般说来，人们之间的关系由一种角色关系转变为多重角色关系，正是初级群体形成的一个标志。从单纯“同事”转变为亲密的“朋友”就是如此。正是在多种角色的交往中，初级群体中的成员表现了他们全部的个性，包括兴趣、爱好、习惯、气质、信仰、情操、工作作风等各个方面。成员之间可以相互进行多方面的评价。

（4）成员间的交往富于感情。在初级群体中，成员之间的交往不只停留在就事论事的表层关系上，而是富有“人情味”的。每个成员都希望了解对方的内心，进行情感上的交流。成员间期望相互关心与安慰，有一种共同的心理维系。感情交流是成员间亲密关系的基础。

（5）成员难以替代。在一般单位中，某一职位空缺，可以随意按程序挑选一个人来顶替，同事关系可以不断变更。但在初级群体中，成员间充满着富于感情色彩的多种角色关系，因而某个特定成员是不能随意由另外一个人来代替的。在这一点上，初级群体中成员间的关系具有特殊性。群体中任何一个成员的缺失，都会给其他成员造成很大的心理震动。例如，夫妻离异、亲人病故等等，会给所有相关人员心头蒙上阴影。

（6）群体整合程度高。初级群体中，成员彼此熟悉，关系极为复杂而且密切，利益休戚相关，因而其群体意识很强，群体整合程度高。尤其是在维护和争取群体利益与荣誉方面，所有成员在行动上往往表现出高度的一致。个别成员的偏离、背叛，会招致严厉的制裁。

（7）群体控制依靠非正式手段。在初级群体中，一般没有明确、严格的规章、制度和法律。成员的行为、成员间的关系以及成员与群体的关系，主要靠习惯、风俗、伦理道德、群体意识等非正式的手段来控制、维持。

二、初级群体的功能

初级群体的功能是多方面的。我们大致将其区分为正功能与负功能两种类型。

正功能

初级群体的正功能主要体现在以下三个方面：

（1）承担着社会化的任务。社会化是在人际互动中进行的，其基本内容包括促进社会成员个性的形成和发展，培养社会成员的生活技能，传递社会的价值观念和文化。初级群体（如家庭、小伙伴群体等）内富于感情的人际关系和表现多种角色的人际交往，使其在人（特别是未成年人）的社会化过程中，发挥着极其重要的功能。

（2）满足人们的情感需要。初级群体可以满足人们多方面的需求。但是，随着社会分化的加速，初级群体在历史上承担过的许多功能，如生产、教育、福利等等都已逐渐转移给专门化的社会组织。值得注意的是，无论过去还是现在，初级群体都在满足人们感情需要、减轻心理压力、防止人性异化等方面发挥着重要作用。

（3）有助于维持社会秩序。初级群体是社会最基本的单位，是在潜移默化中保存和传递社会文化的重要力量。社会的伦理道德、风俗习惯等等，都是通过初级群体才内化为社会成员的行为规范，从而产生其社会控制效力的。另外，初级群体的形式本身，也发挥着维护社会秩序的重要功能。初级群体通过其规范和内聚力的作用，有效地控制着群体成员的行为。从历史上看，初级群体的大规模破坏，必然引起整个社会的动乱。如农民家庭破产，被逼得卖儿鬻女、妻离子散，往往就会导致农民起义。因此，初级群体自身的稳定是社会安定的基础。

负功能

在特定条件下，初级群体由于其自身的封闭性和排他性而在社会生活中产生负面影响，也即产生“负功能”。

首先，从微观心理角度看，初级群体可能压抑个性的形成和个人积极性的发挥，限制个人的社会发展。初级群体中，成员间关系亲密，成员对群体的忠诚感强，在某些时候，会发生个体意识消退的现象，个体盲目遵从群体意识和规范。那些与群体中其他成员发生不愉快、不遵守群体规范的人，会被孤立，乃至遭受明显的冷落和惩罚。因而，个人发挥其积极性，自觉谋求自身更大发展的心理与行为，就受到一定的抑制。

其次，从宏观结构角度看，正规组织中初级群体的存在，有可能干扰正式组织关系，破坏组织结构，妨碍组织效率的提高和组织目标的实现。这主要表现为初级群体中非正式的个人化的关系模式与正规组织中正式的非个人化的关系模式相冲突，群体规范与组织规则不一致，从而导致群体目标与组织目标的偏差乃至相悖。当前我国一些社会组织中裙带关系、帮派集团等的存在，就在一定程度上成为损害组织形象、降低组织效率的重要因素。

总之，初级群体在社会生活中的作用既有其积极的一面，又有其消极的一面。初级群体过度发达或过度萎缩都不利于社会的良性运行。我们应当通过科学分析，采取适当的对策，掌握一个“度”，使初级群体既能充分发挥其正功能，又不至于压抑个人发展，干扰正规组织。

三、中国社会转型期的初级群体

当前，我国社会正处于从传统向现代的转型期。随着这一转型过程的推进，初级群体的性质和地位都将发生变化，并对社会生活产生重要影响。

从群体成员资格的获取看，现在，人们选择、组合初级群体的自由度有所增加。在传统社会，社会流动率低，许多人从生到死都在一个地方，并受特定传统与家族关系的支配，因此，他们所属的初级群体多是先于个人而存在的。现在，社会流动大大加快，人们的交际面也大大拓宽。除了出生于其中的家庭外，人们可以充分发挥主动性，自由挑选朋友、伙伴和情侣。

从发展趋势看，在转型期，初级群体将日渐衰落。

首先，社会分化加剧，初级群体原有功能不断发生转移。在今天的城市里，儿童从小就被送到了托儿所、幼儿园，以后又上小学、中学以至大学，主要是接受次级群体的教育。在传统的农业生产和手工业作坊中，人们主要是以初级群体的形式结合起来参加生产劳动，但在今天的工厂、机关中，人们的身份是次级群体成员。

其次，初级关系日趋松懈。随着社会流动的加速、大众传媒的发展、价值观念的转变，以及家庭规模的缩小，人们之间的交往日趋带有短暂性、间接性和功利性的特点。以富于感情色彩为重要特征的初级关系，不仅数量日趋减少，而且质量也在下降。现在，人们比过去拥有更多的次级关系，并通过次级关系去寻求自身的发展。许多中介性专业组织的产生，已使“在家靠父母，出门靠朋友”的传统观念发生很大变化。

最后，一些初级群体已经名存实亡。传统社会中的村落和邻居，都曾是重要的初级群体。而现在农村中的村落已有解体的趋势，城市中的“邻居”成了纯粹地理上的概念。很多长期居住在同一幢楼房里的人，彼此可能连姓甚名谁都不知道。总之，随着社会转型过程的深入，各种大型的、专业化的和非个人的次级群体，如工厂、公司、学校、机关、工会、政党等等，将会迅速发展并在社会生活中逐步占据主要地位。与之相比，初级群体的地位和作用都将有所下降。

从初级群体日趋衰落对社会生活的影响来看，既有其积极的一面，又有其消极的一面。

首先，这种衰落有可能提供更多的个人自由。许多初级群体持保守和传统的立场，过分干涉私人生活，从而妨碍了个性发挥以及个人做出有关的决定。摆脱传统初级群体的影响，可能扩大人们的私人空间，促进人们自主性的发挥。

其次，初级群体的衰落，有可能促进更大范围的社会整合。前面讲过，初级群体自身具有一定的封闭性和排他性，有时会导致社会成员间的隔阂与对立，妨碍社会的充分一体化。

再次，初级群体的衰落与初级关系的淡化，标志着人们更多地依靠正式分工及规章制度等次级关系来处理问题，从而有助于提高工作效率，实现组织目标。这是一个社会走向合理化的表现。

最后，初级群体的衰落也削弱了非正式控制手段的影响力，增加了社会控制的难度，并带来人际关系的疏远、冷漠，妨碍了人们的感情生活，导致一些不利于人的发展的社会问题。

约翰·奈斯比特（John Naisbitt）在其《大趋势》（1982 年）一书中指出，在未来的以高技术为支柱的现代化社会中，人们会产生“高情感”的需求。人们将更加渴望与人相聚，生活于人群中。实际上，当代中国都市夜生活的迅速发展，也可以看成是一些人寻求感情发泄与寄托的一种表现。这说明，在传统初级群体衰落的同时，人们也在寻求新的满足感情需要的方式。因此，为了实现以人为中心的社会良性运行和协调发展，我们有必要在保证社会效益的同时，改进、发展那些为广大人民所必需的和乐于接受的初级群体生活，使整个社会充满互敬、互爱、互助的生活气氛。

第四节 婚姻与家庭

从社会意义上说，婚姻家庭是一种社会设置；就个人意义上说，家庭是个人置身于社会关系中的首属群体。理解婚姻家庭的意义、发展、关系、问题以及与婚姻家庭相关的性与性别问题，对完善这一基本社会制度、更好地组织社会生活有着重要意义。

一、婚姻家庭及其发展

婚姻是以性为基础而结成的一种社会关系形式。现代社会主流的婚姻就是男女双方按照法律和社会认可的方式而结成的一一对应的夫妻关系。此外，社会上还存在多种非主流的婚姻形式。

婚姻主要有以下本质特征：

（1）从性别上说，婚姻是异性男女的结合；从关系上说，是一种特殊的两人关系；以结合（或分离）的性质区分，可分为自愿的和非自愿的两大类。

（2）婚姻关系是繁洐后代的合法形式和社会成员的认可方式。

（3）婚姻是一种基本的社会制度。不同的国家有自己的婚姻法，它是明确和调整婚姻关系的法律规范的总和，是婚姻制度在法律上的集中反映。它规定了婚姻的成立和解除，夫妻间的权利和义务等。在我国，婚姻法规定我国实行法制婚，既对婚姻、结婚、夫妻关系、离婚作出法律规定，也对父母子女关系等作出了法律规定。因此，婚姻是一种法制性模式。只有符合这一模式，婚姻才具有合法性、有效性，才能得到法律的承认和保障；对违反、损害、破坏法制婚的行为，则要依法予以惩处。

（4）婚姻也是一种文化制度。不同文化中，婚姻的形态受价值观、习俗、道德规范、传统礼仪的影响，并构成文化的重要部分。

传统意义上的家庭，是指以女性和男性婚姻关系为基础，依据一定礼仪、规范和法制所组成的生活共同体、社会制度或基本单位。婚姻关系是组织家庭的必要条件，也是家庭的标志。所谓婚姻或结婚，是指一对异性男女，依据习俗礼仪、婚姻法规定结成夫妻关系的行为或事实。中国人从古至今，都把“结婚”直接当作“成家”。离开了异性男女、习俗礼法、夫妻关系三大要件，就无所谓婚姻家庭。

家庭是以夫妻关系为基础的生活共同体。人们组建共同生活的方式很多，家庭是其中一种，是以婚姻关系为基础，即以习俗礼法的权利、义务规范为基础的“夫妻”生活共同体。它蕴含了婚姻双方相依相伴、互信互爱、患难相扶，共同生育子女、共同劳动、共享成果，以及共建美好家庭生活的渴望和期待。

家庭是一种法制化的社会制度或单位。婚姻家庭是依法制（婚姻法）组织起来的，以异性夫妻为核心的生活模式和社会基本制度。婚姻家庭制度，包括婚姻制度、生育制度、父母子女的权利和义务以及家庭财产继承制度等。其中既有法律明文规定，也有不成文的礼仪、习惯法或约定俗成的传统。总之，婚姻家庭是一个涉及夫妻双方的关系、地位、角色、权利、义务等的规范化、制度化设置或单位。

人类婚姻家庭制度经历了这样几个发展阶段：

（1）血缘家庭。它是人类初始群居时代的家庭形态。这一时期两性间的性关系处于无规范的“自由”状态，生儿育女没有固定的匹配对象，因而形成了以血缘为纽带的族群家庭。

（2）普那路亚家庭。“普那路亚”是夏威夷语 punalua 的音译，其意为“亲密的伙伴”。这种家庭形式最早是在夏威夷群岛土著人那里发现的。普那路亚家庭出现于旧石器时代的中、晚期。随着生活经验的积累、生产能力的提高、原始农业的发展，族群得以定居，族群人口也逐渐增多，并逐渐分离出了具有一定人口数量的新族群。于是，族群之间的婚配关系发生。族内群婚在辈分禁忌基础上，发展到禁止兄妹间婚配关系，这就使族群间两性婚配关系得到强化。这种族外群婚家庭，是继族内群婚血缘家庭发展起来的第二种家庭形态。

（3）对偶家庭。它是继普那路亚家庭发展而来的一种家庭形态，以女性为主，由一男一女结合而成。早期对偶家庭，夫妻暮合晨离，生儿育女，子女归于母亲。晚期对偶家庭，夫居妻家，共同生活，但不长久。家庭财产由母系继承。对偶家庭排斥了共妻、共夫的群婚家庭状态，子女有了明确的血缘关系，亲属关系也由此萌发。对偶家庭是母系氏族公社内的一个独立单位，是人类家庭的第三种形态。显然，在社会生产力进一步发展的基础上，对偶家庭独立生产、拥有生活资料成为可能。

（4）专偶制家庭。即一夫一妻制家庭，是以男性为中心的一男一女结为夫妻的家庭形态。

二、家庭关系与家庭结构

家庭关系是指家庭内部成员之间的关系，如夫妻关系、父母子女关系、父母儿媳关系、祖孙关系、兄弟姐妹关系、妯娌关系、姑嫂关系、叔嫂关系等。

在我国，随着历史的发展，现代社会家庭规模从大家庭向小家庭收缩，家庭关系也从复杂趋于简化。“四代同堂”的多子多孙的大家庭，除少数民族家庭外，已很少见。在家庭规模趋于小型化的同时，家庭关系的张力却呈反向趋势。

家庭结构是指家庭关系的整合状态和程度。家庭关系的不同整合构成了不同的家庭结构类型。

家庭类型的划分，与划分依据和目的有密切关联。比如，依据家庭大小、家庭权力关系结构、婚姻形式（如“一夫一妻制”“一夫多妻制”等）、父母职业状况等等，均可对家庭进行不同的类型划分。我国社会学界，一般根据家庭的结构特征，把当前家庭划分为三种主要类型：

其一，核心家庭。又称夫妻家庭，是指以一对夫妻为核心，与未婚亲子女或养子女共同组成的家庭。

其二，主干家庭。主干家庭是指父母或父母中的一方与一个已婚子女，或者还包括其他亲属一起居住、共同生活的家庭。

其三，联合家庭。它是指父母或父母的某一方与多个已婚子女，或者还包括其他亲属一起居住、共同生活的家庭。

在当今发达国家和工业化发展较快的转型国家中，核心家庭是居于主导地位的形式。这种演变与现代社会生产方式和文化的演变密切关联，也是社会学理论对家庭婚姻演变研究的一个关注点。

三、家庭功能与家庭问题

家庭功能与家庭问题的研究，是理解家庭的必然性和现存状况，以及其与社会交互关系的重要方面。家庭的功能随着社会的演变而演变。但是，变中也有不变的存在。婚姻家庭传统的普遍功能如下：

生理需要满足功能

家庭具有满足个人基本生理需要的功能，如家庭作为一项社会制度，维护夫妻性生活的排他性、持续性和有序性。此外，个人生理机能的恢复所需要的物质保障，多是以家庭为单位来提供的。所以，家庭是满足个人基本需要的最重要保证。

社会延续功能

生儿育女是婚姻家庭生活的自然结果，同时也是社会再生产的基本过程，因为生儿育女确保了社会成员的繁衍及社会生活的延续。人类的生育行为不同于其他动物，任何社会的生育都是在社会文化制度下进行的，这一制度就是婚姻家庭制度。正是在婚姻家庭制度内的生儿育女，维持了人类社会生生不息以及社会生活的有序延续。

经济协作功能

家庭是一个独立的经济核算单位。为了家庭成员物质生活条件的维持与提高，家庭必须进行经济筹划或进行某种生产性、服务性经营，外出谋求职业以维持家庭生计，并依据家庭成员的具体状况进行组织分工与安排。家庭经济筹划与组织取决于家庭规模、成员素质、资源拥有状况，以及所面临的社会发展状况、条件和机遇。

社会化功能

家庭是子女的首属群体。在婴儿出生后的十多年“依赖生活期”内，父母及其他家庭成员对孩子的影响最大，除学校知识教育外，在广度上几乎涵盖了初级社会化的全部内容，如感情、动作、语言、意义、日常习惯的培养，生活经验的积累，对待事物的态度，以及初始的价值观念和行动模式的思考、评价和认同等等。子女的出生和成长，也影响和改变着家庭成员间的感情、行为和关系。

保障功能

所有家庭成员都从家庭中获得物质生活与精神生活的保障。夫妻和成年成员承担着共创家庭经济成果、支付未成年子女的各种费用、赡养老人等责任，并共同分享家庭成果。家庭在发挥其物质生活的保障功能的同时，也在发挥着精神生活的保障功能：夫妻之间的同心同德，家庭成员间的患难相扶，父母子女间及老人与后辈间的相互关爱、体贴、尊重和宽容等等，都使家庭成员在生活与休闲的直接交往中，获得最为生动而深刻的体验，家庭因而一向被人们视为获得宽松、慰藉、归属感的避风港。家庭的这种功能是任何其他社会单位都不能取代的。当然，一个具体的家庭在感情或生活方面总会存在某种程度的不协调和问题，各自都有一本“难念的经”，但从根本上说，这些问题可以在习俗、规范、法制保障的范围内，通过家庭成员的平等协商、感情和意义的沟通，由家庭自身来进行调适和解决。调适失败将导致家庭依法分立、夫妻离异、再婚和家庭重组等。但家庭仍然具有保障功能和意义。家庭保障功能不仅是一种传统习俗、道德意识和准则，而且是一种政治、法律制度。它与上述四种功能一起，有机地构成了家庭存在和延续的必要条件。

家庭问题主要是指家庭成员间的关系问题，如夫妻关系、代际关系以及核心家庭问题。

夫妇关系问题

它是整个家庭关系的核心，对整个家庭关系的亲密或疏离有决定性的影响，主导了家庭成员行动的内向性或外向性、团聚性或分离性。夫妻关系的和谐与否，有其外因和内因，但根本上取决于夫妻双方。

首先，它取决于当事者婚姻观的一致性程度。“第一，他（她）必须认定目前婚姻是自己不可或缺的人生价值。第二，他（她）必须肯于和善于为此首先付出。第三，他（她）必须拥有促使对方适当互动的能力。否则，很可能不仅难于与目前的配偶过好婚姻生活，而且根本就不适于跟任何人结婚。”① 如果对夫妻关系现状所持的观念和态度不能调适，则将造成家庭和个人的不幸。

其次，夫妻关系的问题有其外因，在当代，主要是由于社会转型和变迁导致的复杂的文化冲突。如处于社会转型中的我国，传统文化的“男尊女卑”“三从四德”“夫为妻纲”“夫唱妇随”的夫妻关系模式，与现代文化提倡的男女平等、协商的夫妻关系模式形成冲突。此外，由于现代社会分化加剧、人们文化教育程度不断提高、社会为个人角色扮演提供了越来越广阔的选择、价值观念更加多元化和行为方式多变等原因，现代社会的流变性和风险性也影响到家庭，使夫妻双方对往昔共建美满家庭的理想和追求的差异和不一致程度可能趋于增加。

但是，“外因”毕竟是条件，并不是婚姻和夫妻关系的决定因素。夫妻关系的调适具有许多不同形式，如生活中的相互关爱与体贴、相互尊重与宽容、支持对方对事业的更高追求、共同承担家务、赡养双方老人、精心抚育子女等。通过夫妻间的感情交流、思想沟通、忠诚互信、患难与共，调适和维持良好的夫妻关系是可能的。

代际关系问题

在这里是指同一家庭中上代人与下代人的关系，如父母与子女的关系、祖孙关系等。代际关系处理不当，也会导致整个家庭出现生活矛盾、动荡不安以至家庭的分离或破裂。现代家庭生活的代际关系主要包含两个相互关联的方面：一是文化认知，二是行为选择。

文化认知涉及传统文化与现代文化的关系。现代性被视为一种“断裂”（吉登斯），其本质上是与前现代社会生活和组织模式的断裂，并非意味着现代文化与传统文化毫无关联。相反，无论是东方还是西方各国、各民族，自己的文化传统都得到尊重和发扬。再则，由于现代社会发展的快速演变，现代性在自身发展中也在不断“去传统化”。这使文化的传统呈现出交错纠结的状况，在文化的承传、发扬、创新上存在一个具体分析、去其糟粕取其精华的问题，而这一问题的解决是需要时间的。由于生活经历、社会教育的不同，在文化认知的心理和行为上的代际差异是不可避免的。如果对代际差异缺乏正确的理解和态度，则势必导

① 郑杭生．社会学概论新修．3版．北京：中国人民大学出版社，2002：174.

致思维方式和行动方式的差异，形成所谓的代际“鸿沟”，引发代际矛盾和冲突，并影响整个家庭成员间的关系，消解家庭的凝聚力。但是，无论是旧传统文化，还是现代新传统文化、亚文化和当代时髦文化，都是家庭关系的一个“变数”。不同代的人若能在文化认知、心理、感情等方面相互交流、沟通、求同存异，逐步寻求一种有利于相互关系健康发展的文化连接，则可以缩小或消除行为选择上的分歧、对立，化解所谓代际“鸿沟”造成的各种不幸与恶果。

核心家庭问题

由于现代工业社会的迅速发展和急剧分化的背景引导，核心家庭趋增。子女结婚后离开父母建立新家，形成父母和子女家庭分立，甚至地域上相隔遥远而难以谋面。由此导致了父母家庭“空巢”，子女家庭“孤立”，大大削弱了家庭传统上的各种功能。因此，现代核心家庭实际上是十分脆弱的。特别是“双职”核心家庭，夫妻各有自己的单位、事业、前途和人际交往，出门是“各有洞天”，回家是“劳燕双归”。这对家务料理、子女抚育，夫妻相互间的体贴、照顾，以及培育信任与宽容、奉献精神、爱恋情怀等，都造成了很大影响。总体上说，现代核心家庭的封闭性、孤立性和狭隘性，不利于夫妻关系的调适，从而导致家庭保障功能的消失。因此，“养儿防老”已逐渐失去了意义，“娶妻生子”不再是婚姻的目标。这些都给婚姻家庭的社会认同与合法化带来了负面效应，也会造成与此相关的一系列社会现象，如离婚率的升高、性关系冲突、家庭社会保障和社会化功能不断外推于社会等等。总之，对现代核心家庭及其相关问题，还需要进一步关注和研究。

思考问题

1. 什么是社会群体？社会群体具有哪些基本特征？
2. 什么叫群体凝聚力？如何分析影响群体凝聚力的各种因素？
3. 试析初级社会群体研究的意义。
4. 试析初级社会群体的基本特征。
5. 如何分析和认识当代中国社会转型期初级群体的变化？
6. 如何理解婚姻家庭制度的功能？

阅读书目

1. 米尔斯．小群体社会学．昆明：云南人民出版社，1988.
2. 费孝通．乡土中国．北京：三联书店，1985.
3. 杨善华，沈崇麟．城乡家庭：市场经济与非农化背景下的变迁．杭州：浙江人民出版社，2000.
4. HOMANS G. The human group. New York：Harcourt Brace Jovanovich，1950.

第九章

社会组织

【本章要点】

- 社会组织一般有两种含义：广义的组织泛指一切人类共同活动的群体；狭义的组织，是指人们为了实现某种共同目标，将其行为彼此协调与联合起来所形成的社会团体。社会组织一般由规范、地位、角色和权威四个方面的要素构成。我国社会组织体系的分类一般有两种：一是以产业为标准，二是以机构编制为标准。
- 组织结构是指组织成员以及组织内部的各职位、部门在组织目标的实现过程中所处的地位以及彼此之间所形成的确定的、比较稳定的相互关系形式。现代组织主要有直线职能式结构、矩阵组织结构和事业部组织结构等。
- 组织管理是指运用权威来协调组织内部的人力、物力以实现组织目标的活动，其主要目的是提高组织活动的效率。
- 单位组织是中国计划经济时期形成的一种特殊的社会组织，它是那些以企事业组织为单元，承担政府的社会分工目标，对其成员承担多种责任并对其进行全面管理的企事业组织。

【关键概念】

社会组织 ◇ 正式组织 ◇ 组织结构 ◇ 组织管理 ◇ 科层制 ◇ 单位制 ◇ 民间组织

人类社会的产生和发展都与各种社会组织相联系。从以家庭、非正式群体和村社占支配地位的农业社会，向以大规模正式组织出现为特征的工业社会的过渡，在许多方面都体现了组织的作用。现代社会是一个高度组织化的社会。人们在各类社会组织中从事社会生产和生活，社会组织通过向社会输出产品或服务满足着社会成员的需要。

对社会组织一般有两种理解：一种是广义的组织，即泛指一切人类共同活动的群体，包括家庭、家族、村社等初级群体；另一种是狭义的组织，即相对于初级群体的次级组织形式，也可称之为正式社会组织，它是指人们为了实现某种共同目标，将其行为彼此协调与联合起来所形成的社会团体。

第一节 社会组织的特征

一、社会组织的构成要素

社会组织的构成要素一般包括四个方面，即规范、地位、角色和权威，它们的相互关系和联系构成了社会组织的基本结构。

规范

规范是指稳定的规则与规章制度。规范是社会互动的基础，是社会关系及其功能价值的具体表现。它指个人或团体应如何思考、感觉与信仰，在各种情况与关系当中应如何行动，如在社会上有政治与法律的规范，科学与技术的规范以及家庭、婚姻、健康的规范等等。规范提供了互动当事人一种相互期望的模式，使社会生活中的互动行为标准化，使人际互动得以顺利而稳定地进行。

地位

地位是指人们在社会关系空间中所处的位置。在现代社会，人际互动基本上是地位之间的互动。社会组织的互动是经由地位而建立的，社会中到处都充满着这种组织性的互动。

社会地位的形式有两种：归属地位与成就地位。归属地位是与生俱来的，如性别、种族等；成就地位则是依靠个人后天的努力所取得的地位，如医生、教师等。社会组织中的地位主要是成就地位。个人在组织中的活动是一种地位的活动，这种地位一般都是先于个人而存在于组织中的。个人主要是取得既存社会地位而很少能独立创造，这也是维持社会秩序稳定的一个方面。

角色

角色是指按一定社会规范表现的特定社会地位的行为模式。人的社会角色与社会地位是不可分割的，不存在无角色的地位，也不存在无地位的角色，角色表现地位，地位规定角色的范围。可以说，角色是地位的动态表现，而地位则是角色的静态描述。社会组织就是由一组相互依存、相互联系的角色构成的。

权威

权威是指一种合法化的权力。它是维持组织运行的必要手段，它使成员在组织内感受到约束和限制。组织权威一般有两种特征：首先，权威是社会组织的特性。权威存在于社会组织，人群中如果缺乏组织，则意味着缺乏权威。权威的运用必须在组织团体中进行，组织使权威合法化。其次，权威依附于职位。权威指职位权威，一个人占据某一职位，他就拥有该职位的权威，而当他离开这一职位时，权威的运转作用也就停止了，但权威本身依然存在。因此，每一地位、角色、权威的存在是不依个人意志为转移的。

组织由其构成要素而形成一个社会活动系统，这一系统的运转依赖于一整套规则，个人只有遵守这些规则，才能进入组织，并参与其活动。

二、社会组织的类型

(一) 常见的组织分类

按照功能和目标进行分类

经济生产组织：是指那些制造物品或进行生产的组织，这类组织的典型形式是实业公司。经济生产组织把经济功能放在首位，其运作方式是通过经济功能的实现对整体组织的发展做出贡献。

政治目标组织：是指那些为保证社会整体目标实现而形成的各类组织形式。这类组织的活动取向是实现社会共同价值的目标，以及形成和分配社会的权力，例如政府机构和权力组织等。

整合组织：是指那些从社会层次上提供功能的组织形式，这类组织的活动主要涉及调解冲突和指导动机，以实现社会制度的期望或促使社会各部分的良好配合，例如精神病医院等。

模式维持组织：是指那些具有“文化”“教育”和“价值承载”功能的组织，例如教会和学校等。

以受惠者为基础进行分类

互惠组织：这种组织的成员由共同的兴趣而结合在一起，参与程度较低。组织成员参与程度的多寡会直接影响到组织权力的大小。

服务组织：以服务为主，主要是为组织的受惠者提供良好的服务。

经营性组织：是指那些可以用货币形式衡量活动价值的组织，例如银行、零售店等。

公共性组织：通常为公共部门成立的组织，社会公众都是这类组织的受惠者。

按组织谋求人们的顺从方式进行分类

疏远型组织：是利用职权指导个人或群体活动的组织。

功利型组织：以实际性奖励和非实际性奖励为基础的组织。

道德型组织：以劝导和感召将人们的行为引导到被认为是正确的轨道上的组织。

以组织所使用的技术为基础进行分类

长链组织：是指那些需要在时间序列中执行功能的组织形式，如汽车工业中的流水线作业形式和建筑工业中的工序结构及其工作安排等。

媒介组织：指将希望保持相互依赖的人群结合在一起，如银行系统。

集约组织：指将各种各样的工艺技术或方法结合在一起，以改变人或对象的组织。这种组织是将丰富多样的高技术结合在一起，以完成像航天飞机之类的空间技术方面的计划。

（二）我国社会组织的分类

我国社会组织体系的分类一般有两种角度，一是以产业为标准，分为三类组织：

（1）第一产业组织：是指以自然为开采对象的产业组织形式，包括农业、林业、牧业、渔业，以及石油开采业和地质勘探业等。

（2）第二产业组织：是指在第一产业组织基础上形成的产业，包括工业（制造业、电力、煤气）和建筑业。

（3）第三产业组织：包括流通部门和服务部门两大类。流通部门的行业包括交通运输业、商业饮食、邮电通信、物资供销和保管仓储业等。服务部门的行业可分为：生产和生活服务部门，例如金融、保险、社区服务及各类技术服务等；教科文卫等服务部门，包括的组织类别有教育、文化、广播电视、科学研究、卫生、体育及社会福利事业等；社会公共服务机构，包括国家机关、党派团体，以及军队、警察和监狱等。

二是以机构编制为标准的分类：

（1）国家机关编制的组织，包括国家权力、行政、司法机关等组织，各级各类党派组织，全国政协及各地办事处，人民团体等。

（2）国家事业编制组织，指为国家创造和改善生产条件，促进社会福利，满足人们文化、卫生等需要，其经费实行预算拨款制的国家事业机构。其中，事业单位实行企业管理的组织机构也被列为国家事业编制。具体包括农、林、水利、气象事业组织，文教卫生事业组织，科学研究事业组织，社会福利事业组织等。

（3）国家企业编制组织，指直接从事工农业生产、交通运输和商业流通等活动，其产生的价值可用货币表现的相对独立的经济实体。包括冶炼、各类农场、建筑业、铁路交通、商业服务业系统等。

第二节 社会组织结构

一、组织结构

(一) 组织结构的含义

所谓组织结构是指组织成员以及组织内部的各职位、部门在组织目标的实现过程中所处的地位以及彼此之间所形成的确定的、比较稳定的相互关系形式。它表明组织由哪些部分组成，组织成员和各组织部分在达致组织目标的分工合作中的相互关系是怎样的。

从根本上来说，组织的结构是由组织内部的分工合作关系所确定的。在组织中，那些承担相同或相近任务的成员聚集在一起就成为一个部门，不同部门之间形成了分工，也因相互依赖而合作，这就形成了组织结构。传统的组织理论家比较注重包括组织的稳定、明确的相互关系形式、清楚的职权和严格的沟通渠道在内的正式结构。他们强调结构的客观性、非人格化和形式化等概念，组织结构被认为是最重要、最持久的特点。现代组织理论家则开始注意结构与环境之间的关系，相信灵活的结构形式更适应环境的需要，也更有效率。

(二) 组织结构的内容

组织结构具有层次性，对于一个较大规模的组织来说，它既有宏观结构也有微观结构。前者如总体结构，后者如职务工作结构。

组织结构的总体设计是根据组织活动的内容与方式进行的，内容与方式的不同，决定了组织结构的不同。组织结构的分化步骤如下：(1) 对完成组织总日标的工作进行确定和分类。(2) 用最优的方法划分企业的部分和层次。(3) 在各部门和层次之间明确责任和权力，并以职权关系和信息系统把这些单位整合连成一体。

组织结构的职务工作结构设计，是对某类工作进行研究，以确定这一工作的内容和数量及完成该工作所应具备的责任、权力和技能。职务结构设计包括以下内容：(1) 划定工作范围及经常出现的问题。(2) 制定工作规程和工作定额。(3) 推广适用的工作方法和劳动工具，提高工作效率。(4) 量才用人，合理配置工作人员。(5) 明确每一职位上的责任和权力，制定考核办法，并以此为基础进行奖惩。(6) 制定完备的沟通渠道，以形成完备的职务网络。此外，在职务结构设计过程中，还要考虑到人的生理因素、心理因素和工作环境的影响。

为保证组织的生存与发展，在组织结构设计中应遵循如下原则：

目标任务原则。企业内部的机构、职务、职位，应根据工作的需要来设计。

有效管理跨度原则。管理者因受到个人精力、体力、能力、时间以及管理对象和环境条件等多方面因素的制约，决定了他所能直接有效管理的下级人数是有限度的。

分工协作原则。分工与协作是组织活动效率的保障。分工可以提高效率和明确责任，协作则是实现组织总体目标的必要条件。

统一指挥原则。指每个下级应该只对一个上级负责。如果一个下级同时接受两个或两个以上的领导者的指挥，他就会无所适从，无法确定自己的行动。组织设计时只有遵守这个原则，才能保证组织上下级成员对组织活动产生共同的责任感，不致发生领导指挥混乱的局面。

责权对等的原则。组织设计应严格保证组织内的每一职位拥有的权力与其所承担的责任对等，即委以重任者给予重权，责任轻者则权力也相应减少。权责对等原则是发挥职员能力的重要条件。

精简与效率原则。结构设计应尽可能简单，减少层次和职务，以保证组织结构最有效地使用资源。同时，机构的精简还有利于增强组织内部的协调，加快信息传递的速度，减少不必要的投入与浪费，使组织具有效率和灵活性。

统一领导与分级管理的原则。即高级管理者负责处理组织的总体事务和下级处理不了的问题，属于下级管辖范围内的事务，则由下级全权处理。统一领导有利于组织协调，分级管理有利于发挥职员的积极性和创造性，由此才能保证组织的高效与灵活。

二、组织的正式结构与非正式结构

（一）组织的正式结构

组织的结构可以分为正式结构和非正式结构。社会组织的正式结构是为了实现组织目标所设置的，并由组织规章正式规定的各层次、各职能部门之间的稳定的关系模式。正式结构是每一个组织的普遍特性，它是组织确定各种活动关系的蓝图，具有法规的性质。正式结构一般表现为结构图，并将组织的规章制度载入各种手册和正式文件之中。但是，并非所有正式组织结构都具有同样的特点，它受多重社会因素——制度、文化、技术、目标等——的影响。

现代社会中的组织结构呈多元性特点。有的组织实行直线职能式结构，有的实行矩阵式管理结构，还有的则实行事业部组织结构。可以说，任何正式结构都应适应实际需要，而没有统一的模式。

直线职能式结构

又称生产区域管理制。它以直线制为基础，在各级生产管理者之下设置相应的职能部门，从事专业管理（见图 9－1）。

这种组织的特点是各级主管者没有专业分工，所有管理职能都集中于一人之手，一个下级单位只接受一个领导的指令，上下级关系简单、明确、清楚。这种形式保持了直线式集中统一指挥的优点，又具有职能分工专业化的长处，提高了管理工作效率。组织内各级直线主管人员都有相应的职能机构和人员作为参谋和助手，使管理者能够对本部门的生产、技术、经济活动进行有效的组织和指挥。所以，它比较适应现代工业企业管理的需要，被广泛采用。

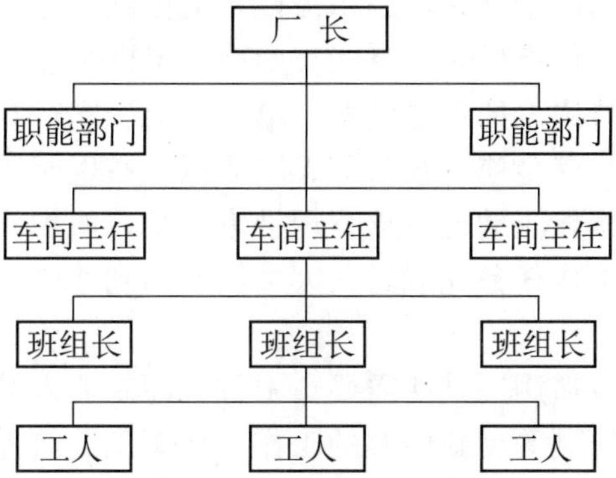

图 9-1　直线职能式组织结构

这种组织形式的不足之处在于：下级缺乏必要的自主权，各专业职能部门之间的联系较弱，企业间信息传递速度较慢。

矩阵组织结构

又称规划矩阵结构或规划目标结构。它把按职能划分的部门和按产品（或工程项目、服务项目）划分的小组结合成一个矩阵，称之为矩阵式结构。它一般有三种形式：工程矩阵结构、产品矩阵结构和项目矩阵结构。这种结构都是把纵向单位的人力、物力资源分派到横向单位以满足各单位的需要。在工作完成之后，再回到原来的部门，等待重新分派工作（见图 9-2）。

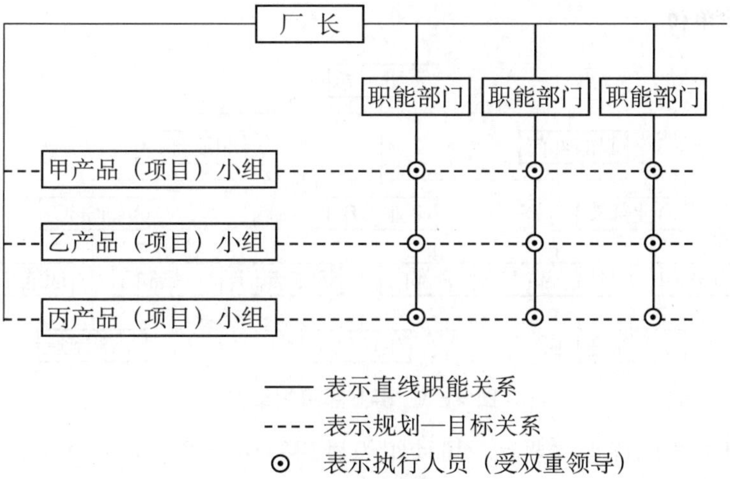

图 9-2　矩阵组织结构

矩阵组织结构的优点是：第一，矩阵组织中的项目负责人员同时是职能部门的人员，使得组织内各部门之间的联系得到加强，集权和分权也较好地结合起来，有利于多方面的合作和提高效率；第二，把不同部门的专业人员结合起来，有利于激发职员的积极性和创造性，培养和发挥业务人员的工作能力，提高他们的技术水平和管理水平；第三，矩阵组织结构有较强的灵活性、机动性和适应性，每个小组所负责的产品或项目任务，可根据环境的变化而采取相应的对策；第四，提高了中层和基层管理人员的积极性和责任感，充分利用他们的专业知识和技能处理日常工作，使高层管理者能集中精力考虑企业发展的重大问题。

矩阵组织结构也有诸多的不足之处：第一，由于实行双重领导，当两个部门的意见不一致的时候，就会使下级人员无所适从，产生矛盾；第二，从职能部门工作情况看，人员的频繁流动也会给管理带来困难，增加管理费用；第三，工作缺少长期性，在小组工作任务完成后，人员便要回到原单位，会削弱他们对工作的责任感。

矩阵组织结构比较适用于某些需要集中各方面专业人员参加完成的项目或业务，以及一些设计或研制等创新性质的工作，如军工、航天工业等。

事业部组织结构

事业部又称分权组织，或部门化结构。其特点是把组织的生产经营活动按照产品种类和地区分成若干个事业部。事业部是一个相对独立的生产经营单位，有自己的产品和市场，实行独立核算。事业部设有相应的职能部门，有直接提供利润的职能，是总公司控制下的利润中心，由事业部组织产品或地区的生产、销售、采购等全部活动（见图 9－3）。

事业部结构的管理实行集中管理、分散经营的原则，组织最高管理层负责重大方针政策的研究和制定，掌握组织的决策权。事业部的领导根据总公司的指示，统一领导其主管的事业部的发展。在事业部结构中，组织职能部门的主要任务，是对最高管理层和各事业部做有效的参谋和咨询，而不是具有独立的责任和权力的利益单位。

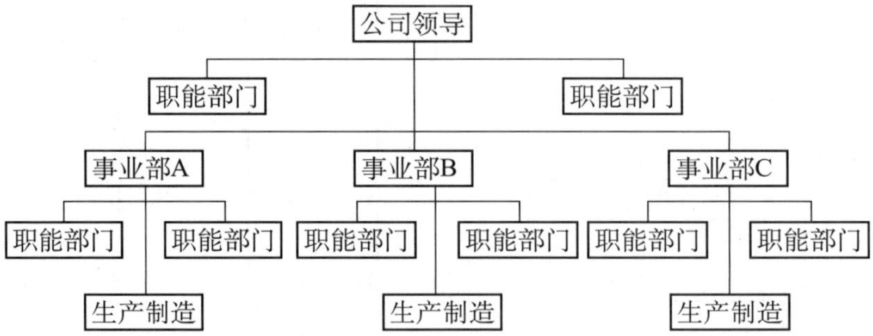

图 9－3　事业部组织结构

事业部结构的优点主要是：可使组织最高领导层成为强有力的决策机构；具有较高的稳定性和适应性；有利于调动各事业部发挥生产经营的主动性和积极性；有利于提高管理者的专业知识和领导能力；有利于总公司考核评定各部门的生产经营成果，促进各事业部的利益与公司整体利益的协调一致。事业部的缺点是：职能机构重叠，造成了一定的人力、物力和财力的浪费；各事业部独立核算，容易产生本位主义，难以协调一致；职权下放过大，增加了协调难度；各事业部之间竞争激烈，造成人才和技术的相互封锁等。

事业部组织结构比较适用于规模庞大、产品种类众多、各类产品之间的工艺差别较大、市场条件变化也较快的大型企业。

（二）组织的非正式结构

组织的非正式结构是指未经明确规定而从组织成员的活动及相互作用中自发产生的具有灵活性的关系模式。它是在组织正式分工之外存在的、由组织中的非正式关系（比如老乡关系、同学关系等）所确立的结构。由非正式关系连接而成的群体称为非正式群体。

非正式群体的概念

非正式群体是指由一定数量的个人（通常规模比较小）经过长期的相互作用所形成的社会团体。非正式群体通常有自己的领导，有一系列群体目标，有一套用以指导群体成员行动的价值和规范，但这种行为的开始和延续初期并没有自觉的目标或方向。从范围上说，非正式群体是组织的中下级职员联合体，而且一般是在组织规则不严密的地方产生的。

非正式群体的产生

非正式关系通常在两个背景下发生：一是在正式关系中，人们不可能做到完全的非人格化。事实上，在每一个组织成员之间都存在着情感吸引、厌恶、敌视、偏见等。随着时间的延长，工作中的上下级关系也不再是正式的社会关系，而会出现许多新的变化。二是在组织中经常接触的个人有可能基于相互同情、钦佩、兴趣和趣味相投等而在他们的正式关系中加入某些非正式的行为模式。

非正式群体的大小及影响程度受到正式结构的影响，两者成反比例关系。因此，最容易出现非正式群体的地方一定是组织规则最薄弱的环节，如果这种状况不能得到及时控制，就会形成一套新的社会关系取代原有的正式结构。因此，非正式群体的出现对管理者提出了更高的要求，管理者既要精通管理技术，又要懂得和理解组织成员的需求。

非正式群体的功能

非正式群体的功能主要表现在两个方面：正功能和负功能。

（1）非正式群体的正功能。非正式群体是工业技术和工业科层制的一种派生物和一种反作用。因此，对工人来说，非正式群体的功能主要有以下几个方面。

第一，减轻单调、厌烦和疲劳。霍桑实验的结论表明，工业生产方式本质上是非人格化和形式化，工人之间不允许有任何非正式的接触。经常性、重复性的工作以及苛刻严格的纪律，导致工人产生厌烦和疲劳，而非正式群体则可以缓和或减轻这种症状。

第二，获得非正式地位的机会。在非正式群体中可以满足工人对地位的需求，例如在非正式群体中扮演“领导”角色，以弥补在正式结构中的地位渴望。而且管理人员也常常默认它的存在。他们可以按照自己的意愿改变科层制对“地位”的解释。在这个范围内，非正式群体减少了群体成员的紧张。

第三，情绪反应的充分表露。这种功能表现在两个方面：一方面，非正式群体把那些在特点上相似的工人结合在一起，使那些在工作位置相距较近的工人，或那些为完成同一任务而共同工作的工人的关系固定化和一致化；另一方面，非正式群体通过提高聚集在一起的工人的互动频率来增加情绪反应，它为人们进行交谈、交换意见、沟通态度和形成共同价值观等提供了渠道。因此，它缓和了工人角色中情感中立和普遍主义原则所带来的紧张，为工人提供了另一种表露人格的渠道（这一点在科层制结构中被认为是不需要的且有害于组织目标的实现）。

第四，提供独立的机会。相对于工业生产中非人格化命令和管理者的权力，非正式群体可以为工人提供“独立”和“自由发展机会”（其实这种独立和自由发展相对于科层制来说只是一种幻想）。非正式群体有助于工人在科层制的管制下获得更多的自由和独立，这种独立和自由是从非正式群体对那些“告密者”或“异己分子”（霍桑实验的例证）的憎恶和控制中发现的。

非正式群体除了对其成员有积极意义之外，对管理工作本身也有它的正功能。主要表现在以下几个方面。

第一，有助于完成工作任务。相对于大型工业组织，非正式群体以它的灵活性发挥着作用。许多工作如果按照“正式结构”的渠道，将花费许多时间和精力，而非正式群体则可以通过初级关系直接找到当事人办理相关事宜。当然这样做的前提是两者目标一致且规则允许。

第二，减轻管理者的工作负担。管理者可以依靠非正式渠道来完成工作任务，同时也可以通过非正式群体创造出宽松友好的工作氛围来提高工作效率。

第三，提供工作满意感。正式结构有严格的规章制度，个人的某些意愿会被束缚，而非正式群体则可以给人们提供一种宽松的工作环境，有助于提高成员的满意度。

（2）非正式群体的负功能。

第一，抵制变革。非正式群体的一个基本特点就是对人的要求比较宽松，群体成员基本喜欢维持现状，反对变革，对组织提出的任何变革措施都采取一种抵制或者是部分抵制的态度。因此，群体成员往往会抵制采用新技术和新工艺，因为新技术的应用就意味着生产效率的提高，新的工作标准和定额数量的提高，由此就会有某些成员被解雇，这是群体成员不愿意看到的结局。

第二，目标冲突。这种冲突是指当组织成员面对正式目标与非正式群体目标发生矛盾时的一种情形。一个组织成员很难同时完成两个相互矛盾的目标。因此，组织内既然不可避免地出现非正式群体，那么正式组织结构与非正式群体的目标就不可能总是协调一致，它们之间或多或少存在差别，管理者的工作就是要尽量缩小这种差别，使之减少到双方都可以接受的程度。

第三，遵从行为的问题。非正式群体的规范本是为了劝说成员追求非正式群体目标，但群体内部的和谐气氛，使群体成员越来越少地考虑个人愿望，常常是不假思索、不加权衡就附和群体的意见，他们也就不愿再去接受正式规范的约束了。

第四，谣言问题。这是组织学研究中常常遇到的一个问题。谣言或小道消息之所以能在非正式群体内部传播，是因为组织的正式沟通渠道在信息传送过程中出现不畅。那么在非正式群体内部，人们就会在事件信息里人为地填补未知的部分，从而形成所谓的谣言或小道消息。

三、科层制

科层制（bureaucracy）是由德国社会学家韦伯从理想类型的角度提出的概念。所谓科层制是指组织内部职位分层、权力分等、分科设层、各司其职的结构模式和管理方式。它是一种以正式规则为主体的管理方式，也是现代社会组织管理的典型方式。

科层制的特征包括：第一，明确的分工。科层制把从事的活动以正式规定的职责形式固定落实到人，即明确每一个管理者的权力和责任，并把这些权力和责任作为正式职位而使之合法化。第二，明确的职权等级。组织中的职位权力遵循层序的原则，即下一级职务接受上一级职务的管理和监督。第三，明确的规章制度体系。在任何情况下，组织成员都要遵循一整套抽象的规章制度，包括在具体情况下执行这些规章制度。其目的在于求得组织各部门之间活动的协调一致，也有利于公平合理、平等对待一切人和事。在这里，组织的规章制度是最高权威，它规定成员的权力、责任和活动程序等。第四，私人关系和公务关系的分离。在处理公务时，成员应按规则办事，不掺杂个人的好恶爱憎，保证工作按正式确定的方式进行。第五，量才用人。科层制招聘人员按技术资格录用，并需要经过专门的训练，承担某一职务的人员应保证其工作的长期性和稳定性。同时，科层组织内还有一套按年资、按工作表现或两者兼顾的提薪晋职制度。第六，管理权力依附于职位，而不依附于个人。有职则有权，无职则无权。这就使组织管理者的更替，并不影响组织的正常运转，保证了组织政策的长期性和稳定性。

科层制管理的优点在于分工清楚，责任明确，任人唯才，可以提高工作效率，保证组织活动的顺利开展。其缺陷在于忽视人的主动性和创造性，只强调照章办事，缺乏灵活性和应变性，容易导致官僚主义。本章第三节在组织管理方式中将再次讨论科层制。

第三节 社会组织的管理

在团体中每个人都有不同的技术和能力，为了充分利用各种不同的技术、技能而出现了分工。由此，在完成组织目标的基础上，为安排和协调各种不同的工作任务就必须达成某种协议。同时，组织也按照工作的不同性质区分出等级高低的权威与权力的分层结构。这时就需要有人来指挥该组织的运转，管理由此也就成为组织运行不可缺少的环节。

一、组织管理

组织管理是指运用权威来协调组织内部的人力、物力以实现组织目标的活动，其主要目的是提高组织活动的效率。

组织与管理可以说是一个事物的两个方面，设计合理的组织结构是管理的基础，也是管理的必要条件。在这里，结构的内容通常被认为是物的、客观的因素，而管理则体现为人的因素。不同的管理者，即使工作在同一组织内，也会表现出不同的态度和行为方式，最终使管理工作成为一门复杂的人类系统工程。在这一工程中，管理者的角色有两种基本职能，向内观察着组织内部的秩序，向外观察着环境的变化。管理者的基本目的是寻求内部秩序与外部环境的均衡和发展。它的基本功能是消除紧张状态，完成组织目标。这种紧张状态在组织内部指人与组织之间的矛盾，在组织外部则指组织与环境之间的矛盾。这种内外冲突的调解与处理使管理成为一门非常艰难的艺术。

二、组织管理理论

组织理论与工业化的发展有着密切关系。从理论根源上来说，英国的工业革命带来了工厂制度和管理问题，用工厂式的组织形式进行生产导致社会和人的思想变化。这一时期出现两种观点：一方面有查尔斯·巴贝奇等人注重工业生产中的组织和技术；另一方面有罗伯特·欧文研究工业化对人类所产生的影响。直到美国国内战争以后才算是进入科学管理时代。从整个记载下来的历史看，这一时期人们已经考虑到人类组织的问题，如政府、教会、军队以及其他复杂的社会群体的行政管理问题。

组织理论的发展过程一般分为三个阶段：传统组织理论、行为科学组织理论和现代组织理论。

（一）传统组织理论

传统组织理论产生并流行于19世纪末到20世纪初。当时的社会生产力在科学技术的推动下获得了高速发展，工业生产出现了前所未有的资金过剩现象，随着积累的增加和技术的发展，组织、控制和管理这些资金的方式亟待改变，而且对大型组织的管理艺术，也需要依靠明确而有效的技术手段。于是，传统组织理论便适时出现了。

传统组织理论试图创造一种理性技术，以构造那些能使组织各部分之间关系协调的结构和过程。它相信如果找到确定的理性技术和方法，组织就能够高效率地实现目标。传统组织理论研究的重点是使组织的运行保留其合理性。其研究的客体是工商企业组织（当然科学管理理论的研究还扩大到其他各类组织），因为工商企业组织除了比较容易研究之外，通常还具备产生高效率的合乎理性的组织过程与结构。

对传统组织理论做出贡献的学者有弗雷德里克·泰罗（Frederick Taylor）、亨利·法约尔（Henri Fayol）及马克斯·韦伯。

弗雷德里克·泰罗的科学管理思想的中心是提高劳动生产率，重点放在计划、标准化和在作业层改进人的努力方向上，以便用最小的投入取得最大的产出。通过最大限度地提高每个工人的生产效率，使劳资双方都能获得最大的效益。泰罗把管理描述为一个由组织的物质资源或技术力量同人力资源结合起来以便实现组织目标的过程。这种模型的特点是按照所谓合理化的公式规定工作人员的外在行为，而把工作人员本身作为机器的部件使用。泰罗是第一个对管理问题做如此系统的研究，并将之应用于工业管理实践的人。

亨利·法约尔的行政管理理论的中心思想是强调计划与组织的重要性。他认为管理就是实行计划、组织、指挥、协调和控制。其中计划就是探索未来、制定行动方向；组织就是建立企业的物质和社会的双重结构；指挥就是使其人员发挥作用；协调就是连接、联合、调和所有的活动及力量；控制就是注意是否一切都按已制定的规章和下达的命令进行。法约尔的理论适用于各种类型的组织。与泰罗不同，他认为管理原则只是指导行动的灵活信条。如果一个管理人员仅仅根据原则行事，并且只具有关于这些要素的知识，那么他不可能是一位有效的管理者。

马克斯·韦伯的科层制管理是指通过“公职”或职位而不是通过个人或“世袭”进行管理。对于韦伯来说，他所论述的科层制只是一种“理想型”的组织，并不是为了合乎某种特殊的需要。合法与合理的职权观点是韦伯科层制的基本观点。韦伯的科层制是适应环境的需要而出现的形式，被认为是对工业社会中大型而复杂的组织进行行政管理的最有效手段。科层组织包括五个特征：基本职能专业化和劳动分工；明确的职权等级；稳定不变的规章制度；职员的非人格化；量才用人。

传统组织理论是以等级规则和非人格因素为基础建立的，它是现代组织理论的基石。传统组织理论通常被称为科学管理理论，这是因为作为组织成员必须遵守理性化的组织规则，而不带任何个人情感因素，并能因此提高组织机构的运转效率。

（二）行为科学组织理论

20 世纪 20 年代以后，社会文化环境发生了巨大变化。这一时期人们除了工作之外，还需要工作伙伴及对工作组织的依赖，以便寻求一种心理上的安定感。人们更多地把组织看成是人类活动的共同体，强调人与人、人与群体的关系，而不是人与规则的关系。这种关系是以个人间的相互留恋和共同利益为基础的，主要调节手段是集体所采纳的行为规范。这些观点来源于梅约（Elton Mayo，1880—1949）及其合作者于1927—1932年在美国西方电器公司的霍桑工厂进行的一系列研究。

梅约主持了著名的“霍桑试验”。他原来的观点是理性主义学派的，他曾想在霍桑工厂的车间里演示劳动条件的改善对工人的生产效率将起直接和积极的影响。但实验结果却使他发现，主要影响生产率的并非劳动条件本身，而是对工人的关注，从而使管理理论开始转向对人际关系和非正式结构的研究。这种观点认为，在影响效率的诸多因素中人是最重要的因素，同时强调非正式组织结构及新型领导观念在组织管理中的重要意义。

巴纳德（Chester I. Barnard，1886—1961）的组织协作论。巴纳德从个人必须协作这一基本的假定出发，认为每一个个人都只有有限的选择权。这是因为，个人一方面受他所处的活动环境限制，另一方面他又受人的生物性质的限制。而克服个人这些局限性的有效的方法，则是通过采取相互协作的社会活动。但协作的维持有赖于组织在实现协作目的时的效力，以及满足个人需要的效率。他认为在管理过程中，领导者的作用只是利用组织中的社会力量塑造出一定的价值观。这一时期的行为学派认识到了人格的复杂性和组织的动态性特点，提出了人类能力生长和发展的可能性，重点强调人在组织中的位置。因此，行为科学理论所注意的不仅是工厂里做工的那双手，还包括对人的其他种种实质能力的探讨。

行为科学理论在组织形态上更重视民主的、非集权而少等级结构的组织形式，强调权力均等，反对那种非人格化的科层组织。但是，他们在集中注意人际关系，把人际关系的改善作为万能钥匙的同时，却忽视了工作本身和经济技术等其他同样重要的因素。

（三）现代组织理论

现代组织理论主要产生于第二次世界大战以后。运筹学、控制论、系统工程学、决策论、计算机技术、财务控制等学科的发展，为系统理论和权变理论提供了坚实的科学基础。这种理论观点已不再只看重某一个方面的作用，而是全面、系统地研究组织的各方面内容。主要观点有以下几种。

组织系统理论

系统学派是通过将系统理论和数学理论应用于组织研究而在传统理论和行为科学理论基础上建立起来的。肯尼斯·保尔丁、罗斯·艾什比和路德维希·贝塔朗菲等人，在他们对组织的研究中把复杂的数学技巧和一般系统论结合起来，使当今组织理论学家能构建起健全的组织理论。

系统论观点总是把系统作为由从属部分结合成的集合整体来对待，从来不把系统看成处于孤立因果关系中的机械聚集体。在传统组织理论中，人们都是孤立地对各分系统进行研究，然后再将各部分联为整体，而系统方法则强调必须以整个系统作为看待事物的出发点。系统论的另一种观点就是开放系统的观点。开放系统指与环境交换信息、能量与材料。因此，生物系统和社会系统可以说是开放系统。

组织权变理论

权变，通俗地讲就是随机应变，因地制宜，具体问题具体分析。它主要强调各分系统之间的相互关系模式及其特殊性。这种观点有助于进一步了解组织变量间的相互关系。

权变学派的一个基本命题是：一个组织与其他组织的关系，以及与总环境的关系依赖于具体情境。权变学派观点认为组织系统是由各分系统构成的，需要研究的是组织与其环境之间的相互关系和各分系统内与各分系统之间的相互关系。权变理论强调组织的多变量性，并试图了解组织在变化的条件下和在特殊环境中运行的情况。权变学派最终目的在于提出最适宜具体情况的组织设计和管理行动。

组织经济理论

组织经济理论主要包括代理理论（agency theory）和交易费用理论（transaction cost theory）。[①] 这里我们主要介绍交易费用理论。在这一理论中康芒斯（J. R. Commons）首先把“交易”概念与正统经济学中已经被普遍化的“生产”概念进行比较，指出：生产活动是人对自然的活动，“交易”活动是人与人之间的活动。两种活动构成了人类的全部经济活动。

科斯（R. Coase）研究的焦点是企业的起源或纵向一体化的原因。科斯提出了交易费用的概念。通俗地说，为了完成交易，当事人必须进出市场，了解产品的质量，货比三家，为交易的细节谈判、协商和检验、签约，甚至承担违约损失等。总之，交易过程需要当事人投入精力、时间、信息、费用和其他一切开支。因此，市场交易要付出代价。既然如此，通过形成一个组织并让某种权力（企业家）来支配资源，部分市场费用便可以节省。在这个意义上，企业最明显的特长是作为交易费用的代替物。因此，实际上有两种制度协调和配置资源。在企业外部，由价格机制指挥生产，通过一系列市场交易实现资源的配置。在企业内部，市场交易的复杂结构由企业内部的协调人际合作和指挥生产的管理来替代。

威廉姆森（O. E. Wilianmson）发展了科斯的理论，将交易作为基本的分析单位，并运用到组织经济学研究中，主张对节省交易费用的理解是组织研究的中心问题。威廉姆森指出，当产品或服务从一个技术上分离的部分转移到另一部分，交易便形成了。威廉姆森指出交易费用理论对组织的研究可以应用在三个分析层面上。第一个层次是企业整体的组织结构，把企业作为既定的研究范围，探讨运作的各个部分如何相互关联；第二个层次或中间层次的焦点是各部分的运作，探讨哪些部分将在企业内实施，哪些行动将在企业外实施，这是发展和定义“效率”“边界”的尺度；第三个层次是人力财产的组织方式，目标是根据群体工作的性质，以不同的方式配置内在的管理结构。

---

① 丘海雄．组织社会学理论回顾．中山大学学报，1995（4）.

三、组织管理方式

纵观整个管理的历史，可以划分出以下两种管理方式。

（一）家长制的管理方式

它产生于农业社会，是小农经济的产物，它与初级社会群体有着十分密切的关系。其特征是：第一，组织内部的权力集中于最高领导者手里。领导者的权力既没有划分，也不受限制。第二，分工不明，责任不清。组织成员没有明确的职权范围，即使有也是相互重叠和交叉的，常发生遇事推诿、不负责任、相互扯皮的现象，而且没有任何规章来确定分工和责任。第三，任人唯亲，因人设位。家长制是以初级关系（或非正式结构关系）为基础进行管理活动的，因此，在选择安排人员时也是以初级关系为标准的，即由私人关系远近和私人交情亲疏而定。以领导者为中心形成权力圈，那些接近权力中心者往往有较大权力，他们共同构成利益群体。管理是为了维系利益群体，根据与领导者本人亲疏关系和平衡原则为其成员分配和设置职位，这是造成组织机构臃肿、职位交叉的主要原因。第四，办事无章可循、无法可依。组织成员在处理日常事务时只能依据以往的习惯、直觉、个人经验及情感因素，具有很大的随意性。第五，终身制。领导者及其群体成员的职位都是建立在初级关系基础上的，成员利益处于相互制约之中。领导者与成员之间的关系是不可替代的个人化关系，这样，领导者在位与否不是按组织管理需要，而是根据利益群体成员的需要而定，这就是造成家长制管理人员终身制的原因。

家长制管理方式适合于小规模的组织结构、分工不发达的传统社会。管理的好坏取决于个人的经验和素质。因此，这种管理方式局限性很大。随着社会生产力的发展、分工的精细，逐渐出现了大规模的社会组织。这种组织是建立在分工细密、协作复杂、高效率的基础上的，因而单凭个人经验已无法对其加以管理。家长制不再适应现代社会的发展，它逐渐被一种新的管理方式——科层制所取代。

（二）科层制的管理方式

本章第二节对科层制的含义、特征等已经作了具体介绍。科层制作为17—18世纪工业革命的产物，主要目的是用来指导政府和企业活动的组织形式，至今这种组织形式依然运行于社会之中，并且无法逾越；但是这并不意味着科层制会永远地存在下去。

关于科层制内部协调的困境，主要体现在现代民主主义与现代文明的矛盾。人们一方面强烈地要求个人的权利得到保护，尊重个人作为人的尊严；另一方面又要求组织活动的理性化和制度化，以体现效率至上的信念。但是，实践已经证明，这两个方面是相互矛盾的。技术的进步，理性的蔓延，对效率的要求，无疑压制着人的自由，人的工作变得越来越远离人的本来意图，非人性化已经充斥在工作的过程之中。这种矛盾最终又表现为人的需要、目标与组织的需要、目标对立。马克思对人的异化曾做过深刻的分析，而科层制的理性主义又是作为它的一大优势和特点而存在的，其矛盾性更是无法调和。内部的危机意味着科层制无法做到“内适应”了。

科层制之所以能够存在，是因为这种体系对外界的适应方面还有一定的空间。应该说科层制结构面对那些稳定的、可预测的、相对均一的环境是较好的组织形式。即使存在激烈的竞争，只要环境相对稳定，就能将人类的活动纳入常规体系，而且处于科层制顶端的管理者也总是能借助集权机制使组织适应环境的变化，从而使组织能够有效地维持和发展。

本尼斯曾指出，科层制的组织方式在现代社会中，既无力应付内部环境的整合要求，也无法对外部环境的变化做出有效的反应。特别是 20 世纪下半期，科学技术、智能技术以及管理者的职能等发生了变化，从许多方面重塑了组织的外部环境。由于环境的迅速变化和复杂程度的急剧增长，组织很难把握环境并进行有效预测。而且组织规模也在这一时期变得越来越大，出现了国际化趋向，组织经营活动的“边界条件”越来越模糊，甚至出现消失的现象。各种环境之间的因果关系也变得越来越不稳定，各种因素都处于动态之中，彼此相互作用、相互影响和相互依存。科学技术的发展又使组织间的合作与竞争加剧，外部环境越来越不稳定。从前的一些政策法规也失去了解决问题的效力。外部环境给这种体制带来的问题是组织所无法逾越的障碍。在这些挑战面前，科层制既无法解决个人目标与组织目标相冲突的情况，也无法在外部环境发生变化的情况下，快速地应变。因此，有学者预言科层制体系将在不久的未来崩溃。

（三）官僚主义问题

凡是由于管理不善而造成的组织活动偏离目标的现象都可以称之为官僚主义。官僚主义不仅仅是管理者个人的思想作风问题，从根本上来看是一种管理制度问题。从管理的主体角度看，无论家长制还是科层制都可能产生官僚主义问题。

由家长制产生的官僚主义主要表现为：遇事推诿、相互扯皮、敷衍塞责、热衷于谋取私利、不关心群众痛痒、一言堂及命令主义等。

由科层制产生的官僚主义主要表现为：第一，浮夸习气。由于管理层次过多，下级呈报上级的信息又不能越级汇报，使信息失真程度逐级增加。第二，墨守成规、缺乏灵活性。科层制要求成员严格按规则办事，以保证组织效率。但长期受规则的限制，人的主动性和革新精神逐渐泯灭，管理人员容易变得目光短浅、不近人情、打官腔、缺少生气。第三，繁文缛节、文牍主义。任何规则都有例外，为了处理例外情况，需要制定新的规则，新规则还会有例外，仍需制定规则。如此下去，规则越来越多。第四，例行公事、文山会海。许多管理部门陷入繁杂的日常事务而不能自拔。凡此种种，都不同程度地降低了组织的工作效率。

第四节 当代中国社会组织

改革开放以来，随着我国市场经济的发展，社会组织模式发生了深刻变迁。其中，单位组织的演变和民间组织的成长成为组织变迁的突出现象。

一、单位组织及其演变

（一）单位组织的含义和特点

单位组织是我国计划经济时期形成的一种特殊的社会组织，它是指那些以企事业组织为单元，承担政府的社会分工目标，对其成员承担多种责任并对其进行全面管理的企事业组织，简称为单位。在计划经济时期，党和政府建立了大量的国营企业、国办公共事业组织和福利机构，并在这些企业、机构中普遍建立了党组织、工会、妇女组织，以及面对职工的福利部门等。因此，这些企业、机构不但承担了特定的专门职能，而且集经济职能、政治和行政管理职能、教化职能、福利职能等于一身。

单位组织实行的是单位制度。单位制度即国家以单位组织为基础和依托，组织动员社会成员参加党和政府布置的各项经济、政治活动，对组织的人力、物力进行有效组织和管理，将其纳入国家的工业化和社会主义建设中，并通过对组织成员的管理实现社会管理，使整个社会高度组织化，进而推动社会运行的一套制度。计划经济时期，我国社会组织结构的基本特点是“政企不分”和“党政合一”，它是建立在条块分割（不同部门之间及不同地区之间的分割）基础上的高度中央集权的一元化体制。这种一元化体制强调政府管理社会，尤其是管理经济的全面性与合法性。因此，单位组织结构是一种刚性结构，分化程度较低。单位组织还有一些负功能，如：单位的社会分工不清，承担着沉重的社会管理和福利职能等，使单位的专业职能削弱，组织效率较低；由于实行平均主义的分配制度，缺乏对成员的激励，压制了成员的积极性；等等。

单位组织的具体特点如下：

（1）集多种职能于一身，即任何单位组织都有自身的专业分工，同时又承担政治和行政管理职能、福利职能等。

（2）政治性较强。单位组织中普遍设有党组织、工会、妇女组织等，参与政治活动。

（3）行政等级性。单位具有一定的行政级别，处于行政等级体系中，受上级的领导。其自身的行政级别决定了它在政府那里可获得的权力和资源的多少。

(4) 组织内部资源的非流动性。单位中的人力、物力和财力都归国家所有，国家通过户籍制度、档案制度等管理制度使资源难以在组织间流动。

(5) 组织活动的高度计划性。单位是国家整体计划的执行机构，其活动受上级计划的影响较大。

(6) 成员对组织的依赖性强。由于单位是资源的分配机构，掌握着成员生存、发展必需的就业机会、福利保障等多种资源，并且这些资源在体制外是极其缺乏的，形成成员对单位高度依赖的状况。

(二) 单位组织的改革和发展

伴随着我国经济体制的改革，单位体制也相应发生了显著变化。如为了顺应市场机制对企业组织成为自主的生产单位的要求，以及使国有企事业单位向专业化的方向发展，政府已逐渐将微观经济的管理权力交还给企业，实行“党政分开”“政企分开”，使企业与政府在功能上以及结构上开始分化。企业逐渐弱化了其行政管理职能。此外，由于实行多种所有制形式并存发展，使体制外的资源得以产生和流动，进而使社会成员能够在单位组织之外就业，单位承担的社会功能外移，单位的性质和功能发生了转变。

单位制度的改革是要改变其与社会主义市场经济体制不相适应的部分。但单位制度的改革并不是一蹴而就的，而是一种渐进的过程。现今我国的单位组织虽然与改革之前的单位有了显著的区别，但它仍然承担着一些原来单位组织的功能，在人们的社会经济生活中发挥着作用。

二、民间组织

(一) 民间组织的含义和特征

民间组织通常又称为“非政府组织”“非营利组织”“第三部门”，它一般是由民间设立的、从事社会公益和互益活动的非营利组织，主要包括社会团体、民办非企业单位和基金会等。在我国官方文件中，民间组织与社会团体的含义基本相同。按照中华人民共和国国务院通过的《社会团体登记条例》，社会团体是指公民自愿组织，为实现会员共同意愿，按照其章程开展活动的非营利性社会组织，包括依法登记成立的各种协会、学会、基金会，以及直接从事公共服务和社会福利服务的各种组织。在这里，除了受法律约束之外，民间性、非营利性是社会团体的主要特征。

一般来说，民间组织具有组织性、非营利性、民间性、自治性、志愿性等特征。组织性强调民间组织也是一种组织，它有比较明确的目标和行为规则，并按规定在政府的某个部门登记注册。民间性是说民间组织不属于政府组织［国际上称之为非政府组织（NGO）］。非营利性是指民间组织不以获取经济利益为目标，而是从事公益性的服务。自治性指民间组织不直接受控于政府，也不受制于其他组织，而是实行自我管理、独立运转的组织，并且有内部的自律性。志愿性是指人们参加组织活动，提供公益服务和社会福利是自愿的。

（二）民间组织的分类和功能

民间组织的分类

按照组织的性质和任务，民间组织可以分为行业性、专业性、学术性和联合性四类。行业性组织是由同行业的企业组成，为经济发展服务的社会团体。专业性组织是由专业人员组成的或以专业技术、专门资金为从事某项事业而成立的社会团体。学术性组织是指从事自然科学、社会科学等研究的社会团体。联合性组织是指人员的联合体或团体的联合体。

从功能的角度，民间组织可以分为政治性社团、经济性社团、文艺与体育社团、科学技术性社团等。从组织成员之间的联系纽带来分，民间组织可以被分为以生理特质为纽带联系的社团（如妇女组织、老年组织），社会特质不同的社团（如工会、个体劳动者协会），精神特质不同的社团（如学术性团体）。

民间组织的功能

服务功能。民间组织致力于公益性和福利性事业，提供社会服务，因此具有较强的社会服务功能。

社会发展功能。民间组织为社会弱势群体提供福利性社会服务，改善其生存状况，提高其发展能力。此外，民间组织还积极促进不发达地区的经济和社会发展，并通过公益性事业为公众提供社会服务，满足公众的社会需求，提高其生活质量。

社会整合功能。民间组织致力于解决弱势群体生活中的问题，通过倡导互助和建立社会支持网络，对需要帮助的社会成员和组织机构提供服务，进而增强社会的凝聚力，有利于社会的整合。

经济功能。民间组织从事的公益事业、社会福利服务、中介服务等可以促进就业，增加弱势群体的人力资本和社会资本，使其有能力参与社会经济活动。此外，民间组织提供的公共服务可以成为国民经济发展的重要组成部分。

政治功能。民间组织在很大程度上致力于改善弱势群体的生活状况，促进公民民主地参与社会生活，有利于了解民情，反映民意，政府制定和改善社会政策，促进民主政治的发展。

（三）中国民间组织发展状况

我国的民间组织和社会团体在改革开放以后得到恢复和发展。我国体制改革的深入和社会的持续发展提出了积极发展民间组织或社会团体的要求。1998 年 10 月，国务院颁布了《社会团体登记条例》，在随即召开的“加强民间组织管理，维护社会稳定工作会议”上正式提出“培育发展与监督管理并举”的民间组织发展方针。中国共产党十六届六中全会进一步提出“坚持培育发展和管理监督并重，完善培育扶持和依法管理社会组织的政策”。政府鼓励社会力量在教育、科技、文化、卫生、体育、社会福利等领域兴办民办非企业单位；注重发挥行业协会、学会、商会等社会团体的社会功能，为经济社会发展服务；发展和规范各类基金会，促进公益事业的发展，并引导各类民间组织和社会团体加强自身建设，提高自律性和诚信度。据民政部统计，到 2006 年 9 月 30 日，全国共有社会团体 174 841 个，民办非企业单位 151 430 个，基金会 1 057 个。

按照民政部门的看法，培育发展民间组织是体制改革和解决我国在组织中存在的问题的要求。从行政体制改革的角度看，要建立“小政府大社会”的格局必须发展民间组织，但目前我国的一些民间组织在发展过程中仍存在不可忽视的问题，如对政府的依赖性强，人员素质不高，缺乏自律机制等，这就需要用培育发展的方法来解决，并对民间组织进行监督管理。

思考问题

1. 怎样理解组织的概念及其特点？
2. 组织目标对社会组织的重要意义是什么？
3. 如何理解组织结构中的非正式群体？
4. 简述科层制理论及其应用过程中的问题。

阅读书目

1. 朱国云．组织理论：历史与流派．南京：南京大学出版社，1997.
2. 于显洋．组织社会学．北京：中国人民大学出版社，2001.
3. 王思斌．社团的管理与能力建设．北京：中国社会出版社，2003.

第十章

社会制度与社会政策

【本章要点】

- 社会制度是一种重要的社会结构形式，它是使社会运行体的各部分有机地联结在一起的一种主要方式，是社会运行机制的重要构件，一般由社会价值观、社会规范体系、权威与地位结构以及社会机构及设置等要素构成。
- 社会制度具有维持社会秩序、促进社会整合、有效配置社会资源、提高社会效益或绩效以及为人们的行动选择提供多种服务等功能。
- 社会政策是指一个国家或政府机构为增进人类福祉、提升社会福利、改善社会环境、促进社会公平、完善社会服务而制定和实施的一般性方针和特定的政策。

【关键概念】

社会制度 ◇ 社会运行机制 ◇ 社会规范体系 ◇ 社会整合 ◇ 社会政策

为了考察社会良性运行和协调发展的条件与机制，我们需要进一步地引进社会规范与社会制度等概念。社会制度是一种重要的社会结构形式，它是使社会运行体的各部分有机地联结在一起的一种主要方式，是社会运行机制的重要构件。

第一节 什么是社会制度

一、什么是社会制度

社会制度（social institution）是指制约和影响人们社会行动选择的规范系统，是提供社会互动的相互影响框架和构成社会秩序的复杂规则体系。正如诺思（D. North）所说："制度是一系列被制定出来的规则、守法程序和行为的道德伦理规范，它旨在约束追求主体福利或效用最大化利益的个人行为。"①

当我们用规范来界定社会制度时，可能还需要进一步明确究竟什么是"规范"以及规范是怎么形成的。科尔曼认为，规范这一概念是在社会科学中运用非常广泛的概念，他认为："规范指明人们认为什么样的行动是合乎体统或正确的。社会规范是人们有意创造的，创造并维持规范的人认为，如果规范为社会成员所遵守，他们将获益；如果人们违背规范，他们将受到伤害。"② 规范是用来影响和约束具体行为选择的，而制度则是由一套规范有机组合起来的，也就是规范系统。所谓系统，是指各种行为规范是相互衔接、共同影响的。所以，社会制度是系统的、较为稳定的规范。

在社会学中，结构主义认为制度是一种相互影响的框架和过滤器，制度构成了一个社会的基本秩序，确立了社会的竞争与合作关系。功能主义把社会制度看作用来安排人们的活动，满足诸如秩序、信仰、生产等社会需要而设立的一套习俗、民俗、行为模式，如法律制度、家庭制度等，也就是说，制度是满足社会有机体的功能需要的。

在经济学中，古典的制度经济学家、社会学家凡勃伦（T. Veblen）在《有闲阶级论》中对制度作了较为详细的讨论，认为制度是人们的思维结果和习惯，一种意识性的产物，即制度"实质上就是个人或社会对有关的某些关系或某些作用的一般习惯；而生活方式所构成的是，在某一时期或社会发展的某一阶段通行的制度的综合。因此从心理学的方面来说，可以概括地把制度说成是一种流行的精神态度或一种流行的生活理论"③。也有人从制度对人类行为的约束方面来下定

---

① 诺思．经济史中的结构与变迁．上海：上海三联书店，上海人民出版社，1994：225-226.

② 科尔曼．社会理论的基础．北京：社会科学文献出版社，1992：284.

③ 凡勃伦．有闲阶级论．北京：商务印书馆，1964：139.

义，如康芒斯（J. Commons）认为制度是无组织的习俗和有组织的机构如家庭、公司、工会等的集体行动对个体行动的控制。舒尔茨将制度定义为“一种行为规则，这些规则涉及社会、政治及经济行为。例如，它们包括管束结婚与离婚的规则，支配政治权力的配置与使用的宪法中所内含的规则，以及确立市场资本主义或政府来分配资源与收入的规则”①。斯考特（A. Schotter）认为社会制度是社会全体成员都赞同的社会行为中带有的某种规律性的东西，这种规律性具体表现在各种特定的往复的情景之中，并且能够自行实行或由某种外在权威施行。

二、构成社会制度的基本要素

社会制度虽是一种复杂的系统，在有些情况下并不是具体的、可触及的，但是，社会制度之所以支撑着社会互动，形成相互的影响，那是因为社会制度中的基本要素在发挥着作用。社会制度得以构成，主要依靠四个基本要素，这四个要素是：（1）价值观与价值判断；（2）行为规则与奖惩体系；（3）组织设置；（4）权力体系。

价值观与价值判断

任何制度都包含了某种价值观和价值判断，制度都是在价值判断基础上制定出来的。人们制定制度，总是基于某种价值需要并根据价值判断对相关行为选择产生影响。

价值观是指人们对事物的是与非、正确与错误、好与坏、善与恶、美与丑、幸福与痛苦、值得与不值得、应该与不应该、合理与不合理等的一种感受、认识和主观判断。任何具体的社会制度，都是对特定人群的行为及其相互关系的调整和规定。规则的创设和习惯的沿袭都表达了对特定的互动关系的维持，具体来讲，是对人们地位、角色及利益关系的一种较为清楚的界定，以此体现社会整体的普遍价值。

从习俗规范，到组织的规章制度，再到法律制度乃至社会根本制度，都是社会主流价值观和价值判断的体现。例如，早期的罗马法律，规定对那些重刑犯人，采用公开审判、处以极刑甚至暴尸街头等做法来加以惩罚。在这种法律规定中，实际隐含着这样一种价值观，那就是要一报还一报、杀一儆百。但是，如今欧洲绝大多数国家都已取消了死刑，这一法律制度的变迁是因为社会价值观的变化，因为在欧洲法理观念看来，用暴力来对待暴力，不仅不能对犯罪有震慑作用，而且可能还会起到宣扬暴力的作用。再譬如，现在很多国家纷纷出台越来越严厉的禁止吸烟的法律制度，是因为现在的主流的价值观越来越认识到吸烟对个人健康和社会是有害的或弊大于利。

从价值观和价值判断到形成制度，通常会有一个过程。这个过程有长有短，

① 舒尔茨．制度与人的经济价值的不断提高//财产权利与制度变迁．上海：上海三联书店，上海人民出版社，1994：253.

一般情况下，当一种价值被越来越广泛的人所接受且被认为非常重要、非常急需时，那么这一价值观也就会较快地转换为制度或法律。

行为规则与奖惩体系

行为规则与奖惩体系是制度的核心要素，通过规则和对行为的奖惩，制度从而可以起到影响和规范行为的作用。

任何人类个体，其行为都具有一定的任意性。一方面，个体作为一种动物性存在，具有内在的、深层的动物性本能和冲动。另一方面，人类个体又是一种社会性存在，在社会生活中，他们都具有自身的特殊利益、特殊的价值观念和行为目标。因此，个体与群体及社会的利益和目标往往形成矛盾。在这种情况下，必须对个体加以调节或限制，以保证人类群体共同的社会生活顺利进行，也就是说，社会需要有一套行为准则来维持社会生活中的社会秩序。没有规则，无法对个体任意行为加以约束和控制，群体生活也就难以实现稳定的秩序。

规则是引导和指导社会成员进行行为选择的原则，在行为规则中，规定了哪些行为是可以选择的、应该做的，哪些行为是不能选择的、不应该做的，因为规则中包含了对不同行为所进行的奖励和惩罚。人们按照规则允许的方式行动，实际就会得到社会的认可或奖赏；如果不按照规则行动，就会受到相应的惩罚。由于人总是希望得到奖励而尽量规避惩罚，所以制度就会发挥影响和制约人们行为的作用，从而为秩序构建奠定框架。

规则是一类明确规定的行为准则。它首先是由人们在社会互动过程中明确设定、明文规定的，带有较为明确的目的性。它的设立或变更需要对遵从它的人群加以明确解释、劝导等。其次，对规则的解释，往往以参与此类行动的人们的利益为依据。规则的设立，常常是为了调整行动者之间的利益关系。相同规则也可能使一部分人受益，而使另一些人的利益受损，但是它却维持着某种秩序。最后，规则对于行动的参与者来说，具有一种外在的约束性。规则是由外部进行的对行动的一种约束。对规则的违背，一般都会受到明确的惩罚。

在人类社会制度中，较为常见的制度有习俗、道德、规章、纪律、法律以及社会经济制度等形式。在这些社会制度系统中，行为规则和奖惩体系是其中的核心构成。

同时，在道德规范体系中，实际也包含了行为准则和奖惩原则，道德规范的规则是人类社会根据伦理和道德原则确立的，也就是规定了哪些行为是道德的、合乎人伦的，哪些行为是不道德的、扰乱人伦的。社会舆论会对有道德的行为给予褒扬，而对不道德的行为给予谴责。道德规范与社会习俗相似之处在于，它们都受到社会的普遍反应的制约，由人们的普遍舆论、共同意识来维持。不同的是道德和宗教以人们所普遍信奉的价值原则、价值标准为前提和基础，调整行动者之间的利益冲突、约束人们的行动，规定人们的行为关系。

规章制度和纪律条例等社会制度形式是由更为具体的行为规则和奖惩办法构成的。一项规章或纪律制度，通常是社会中的群体、组织为了形成所需要的秩序目标而确立或制定出来的成员行为准则，并对与秩序目标相对立的行为方式予以惩罚和禁止。例如，无论是机关团体还是经济组织，都会有自己的机构组织章程和专门的纪律条例，这些规章、纪律就是由规定的行为规则和奖惩措施构成的，如学校纪律或学生守则，就规定了学生必须按照什么规则行事，如果违反规则，将会受到什么样的惩罚。

最后，从一个社会的更加宏观的经济、政治和文化制度来看，社会制度虽显得庞大而复杂，这些制度可能不是某种具体的规范，而是一系列规范构成的体制；但是，这些更宏大的社会制度其实质内容仍是行为规则和奖惩体系。譬如，拿经济体制来说，市场经济体制和计划经济体制实际上是各由一套经济行为准则构成的，市场经济体制是由一系列允许市场交换的行为规则构成的，在这套规则中，已经为人们的行为选择提供了一套奖惩方案。也就是说，如果按照市场经济原则来行事，就可能获得什么样的奖励；如果不按这套原则来办，就会受到哪些损失。而计划经济体制实际上提供的是一套不一样的行为规则和奖惩体系。

从以上不同形式的社会制度可以看到，行为规则和奖惩体系是制度的核心构成，制度通过提供人们进行行为选择的原则指导，以及赏罚分明的措施，达到引导、影响、规范和约束人们的社会行为选择的作用。

组织设置

制度的奖惩体系所发挥功效的大小是一项制度效力的重要标志，就像一种法律一样，如果不能对违法者进行有效的惩处，法律的效力就会大打折扣，这项法律对社会互动和秩序构建的作用也会大大减弱。那么，制度如何才能发挥效力呢？也就是如何能对违反制度规则的行为加以惩罚呢？这一问题就涉及制度的第三个基本构成要素——组织设置。

无论是制度本身，还是制度内容，都不能离开一定的组织。一方面，社会制度的运转总是要依托于一定的条件与媒介，也就是必须有一定的实体，这就是组织或机构设置。另一方面，在诸多社会制度中，制度规定的内容有很多方面都是关于组织机构设置问题的，制度规定了为达到某种目标需要设立哪些组织或机构，以及这些组织机构有哪些权利和义务，即组织如何发挥自己的权利，完成自己的义务。

组织是把个体社会成员有机组合起来、形成有序社会关系的重要方式。制度中的组织设置一方面把人们按一定关系联系起来，使成员之间形成分工与合作、共存与竞争的关系，另一方面组织也是推行规范、影响人们行为的具体实施者和载体。

从制度结构角度来看，组织设置是操作层面的规范系统，或者说，制度在操作层面是以组织形式出现的，即制度要依靠组织机构来推行或实施。

权力体系

权力（power），按照韦伯的观点，是指一种让自己的意志得到其他人执行的能力，也就是能够让别人按照自己的意志或意图去行动的能力。[①] 权力是一种强势社会力量，所谓强势社会力量，是指在人与人的关系中一种力量会体现出优势。社会成员都有力量，但并非所有人的力量都能成为权力，而只有在社会互

---

① 韦伯．经济与社会：上．北京：商务印书馆，1997：81.

动、社会竞争中，才会形成一种支配他人的权力。

作为社会的规范系统，社会制度要对群体或集体成员的行为产生影响，必须依靠一种权力。通过权力，让人们按照制度的规则来行事，或者说让人们接受制度的约束。所以，任何社会制度的维持和运转，都要依靠一定的权力体系。

权力与权威有着密切联系，权力即强势的社会力量的形成，是与某种力量所具有的权威分不开的。但权力与权威又不同，权力是不顾他人反对而贯彻自己意志的能力或遏制他人行动的能力。而权威则是一种社会影响力。权威的大小，取决于人们的服从程度。权威通常是权力的重要来源，也可能是推动制度形成的重要因素，如族长权威的存在，是宗族制度形成和维系的重要力量。对家族权威的认同，使得家族观念、家族制度的规则具有了合法性。

权威是社会制度存在的重要基石。权威的存在，表明该种社会制度所具有的合法性为此社会领域中的人群所普遍认可，也说明了人们为什么创设、接受某种制度的理由。权威的削弱或消失，意味着人们对某种社会制度的偏离或抛弃。但是权威与社会制度不是简单的一一对应的关系，一种社会制度，有时可能由多种权威来维持，而有时候，一种权威可能维护着多种社会制度。

马克斯·韦伯曾经对权威作过类型学上的划分，把权威分成传统权威、感召权威、合法权威。传统权威依赖于“人们对古老传统的神圣性以及实施权威的合法地位的牢固信念”①。这种权威包括老年人权威、族长权威、世袭皇族权威等。权威的永久性是这一权威的重要特征，权威的实施者往往是一种永久性的先赋角色。感召权威以领袖人物的非凡才能和魅力为基础，宗教领袖常常具有这样的权威。合法权威来源于人们对正式规定的、非个人专断的规范的认可，行使合法权威的人的社会地位得到了现行法规的明确承认。科层制权威是合法权威的一种典型。

权威一方面基于某种社会秩序的规范和准则，另一方面它的存在监督着人们对于该种社会制度的遵从，从而维护着社会的运转与持续。因此权威是实施社会制度时经常使用的一种工具性手段。

作为制度的构成要素，权力体系是保证制度制定和推行的必要力量。尤其是对于正式的成文制度来说，如法律制度，其出台和实施都与权力体系分不开。首先，法律制度的制定要依靠立法机关这一权力机构，其通过正式程序制定出法律的规范系统，法律规范之所以在社会中发挥作用，是因为其中包含了一种权力，这种权力不是个人的，而是国家的或政治共同体的。其次，法律制度出台后，如何让人们遵守，即按照法律意志去行动，那也需要权力。所以，法律得以实施和推行，依靠的是国家机器的权力，也就是执法和司法机关的权力。

即便在一些非正式制度中，同样也有权力在起作用，只不过权力的形式有所不同而已。就拿习俗和道德规范来说，习俗、道德的行为规则之所以被人们接受，那是因为社会权力在起作用。社会权力也就是大众权力或力量，大众力量要

---

① 韦伯．经济与社会：上．北京：商务印书馆，1997：241.

让个人必须按照大家公认的行为方式去行事。

社会制度的四个构成要素是相互联系、相互作用并有机统一起来的。制度要素反映的是制度的结构和制度的本质，各要素的组合和共同作用构成制度系统。

三、社会制度的基本特征

作为影响和制约人们行为选择的规范系统，社会制度虽有不同的类型和形式，但各种制度都具有四个基本特征或属性，这四个特征是：（1）制度的普遍性；（2）制度的特殊性；（3）制度约束的集体性；（4）制度影响的稳定性。

制度的普遍性

制度的普遍性是指制度对于人类社会来说是普遍的，即社会制度普遍存在于人类社会之中，是人类社会普遍拥有的、用来构建有序生活的规范系统。

制度的普遍性可以从两个方面来理解：第一，制度的普遍性是指制度的普遍存在性，即所有人类社会，不论在哪个历史阶段，也不论在哪个地域，都会有制度的存在。制度既是人类社会行动的结果，也就是人们在生活过程中选择的价值和行为规则，也是构成人类社会的基础，为人们的社会交往互动提供影响框架或行动选择的参照系。

第二，制度的普遍性也指社会制度的某些属性或性质是普遍的、共同的。制度的普遍性质主要体现在：一是制度的价值属性是普遍的。不论是何种制度，在其被制定出来时，都会以追求合理、正确、道义、善良等价值为理由而得以实施和推行。只不过在不同的历史条件下，社会对正义价值的理解和认识有所不同而已。二是制度的结构属性是普遍的。

制度的特殊性

社会制度既是普遍的，也是特殊的。也就是说，社会制度普遍地存在于人类社会之中，但是，不同社会、不同历史时期，社会制度是不同的，各个社会都会有自己特有的制度体系。

制度的制定或形成，实际是人们对某种价值以及由价值衍生出的规则的选择，或者说，就是某种集体偏好，即较多人认同的某种价值和规则。无论从理论还是从现实来看，个体间的价值观和偏好总会有这样那样的差异，更不用说集体之间的价值差异了。所以，对任何一个社会来说，社会成员所选择的制度规则都是特殊的。

尽管不同社会或群体的制度会有诸多相同或相似的特征，如在宏观制度或体制上，其性质是相同的，但具体到各个社会的制度内容，仍然会有各自的制度特点。譬如，西方社会的社会制度，就宏观制度性质而言，都是资本主义的市场制度，但是，在西方社会内部，每个国家都会有各自的制度，如英国与美国之间，宏观的基本社会制度虽有着密切的历史关联，但两国之间的制度差异却是绝对的，两个国家都具有各自特点的经济、政治和社会制度。所以，制度系统相对于每个社会而言，都是独一无二的。

制度的特殊性不仅是必然的，而且也具有重要意义。正是因为社会制度的特殊性，才使得世界的多样性得以存在和维续。社会制度是人类文明和文化的重要成果，制度的特殊性也是文化多样性的重要基础。

制度约束的集体性

社会制度是在人类历史进程中形成的，是人类共同活动和相互作用的结果。人们在社会生活中创立制度，既不是个人行为，也不是专门针对某个人。作为引导和影响人们行为选择的制度，其目的主要是限制集体中的机会主义行为。[①] 所谓机会主义行为，就是被集体较多成员认为是对他人和集体利益不利的行为。制定制度，就是确立相应行为规则，约束集体中可能出现的机会主义行为。制度规则还确立对违反规则的行为加以惩罚，从而达到制度的约束作用。所以，制度约束是相对于集体的，是对集体中的行为加以规范和约束。制度约束所针对的集体，不是一种具体的单位，而是相对的、动态的社会互动关系。

此外，制度约束的集体性还表现为：制度对个体行为选择的影响和制约，通常需要依靠集体的力量。例如，个人如果违反社会制度，就会受到群体或集体成员的反对、谴责、惩罚，或直接制止。所以，制度的约束机制是通过集体多数人共同遵循某种制度，并对违反制度的行为或越轨行为予以处置来实现的。

制度影响的稳定性

任何制度，在其形成并发挥社会影响之后，就意味着制度的规范系统已经逐渐深入人心，让越来越多的人了解和接受，并成为人们行动选择的参照原则。这样，制度也就会在集体或群体中持续地产生影响，因为要让较多的人改变已接纳的行为，不是一蹴而就的事，而是需要一定时间过程的。所以，已确立的制度系统，它的影响和作用是相对稳定的。

制度一经形成，便具有历史惯性。尤其是当这种社会制度的各种规范被内化到群体成员思想意识中，成为他们的习惯性行为的时候，制度实际上本身就表现为对自身的维护。一项社会制度一经形成，便开始产生历史文化的积淀效应，它能使制度在失去生命力后的相当长时间内，仍然继续发挥对人们行为的约束作用。

对制度影响的稳定性，可以辩证地加以理解。一方面，制度的稳定性对构建稳定的社会秩序、促进社会有序发展有着非常重要的意义。另一方面，当制度的价值和作用出现不合理性时，制度变迁或改革制度就显得非常必要。

关于制度影响的稳定性和惯性的成因，可以从三个方面来理解：（1）认识的定势作用；（2）行为习惯的作用；（3）群体动力的作用。

首先，制度中包含了人们对一种价值的认识，一种制度形成并发挥功效之后，意味着群体成员已经接受和认同制度中的价值原则。

其次，制度的形成也在一定程度上反映人们形成了某些行为习惯，尤其像习俗这样的制度，更是群体行为习惯的集中体现。行为习惯的形成，本身经历了较

---

① 柯武刚，史漫飞．制度经济学．北京：商务印书馆，2002：109.

为漫长的过程，因此要改变习惯，同样也需要一定的时间。

最后，社会制度的维续不仅仅有权力在维护和推进，而且也有群体或集体的力量在支持。在一种社会制度得以实施和推行之后，表明该制度已成为集体的选择，也就是认同的力量大于反对的力量。正是在这种集体动力的推动下，社会制度得以维持其相对稳定性。因为要改变一项制度，不是通过改变个人的意志就能实现的，而是要改变集体的意志，或集体中的力量均衡关系，才能够达到变革制度的目标。所以，一项制度形成之后，它的社会影响会保持一定的稳定性、延续性和惯性。

第二节
社会制度的类型及功能

要进一步了解和认识社会制度的发展规律，促进制度合理变迁，增进人类社会福祉，就需要对各种社会制度及其功能加以深入分析，把握各种制度的各种功能及其发挥功能的机制。

一、社会制度的层次

作为一种复杂的规范系统，社会制度不是单一的、具体的，而是由不同层次的制度体系构成的。一般来说，社会制度系统是由三个层次的制度组成的：

第一，一个社会的基本社会制度，如奴隶制度、封建制度、资本主义制度、社会主义制度等，或者像母权制、父权制等。这一层次的制度代表某个历史时期，一个社会宏观制度的基本性质和特征。基本社会制度不是指某种具体制度，而是指由各种具体制度所具有的整体特征。此外，作为规范和调节人们社会行为的规则系统，基本社会制度所调节和维护的是一个社会最基本的社会关系。例如，资本主义制度调节和维护的是资本与劳动、资本家与工人阶级的关系，从本质上看，就是一个社会最基本的社会关系，即生产资料的占有关系。

第二，一个社会相对稳定的、正式的、成文的具体制度，如法律、政策、规章制度等。这一层次的制度通常是一个社会的制度的主体部分，通过这些具体制度，构建起社会互动和社会秩序的框架。由于这一层次的制度多是正式的、成文的规范体系，因而它们在社会运行中的作用也就较为具体、较为稳定。

第三，一个社会生活领域中的不成文的、非正式的制度，如习俗、惯例、道德等。日常生活中的平常规则一般属于非正式的、不成文的制度。尽管这一层次的制度不是明文规定的，但常常是众所周知的，也是影响面很广的。

现实社会中，根据制度影响行动者的策略原则的不同，以及影响和控制行动者范围的不同，可以把制度分为三个不同层次。制度系统主要由三个层次上的制度性规范构成：（1）政策层次的制度；（2）组织层次的制度；（3）操作层次的制度（见图 10-1）。

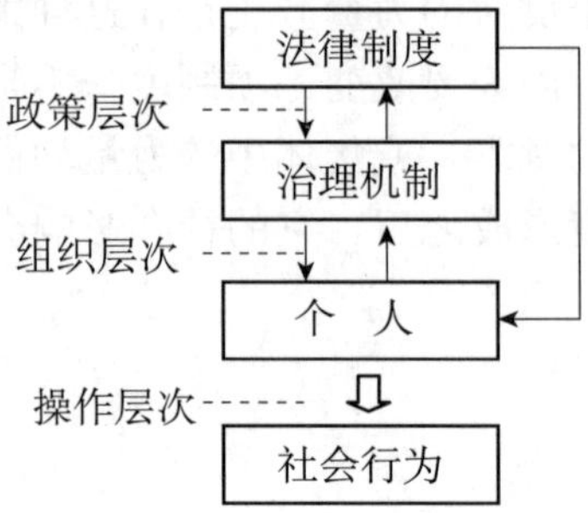

图 10-1 制度的层次结构

在图 10-1 中，法律实际上也属于一个层次的制度，不过由于法律通常主要界定出具有普遍性和一般性的原则，这些原则是制定制度所需遵循的原则，或者说是制度的范围界定，在这个意义上，法律是制度系统中的原则性层次。

政策层次上的制度安排和制度环境，是指通过法律或根据法律原则尤其是宪法性法律原则，来确立社会系统内的价值结构、社会关系结构、成本和收益结构，以及权利结构。例如，公共资源占有中的“宪法层次的活动”，就提供了设计集体选择的规则，而个人行动的计划只能算是一种策略，而不是严格意义上的规则。① 政策层次上的制度安排也确定了行动者的选择集，即根据行动者的资源地位界定他们的行动选择范围。

在组织层次上，制度性规范与治理结构相关联。制度设置确定了组织内部以及组织之间的运作机制和性质。

在操作层次上，制度的作用主要针对的是个人具体行动，因此，操作层次上的制度实际属于制度的操作或实施与执行系统。这一层次的制度就是根据政策的基本精神和原则，确立对制度的目标行动的具体对策，如奖励、惩罚、禁止和限制等具体规则，来控制个人的某些行动。

制度系统内的不同层次的规则设计或规范从不同的高度、不同的侧面，以不同方式和不同力量影响和制约着人们的行动。系统力量的作用，使得多数人的行动选择可以限定在制度所确立的范围内，或在制度设计所预期的范围之内，从而实现集体行动的一体化、社会行动的有序化。

当然，制度系统内的各个层次的规则、规范及其作用也并不是孤立的，它们之间存在着相互依赖、相互作用的关系。某一层次上的某些规范内容和规范结构的出现，通常与其他层次上的某些规范内容和结构的出现和变化是相互依存的关系。这一层次的制度属于条文中的制度或书本上的法律（law in book），只有在操作层次上，才能变成行动中的法律或制度（law in action）。

① 麦金尼斯．多中心治道与发展．上海：上海三联书店，2000：112.

从法律和制度条文到法律和制度的执行实践，必须有一个有效的连接环节，那就是中间层次的制度，它属于组织或机构设置体制。制度系统中如果没有合理、有效的组织机构保证，制度规则或规范就不可能落实到实践中去。所以，在制度建设过程中，既要注重规则的设计和制定，同时还需要根据规则或规范内容及特征，设计相应的机构组织，以使得规则规范能够被执行落实。

二、社会制度的类型

社会制度是一种复杂的系统，其形式和内容复杂多样。从不同的维度，我们可以对社会制度加以分类分析。

文化、政治、经济与法律制度

首先，从人类活动领域来分，或者是从制度的内容结构来分，社会制度可分为：（1）文化制度；（2）政治制度；（3）经济制度；（4）法律制度。当然，人类活动领域并不仅仅局限在四个方面，这四种类型的制度是根据制度内容对人类社会的作用所作的一种概括和分类。在这四类制度中，实际还会包含许多划分更细的社会制度，如经济制度中就包含产权制度、企业制度等。

吉登斯从制度结构的角度也将制度分为四种类型：符号秩序/话语形态、政治制度、经济制度和法律制度。在他看来，制度结构不外乎三个方面的内容：一是表意结构（S）；二是支配结构（D）；三是合法化结构（L）。每一种制度都包含了这三种结构内容。制度类型的区分，主要是因为结构顺序的不同而形成的。四类制度类型与制度结构的关系如表 10-1 所示。

表 10-1　　制度结构与制度类型

制度结构	制度类型
表意—支配—合法化（S—D—L）	文化制度（符号/话语）
支配—表意—合法化（D—S—L）	政治制度
支配—表意—合法化（D—S—L）	经济制度
合法化—支配—表意（L—D—S）	法律制度

资料来源：吉登斯．社会的构成．北京：三联书店，1998：93-100.

表意结构是指对符号、价值、意识形态意义的表达，支配结构是指对资源配置方式的规定，合法化结构是指让价值和规则合法化的途径。在文化制度中，表意结构是首要的，其次是支配和合法化结构。象征与意义是文化的内核，因此意义表达在文化制度中具有首要性。在政治制度和经济制度中，支配结构都占据首要位置，表明政治制度、经济制度首先要调节和规范的是资源的配置问题。政治制度和经济制度中的支配结构也不完全相同，政治制度的支配结构主要涉及权利的界定，而经济制度的支配结构则是对分配的规定。在法律制度中，合法化结构是首要的，因为法律制度所要解决的首要问题就是合法性问题，合法性问题直接关系到人们是否服从或遵守制度规范。

内在与外在制度

制度是制定出来的行为规则，那么规则又是怎样被制定出来的呢？根据制度规则的来源，制度也可划分为两类：内在制度和外在制度。

“内在制度被定义为群体内随着经验而演化的规则，而外在制度则被定义为外在地设计出来并靠政治行动由上面强加于社会的规则。”“礼貌是内在规则的例子，它向人们传输了共同体成员所遵守的、正确而合乎伦理的准则。由议会或政府机构颁布的民法或交通规则是外在制度的例子。”①

内在制度包括非正式的规则和正式的规则，非正式的规则主要有：（1）惯例（conventions），即人们在生活和交往中自愿遵循的某些习惯性的行为模式；（2）内化规则（internalized rules），也就是人们根据经验把一些价值、道德内化成自己的行为准则；（3）习俗和礼貌（custom and good manner），是指在共同体或群体内形成的习惯性行为规则。正式的内在规则（formal internalized rules）也是由经验演化而来的，但它是在一些组织内部被正式确定下来并得以强制执行的，如一些协会或行会制度、仲裁制度等。②

外在制度的显著特点是由权力机构设计制定出来、自上而下、由外部执行。也就是说，外在制度不是在群体内部产生的，也不是从群体成员的生活经验中演化而来的，而是从上到下被制定出来的。因此，外在制度一般都是正式的规则，这些规则主要包括：（1）行为规则，即由外部机构确立的行为规则。（2）具体指令，也就是针对具体目标和行为结果而设计和下达的命令，如税收制度。（3）程序规则，即对各种行动主体的行动或办事程序所设计和制定的规则，如各种程序法、行政规章等。③

由于内在制度是从群体内部由经验演化而来的，而外在制度是自上而下被设计和制定出来的，所以内在与外在制度的作用方式也存在一定区别。内在制度更多地依靠群体压力和个体的内在自律而起作用，外在制度主要依靠自上而下的权力强制执行。内在制度和外在制度由于作用方式不同，所以在社会秩序构建中通常有互补的功效。在内在制度失灵的时候，也就是人们不自愿遵守内在规则时，制定相应的外在制度也许能起到弥补作用。而在有些情况下，外在制度难以进入或还没有进入的领域，建立和发挥内在制度的作用也许有着重要意义。

制度规范的类型

在关于制度规范类型的讨论中，社会学者科尔曼曾根据规范对焦点行动的作用方式以及规范的目标行动者和受益者之间的结构关系，对制度规范进行了分类。所谓焦点行动，是指规范可能涉及的行动，如禁止吸烟规范的焦点行动是吸烟行为，目标行动者就是那些吸烟者，受益者是指规范影响范围内的群体成员。按照目标行动结构关系的不同，可以把规范分为：（1）禁止性规范与指导性规

---

① 柯武刚，史漫飞．制度经济学．北京：商务印书馆，2002：119.

② 同①122－126.

③ 同①130－132.

范；(2) 同一性规范与分离性规范。[①]

禁止性规范是通过设立权威性、强制性命令来阻止行动者做出某些行为。禁止性规范实际是一种禁令，如禁止个人或集团在未经准许的情况下而自行打井取水的行政性命令、禁止个人或集团从河道开渠引水的法令、禁止开荒的命令等。这些规范向行动者发出的都是一种否定性的信号，通过这种否定性的刺激制约行动者的某些选择。同时，禁止性规范由于是对危害风险极大的行为所采取的预防和禁止，因此，禁止性规范还需要与有效的惩戒和制止机制相配套。例如，交通条例中也包含许多禁止性规范，如红灯禁止通行等，但如果没有对所禁止的行为采取有效的惩戒，那么，禁令就难以起到预期的效果。

与禁令不同，指导性规范通过规则设计来激励行动者去选择某种行动，而不选择反方向的行动。如指导性节水规则，可以通过宣传教育安排、成本—收益安排等制度性规则安排，引导人们选择节约用水行为的概率提高，而选择不节约或浪费水的行为概率降低；又如指导性环保制度规范，通过选择集合的安排，给人们提供行为选择的导向。指导性规范并不需要强制力和权力，通常是运用价格机制和奖惩机制来达到调节和控制社会行动方向的作用。

在社会系统内，规范所涉及的受益者、利益相关者，以及作用的对象或目标行动者之间存在着不同的结构关系，概括起来看，这种结构关系有两个极端的形式：一是同一的关系；二是分离的关系。前者表明受益者和目标行动者是完全统一的，例如，在公共领域内的公约或共同规则，它约束着所有成员的行动，同时每个成员也是这一规范的受益者，如在节水型社会建构中，需要所有社会成员都参与到节约用水的行列中来，那么，在制度设计中就需要设置同一性的制度规范，引导社会成员遵循节约原则，防止浪费和污染水的行为。

分离性的规范是指目标行动者和受益者是彻底分开的，例如，对罪犯的惩罚规则，目标行动者是罪犯，很显然受益者是民众而不是罪犯。在两种极端的规范类型之间，还有中间的形式，如在目标行动者中，其中的一部分是而其他部分不是受益者，同样在受益者中，也存在类似的结构关系。分离性规范的确立，主要是针对制度安排所要制约的行为，如节水制度所要制约的目标行为就是那些不合理的用水行为。

此外，在公共领域内，制度规范的类型还可根据其产生的过程分为：约定俗成的规范和权威倡导的规范（见表 10－2）。约定俗成的规范是在一定的社区内人们在互动过程中达成的默契和共识，这些共识逐渐成为人们行动选择的共同向导，并且可能以习惯，以及诸如禁忌之类的习俗的方式固定下来，成为人们行动的基本规范。例如传统社会中的农时规则，就属于指导农民生产行为的一种规范，这一规则指导农民应该如何做出选择。另外，人们在日常生活中通过文化的创造，也会自然建构一套法则或规范，如民间神话、传说、禁忌、图腾等等，都在一定意义上向人们提供行动的规范。民间自发形成的规则和规范，是在传统社

---

① 科尔曼．社会理论的基础．北京：社会科学文献出版社，1992：381.

会，或者说一种相对封闭的社会中，制约集体行动选择，维持集体秩序的有效途径。正是由于规范是自发形成的，因而也是人们在选择过程中自觉遵循的规则。

表 10-2　　制度规范的类型

分类维度	制度规范类型	
控制方式	禁止性规范	指导性规范
结构关系	分离性规范	同一性规范
形成过程	权威倡导的规范	约定俗成的规范

由权威倡导和推行的规范是一种自上而下的行动禁令或指令，这种规范一般代表权威意志和声音，即有一定影响力的在某个方面占有重要位置的个人或团体所表达的意志和要求。通常情况下，权威倡导的规范是在对相关问题进行科学研究或论证后，通过立法或制定行政法规等形式形成的制度规范。这类规范的权威性，主要体现在其内容的设置建立在权威性的认识基础上，即具有科学合理性。

此外，权威倡导的规范也可能是某些集团首先提出并逐渐合法化的制度规范。如一些法案的形成，通常可能就是某个利益集团的利益的表达和实现，也就是说，利益集团可以通过合法的立法程序，把本集团的利益需求变成共同的规范。

三、社会制度的功能

在社会系统中，"规范""规则"等概念是人们谈论最多的问题。社会学家所讨论的个人行为、社会行为，基本上是把社会规范作为一种先决的条件。也就是说，社会系统中的行为，都或多或少受到某种规范的制约和影响。即便看上去是所谓的纯粹个人行为，也会在某种意义上与社会的价值和规范系统相联系。正如帕森斯所认为的："当制度化的价值系统内化到个人的个性中去时，就能足以'驱动'经济生产，完成无数的工业化劳动，并且使制度调整以及与这一过程有关的政治结构合法化。"①

科尔曼也认为，规范既是社会理论的重要概念，也是描述社会功能的重要概念。尽管科尔曼也关注理性选择在社会行动中的重要性，但他认为，理性选择理论只把追求个人最大限度的效益作为行动的原则，这是远远不够的，因为它忽视了规范在建构社会系统过程中的重要意义。②

诚然，规范不是社会既定的东西，而是人们共同创造出来的，但是，正如涂尔干说的那样，在社会系统的运行过程中，人们总是会按照一定的规范来行动。

制度规范的功能

至于制度规范的社会功能，总是与个人或集体行为相关联。制度规范在社会系统中，为人们提供了一种自我约束和管理的环境。尽管规范中隐含着某种强制

① 帕森斯．现代社会的结构与过程．北京：光明日报出版社，1988：113.

② 科尔曼．社会理论的基础．北京：社会科学文献出版社，1992：341.

性的惩罚，但是，规范的作用主要还是通过内在化的价值，在实践中指导个人的行动方向。

制度规范对社会行动的制约和影响作用主要表现为：

第一，规范会告诉人们应该做些什么，而不应该做什么。任何类型的规范都与价值评价有着一定的联系，在规范体系中，包含着人们对不同行动选择的价值评价，规范向人们显示什么样的行动是合理的、值得的，哪些行为是不合理的、不值得的。

第二，规范告诉人们哪些行为可以选择，哪些不可以选择。规范系统犹如一种行为的奖惩系统，规定了哪些行为将受到奖励，哪些行为将受到惩罚。奖惩的规则告诉人们何种选择是有益的，哪些选择可能会导致伤害。

第三，规范告诉人们大多数人会选择哪些行为，不选择哪些行为。作为一种规范，它还隐含着一种行动选择的趋势。因为规范的形成，总要和大多数人的共识相关。因此，规范的制约作用不仅在于它能提供一种奖惩机制，而且还能对人们的行动选择造成一种从众的心理压力，或者说是从众的环境。就如同入乡随俗一样，在人们进入一种新的社会环境之后，如何选择行为方式，更加方便的做法就是随大流，跟随其他多数人的选择。

第四，规范通过对行动者行动权利的控制，来制约和控制行动的选择范围和选择方式。前面所说规范的作用，是通过价值或规则的内化来实现的。当规范涉及行动权利时，它可能就成为一种外在的强制力，直接限制或约束个人的行动选择范围。规范对个人行动权利的控制，是行动者之外的人所掌握的，这些人的权威的确立，既不一定是个人自愿交付的，也不一定是法定权威赋予的，有时候这种权威是社会认定的。

从图 10－2 可以看出，制度规范主要从价值、奖惩、参照系、控制权四个维度影响或制约人们的行动选择。在规范的作用下，行动者选择目标行动的可能性增大，这意味着选择规范的目标行动的人数将会多于不选择的人。用规范选择来解释社会行动的原则，可以弥补理性选择理论关于社会行动的选择取向的不足，规范概念的引入，可以解释社会行动多样性的原因，因为行动者对规范有主体性的理解，主体性假设不同于理性假设，它可以把人及其行动动机看作是多样的。

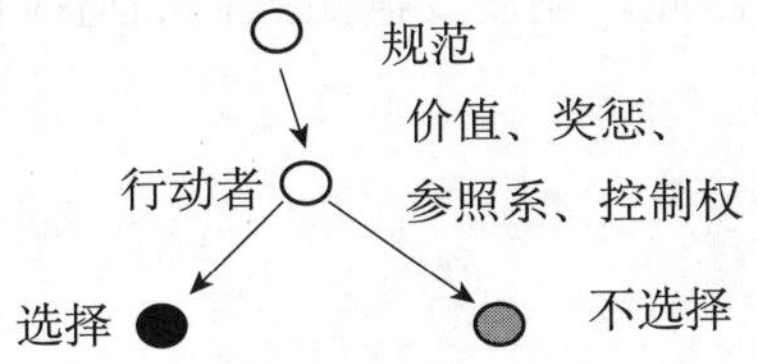

图 10－2 制度规范影响行动选择的过程

资料来源：陆益龙．流动产权的界定：水资源保护的社会理论．北京：中国人民大学出版社，2004：159.

制度的功能机制

人们制定出来的制度要对人的行动发挥调节、制约和约束作用，一般取决于两种机制：一是规则内化机制；二是规则外部管制机制（见图 10－3）。

制度中所包含的价值如果能被人们所接纳，并转化为自己的行为规范，那么，行动者就会自觉地按照制度来进行选择。这样，制度就达到了规范、调节人们行为的目的。

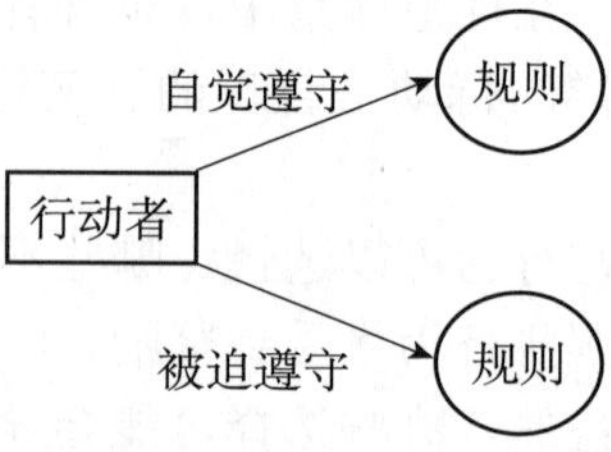

图 10－3　制度的功能机制

如果社会中多数人都能按照某种制度的目标原则行事，则该项制度就能在社会中发挥很好的作用。或者说，制度的效率是相当高的。要达到这种效果，就必须使制度的核心价值成为行动者的内化价值。内化机制的形成可能与这样几个因素相关：(1) 文化传统；(2) 社会环境；(3) 制度的价值合理性；(4) 制度的传播。

外部管制机制是通过实施和执行制度的实践，来对行动者的行为选择进行外部干预，促使行动者按照制度行动。例如，奖惩等执法过程，就是制度发挥管制作用的过程。

第三节
制度创新与制度变迁

社会制度是社会成员在生产和生活中创造出来的规范系统，制度的产生反映了社会系统对制度的需求，也就是人们通过制度来适应生产和生活环境。由于环境总是在不断变化之中，因此，制度要满足人们的适应性需求，就必须是不断变迁的。

一、制度创新

现实社会中，制度为社会互动提供框架，并通过规范限制个体行动的外部性问题，从而为社会信任提供基础，由此可以降低社会交往中的交易费用，达到节约成本、提高效率的功能。但是，制度并不总是有效率的，也并不总是有效的。要替代无效的、低效率的制度，也就是改革旧制度，创立新制度，就必须有制度创新过程。

制度创新是指在一定制度框架内对选择集或规范系统进行革新和创造的过程，这一过程旨在改变旧的制度框架，以提高制度的合理性、有效性和效率。制度创新在社会史中，也就是社会改革或改良的过程。改革不是彻底打破一个社会的基本制度，而是在现存制度基础上进行一些制度创新，创新既包括改变旧制度框架的选择集或某些行为规则，也包括增加新的选择范围和规则。

社会系统中的制度为何得到创新？制度又是怎样被创新的呢？这两个问题实际涉及制度创新的动因和机制，而且这两者之间有着密切的关系。

按照动力和机制的不同，制度创新一般可分为两类：一是强制性制度创新；二是诱致性制度创新。

强制性制度创新的动力主要来自知识存量和革新力量，也就是知识和权力。也就是说，当知识存量积累到一定程度时，对旧制度的不合理性、低效率的认识更加深入和全面，而且对革新制度也有较清晰的设计，这样对制度创新形成了越来越强烈的需求。此外，当要求革新旧制度的力量，特别是改革派的权力越来越大时，那么，强制性制度创新就会出现。强制性制度创新是指依靠某种创新力量强制推行制度改革，实行新制度。

诱致性制度创新概念及理论是由新制度经济学提出的，在经济史中，“最重要的制度创新之一是各种要素市场和产品市场的出现”。而“要素市场的出现是由生产单位间的这些差异所引致的制度创新”①。由于边际产品在生产单位间的差异的存在，市场交易就会是互利互惠的。也就是说，市场交易能够带来利益。由此可见，诱致性制度创新是指在创新的成本小于收益的时候，或者说当交易费用较低的时候，就会诱致人们选择创新行为。

制度创新的意义在于它能打破不合理的、无效的、低效率的旧制度的制约，为制度变迁创造条件。在人类社会发展历史中，有效的、高效率的制度并不总是自然而然地取代旧制度，在较多情况下，必须通过有效的制度创新，才能提升社会经济运行的效率。

二、制度变迁

一项制度被设计和制定出来后，便在实践中得以实施、执行。随着自然、经济与社会条件的变化，运行中的制度安排所确立的行动选择集、法律关系、规范内容可能与制度环境的要求产生分离。新的外在条件对新的选择集提出了要求，制度变迁正是在选择集的变动中实现的。

从一般意义上说，制度变迁就是改变旧的制度框架、建立新的制度框架的过程（见图 10-4）。在从旧制度向新制度转变的过程中，制度建设和创新贯穿了整个过程，同时，制度创新为新制度框架的设计和建立提供了关键性的内容，因为区分旧框架与新框架的边界就在于制度创新所产生的具有实质性的变迁，而制度

---

① 林毅夫．再论制度、技术与中国农业发展．北京：北京大学出版社，2000：104.

中的其他部分可能还保留着、延续着。

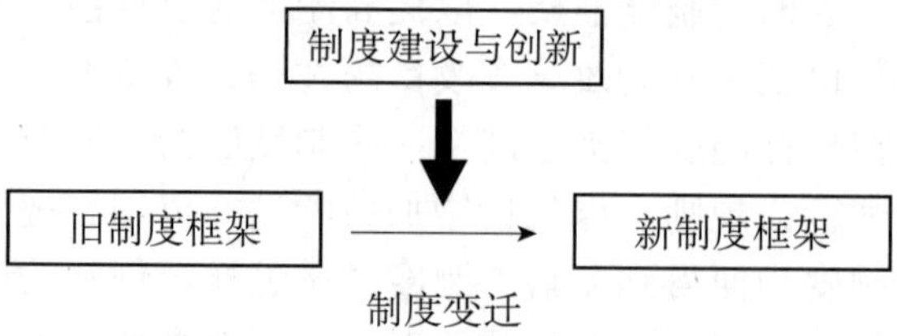

图 10－4　制度变迁过程

通常情况下，要变革旧的制度框架，制度建设和制度创新起着关键作用，这一环节是实现质变的条件。但是，进行制度创新并推进制度变迁必须具备相应的条件。制度经济学将制度创新和制度变迁看作制度交易的结果。

所谓制度交易，是指对新的经济条件作出反应的过程中，人们为了确立新的制度安排的活动。也就是说，在制度交易领域里，人们面临着一种经济条件，两个或多个经济主体在进行着讨价还价，由此导致了某些集团的利益要求，这些要求企图改变现行的制度安排，并提出一种新的制度结构。例如，在矿山安全生产条例中，如果现有的制度安排规定矿主对矿工的伤亡所负的责任较小，那么，矿主在安全生产方面的投入将会降低，导致安全事故的增多，而对矿工来说，人身伤亡的风险增大，而收益则不变。这样，矿工就会要求改变这一制度安排，要求矿主承担更多的事故责任。但是，在制度交易过程中，矿工倡导和要求制度变迁时要承担潜在的交易费用，他们只是对自己的劳动拥有所有权，即他们只能选择劳动和不劳动。在这种情况下，制度变迁的主动权实际上由矿主支配。对于矿主来说，在增加安全生产的投入的净收益大于工伤事故的总损失的情况下，他们才会有动力推进制度变迁。

在公共领域里，制度交易通常不是面临交易双方的效率问题，而是多方的效率问题。因此，公共政策的难题通常是如何决定相对的社会福利函数。这一函数为：

$$W = f\ (U_1,\ U_2,\ U_3 \cdots U_i)$$

W 表示社会福利水平，U 表示个人的效用。社会福利函数实际是对个人效用的比较，并最终作出加总和判断。公共选择的理想目标是实现社会福利水平最大化或帕累托最优，即能够达到社会福利最优水平的个人效用，在这一水平上，对个人来说效用是最理想的，同时又能实现社会效用的最大化，如果超过这一水平，就可能导致社会福利水平的降低。

三、制度变迁的动力

由于制度具有一定的稳定性，制度的影响也有一定的惯性。所以，制度规范系统形成之后，并不总是自动地发生变迁，而是需要动力来促动制度的变迁。推动制度变迁的动力主要有国家、集体行动和交易费用。

国家

国家是维护社会秩序的重要力量，同时也是制度规范的提供者。国家的出现，对制度变迁起到了特别重要的作用。在没有国家的古代社会，制度主要来自生活中的共同经验，如习俗和道德。国家形成后，意味着一种更为复杂的制度体系得以产生，因为一个国家本身就代表了一定时期的政治、经济与文化体制的综合体。国家为各种社会经济组织提供了最基本和最重要的制度基础。

现代社会，国家既是多种制度的载体和执行者，更重要的是，国家也是基本制度的提供者。宪法和法律体系为一个社会奠定了秩序和社会互动的制度基础，法律制度确立了权利义务及产权结构的基本结构，对人们的行动选择构成最基本的规范和制约作用。如诺思提出，宪法的目标主要有三："（1）设立一个财富和收入分配方式；（2）在竞争性世界中界定一个保护体制；（3）为执行体制设置一个框架以减少经济部门中的交易费用。"[①]

此外，国家也是意识形态创建的主体，意识形态虽不是具体的制度规则，但它是社会基本制度的构成部分。意识形态的意义在于，它能发挥服从性或一致性规则的功能，也就是让较多的人服从制度或选择一致的行为。

正是由于国家与制度之间的特殊关系，所以，国家也就成为影响制度变迁的特别重要的因素，国家是制度变迁动力的重要来源。

集体行动

集体行动是指人们按照集体共同目标的要求而采取一致的行动，也就是集体成员为达到共同目标而选择合作性的行动。在奥尔森（M. Olson）看来，影响或阻碍集体行动的突出问题便是"搭便车"行为。[②] 所谓"搭便车"行为，就是集体中的个人选择不合作的行为，但又获得了与其他成员相同的收益。所以，要达成集体行动，就必须对个人行为加以约束，解决"搭便车"问题。

就制度变迁而言，一个新的、高效率的制度框架，能否对一定社会群体发挥作用，关键的问题就在于群体成员是否可以在制度创新和选择上达成集体行动，即采取合作。如果集体行动顺利达成，新的制度框架就很容易在集体中得到接纳和推行。相反，如果达成集体行动的困难和成本非常高，那么，推进制度变迁的动力就会大大削弱。

集体行动的实现，既是制度变迁的动力，同时也受制度安排的影响。不同的制度安排，对预防"搭便车"行为的作用不同，因而对集体行动的激励作用也就不同。

要促进集体内的合作或集体行动的实现，有效的惩罚和激励机制是必要的。通过这两种制度安排，可以有效制约集体内的"搭便车"行为。

交易费用

新制度主义的产权学派在关于制度变迁的论述中，引入了对交易费用的分析。所谓交易费用，是指在设计、制定、实施和维护制度过程中所需要支付的各种成本或费用。

---

① 诺思．经济史中的结构与变迁．上海：上海三联书店，上海人民出版社，1994：229.

② 奥尔森．集体行动的逻辑．上海：上海三联书店，上海人民出版社，1995.

“假定初始状态是制度均衡，不均衡可能来自以下的外部冲击：（1）对制度需求的变化；（2）与交易费用相关的技术；（3）可行制度安排选择集的变化。不管来源如何，任何冲击都能使现存的制度安排比选择集中的另一种或多种安排缺乏效率。”① 那么，在不均衡的情况下，制度变迁就可能发生。

交易费用理论实际上是从成本—收益分析的视角来考察制度变迁的。一种制度之所以产生和存在，是因为人们对该制度有需求；之所以需要这种制度，是因为制度给人们带来了收益。但是，维持和执行一种制度又需要一定成本。这样，人们从制度中获得净收益就与交易费用直接相关。如果制定、实施和维持一项制度的成本降低，则其净收益无形中得以提高，那么，社会对这种制度的需求就自然增强，制度变迁的动力也就提升了。

社会制度是一个复杂的系统，制度的构成、结构是复杂的，制度的构成或结构的功能也是复杂的，所以，制度变迁受多种复杂因素的影响。一种理论的解释只是从一个角度对制度变迁及其规律进行了探索和理解。

第四节 社会政策

社会政策（social policy）其实是一个跨学科的领域，主要涉及社会学、政治学、经济学以及公共管理等多个学科。由于社会政策关注与人类福祉和社会福利相关的重要问题，对此问题的研究甚至已形成一门独立的学科“社会政策学”。② 社会学对社会政策的考察和研究，目的在于为设计更加公平、更为合理、更加有效的社会政策提供社会学的视角和知识准备。

一、社会政策及其意义

社会政策是指一个国家或政府机构为增进人类福祉、提升社会福利、改善社会环境、促进社会公平、完善社会服务而制定和实施的一般性方针和特定的政策。关于社会政策的定义，可能有多种多样的界定，但作为一个专门术语和概念，实际包括几个确定的含义：

第一，社会政策的安排是由国家或政府机构做出的。与一些非正式制度不同，社会政策的制定和实施一般都需要通过国家法律程序和政府机关来确定和施行，因而是有普遍影响的正式制度。

---

① 林毅夫．再论制度、技术与中国农业发展．北京：北京大学出版社，2000：29．

② 迪安．社会政策学十讲．上海：格致出版社，上海人民出版社，2015：2．

第二，社会政策的基本宗旨是造福于人民。国家或政府确立的社会政策，虽然所涉及范围和内容较为广泛，但任何政策措施都是与人类福祉和社会福利密切相关的。例如，医疗卫生、教育等方面的福利政策，目的就是增进人类福祉和福利。

第三，社会政策的理念基础是需要和公平。社会政策的制定和实施通常会基于一定的理念基础，也就是社会政策所要体现的社会发展理念。尽管不同国家或不同社会在发展理念上会有所不同，但社会政策所坚持的理念原则具有相通之处，亦即满足社会成员的基本需要和促进公平正义的理念。或许，不同国家在一定时期所制定的社会政策的实际作用会存在差异，但政策出台的初衷都会考虑到社会需要的满足和公平正义原则。

第四，社会政策是由一般性原则和具体措施构成的。一项社会政策并不仅仅指针对某些具体问题而制定的政策措施。在社会政策中，通常还包括国家或政府确立的一般性原则，亦即方针政策。例如，一定时期的住房政策就包括国家确定和认可的解决人民住房问题的基本原则和方针，也包括在住房保障方面采取的具体政策措施。

社会政策之于社会的良性运行与协调发展而言有着非常重要的意义。首先，社会政策是促进社会进步的重要途径和标志。一个社会是否取得进步，最直接的表征就是广大人民群众从发展中获得的幸福感和福利水平。社会政策通过提供社会服务和提升社会福利，会对提高人民群众的获得感起到积极作用。

其次，社会政策在社会协调发展中具有“润滑剂”的功能。社会要保持协调发展，促进社会成员之间的平等与公平正义显得尤为重要。在社会成员发展出现严重不平等、社会不公问题突出的情况下，社会难以维持协调发展状态。通过促进社会公平正义的社会政策，将对社会矛盾的缓和起到一定作用，在社会协调发展方面发挥“润滑剂”作用。

此外，社会政策对社会成员的生活具有保障意义。社会政策所关涉的基本上属于社会生活领域，也就是为满足人民基本生活需要而提供各种福利和有组织的服务。对于个体社会成员来说，从社会政策中能得到相应的生活保障。例如，对于贫困、残障的群体来说，社会救助、慈善服务等社会政策会为他们的生活提供一定的帮助和保障。

在现代社会生活中，社会政策对解决社会问题、维护社会和谐稳定、促进社会均衡协调发展起着越来越重要的作用。

二、社会政策的主要理论

在不同国家、不同社会中，社会政策的制定与意识形态及政策理论有着密切的关联。西方国家的社会政策理论，有学者概括了由两个意识形态极端构成的坐标系：一是个人主义与团结主义，二是保守主义与平等主义。个人主义注重个人自由的价值观，团结主义则强调社会团结或集体主义的价值观。保守主义强调维持现存社会秩序，而平等主义则主张通过社会政策缩小社会不平等，保障人与人之间平等发展。坐标系中的四个象限分别代表四种不同的社会政策理论传统或意识形态理据（见图 10-5）。

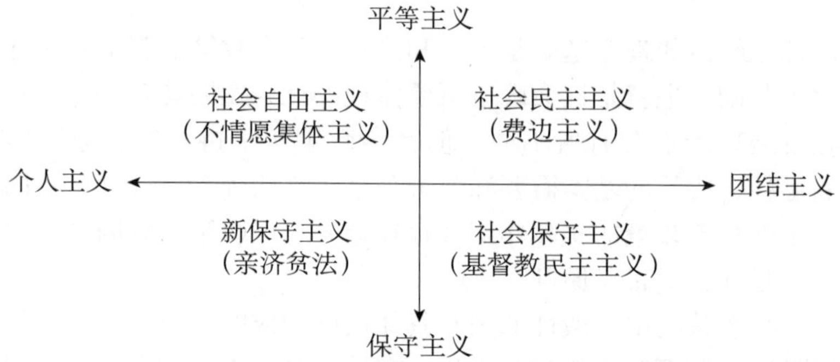

图 10-5　资本主义社会政策的四种意识形态理据

资料来源：迪安．社会政策学十讲．上海：格致出版社，上海人民出版社，2015：28.

第一种理论为社会自由主义，这是第二次世界大战之后西方福利国家体制的理论依据。1942 年贝弗里奇发表《社会保障及相关服务》的报告，提出政府有责任矫正个人之间出现不可接受的不平等问题。此外，罗斯福在 1944 年的一次演讲中指出“一无所有的人不是自由的人”，主张每个人可以在最低标准得以保障的基础上自由发展。社会自由主义理论所主张的是个人主义而非集体主义价值观，对待社会秩序问题，也不是追求完全的社会平等，而是倡导政府为每个公民提供最低保障。这一理论主张对战后西方福利国家社会保障体系的形成和政策制定产生了直接的影响。

第二种理论是社会民主主义，这一理论以 1884 年在英格兰成立的“费边社”的主张为代表，因而也称为“费边主义”。社会民主主义倾向于集体主义的价值观，但并不排斥资本主义和个人主义的价值观，而是主张用民主的方式从内部来改变资本主义的不平等，重视工会和劳工运动在社会政策制定中的作用。对待社会秩序问题，社会民主主义强调要通过民主的途径，温和、渐进地改良。

第三种理论为社会保守主义，该理论强调社会团结和秩序，主张社会中有权势的利益集团进行决策，倡导对弱势群体的同情和保护。德国俾斯麦当政时期推行的社会保险政策，就是依据这一理论。社会保险政策的意义在于国家权力在向弱势群体提供保护的同时，实际上也保护了传统价值，而不是改变传统。

第四种理论是新保守主义，这一理论既倡导经济自由主义，同时在政治上又强调利用国家权力来维护既有秩序。20 世纪 80 年代英国首相撒切尔夫人和美国总统里根推行的社会政策就是这一理论的集中体现，一方面极力维护自由竞争的市场，另一方面竭力限制平等主义的社会政策，强化通过道德灌输和法制惩罚来塑造个人的行为。

20 世纪 70 年代后，随着西方古典福利国家陷入危机，社会政策出现诸多改革和转型，社会政策理论也在发生新的变化，福利多元主义理论逐渐兴起。福利多元主义的核心观点就是强调“福利混合”（welfare mix）模式，主张福利供给从国家部门转向多元化的供给方式，亦即支持“第三部门”承担服务提供者角色。福利多元主义对社会政策的主张较多，有倡导“非正式部门”的福利供给，也有倡议“非政府组织”参与福利供给，还有福利供给与服务提供“准市场化”的观点。总之，福利多元主义理论注重社会政策的设计和安排，要重塑社会福利与服务的供给结构和模式，使得社会福利供给主体走向开放和多元。

三、社会政策的主要内容

社会政策的涉及面很广，但其内容实际上主要涵盖民生的重点领域。一般情况下，社会政策的内容主要包括：（1）就业促进政策，（2）教育政策，（3）医疗卫生政策，（4）社会保障政策，（5）养老服务政策，（6）住房保障政策。

就业是民生的最重要领域，促进就业不仅可以保障社会成员有事可做，而且也让千家万户的生活有保障。就业不仅仅是个人和市场决定的事，而且也是需要政府部门关心的事。政府要通过社会政策来鼓励和促进社会更加充分的就业。例如，2017 年，国务院印发的《“十三五”促进就业规划》提出：“推进供给侧结构性改革，实施就业优先战略和人才优先发展战略，把实施积极的就业政策摆在更加突出的位置，贯彻劳动者自主就业、市场调节就业、政府促进就业和鼓励创业的方针，不断提升劳动者素质，强化各类政策协同机制、优化社会资本带动机制、完善就业创业服务机制、健全劳动关系协调机制、构建就业形势综合监测机制，实现比较充分和更高质量的就业，为全面建成小康社会提供强大支撑。”此外，政府规划还包括一些针对重点地区、重点人群的就业促进专项行动计划。

教育政策是国家为推进教育事业发展，提升公共教育服务而制定的宏观方针和政策措施。例如，2010 年中央审议通过的《国家中长期教育改革和发展规划纲要（2010—2020 年）》，对学前教育、义务教育、高中阶段教育、职业教育、高等教育、继续教育、民族教育、特殊教育，以及教育体制和保障措施等，都进行了总体规划，确立一个时期内国家教育发展的大方向和重点任务。根据中长期规划，2017 年，国务院印发了《国家教育事业发展“十三五”规划》，提出“十三五”时期教育改革发展的总目标是：教育现代化取得重要进展，教育总体实力和国际影响力显著增强，推动我国迈入人力资源强国和人才强国行列，为实现中国教育现代化 2030 远景目标奠定坚实基础。全民终身学习机会进一步扩大，教育质量全面提升，教育发展成果更公平地惠及全民，人才供给和高校创新能力明显提升，教育体系制度更加成熟定型。

发展医疗卫生事业是增进人类福祉的重要途径，国家通过公共医疗卫生政策，可以提升医疗卫生服务水平，改善人民的健康条件。医疗卫生政策通常包括国家的总体规划和具体医疗卫生政策措施。2016 年，中共中央、国务院印发的《“健康中国 2030”规划纲要》就属于一个总体规划。规划确立的总体目标是：到 2030 年，促进全民健康的制度体系更加完善，健康领域发展更加协调，健康生活方式得到普及，健康服务质量和健康保障水平不断提高，健康产业繁荣发展，基本实现健康公平，主要健康指标进入高收入国家行列。到 2050 年，建成与社会主义现代化国家相适应的健康国家。规划还就涉及人民群众健康水平的指标提出了具体的发展计划（见表 10－3）。

表 10－3　　健康中国建设的主要指标

	指标	2015 年	2020 年	2030 年
1	人均预期寿命（岁）	76.34	77.3	79.0
2	婴儿死亡率（‰）	8.1	7.5	5.0
3	5 岁以下儿童死亡率（‰）	10.7	9.5	6.0
4	孕产妇死亡率（1/10 万）	20.1	18.0	12.0
5	城乡居民达到《国民体质测定标准》合格以上的人数比例（%）	89.6	90.6	92.2
6	居民健康素养水平（%）	10	20	30
7	经常参加体育锻炼人数（亿人）	3.6	4.35	5.3
8	重大慢性病过早死亡率（%）	19.1（2013 年）	比 2015 年降低 10%	比 2015 年降低 30%
9	每千常住人口执业（助理）医师数（人）	2.2	2.5	3.0
10	个人卫生支出占卫生总费用的比重（%）	29.3	28 左右	25 左右
11	地级及以上城市空气质量优良天数比率（%）	76.7	>80	持续改善
12	地表水质量达到或好于Ⅲ类水体比例（%）	66	>70	持续改善
13	健康服务业总规模（万亿元）	—	>8	16

资料来源：《“健康中国 2030”规划纲要》。

社会保障政策可以说是一个社会的“安全网”，最低生活保障体系对贫穷和困难群体起到安全保护作用，社会保险体系又给风险社会中的社会成员提供了分担风险的服务。在社会保障政策中，既有关于社会保障体制及其改革的规定，也包括保障体系运行的具体措施。

在社会快速转型过程中，人口老龄化问题日益突出，养老已成为老年人群体及其家庭关心的重要社会问题。传统社会中，养老问题主要是家庭和社区的事务；而在现代社会里，养老则需要政府部门的参与。养老政策就是政府部门为促进社会养老事业发展、增进养老公共服务而制定的方针政策，例如，2017 年国务院印发《“十三五”国家老龄事业发展和养老体系建设规划》，就完善社会保障体系、健全养老服务体系、健全健康支持计划、繁荣老年消费市场、优化老年人生活环境、扩大老年人社会参与以及保障老年人权益做出了总体规划。

住房需要是居民的一项基本而又重要的需要，虽这一需要主要可通过市场来得到满足，但市场并不能均衡、充分地满足所有人的住房需要。住房保障政策就是由政府部门负责向难以通过市场满足住房需要的家庭提供安居服务，其中主要包括保障性住房政策措施，如向困难家庭或人群提供公租房、廉租房和经济适用房等住房福利，以实现住有所居，让更广泛的人民生活更加美好。

社会政策关涉到社会生活的各个方面，因而内容非常广泛，而且随着社会变迁以及社会需要的变化，社会政策内容也处在动态的变迁之中。

思考问题

1. 什么是社会制度？制度是由哪些基本要素构成的？
2. 制度规范有哪些功能？制度又是如何发挥其功能的？
3. 何为诱致性制度创新？制度变迁主要与哪些因素相关？
4. 试述社会政策有哪些重要意义。

阅读书目

1. 默顿．理论社会学．北京：华夏出版社，1990.
2. 凡勃伦．有闲阶级论．北京：商务印书馆，1964.
3. 诺思．经济史中的结构与变迁．上海：上海三联书店，上海人民出版社，1994.
4. 柯武刚，史漫飞．制度经济学．北京：商务印书馆，2002.
5. 迪安．社会政策学十讲．上海：格致出版社，上海人民出版社，2015.

第十一章

社会分层与社会流动

【本章要点】

- 社会分层是依据一定的具有社会意义的属性，一个社会的成员被区分为高低有序的不同等级、层次的过程与现象，社会分层体现着社会不平等。
- 社会阶级和社会阶层是分层研究的基本范畴，它们一般是指社会垂直分化产生的各个社会地位层次以及分处于这些地位层次上的人群。
- 社会学对社会不平等的研究有两大理论传统：一个是以阶级理论为核心的马克思主义理论传统，另一个是以韦伯三位一体分层论为渊源的西方分层理论传统。社会学的分层一般采用三种方法，即主观法、声誉法、客观法。
- 社会流动是指人们在社会关系空间中从一个地位向另一地位的移动，可分为：垂直流动与水平流动、个人流动与群体流动、结构性流动与非结构性流动、代际流动与代内流动、渐进的流动与骤变的流动等类型。

【关键概念】

社会分层 ◇ 社会分化 ◇ 社会不平等 ◇ 阶级 ◇ 阶层 ◇ 阶级理论 ◇ 社会流动 ◇ 垂直与水平流动 ◇ 代际流动 ◇ 结构性流动

社会分层与社会流动是社会运行宏观分析的重要内容，社会分层与流动状况反映一个社会阶级、阶层以及社会群体或利益集团之间的层次关系、结构及其变动形态。

第一节 社会分层的相关概念

分层（stratification）最初是个地质学概念，指地质构造的不同层面。社会学家借用这一概念来分析社会的纵向结构。社会学所说的社会分层指的是依据一定的具有社会意义的属性，一个社会的成员被区分为高低有序的不同等级、层次的过程与现象。社会分层体现着社会不平等。分层现象是我们分析社会结构及其变迁时必然要涉及的一个重要方面。

一、社会地位及其差别

在现实社会中，面对同样的社会现象，人们常常抱有不同的态度、给予不同的评价；在同一社会情境中，面对同一事态，人们的行为表现也常常出现很大差异。社会学认为，造成上述差异的一个重要根源存在于社会结构之中，即人们在各种社会地位上的分布状态及这些地位之间的关系模式之中。

自然差别与社会差别

社会成员间的差异和区别主要体现为两大类型：自然差别与社会差别。自然差别是指根据某种自然属性将社会成员划分为不同类别，各类别成员在生理或遗传机制方面存在的各种差异。像性别、肤色、血型、容貌等方面的差别都属于自然差别。社会差别则指根据某种社会属性划分的各类社会成员在社会境况方面的差异，像职业类别、收入多寡都属于社会差别。社会差别是影响人们态度行为、制约人们之间互动关系的重要因素。

在特定社会文化背景下，有许多自然差别同社会差别有着较强的联系，这种相互关联性又是非常稳定和持久的，对人们的社会表现有直接的影响。如传统农业社会中，性别、辈分都以自然差别为基础并被赋予了特定的社会意义，在社会生活中发挥重要作用，因此这类自然差别同时也是社会差别。

社会地位

社会差别是社会成员之间基于社会属性的差别。在这里，具有社会意义的社会属性就叫作社会地位，指的是社会关系空间中的相对位置以及围绕这一位置所形成的权利义务关系。通俗地说，社会地位就是社会关系网中的各个纽结。社会成员通过有关途径（继承、制度分配、社会化、创造性活动等）获得、占据了各种社会地位，这些社会地位不仅能使他同其他人相互区别开来，更重要的是，通过各种相关的权利、义务而规范、制约着他所参与的社会交往过程。

社会地位可以分为正式社会地位与非正式社会地位。正式社会地位是指那些长期存在并同其他相关地位发生稳定的制度化关系的位置或属性，例如职业。非正式社会地位则指那些偶然的或临时性的、同其他相关地位之间处于易变的、非制度化关系的位置或属性，例如个性类型、道德素质等。社会分层研究把正式社会地位当作宏观社会的结构要素，把分析正式地位之间的制度化关系作为一个重要研究角度。

在确定和比较人们正式社会地位的差异时，经常使用的一个概念是社会经济地位（socioeconomic status，SES）。尽管在名称上突出了经济因素，但它并不是仅指经济地位，而是涵盖了个人的教育程度、收入水平及职业声望的内容，并计算上述几方面的综合值来反映一个人综合社会地位的高低。通常社会经济地位相同的人在获得社会资源方面的机会也大体相同。

个人社会地位的多重性主要有两种表现形式：第一，场合（外显）地位的多重性。在不同交往场合，个人可以根据交往时空、对象及情境界定的不同而变换地位，如在单位以领导自居而回到家中则以家长自居。由于人们的交往场合通常同群体相联系，因此，个人的场合地位取决于所属群体的数量以及活动领域的范围。随着社会的发展，个人活动领域日益扩大，所属群体日益增多，其场合地位也在不断扩展。第二，素质（潜在）地位的多重性。个人在同一个交往场合，各种构成其内在素质的社会属性同时对交往过程发生影响，个人的素质地位取决于他的独特生活经历造成的内在潜能的发展程度，因此随着社会的发展，社会成员的个性日趋丰富和多样化，内在素质的差异性也越来越大。

影响人们社会表现的社会差别在很大程度上是由社会地位性质、地位间关系以及多重地位的复合性决定的。社会地位作为具有社会意义的属性，是分层研究所依据的最重要的分类标准以及研究出发点。分层研究的主要目标就是由社会地位入手，把握社会基本结构以及由它制约的社会运行状态，推进社会的协调发展。

二、社会分化及其类型

社会差别的历史动因是社会分化。分化的最一般含义是指事物从同质性向异质性的变化。社会分层研究所说的社会分化特指社会系统的结构中原来承担多种功能的某一社会地位发展为承担单一功能的多种不同社会地位的过程。社会分化具有两个重要特征：功能专一化和地位多样化，后者直接反映了社会发展过程中社会地位差别的扩大趋势。

马克思主义认为，社会分化虽然发生于社会生活的各个领域，但其中最重要的、起决定性作用的却是社会经济领域中的分化，体现为劳动分工的不断深化及经济关系的不断变化。在经济领域分化的推动下，政治、思想文化以及其他一切社会生活领域相继出现了分化过程，整个社会结构呈现出从同质性向异质性的变化。

社会分化产生两方面的结果：其一，有助于提高社会的整体功效。社会正是通过内部结构的不断分化来适应环境，求得自身发展的，因此，社会分化程度可以作为社会发展水平的重要判定标准。其二，社会分化对整个社会系统的协调提出了更高要求，加大了社会整合的难度。并非任何形式的分化都必然伴随着各个结构要素的功能互补和耦合，都能促进社会的协调发展，有些社会分化会造成冲突、降低社会整合性、压抑社会成员的积极性。

从传统社会向现代社会的转型过程中，社会分化以日益加快的速度向纵深发展。社会分化可区分为两大类型：水平分化与垂直分化。

水平分化指的是依据某种社会属性或特征，将社会成员分为不同类型的地位群体，这些群体从公认的社会价值序列看不存在高低差别，即他们的生活境况、互动影响力大体相等。处于水平分化中的各个地位群体在根本利益、基本态度、行为倾向、社会表现诸方面没有明显差别，具有较大一致性，易于相互协调和整合。

垂直分化指的是依据某种社会属性或特征，将社会成员分为不同层次的地位群体，这些地位群体从公认的社会价值序列看存在着高低差别，即他们的生活境况、互动影响力各不相同。处于垂直分化中的各个地位群体在根本利益、基本态度、行为倾向、社会表现诸多方面差别较大，容易产生矛盾和冲突。由垂直分化所造成的差别叫作社会不平等。

确定分化类型的根据是特定属性所具有的社会意义、社会价值，而非仅仅统计学性质。要做到科学分类，就必须结合社会分化发生于其中的那个社会的各种条件做具体分析，着重考察分类属性同社会基本价值取向间的关系，它在互动过程中影响力的大小以及人们对这一分化的感受和意识等等，显然，这些条件是因社会制度、社会类型和社会文化传统的区别而变化的。

社会垂直分化有各种表现形式，如政治的、经济的、职业的、居住区位的等等，多种形式的垂直分化共同构成了一个具体社会的实际分层空间，使得分层结构呈现出复杂性和多面性。

由于垂直分化造成的社会不平等给社会协调和整合提出了更高要求并造成一定障碍，提高了引发社会矛盾和社会冲突的可能性，所以社会学把分层结构所体现的不平等现象作为结构研究的重点和主题。

三、阶级、阶层与社会不平等

社会阶级和社会阶层是分层研究的基本范畴，它们一般是指社会垂直分化产生的各个社会地位层次以及分处于这些地位层次上的人群。阶级、阶层概念表明，垂直分化所造成的社会差别绝不仅仅是社会成员个人之间的差别，更主要的是一种集体性差别。

西方社会学通常对阶级和阶层概念不加区别、混合使用。应该注意的是，虽然各个社会学理论派别都使用阶级或阶层概念，但它们对阶级、阶层的看法却有很大分歧。比较著名的理论派别有：马克思主义阶级学说、韦伯—沃纳的多元分层模式、布劳—邓肯的职业分层学说以及帕森斯代表的分层功能论、达伦多夫等人代表的分层冲突论等。这些不同的理论学说采用不同的标准和方法来确定垂直分化的社会地位以及人们在这些地位上的分布状态，从而得出不同的阶级阶层结构。

分层研究借助阶级、阶层的范畴把视角集中于社会结构中的不平等方面。社会不平等是对垂直分化所产生的各阶级、各阶层之间关系的集中概括，指的是各阶级、阶层对相对稀缺的社会价值物在占有量、获取机会和满足需求的程度上存在着差异性。

马克思主义认为，一切社会关系中，最根本的就是人们社会活动中的各种利益关系。对社会不平等的考察，就是关注各种社会资源、生活机会在不同人群中分配方式的差异。

阶级、阶层存在的必要前提是特定社会价值物的相对稀缺，由此我们可以发现人类社会中不平等现象长期、普遍存在的两个重要因素。首先，人类需求具有不断发展的潜能，这是人类区别于其他动物的一个显著特征。其次，人类需求具有社会性，许多人类追求的事物所包含的价值量，本身就取决于它的稀缺性，这类稀缺价值不是对单个人的欲望而言的，而是对社会群体的关系状态而言的，像权威、声望都属于这类价值。

考察社会不平等的第一对范畴是法律上的不平等与事实上的不平等。法律上的不平等直接与地位相联系，指的是各个层次的社会地位享有不同的法定的权利和义务。法律上的不平等主要是由社会地位差异体现的公开的制度化不平等。事实上的不平等则涉及具体人群间的关系，指的是尽管各个地位群体和个人在法律上享有同等权利和义务，但由于各自在行使自身权利的手段上存在着差别，而导致实际行使权利上的差别。事实上的不平等主要体现着人与人之间实际情况方面的差异，是一种较为隐蔽的不平等。

第二节
社会分层理论

社会学对社会不平等的研究有两大理论传统：一个是以阶级理论为核心的马克思主义理论传统，另一个是以韦伯三位一体分层论为渊源的西方分层理论传统。

一、马克思主义阶级理论

在社会分层问题上，马克思主义的经典作家们从所处历史条件出发，详尽考察了资本主义社会中的阶级结构与阶级斗争，创立了马克思主义的阶级理论，这一理论科学地揭示了资本主义社会中不平等现象的根源、表现、影响及发展趋势，具有重大的认识意义。

列宁综合了马克思、恩格斯的有关论述，提出“所谓阶级，就是这样一些大的集团，这些集团在历史上一定的社会生产体系中所处的地位不同，同生产资料的关系（这种关系大部分是在法律上明文规定了的）不同，在社会劳动组织中所起的作用不同，因而取得归自己支配的那份社会财富的方式和多寡也不同。所谓阶级，就是这样一些集团，由于它们在一定社会经济结构中所处的地位不同，其中一个集团能够占有另一个集团的劳动”[①]。这一定义表明，划分阶级的标准是经济因素，特别是对生产资料的占有关系。

马克思主义认为，阶级现象是一定历史阶段上的产物。首先，它与生产力发展的一定阶段相联系，以剩余产品的出现为前提；其次，阶级的产生与生产资料的私有制相联系，私有制使得对剩余产品的剥夺和占有成为可能。因此，阶级结构是处于生产力发展特定阶段上的私有制社会的基本结构。

由于同一阶级的社会成员具有同样的经济地位和共同利益，因此在社会表现的各个方面容易取得一致，具有共同行动的可能性。而阶级共同行动能力则与它是否成熟相联系，判断一个阶级是不成熟的“自在阶级”还是成熟的“自为阶级”有两个重要标志：一是阶级意识，即通过共同斗争，同一阶级成员在认清共同利益基础上对所属阶级的自觉认同和心理归属；二是阶级的组织化程度，这是由多重因素共同作用的结果，主要因素有：阶级成员的集中化程度、沟通手段、联系状况以及代言人、政党、领袖等。阶级意识与组织化程度互为因果，推动着阶级从“自在”向“自为”发展。

在私有制社会中，各个基本阶级之间的关系是生产力与生产关系矛盾运动的集中表现，经常具有敌对性的一面，因而发展到一定阶段必然采取阶级斗争的形式。阶级斗争和社会革命是私有制条件下社会结构变迁和社会发展的直接动力。

阶级是个历史现象，仅仅同生产力发展的一定阶段相联系。阶级现象最终将随着私有制的铲除、生产力的高速发展而消亡，阶级的消亡与其产生一样是不可避免的，阶级消亡意味着人类最终能够消灭社会不平等。

阶层是依据生产资料占有关系之外的属性划分的，它或者存在于阶级内部，或者是与阶级相联系而又相对独立的特殊群体。进行阶层分析必须以阶级观点为指导。

总体来看，马克思主义阶级理论的基本结论就是：资本的私人占有及以

① 列宁．列宁选集：第4卷．3版．北京：人民出版社，1995：11.

此为核心形成的各种生产关系是现代资本主义社会不平等的最深刻根源，因而也是社会冲突的主要根源。以资本主义现有的生产力水平来看，一旦消灭私有制就有可能大大缩小整个社会的不平等差距，创造出高于资本主义社会的相对平等。

二、西方社会分层理论

过度的冲突和斗争会引起社会动荡，形成社会运行的障碍，西方社会学者也认识到资本主义社会矛盾和冲突的根源在于社会不平等。出于维护的目的，他们对社会分层现象进行了长期研究，提出了形形色色的分层理论和模式，用以描述社会差别，把握各个社会层次上人们的社会表现，预测不平等现象的发展趋势，干预和影响社会政策的制定。

对西方分层研究影响最大的理论源头之一当属德国社会学家韦伯创立的三位一体分层模式。韦伯认为，在研究社会不平等时，把经济作为分层标准是必要的。但社会的分层结构是个多层面的统一体，除了经济地位之外，至少还有两种同样重要的分层属性，在造成社会不平等方面具有突出影响力，这就是声誉和权力。由此韦伯主张从经济、声誉、权力三个角度综合考察一个社会的经济、文化和政治三大领域中的不平等。

韦伯也把根据经济因素划分的地位群体叫作阶级，认为阶级是指一批在经济状态和变化方面相同或相似的人群。韦伯所说的阶级差别主要是货币量的差别，这与马克思的阶级概念显然不同。

声誉地位是由社会公认的评价体系确定的，社会的评价从肯定到否定构成了高低有序的阶梯，声誉地位即指人们在这一阶梯中所处的位置。影响人们声誉的因素很多，主要有出身门第（身份）、仪表风度、知识教养、生活样式。声誉地位与“同类意识”的产生有密切联系，它必须经由主观评判的方式来确定。

权力地位则是依据人们是否拥有权力以及权力的大小确定的。所谓权力，在韦伯那里意味着为实现自身意志，无视他人意愿而支配他人的能力。权力分层反映了政治领域的不平等。韦伯认为，任何有组织的社会生活都存在权力分层现象。

三位一体的分层模式对西方分层研究产生了深远的影响，现代西方社会分层研究虽然理论名目繁多，分层标准五花八门，但一些基本特点都可以溯源于韦伯的分层模式。这些特点主要是：第一，采用多元分层标准。如收入、职业、教育、技术、种族、性别、宗教信仰等，由多元分层中又引申出对累积性、扩散性分层结构以及地位一致、地位相悖等新的研究课题。第二，采用了具有连续性的定量标准。第三，引进了主观分层标准。声誉地位的划分和确定直接取决于人们的主观评价，尽管是具有普遍性或一致性的评价，但仍然是主观的。

意大利社会学家帕雷托是开创西方社会学分层研究的另一个先驱，他用以说明社会不平等现象的精英理论在西方社会学界也深具代表性和影响力。

帕雷托认为，社会分层结构的存在是普遍的和永恒的，但这并不意味着，社会上层成员和下层成员的社会地位是凝固不变的。稳定的等级结构是稳定的经济状态的产物，因而仅仅是静止的农业社会的典型结构。现代社会是建立在创新、竞争、变革基础上的动态性工业社会，因而现代资本主义社会中不存在终身的或世袭的阶级。现代社会的不平等主要是由个人与生俱来的生理差异决定的，即基于自然差别。社会成员归属于哪个社会层次取决于他们天生的能力和才干。

精英概念正是在天生的能力和才干基础上提出的，它并不表示由社会地位所确定的特定集团，而是指那些具有特殊才能、在某一方面或某一活动领域具有杰出能力的成员。帕雷托解释说，如果在人类各种活动中，我们像在学校中对各门课程进行考核时打分数一样，用指数标明每个人的能力，那么我们就可以把那些在各项活动中获得最高指数的人划归为一个等级，即精英人物。可见，每一个以社会地位划分的集团中都有一定数量的精英，即该集团中最优秀的那部分成员。各个集团社会成员能力和才干的平均值决定着该集团在社会分层阶梯中所处的位置。

工业社会充满着变革性与动态性，从而撼动了严密封闭的阶级壁垒，加上能力与才干本身具有很强的偶然性、变异性，这就打破了人们终身、世代固守某一社会地位的凝固化格局。也就是说，到了工业社会，阶级的稳定性被一种称为精英循环的社会流动所冲破，稳定性不平等被暂时性不平等所取代。精英在原则上是不能世袭的，父子两辈在才能上的差异可能非常之大。那些天赋很高的杰出人物即使初始地位很低，但凭借个人的努力仍然可以晋升到社会阶梯的上层，反过来也一样，即使是出身名门望族的上层人物，如果天生愚蠢笨拙，生性懒惰僵化，也有可能跌落到社会下层。

帕雷托试图用精英及精英循环概念说明社会系统——特别是其中的政治系统——维持平衡和稳定的基本机制。他根据性质不同的两个标准——一个是天赋能力的自然差别，一个是掌权与否的社会差别——进行交叉分类，得到下面的理论图式（见图 11－1）。

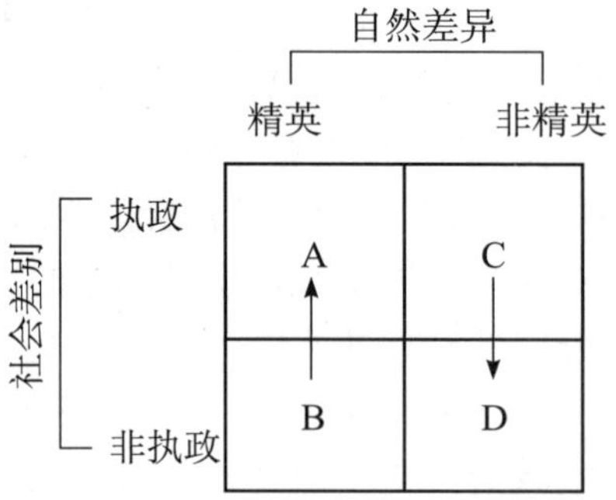

图 11－1　精英循环系统示意图

在这个图式中，A 类是执政精英，B 类是非执政精英，C 类是执政阶层中的庸才，D 类是芸芸众生、庸常之辈。箭头指示方向则是精英循环路线。帕雷托指出，社会平衡的基本条件就是保持循环路线的畅通，以使执政阶层中总能保持一定数量的精英。一个社会只有当执政阶层的能力、才干的平均值高于非执政层时，才是稳定的，而要经常保持住这一点就必须借助于精英循环，即非执政层中的精英人物上升为执政者，以及执政的庸才下降到非执政层。没有下行的循环，执政层就有可能聚集起一批腐化分子，使得执政阶层能力、才干平均值下降，从而不能确保其统治；同样，如果长期堵塞上行循环的通道，非执政层的能力平均值就有可能通过积累而上升，一旦具有执政能力的下层精英积累到一定程度，就会联起手来以暴力手段夺取政权。革命的意义就在于更新上层成员，补充和提高执政阶层所必备的管理能力。帕雷托告诫说，一旦流动缓慢，就会造成执政阶级中蜕化分子激增，同时非执政阶级中的精英不断增长，社会将随之失去平衡和稳定，而征服或革命将使新的精英掌权并建立起新的平衡。

精英理论与马克思阶级理论的区别十分明显。首先，阶级是由人们在所有制中所处地位决定的，是基于社会差别的不平等；精英论则以天赋的自然差别为基础。其次，阶级论认为，阶级关系是一种稳定性不平等，个别成员的社会流动不足以从总体上改变稳定的阶级格局；而精英论则把个人天赋能力当作社会流动的动力，认为流动可以改变阶级格局，变稳定性不平等为暂时性不平等。再次，阶级论认为，在资本主义的社会条件下个人的努力很难弥补人们在竞争起点上的差距，各阶级间业已存在的壁垒构成了它们相互流动的障碍；精英论则认为，个人能力可以缩小乃至弥合竞争起点上的差距，精英循环足以打破阶级壁垒。最后，阶级论把阶级之间关系的对立性质视为社会冲突的根源；而精英论则认为，冲突和革命的根源主要是精英循环的通道不畅。

尽管存在着严重缺陷，精英论仍有值得借鉴之处。首先，帕雷托开创了社会流动研究的先例，提供了新的研究领域和视角；其次，关于社会流动可以将稳定性不平等变为暂时性不平等，从而构成社会稳定的平衡机制的观点，剔除其特定社会内容，不失为极有借鉴价值的研究思路。

除了以上介绍的古典分层理论之外，当代最具影响的分层理论当属以帕森斯、戴维斯等人为代表的分层功能论，以及与其对立的由米尔斯、达伦多夫等人为代表的分层冲突论，此外还有为数众多的社会学家侧重于分层研究方法的探索，或致力于具体社会或社区的实证性分层研究。

第三节 社会分层的机制

一个社会的阶级阶层结构的属性和构成过程就是该社会的分层机制，一个社会的分层总是按照一定的维度构成和建构起来的，也就是说，社会分层是以该社会的主要分层地位为坐标轴而确立的，如韦伯提到的收入、声誉、权力三要素就构成了社会分层的三维度。社会越发达，社会分化水平越高，则社会分层的维度就越多。

一、分层的方法和标准

社会学的分层一般采用三种方法，即主观法、声誉法、客观法。

（1）主观法。又称自我评分法。调查人员将整个社会体系分为若干层次，请人们根据某项标准，自己对自己进行归类，指出自己在社会分层体系中处于哪一层。主观法的主要用途在于发现人们的分层意识，因为人们的分层意识对他们的心理反应（对某种事件的态度、价值评价）以及行为表现有很大影响。人们的分层意识同他们所处的客观位置可能并不一致。也就是说，经常出现这种情况，客观位置相同的人有着不同的分层意识；而客观位置相异的人却有相同的分层意识。这种分层意识与客观位置的不一致还表现在，有时人的客观位置并未改变，而分层意识却发生了变化，以致心理和行为都发生了改变。这是因为，人们的意识受他们个人的生活经历、生活范围、与大众传媒的接触和周围参照群体的影响。

（2）声誉法。调查员从一个社区中抽出一些熟悉该社区情况的人作为评判员，让他们按照事先规定的高低层给本社区成员分层归类。调查员可以对各层成员的情况进行比较分析，从中找出人们进行声誉分层的标准。

声誉法要求评判员必须熟悉那些评判对象。此外，为了防止评判员主观偏见的影响，应当把那些与评判员相类似的人以及同属一个群体的人排除在他们的评判范围之外。

通过声誉法可以了解各种因素对声誉的影响，可以发现一种公认的声誉分层体系。声誉法不仅可以用来对具体的人排定名次，还可以推广到评价各种正式社会地位的相对声誉。例如，可以用来进行职业声誉的研究。

（3）客观法。应用可以直接测量的客观指标（如收入、教育程度等）对人们进行层次划分。由于不受主观因素影响，因此客观法的应用范围十分广泛。

除了上述三种基本分层方法外，社会分层实证研究使用的具体方法还有：五等分法、基尼系数法、恩格尔系数法、不平等指数法、库兹涅茨比率法、社会经济地位（SES）测量法等。

分层的标准有两类：第一，以外显地位为划分标准。例如，以人们所从事的正式职业为标准。第二，以潜在地位为标准。例如，收入、教育程度、技术水平等。前一种划分主要是为了描述人口在社会垂直分层中的分布状况及人们活动的时空范围。后一种划分则是为了了解人口内在素质的垂直分布状况及其对人们的影响。

确定分层标准首先要考虑到一定的社会条件和社会状况，并非任何可以对人们进行等级划分的因素都可以作为分层标准，只有那些对人们的心理和社会表现产生较大或持续影响的因素，才能作为分层标准，例如教育程度等。

此外，确定分层标准时还应注意结合具体的研究目的，以便有的放矢地开展研究。常用的社会分层标准有以下几种：

（1）收入。收入与人们的消费方式、生活习惯、安全感和积极性有着密切关系，收入差距对社会安定也有很大程度的影响。

（2）职业。职业地位是人们在现代社会中的主要社会地位，是个人进行社会活动的主要场所。职业环境、职业声望、职业活动的范围和性质等不仅影响着在职人员的社会表现，同时还影响着社会流动的方向。

（3）教育程度。教育程度直接影响着人的能力、知识、技术、趣味、价值观、审美观以及婚姻生育意愿、人格修养等等。教育程度全面地、持续地影响人的一生；同时，对于整体社会的运行来说，教育程度分层结构也是一个至关重要的因素。随着社会的发展，它在划分层级方面的作用将越来越大。

（4）权力。权力意味着一个人在群体和社会中向别人施加影响的能力，因而，权力的大小往往会影响一个人的性格、态度和行动意向。处于同一权力层的人，对社会政策的评价，对社会现象的看法具有很多共同之处。

此外，像家庭背景、居住区位等等都可以作为分层的标准，可以根据不同的研究目的和需要，选择适用的标准。

二、阶层关系与分层结构

社会心理学研究表明，人们总是倾向于和那些与自己同质因素较多的人交往，而社会差别所造成的人们之间的异质性则构成人际交往的障碍。分层是根据同质标准而划分的，同一层次的人很容易在某一方面产生共同兴趣、共同爱好、共同的价值评判标准。水平分化产生的类别群体之间由于处在同一垂直分化层次上，其成员之间社会表现方面的差异比起不同层次的成员之间的差异要小些。

分层差异给人们的交往带来隔阂，各层次间距离越大，这种隔阂就越大；兴趣、爱好、价值观的差异越大，他们在生活方式、消费方式等方面的社会表现也就越不相同。

对于分层与交往的上述关系，可以用交换理论加以解释。交换理论认为，社会交往实际上是一种资源交换过程，每个人在交往中总会有意无意地考虑自己的报偿能力和对方的回报能力。而社会地位恰恰是交往各方用以识别各自资源交换量的象征。这意味着，社会地位相近的人所拥有的交换资源大体相等，因此他们之间的交换过程也更加合乎公平原则和对等原则。而社会地位差距悬殊的人则在资源交换量上差距显著，因而，层间交换的频率远远低于层内交换。

对各层次内部人们一致性程度的研究是分层研究中的一个主题。这一研究包括：同层次内部成员之间是否具有共同意识，其特点是什么，成员之间的交往情况、交往频率及交往性质，同层次内部成员是否经常聚会，是否为了某项共同目标而采取共同行动，层次内部组织化程度如何等。对这些情况的研究可以使人们及时把握各社会层次的意愿、动向和行为能力。

层间关系的性质是定性分层研究的另一重要方面，这方面的研究包括：

（1）各层次之间的物质利益关系，是和谐、相互依赖、功能互补，还是存在着一定的矛盾和分歧，矛盾和分歧的性质、范围和发展趋势如何。

（2）各层次之间的沟通方式、交往状况和频率，相互之间的基本态度，把对方作为仿效、参照的群体还是敌视对象，如何评价对方等。

（3）各层次之间的冲突状况。如果发生冲突，是以个人形式还是以群体形式出现，是局部性的还是全局性的，是有组织的还是无组织的，冲突各方的目的何在，有无妥协的可能性，其妥协又将如何达成等。

马克思主义阶级理论为研究阶级之间关系的性质提供了范例，它观察问题的角度，提问方式，使用的概念、范畴、方法等都值得我们认真研究和继承，用以指导我们的研究。

根据阶级阶层关系的特征可分出两个极端类型的分层结构：刚性结构与弹性结构。刚性结构是指社会成员在社会空间的分布具有很强的地位相关性，或者形象地说，社会成员在多元分层空间的分布呈现集束状态。一个刚性结构的社会，其社会不平等被称为累积性不平等。刚性社会分层结构特点有：

（1）如果各个分层地位高度相关，而且它们之间又具有某种时间顺序，则暗示着它们之间很可能存在着某种决定与被决定的因果关系。其中起决定作用的分层属性是该社会的分层中轴，像封建社会中的门第、资本主义社会中的资本占有量都可视为各自社会结构中的分层中轴。

（2）刚性结构同时意味着多元分层标准高度重合。即用其中任何一个对社会成员进行社会分层，其结果同运用其他标准大体上是一致的。

（3）刚性结构还意味着各分层地位之间具有相互加强、相互转化的极大可能性。如在封建社会中，“三年清知府，十万雪花银”，说的就是权力与金钱之间的相互转化和相互加强关系。

（4）刚性结构在无形中极大地限制着人们的层间交往。人们通常依据自己具备的某一属性选择同质性交往对象。在刚性结构中，主动选择某一属性意味着同时被动地选择了其他属性。由于各种分层属性的高度相关，人们的交往圈子被限定在特定的具有封闭性的社会层次内部，因而他们的交往不具有层间交往的性质。

（5）刚性结构极有可能形成社会断裂带，并引发强烈的社会冲突。在刚性结构中，某一社会层面上的冲突极易蔓延，引起其他层面的连锁反应，从而导致全面冲突。当冲突爆发时，所有社会冲突能量都被引向社会集团之间的断裂带加以释放，就很容易酿成社会革命。

总之，刚性结构是一种极具脆性的冲突性结构，各层次之间的社会整合度很低。刚性结构的社会必然经常处于不稳定的运行状态。

弹性结构是指社会成员在社会空间的分布状态中各地位之间的相关性很弱，形象地说，社会成员在多元分层空间的分布呈现弥漫状态。一个弹性结构社会，其社会不平等被称为扩散性不平等。

弹性社会分层结构具有不同于刚性结构的下述特点：

(1) 各个分层地位之间的零度相关，意味着它们是各自独立的，即它们之间不存在因果决定关系。因此弹性结构的社会通常不存在明显的分层中轴。

(2) 在弹性结构中，由于各分层属性处于不相关状态，因此用不同标准对社会成员进行分层，所得到的结果是各不相同的。

(3) 在弹性结构中，缺少某种社会资源的人可以通过获取其他资源而得到补偿。即社会成员在某种地位层面上所处的劣势可以由其他层面的优势加以弥补，因而只能算作相对劣势。如声誉地位较低的个体户可以通过高收入获得某种补偿，从而维持心理平衡。

(4) 弹性结构对社会成员的层间交往起着促进作用。人们在特定的交往中，往往选择那些具有与自己相似属性的对象。在弹性结构中，尽管人们倾向于同那些地位相同的人打交道，但是在某一社会地位上相同的交往群体，很可能在其他社会地位上分属不同层次，因此在一个分层层面上的层次内部交往，在其他分层层面看又是一种层间交往，即弹性结构赋予各种社会交往以广泛的层间交往性质。

(5) 弹性结构社会具有高于刚性结构社会的整合度。如果两个社会层次在主要社会资源的分配上都存在着不平等，而且分别比较，各项资源分配的不平等程度大体相等，那么结构弹性将对社会整合产生决定性影响。

最后应该说明，刚性结构和弹性结构是同一连续谱系中的两个端点，是为进行理论分析而设置的理想类型，现实社会中找不到这种纯粹形态的理想类型，具体社会的结构总是处于这两个端点连成的谱系中的某个具体位置上。

第四节
社会流动

如果说分层研究主要是从静态的角度研究社会地位结构的话，那么社会流动研究就是从动态的历时性角度研究社会地位结构。

一、社会流动的含义

社会流动指的是人们在社会关系空间中从一个地位向另一地位的移动。由于社会关系空间与地理空间具有密切的联系，因此，一般把人们在地理空间的流动也归于社会流动。

从个人角度看，个人所占据的多重社会地位组成个人的社会地位结构，因此广义的社会流动就是个人社会地位结构的改变。个人的多重社会地位并不都是同等重要的，在现代社会中，一般认为，职业地位无论对社会还是对个人来说都具有非常特殊的意义。职业地位是个人地位结构中起主要作用的地位，因此狭义的社会流动常常指人的职业地位的改变。

社会流动尽管是个人行为，但它不仅对个人具有意义，而且对整个社会结构也会产生影响。即使有时互换对流性的社会流动并没有改变整个社会的宏观地位结构配置状况，但社会流动的速度、比率也会影响社会结构的性质以及社会运行的状态。

社会流动具有很重要的社会功能。分层与流动是一个事物的两个方面，分层讲的是处在社会结构不同层级、位置上的人或人群，流动讲的是人们在多大程度上可以跨越这些层级，实现地位上升或者出现地位下降。地位上升是人们所企及的，所以，如果一个人被提拔当然对于这个人会起到鼓励作用；反之，如果地位下降起到的作用就会是负向的。因此，社会流动的功能包括两个方面，即对于社会的正向的促进功能和对于社会的负向的瓦解功能。

二、社会流动的类型

社会流动可以划分为：垂直流动与水平流动、个人流动与群体流动、结构型流动与非结构型流动、代际流动与代内流动、渐进的流动与骤变的流动等类型。[①]

垂直流动与水平流动

所谓垂直流动与水平流动是根据流动的方向对社会流动所作的区分。垂直流动是在社会分层体系中，社会地位的上下移动，可以分为向上的流动和向下的流动。如个人职位的晋升就属于向上流动，而官职降级则属于向下流动。

水平流动是指人们在同一社会分层位置上的横向变化。一种是指人们在地理、空间位置上的移动，如各地区之间的移动；另一种是指人们在经济、政治、声望地位相似的位置之间的移动，如我国干部的同级调动。当然，实际上，垂直流动与水平流动常常是交织在一起的，例如，当前大量农民工从农村流入城市，表面上看起来是个水平流动，但是，随着工作职业的变化，里面也包含垂直流动。

个人流动与群体流动

社会流动当然首先表现为个人社会地位的上升或下降，移进或移出。但是，如果仅仅研究个人的社会流动并不能使我们认识到社会分层流动的总体趋势。这样，我们就必须研究社会集团、社会阶级、社会阶层的社会流动，这就是群体流动。

在任何社会，一个人的活动或努力是可以造成社会流动的，不过，由于社会

---

① 李强．当代中国社会分层与流动．北京：中国经济出版社，1993：4－6.

宏观、微观因素的影响，在不同类型的社会里，社会流动的程度和机会有较大的差异。在封闭型社会分层体系中，因个人的努力而实现的社会流动的概率是很低的，社会地位的获得很大程度上是继承来的，与个人的努力没有什么关系。即使有流动也表现为群体型的、整体型的。相反，在开放型分层体系中，因个人活动或努力而实现社会流动的概率就很高。仅就我国的情况看，改革开放以后，因个人努力而实现的流动变得更为突出。

结构型流动与非结构型流动

结构型流动指因社会结构的变迁而造成的人们地位的变化。例如，改革开放以来，我国农村乡镇企业的大发展创造了数以万计的工业就业职位，大量的农民流入这些企业，这些流动的机会是改革开放以来的结构变迁造成的，所以称作结构型流动。又如，20 世纪 90 年代中后期，由于国有企业的体制转轨，城市里出现了数量众多的失业、下岗工人，这些职工失去工作不是因为他们个人工作不努力，而是体制变迁造成的，这也属于结构型流动。

所谓非结构型流动则是指因个人的原因而造成的地位的变化。比如，一个人因工作努力而不断得到提升。再如，一个人因个人的意愿而调动工作等。非结构型流动与前述的个人流动比较相似。

代际流动与代内流动

代际流动指父母与子女两代人之间的，或几代人之间的社会地位的变化。社会学家更为关心的是代际的垂直地位的变化，比如父母与子女之间经济地位高低的变化、职业地位高低的变化、受教育水平高低的变化，以及阶级、阶层地位的变化等。社会学家也比较关注影响代际流动的社会结构原因、时代背景原因等。

代内流动指一个人一生中社会地位的上升或下降，如果做成图像的话，可以显示一个人的生命轨迹。一个人一生中社会地位的升降可能是由于社会结构、宏观结构变迁造成的，那么，这也属于结构型流动；这种社会地位的升降也可能是个人的原因造成的，那么，这也属于非结构型流动。

渐进的流动与骤变的流动

渐进的流动指个人或群体在一个较长的时期里发生的社会地位的变化。例如，一个人凭多年的企业经营而一步一步地从小企业的经营管理者变成大企业家。又如，一个小职员通过多年的晋升而变成高级管理人员。

骤变的流动指个人或群体的社会地位在很短的时期内发生了明显的上升或下降。造成骤变性社会流动的原因通常是重大事件，如革命或社会运动导致旧政权被推翻、新的社会分层体系出现等。

三、影响社会流动的因素

影响社会流动的因素很多，也很复杂，社会学通常从以下几方面来分析：

（1）先赋因素。主要包括家庭出身、社会背景、种族、民族、性别等。虽然在现代社会里，家庭出身等这些先天因素的影响比传统社会有所减弱，但是，不可否认，这些因素仍然会对一个人的社会流动产生作用。

（2）人力资本。在工业化及以科技发展为主的劳动力市场中，教育逐渐被视为影响职业地位最重要的变量。一个人的教育程度越高，意味着他在经济生产活动的专业知识和技能上有更强的竞争力，因此工作成就越高、贡献越大，向上流动的机会也就越多。

（3）文化资本。文化资本是法国社会学家布迪厄提出来的一个概念。布迪厄的文化资本指借助于教育的行动所传递的文化物品。文化资本内容广泛，包括习惯、态度、语言、风格、教育程度、格调、生活方式，以及人际交往、待人接物的方式等等。文化资本可以制度化为资格证书、教育文凭等形式。

（4）社会资本，亦称社会关系资源，指一个人所拥有的持久的人际关系网络，这个由熟人所组成的关系网，是一种实际的或潜在的资源，关系网中相互熟悉的每一个人都可以调动这种资源。一个人占有的社会资本的数量，是由关系网规模的大小决定的，并且取决于关系网中的每一个人所占有的经济资本、文化资本、象征资本的数量。在现实生活中，“社会关系网”成为一个人事业能否成功的关键。人们所追求的目标往往受到与其他行动者的关系即社会网络的影响。社会流动往往是通过这些社会关系而实现的。

思考问题

1. 试比较马克思主义社会分层理论与西方社会分层理论。
2. 如何理解阶级分析？
3. 如何理解社会分层的合理性？

阅读书目

1. 李强．农民工与中国社会分层．北京：社会科学文献出版社，2004.

2. 许欣欣．当代中国社会结构变迁与流动．北京：社会科学文献出版社，2000.

3. 伦斯基．权力与特权：社会分层的理论．杭州：浙江人民出版社，1987.

第十二章
社　区

【本章要点】

- 社区是进行一定的社会活动、具有某种互动关系和共同文化维系力的人类群体及其活动区域。
- 社区的构成和发展主要受地域环境、社区人口、社区文化认同、社区互动等要素的影响。
- 在一个现代化的社会中，政府、市场、社会三者应当各就其位、各司其职、协调配合，社区建设是“社会”中不可缺少的内容。
- 互联网技术带动了网络虚拟社区的出现，虚拟社区的发展是对传统日常的生存方式和生活观念进行消解与重构的过程。

【关键概念】

社区 ◇ 农村社区 ◇ 城市社区 ◇ 城市化 ◇ 城乡协调发展 ◇ 社区建设 ◇ 虚拟社区

社区就是一个小社会。社会学家常把它作为研究大社会的起点，实地调查也往往以社区为单位来进行。因此，社区研究是社会学研究的重要内容之一。

第一节 社区的概念与理论

社区（community）兼有人群与地域两大要素。依据不同的划分标准，可以划分出不同的社区类型。随着对社区研究的深入，形成了不同的理论和研究方法。

一、什么是社区

社区是进行一定的社会活动、具有某种互动关系和共同文化维系力的人类群体及其活动区域。也有人强调“共同体”这一人群要素，认为社区通常指“以一定地理区域为基础的社会群体”①。社区概念包含以下四层意义。

（1）社区总要占有一定的地域，如村落、集镇等，其社区形态都存在于一定的地理空间中。然而，社区之“区”并不是纯粹的自然地理区。从社会学的角度看，这个“区”乃指一个人文区位，是社会空间与地理空间的结合。在同一地理空间可以同时存在许多社区。

（2）社区的存在总离不开一定的人群。人口的数量、集散疏密程度以及人口素质等，都是考察社区人群的重要方面。

（3）社区中共同生活的人们由于某些共同的利益，面临共同的问题，具有共同的需要而结合起来进行生产和其他活动。在过程中产生了某些共同的行为规范、生活方式及社区意识，如共同的文化传统、民俗、归属感等。它们构成了社区人群的文化维系力。

（4）社区的核心内容是社区中人们的各种社会活动及其互动关系。人们在经济的、政治的、文化的各项活动和日常生活中产生互动，形成了各种关系，并由此聚居在一起，形成了不同形态的社区。

社区与社会既有联系又有区别。从社区定义的外延看，社区是社会的具体化，是一个特定的地域聚落。② 不过从社区概念的内涵看，两者有着明显的区别：

（1）社会中的各种关系尽管纷繁复杂，但都不强调“共同”，而社区则十分强调共同的亚文化和共同的社区意识等等。

---

① 中国大百科全书：社会学卷．北京：中国大百科全书出版社，1991：356.

② 何肇发．何肇发文集．香港：香港荣誉出版社，2001：109.

(2) 社会不注重地域的概念。所谓的社会空间，通常是指人们活动的范围以及活动在其中的社会组织；社区空间则不同，它是社会空间与地理空间两者的结合，既为社区中人群的活动提供了组织空间网，也为他们提供了地理的活动区域。

(3) 社区中的各种关系比社会的关系更紧密。与社会相比，同一社区内的人们交往频率更高些，而且，人们之间的婚姻和亲属关系、朋友关系、分工关系等通常是建立在“共同生活”基础上的。在此意义上，“共生”程度的差异可以说是社区联系较社会更紧密的重要原因之一。

(4) 社区的功能与社会相比具有更为明确和专门化的特征。如城市社区通常是社会中的一个经济、政治、文化中心，它向社会提供大量工业产品，而农村社区则主要为社会提供农副产品。从社会结构上看，社区总是作为社会的一个组成部分而存在的中观体系，社会中的人总是生活在一种甚至几种相互交织的社区内。人类在创造历史的同时也创造了他们的社区生活。

二、社区的类型

依据不同的划分标准考察社区可以得出各种社区类型。研究者对社区做考察一般有纵向和横向两种角度。

纵向角度考察的标准主要是社会生产力发展水平的高低，同时兼顾时间因素，含有进化论的观点。据此可以归纳出三种类型：第一，传统社区。主要指人类社会发展史上曾出现过的社区的残余形态。所谓传统，多指前资本主义的生产和生活方式。目前这类社区在发达国家已不多见。第二，发展中社区。它是传统社区向现代社区转型中的社区形式，既保留了前者的一些特点，又吸收了后者的许多内容。我国的许多集镇和乡村都属于这类社区。第三，现代社区或发达社区。表现为现代城乡融为一体，人们的日常活动穿梭往返于城乡之间，乡村生活十分方便，水平甚至高于城市。这类社区主要存在于一些发达国家。我国主要的社区形式是发展中社区，这与我国社会处在转型时期的现状是一致的。

社区分类的第二种角度的考察是横向划分，它注重的是空间的特征。空间的取向可分为空间性的与非空间性的两种。前者是指社区具有明显的地域空间特征，其中又包括三类：第一，法定的社区，即通常讲的地方行政区。它们的界限可以明确地标示在地图上并加以法律形式的规定。第二，自然的社区，即人类在生产和生活中自然形成的聚落（settlement）。其中最主要的就是村落、集镇和城市。自然社区与法定的行政区有时是重合的，有时则是不重合的。第三，专能的社区。它是指人们从事某些专门活动而形成于一定地域空间上的聚集区。一所大学、一座军营、一个矿区等都是一种专能的社区。除了上述空间特征明确的社区外，还有一类空间特征不甚明显的社区，主要是精神社区。社会学家英克尔斯认为：“精神社区指的是这样的社区，它的共同成员建立在价值、起源或信仰等精神纽带之上。”[①] 从空间特征上看，人们没有明显的共居地，但却有共同的成员感和归属感，有着某些共同的信仰和亚文化。例如有的分散的民族像犹太人，他们虽然遍布世界各地，但从其认同感、归属感和互动关系上仍可看作一个精神的或心理的社区。

以空间特征划分的城市—乡村社区连续体（continuum）[②] 一直是社区研究的主要分析单位。城乡建设对于社会协调发展意义重大。因此，对我国当前城乡社区连续体的几种主要形式有必要做一番叙述。

城市社区，指在特定的区域内，由从事各种非农业劳动的密集人口所组成的区域社会。其主要特点是：（1）人口集中，异质性强；（2）经济和其他活动频繁；（3）具有各种复杂的制度、信仰、语言和多样化的生活方式；（4）具有结构复杂的各种群体和组织；（5）家庭的规模和职能缩小，血缘关系淡化，人际关系较松散；（6）思想、政治、文化相对发达。一般从人口规模上可划分出大、中、小城市，从社区功能上可划分出政治城市、工业城市、港口城市等。

农村社区，指居民以从事农业生产为主要谋生手段的区域社会。它有别于城市社区的主要特点是：（1）人口密度低、同质性强，较少流动；（2）经济活动简单；（3）风俗习惯和生活方式等受传统势力影响较大；（4）组织结构简单，职业分工远不如城市复杂；（5）家庭在生活中起着重要作用，血缘关系浓厚，人际关系密切。

小城镇（集镇）社区，是一种比农村社区高一层次的社会实体的存在，这种社会实体是以一批并不从事农业生产劳动的人口为主体组成的社区。从地域、人口、经济、环境等因素看，它们既具有与农村社区相异的特点，又与周围的农村保持着不可或缺的联系。[③] 小城镇是城乡连续体中的一个特殊类型，具有纽带和桥梁的功能。

城乡联合社区，是城市与乡村社区的结合。在我国主要表现为市带县的法定社区。像宜昌市，除城区外还下辖若干县，形成了一个城乡联合社区；江苏省已在全省实行了市带县的区划办法。

三、社区研究的理论和方法

社区研究理论

社区研究可溯源至德国社会学家斐迪南·滕尼斯。在《共同体与社会》（*Gemeinschaft und Gesellschaft*）一书中，他第一次对社区做了较为系统的描述。他所说的“社区”指的是一种基于血缘关系或自然情感的社会有机体，颇接近平常所说的乡村传统小社会；而“社会”则是由契约关系和选择意志造就的机械结

① 英克尔斯．社会学是什么？．北京：中国社会科学出版社，1981：102.
② 罗吉斯，伯德格．乡村社会变迁．杭州：浙江人民出版社，1988：167.
③ 费孝通．小城镇四记．北京：新华出版社，1985：48-49.

合，如股份公司、都市、国家等等。滕尼斯认为，人类历史的发展表现为理性不断增长的过程，人类共同生活的表现形式也就由“共同体（社区）的时代”向“社会的时代”演进。[①] 滕尼斯在提出社区（共同体）这一概念时，并不着重它的地域特征，而是强调具有共同归属感的社会团体。随着历史的发展和社区研究的深入，社区的含义不断拓展，在各种不同的语境里，社区已不仅仅局限于滕尼斯当初的定义了。

社区研究在20世纪前半期的美国社会学中占有重要地位，芝加哥学派便以研究都市社区而出名，其中的三位代表人物是帕克、沃思和伯吉斯。该学派的城市社会学理论是在对芝加哥市的各种实地研究中诞生的。帕克创立了人文区位学（human ecology）的理论，提出从社区整体研究城市的观点。伯吉斯首先提出了城市区位的“同心圈理论”，后人又补充了“扇形理论”和“多核心理论”（见图12－1）。1938年，沃思在《都市化状态是一种生活方式》中提出了城市人口与区位的三个特点，即众多人口、高人口密度和高人口异质性，并认为这些特点给城市带来许多不可避免的通病。芝加哥学派的主要观点，特别是沃思的观点，后来被称为“都市决定论”。

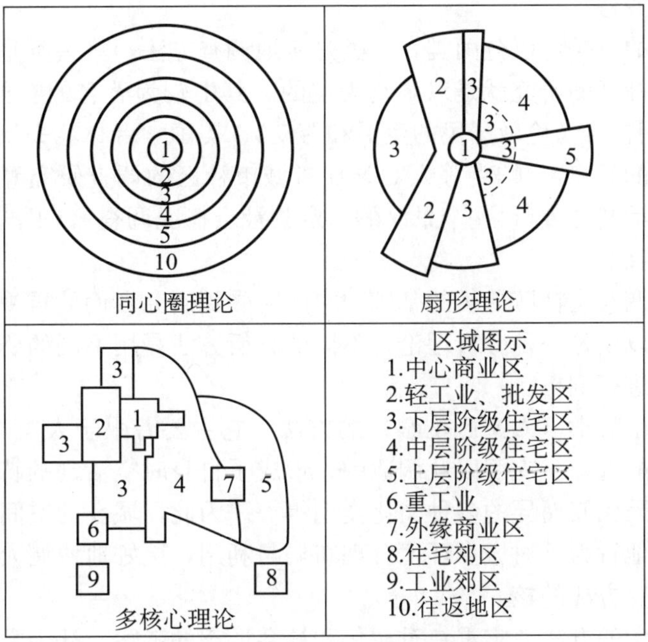

图12－1　城市区位的三种理论

农村社会学于19世纪后期起源于美国，成熟于20世纪30年代，目前重点是研究农村发展。由于美国农村工业化、城市化程度很高，乡村的传统文化特质已受冲击，单从经济上把农业划归乡村已逐渐失去意义，因而一些农村社会学家和文化人类学家一起，正在把兴趣转向发展中国家的农村研究。

---

① 滕尼斯．共同体与社会．北京：商务印书馆，1999.

马克思主义认为城市是社会生产力发展到一定阶段的产物，是社会分工的结果。城市从乡村中分离出来，这种分离“立即使农村人口陷于数千年的愚昧状况，使城市居民受到各自的专门手艺的奴役。它破坏了农村居民的精神发展的基础和城市居民的体力发展的基础”①。近代历史上的工业革命揭开了城市发展史上新的一页。“现代的历史是乡村城市化”，城市化是与工业化共生并进的。工业城市的发展是19世纪欧洲革命和社会进步的重要推动力。“资产阶级已经使乡村屈服于城市的统治。它创立了规模巨大的城市，使城市人口比农村人口大大增加了起来，因而使很大一部分居民脱离了乡村生活的愚昧状态。”②

城乡对立是马克思主义城乡理论的又一个要点。“城乡之间的对立是随着野蛮向文明的过渡、部落制度向国家的过渡、地方局限性向民族的过渡而开始的，它贯穿着全部文明的历史并一直延续到现在”③。“一切发达的、以商品交换为媒介的分工的基础，都是城乡的分离。”④ 城乡对立既然是私有制存在的土壤，因而“消灭城乡之间的对立，是社会统一的首要条件之一”⑤。恩格斯认为消灭城乡对立不仅是可能的，而且已经成为社会发展的需要。消灭城乡对立主要是通过发展生产力，通过合理的经济布局，通过“城乡融合”来实现。

社区研究方法

社区研究的方法可以分两类，一类是实地调查方法，另一类是分析方法。社会学早期关于社区的研究就是以调查为主的。其中较为著名的有英国学者C. 布思的17卷本的报告《伦敦居民的生活和劳动》、美国学者林德夫妇的《中镇——美国当代文化的研究》、帕克等人对芝加哥城市社区的调查研究等；我国有陶孟和的《北平生活费之分析》、李景汉的《定县社会概况调查》、王同惠和费孝通的《花篮瑶社会组织》等。

社区实地调查是社区分析的基础，它一直受到研究者们的重视。社区研究的分析方法也可以说是一种分析理论。不同的分析方法是用不同的研究观点对同一对象——社区进行剖析。

（1）人类生态学（人文区位学）的方法。它主要着眼于人类与环境的关系。人类在对环境的选择、支配以及调适中，形成了自身时空活动的特征，如人口的集中与离散、因民族而异的多种文化类型等等。因此，城乡的空间环境影响着居民的生活和其他行为。对城乡环境合理布局与利用，更好地协调人类与环境的关系，是这一研究方法的核心。

（2）人类学的方法。它重在对文化和社会形态的考察。社会学家和文化人类学家们注重从文化比较的角度研究社区，因为不同社区的文化特质和生活方式是有不少差异的。进行比较，尤其是不同民族间的跨文化比较，有助于全面地了解

---

① 马克思，恩格斯．马克思恩格斯全集：第20卷．北京：人民出版社，1971：316.

② 马克思，恩格斯．马克思恩格斯全集：第4卷．北京：人民出版社，1958：470.

③ 马克思，恩格斯．马克思恩格斯全集：第3卷．北京：人民出版社，1960：57.

④ 马克思，恩格斯．马克思恩格斯全集：第23卷．北京：人民出版社，1972：390.

⑤ 同③.

人类社会的多样性。吴文藻先生在20世纪30年代曾积极倡导社区研究。他认为，“社区研究较之社会调查要进一步，它不但要叙述事实，记录事实，还要说明事实内涵的意义，解释事变发生的原因”[①]。他本人借助功能学派人类学的理论指导学生对中国边疆民族地区进行实地调查研究，取得了丰硕成果。这种学术传统对于我国现阶段的社区研究仍有深刻的影响。[②]

（3）社会体系（系统）的方法。它首先把社区看作一个互动系统，而后分三方面进行研究。一是研究系统本身的结构与功能，如社区的群体组织、主次体系等结构以及经济、政治、教育、宗教、福利等多种功能的研究；二是研究互动关系，如同化、合作、竞争等，特别是社区冲突的研究，是互动研究的重要内容；三是研究社会场域（空间），这种研究方法主要从人们活动的社会范围（组织网等）来考察人们的社区互动。[③]此外，还有学者运用人口学、政治学（研究社区权力结构）以及人文地理学等方法分析社区。近些年，社区互动体系的研究正在形成一种趋势，表明人们对社区认识的不断加深。

第二节 社区要素与发展

社区是构成社会整体的一个子系统，同时也是人们社会生活的基本单元。作为社会基本单位之一，社区的构成要素主要有：社区地域环境、社区人口、社区文化。

一、社区地域环境

社区地域环境包括地理环境（社区的位置、面积、气候等）、资源环境（水资源、能源、土地、矿物等）、人工环境（交通通信网、建筑群、各种城乡设施等）三部分。一般说来，社区发展较快的总是那些地理环境优越，资源、能源丰富的地方。德国人文地理学家 W. 克里斯塔勒和美国社会学家库利曾分别对城市的定位提出过中心场理论和中转站理论。一方面，人口和财富有汇集于交通中转地的趋势，交通中转地往往也是商业中转地。在这些地方必然要相应建立一些服务设施并逐步发展为城镇。另一方面，城市可以成为服务于周围地区的中心集散点，中心场城市位居其服务领地中央，其规模大小与其服务功能成正比。

除了地理环境，资源环境对社区兴衰也有重要影响。例如，在我国北方地

① 吴文藻．人类学社会学研究文集．北京：民族出版社，1990：147.

② 潘乃谷，马戎．社区研究与社会发展．天津：天津人民出版社，1996.

③ 张小军．社会场论．北京：团结出版社，1991.

区，水资源的短缺与社区发展过快，有可能导致资源的枯竭，最终导致社区衰退。

人工环境对社区的作用则是人类自己造成的。交通通信网、建筑群、绿地、各种设施都是重要的人工环境。如城市社区落后的交通大幅度降低了社区效率，公共建筑如体育场馆、影剧院、浴池的严重不足和住房紧张也是城市社区发展的一大问题。人工环境的这些问题，是导致城市郊区化及逆城市化的原因之一。

社区地域环境的建设应协调好两方面的关系。一是社区自然环境与人工环境的关系。人类与自然环境仍然是某种共生的关系，人与生物圈是统一的。因而人对环境更多的是选择与适应，而不是硬性的改造和征服。为了开垦耕地而滥伐森林，为了发展工业而污染水源和空气等等，这些非但不是改造，反而是对生态环境的破坏。因此，建设人工环境应当以保护自然环境为前提来对其进行合理的开发利用，使自然环境和人工环境从科学和美学的角度融为一体。二是地域环境与社区其他构成要素的关系。社区环境的建设不是孤立的，它是与社区的其他方面如人口、经济活动、文化传统等相适应的。依人们经济活动和生活的特点，在古典生态学的理论中，曾有过三种主要的城市区位学说（见图 12－1）：一是中心区（或同心圈）理论，它所描述的城市的中心是商业区，外围是住宅区，是一种典型的生活和商业城市模型；二是扇形理论，布局特点是住宅区和其他活动区都从商业中心辐射出来，既减少了不同居住区和活动区的相互干扰，也为各住宅区到商业中心购物提供了方便；三是多核心理论，它通常是在工商业大城市中表现出来，依工商业的分布形成了多个中心。这些理论认为，不同的城市区位布局特点会对居民的生活方式和城市运转产生不同的影响。我国的城市环境建设应当根据各自的特点加以布局规划。如大城市周围卫星城的建立以及城市工业区、商业区、文化区和大学区等次社区的合理发展，都应当因地制宜地进行规划。

二、社区人口

社区总是由一定的人口组成的。人口与社区发展的关系主要表现在五个方面：一是人口数量；二是人口结构；三是人口素质；四是人口密度；五是人口流动和迁移。

社区人口通过一定社会关系和制度而组成社区群体和组织，如通过亲属关系组成的家庭，相邻关系组成邻里等。此外，还通过社区管理体制组成诸如村委会、居委会、业主委员会等社区组织。

社区内群体和组织是维持社会秩序的重要力量。社区居民依血缘和业缘等关系结合为各种群体和组织，它们是人们社区生活的载体。对这些“载体”进行合理的开发、利用和改革，是社区建设的重要内容。例如，家庭是人们社区生活的基本单位，具有多种社区功能。城乡家庭特点有许多不同。城市家庭规模较小，家庭功能有不断缩小的趋势。而乡村家庭规模较大，且具有较强的生活和文化传承的功能。随着联产承包责任制的推行，农村家庭原有的生产职能得到了更进一步的强化。一个社区总是由许多家庭组成的，家庭职能的开发和社区职能的开发是相辅相成的。

就个人层面而言，社区人口发展主要表现在人格、心理和态度取向上。一个合理的个人体系（意味着多种合适的角色）是利于社区发展的。反之，容易满足、缺乏责任感、狭隘自私的人格特点和以此为基础的心态取向则是社区发展中的消极因素。有关这方面的情况属于社会运行微观理论研究的范围。

社区人口的合理发展主要是协调好几个关系。第一，人口数量增长与社区发展的协调。我国采取的对策主要是计划生育、控制人口，同时发展小城镇，就地转移劳动力，对于大城市人口增长造成的压力则以发展卫星城等措施予以缓解。第二，人口素质与社区发展的协调。应发展社区教育，解决好学校的师资和设施问题，政府与社会各界共同办学，形成社区多层次协调的教育网，提高全民族的文化水平。第三，人口流动与社区开发建设相协调。从目前来看，主要应形成城市向乡村和偏远未开发地区的智力流和乡村向小城镇的劳力流，防止向大城市和人口稠密区的人口流。

三、社区文化

文化是人类对环境的调适。社区文化包括物质生活方式和精神生活方式两方面。前者主要是指人们衣食住行以及工作和娱乐的方式；后者主要包括人们的价值结构（追求、期望、时空价值观等）、信仰结构和规范结构（风俗、道德、法律等）诸方面。

社区文化的协调发展包括如下四方面的协调。

（1）传统文化与现代文化的协调。这种协调并不以消灭传统文化为目标，而是注重自然的平衡选择。传统与现代文化并非尽是冲突，传统的并非都是陈腐的，现代的也不尽全然健康。人类文化的发展总是不断积累着优秀的文化财富，摈弃和改造那些不适应社会发展的内容，因而是一个扬弃的过程。在社区文化的发展上，不应当简单地采取一个模式，传统和现代文化的协调就是要给它们以选择的余地，从而“优胜劣汰”。

（2）精神与物质文化的协调。精神与物质文化的相互关系十分密切，一种新的物质生活方式会带给人们新的价值观和规范，比如城市生活就给人们带来了具有城市特点的价值观。同时，一种新的精神文化也可以影响人的物质文化，宗教信仰对人们不同物质生活方式的影响就是例证。物质与精神文化都是不断发展的，因而两者要在发展中互相调适。

（3）城乡文化协调。城乡文化的特点有很大不同，特别是在发展中国家尤其明显。城乡文化差距是我国目前城乡差别的主要内容，从文化特质上和乡村比较，城市最显著的特点一是科层制化，二是世俗化，三是理性化。科层制化主要表现为城市中较多的科层组织和规章制度，它是城市人口集中、社会活动复杂而带来的必然结果。世俗化是指一种文化逐渐脱离神学与宗教控制的过程。城市可以说是世俗化的发源地。世俗化导致人们在实际生活中更加追求实用、实际利益和现世主义。理性化是指人们在处事交往中更多地运用理性原则而不是感情，凡事更讲究效率和目的，因而也淡化了血缘和人际关系。

（4）中西方文化的协调。中西方文化是两种不同的共同体文化，各有长短。对待西方文化，我们应当去其糟粕、取其精华。任何一个民族都应当增进对于异民族文化的理解，吸取人类文明的优秀成果，而不能自我封闭。只有这样，才能真正振兴本文化，共同参与建设一个文化多元的世界。

第三节 社区建设与协调发展

社区建设是现代化社会必不可少的内容。在一个现代化的社会中，政府、市场、社会三者应当各就其位，各司其职，协调配合，社区建设是“社会”中不可缺少的内容。指望一个全能政府来统管一切社会事务，并不符合现代社会发展的需要。社区作为社会生活的基本单位，必须充实并发挥其组织社会生活的功能。只有加强社区建设，才能使社区真正充实起来。

一、农村社区与新农村建设

农村社区是人类聚落的初始形态，与农业生产活动的特点相适应，农村社区主要有如下特点：（1）人际关系以血缘关系为基础；（2）人口的同质性强，社会整合程度高；（3）具有较强的社区意识和归属感；（4）以传统道德和礼俗为社会控制的主要手段。为了治理“三农”问题，促进农村社区的发展，我国将新农村建设作为农村社区建设的重大历史任务。作为战略举措，新农村建设的根本目的是要将农村建设成为与城市协调发展、迈向现代化的新型社区。

我国的社会主义新农村建设涵盖了以往国家在处理城乡关系、解决“三农”问题方面的一系列内容，是为了改善农村生产生活条件，提高农民生活水平和农村自我发展能力，为促进城乡协调发展，按照“生产发展、生活宽裕、乡风文明、村容整洁、管理民主”的要求，以形成“新农民、新社区、新组织、新设施、新风貌”为目标，以加强农村道路、水电、水利等生产生活基础设施建设，促进农村教育、卫生等社会事业发展为主要内容的新型农村综合建设计划，是农村整体提升的重要举措。

目前，各地新农村建设实践避免了以往搞政治运动、“形象工程”和“政绩工程”的形式主义，主要坚持统筹规划、逐步推进，因地制宜、区别对待，量力而行、循序渐进，政府引导、农民自觉，典型引路、示范带动等原则。争取用10～15年的时间，把全国农村基本建成经济与社会协调发展、基础设施功能齐备、人居环境友好优美、民主意识显著增强、村容村貌格调向上的社会主义新式农村，最终达到全面实现小康的目标。这样一幅新式农村社区的图景，令人向往，催人奋进。

在具体实践方面，新农村建设内容可以概括为“六通、五改、两建设、一提高”。“六通”即通路、通水、通气（燃料）、通电、通信、通广播电视；“五改”即改厕、改厨、改圈舍、改校舍、改卫生所；“两建”即建公共活动场所、建垃圾集中处理站；“一提高”就是提高农民收入。

随着社会主义新农村建设的推进，农村社区的治理结构、自治能力、社会秩序和协作水平都在一定程度得以完善和提高。

二、城市社区建设

随着人类步入文明时代，城市作为文明的一大标志出现了。近代工业革命以后，在工业化的推动下，出现了以人口由农村流向城市为显著特征的城市化运动，城市在数量和规模两方面都得到了快速发展。世界城市化现象最近几十年尤为明显（见图12-2）。中国自20世纪80年代以来由于经济迅速发展，城市化水平也有很大提高。从人口方面看，城镇地区总人口占全国总人口的比重已由1980年的19.39%上升到2006年的43.9%。①

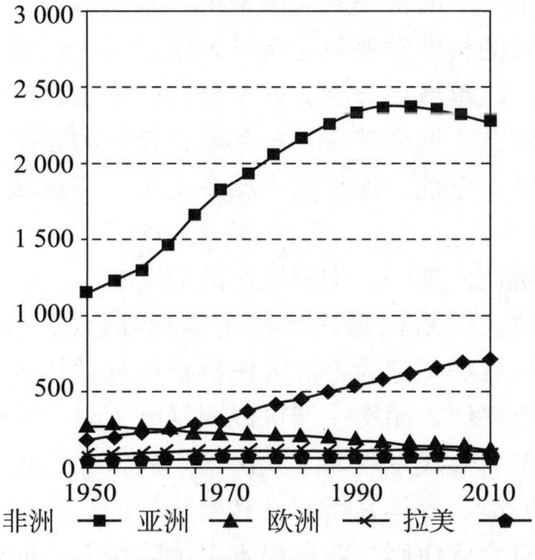

图12-2 世界五大洲的农村人口（1950—2010年）

资料来源：PADDISON R. Handbook of urban studies. London：Sage Publication，2001.

① 国家统计局人口和就业统计司. 中国人口和就业统计年鉴：2007. 北京：中国统计出版社，2007.

在城市化过程中，越来越多的人以城市社区作为生活的载体。为了更好地组织城市社会生活，城市社区建设也就越来越受人们的关注。此外，随着社会经济的不断发展，城市社区居民在物质生活富裕的同时，对社区的居住环境、生活保障、医疗卫生、休闲娱乐、社会治安等方面提出了更新、更高的要求。现代社会也处在一个个性张扬的时代，居民有多方面的需求。加强社区建设，拓展社区服务，提高生活质量已成为广大城市社区居民的迫切要求。

城市社区建设是指依靠社区力量、利用社区资源、强化社区功能、解决社区问题，促进社区经济、政治、文化、环境协调和健康发展，不断提高社区成员的生活水平和生活质量的过程。我国城市社区建设的基本内容有：社区组织、社区服务、社区卫生、社区文化、社区环境、社区治安等。城市社区建设的目标是要实现居民能够自我管理、自我服务、自我教育、自我提高，为和谐社会生活创造良好环境。

目前中国正处于社会转型期，社区建设也正在建构新的理念，探索新的模式。围绕当前构建和谐社会的总体目标，各地都在实践中积极探索构建和谐社区的新途径。

三、城乡协调发展

城乡协调发展的过程从根本上说就是不断缩小直到完全消灭城乡对立的过程。城乡对立一方面表现为发展水平的差距，另一方面表现为地区之间发展不平衡。要解决城乡发展水平上的差距，逐步实现城乡融合尤为重要。所谓城乡融合，是要从本质上消灭城乡对立，而不是消灭城市和乡村的具体形态。

对于中国这样一个统一的多民族大国来讲，城乡协调发展的总体目标是：以全面协调、可持续发展的科学发展观为指导，通过深化经济、社会体制改革，突破城乡二元社会结构，改革城乡分割、城乡分治的体制，改变重城轻乡的偏向和政策导向，按照城乡协调、城乡结合、相互取长补短的原则，把城市和乡村纳入统一的社会、经济发展大系统，逐步缩小城乡差距，实现城乡社会经济平等、开放、互动的新格局。

中国在推进城乡协调发展中，主要遵循的原则有：

（1）以人为本原则。发展的最终目的是实现社会的全面进步和人的全面发展。因此，统筹城乡发展必须把为广大人民群众谋利益作为一切工作的出发点和落脚点。坚持党的群众路线，团结一切可以团结的力量，充分调动人民群众的主观能动性和创造性，努力形成发展为了人民，发展依靠人民，发展成果由人民共享，使全体人民各尽所能、各得其所而又和谐相处的社会环境。

（2）发挥城乡各自之优原则。要从根本上消除城乡二元结构，实现城乡的统筹发展，就要善于进行体制的创新。体制创新的基本理念是，发扬城市和乡村各自的优点、优势，形成城乡最佳的组合状态，城市和乡村形成优势互补、相互取长补短、整体优化的结构。通过扫清各种造成城乡分割的体制性障碍，建立起城乡统一、城乡协调的制度、政策，让发展要素在城乡之间合理流动、优化组合，实现城市与乡村的共同发展，最终达到城乡一体化的目标。

（3）因地制宜、分类指导原则。中国各个地区的差异性很大，城市和乡村的类型很多，因此，协调城乡关系需要根据各地实际，因地制宜，分类指导，扬长避短，充分利用各地有利资源，走出各有特色的、符合各地实际的城乡统筹发展之路。

（4）政府主导、市场运作原则。统筹城乡发展是牵动全局的系统工程，不仅涉及思想观念的转变和政策措施的创新，也涉及产业结构的调整和经济发展机制的转变。在这个过程中，政府的主导作用必不可少，同时也要充分发挥市场在资源配置中的基础性作用，建立一个充满生机和活力的市场经济体制，政府主导和市场运作相互配合，推进城乡共同发展。

在推进城乡协调发展的实践方面，主要采取以下对策。

（1）统筹城乡规划。规划是有序发展的依据，规划先行的目的就是防止走弯路，减少发展过程中的代价。为了促进城乡之间的合理布局，资源的高效利用，就必须统筹城乡规划。在政府的宏观规划中，一要统一编制城乡建设规划，不能将城乡分离规划。二要确定一定时期内城乡基础设施、公共服务体系和社会事业的发展目标和要求。三要合理规划城乡用地。四要重视城乡居民生活水平的提高。

（2）统筹制度政策。

第一，建立城乡统一的户籍制度。城乡不统一的户籍制度有悖于市场经济公平竞争的原则，因此要改革现行的户籍管理制度，建立统一平等的城乡户口制度。实行有条件的开放式城市户籍管理制度，降低农民的进城门槛。建立统一的以就业地、居住地管理为核心的人口管理制度。任何个人，只要其在一个地方有稳定的工作，有收入来源，就有资格办理当地户口，享受和当地居民同等的待遇，同时人口的管理也与之配套起来。这种按照国际惯例建立的户籍制度，能够准确反映公民的居住和职业情况。

第二，建立城乡统一的就业制度。逐步统一城乡劳动力市场，形成城乡劳动者平等就业的制度。现有城乡分治的就业制度，扭曲了劳动力的价格和供求信息，不利于劳动力在城乡之间的优化配置。因此，要实现城乡的统筹协调，必须破除农民进城就业的限制性政策，为农民创造更多的就业机会。同时，加强对农民的职业技术培训，帮助农民提高就业竞争力。

第三，改革土地制度。土地制度改革的目的是增强土地要素的活力。要创新土地流转制度，建立城乡统一的要素市场，健全土地流转机制，要在稳定土地承包经营制度的基础上，允许和鼓励农户之间、农户与其他经济组织之间进行土地转包经营，让农民享有对土地耕种、交换、处分等权利。完善土地征用制度，严格限制土地征用范围，规范征地程序。对失地农民进行合理补偿，维护农民的合法权益。

第四，相关财政政策的改革。我国总体上已经到了“以工促农，以城带乡”

的发展阶段。统筹城乡发展，就要采取“工业反哺农业，城市支持农村”的方针，安排并落实对农业和农村的预算支出，建立、健全财政支农资金的稳定增长机制。按照党的十六届三中全会的要求，今后国家新增的教育、卫生、文化等经费应主要用于农村，加强财政转移支付力度，改善农村特别是落后地区农村的生存和发展条件。积极运用税收、贴息、补助等多种经济杠杆，鼓励和引导各种社会资本投向农业和农村。同时要加大对农村建设的投入，正确把握农村投资方向，集中财力，突出重点，提高资金使用效率。

(3) 统筹城乡经济发展。

首先，加快产业结构调整，推动农业产业化进程。在今后相当长一段时期内，要以加快农业现代化为重点，扎实推进社会主义新农村建设。新农村建设必须要有坚实的产业支撑。因此，必须大力提高农业综合生产能力，优化农业产业结构和区域布局，注重培育和发展特色农业，通过生产高产、优质、高效、生态、安全的农产品和农业产业化经营，稳定增加农业产量，持续提高农业效益，不断增强农业竞争力，逐步增加农民务农收入。要培育扶持农业龙头企业，鼓励建立农民专业合作经济组织，提高农业的专业化和社会化程度。要加强农业科研攻关，推广农业新品种、新技术，促进农业的结构优化。同时要健全农业的生态保护和农业社会化服务体系，走精细化、集约化、产业化道路，加快发展农业产业化经营。

其次，农业与非农产业相结合。总体来说，农业作为弱质产业造成了农民仅靠务农致富是比较困难的。因此，要建立农民收入持续增加的长效机制，就必须鼓励农民大力发展工业和第三产业，以拓宽增收渠道。农村的发展既要确保粮食安全，不断巩固农业基础地位，又要因地制宜地大力发展第二、第三产业，不断壮大农村的经济实力。乡镇企业的发展必须按照市场需求调整发展模式，创新机制，重点发展农产品加工业、服务业和劳动密集型企业。鼓励有条件的乡镇企业建立现代企业制度。

(4) 统筹城乡社会发展。

第一，应当加强基础设施建设，提高公共服务水平。城乡差距同样体现在城乡基础设施建设和公共服务上。过去几十年，国家财政对农村基础设施和公共服务投入少，农民很难享受到公共产品服务。农村主要靠农民集资投资基础设施和公共服务事业，这不符合社会主义的本质和公共财政的要求。今后国家应当长期地、大规模地对农村加大基础设施建设的支持力度，切实解决农村饮水困难和饮水安全问题，统筹城乡的交通通信网络建设。最近几年国家在农村搞“六小”工程建设，主要就是针对农村基础设施严重滞后的问题，旨在大力推进城乡一体化的公共交通、供水供电、垃圾和污水处理、通信信息、连锁超市和劳动力就业服务体系的建设，让农民也能获得与市民一样便利、安全、高效、多样的公共服务。

第二，应当大力发展教育，优化人力资源。改革现行的教育体制，加大教育投资，普及九年制义务教育，提高整体国民素质。改革现行的教育体制主要有以下几方面：一是加大对农村的教育投资，优化教育资源配置，大力发展农村基础教育，将原来由农民承担的义务教育费用改为由政府承担。二是继续推行农村教师职业准入制度，强化教师继续教育，保障和改善教师待遇。三是政府出资建立农村劳动力职业培训基地，免费为农民提供就业技术培训，使从事农业生产的专业农民成为有文化、懂技术、会经营的现代农民。

第三，应当加强社会保障制度建设。首先，建立和完善农村养老保障制度。在有条件的地方实行农村社会养老保险制度的试点。除对农村孤寡老人和丧失劳动能力且无人赡养的残疾人实行集中供养制度外，引导其他农民在自愿的原则下选择预先积累的养老保险，建立个人账户，让农民年轻时就开始为自己储备养老金。由政府为农民独生子女户投养老保险。经济条件发达和有条件的地方应使农村与城市接轨，以村为单位整体纳入当地的社会养老保险体系。将长期在外打工的农民工纳入城市养老保障体系。其次，建立农村基本医疗保障制度：加快新型合作医疗制度推广的步伐，根据各地的收入水平，在政府支持和集体经济扶持下，按照农民自愿的原则，通过各种合作形式为农民提供优惠的就医和医疗保健服务；建立大病统筹基金，减少农民因病致贫、因病返贫的现象；强化政府的管理和监督。最后，建立农村居民最低生活保障制度。各地区应根据自己的经济实力把农村低收入群体纳入低保范围，同时要建立稳定的资金保障制度和科学的操作机制，这些在经济欠发达地区还很难办到。因此，国家应通过征收社会保障税的途径，建立最低生活保障专项基金，以保证农村居民的最低生活标准。

第四，需大力加强社会主义文化建设。统筹城乡文化发展是加强农村精神文明建设，推动广大农村由传统社会向现代社会转变的重大举措。统筹城乡文化要求我们：要充分重视统筹城乡文化发展问题；以送文化下乡为重点，丰富“三下乡”活动的形式和内容；大力实施农村文化建设工程，完善文化基础设施；建立农村文化建设的多元投入机制；发挥城市文化产业的辐射作用，带动城乡文化共同进步；加强农村文化人才队伍的培养和建设。采取多种措施缩小城乡文化差距，让广大农民也能共享先进文化的资源。

(5) 统筹城乡民主政治建设。建设社会主义民主政治，是社会主义市场经济发展的有力保证，也是城乡协调发展的重要内容。农村改革后，原有的经营管理体制被打破，农民有了经营自主权，农村民主建设面临的任务比城市更加艰巨。必须进一步强化以党支部为核心的村级组织的功能，充分发挥村级组织在农村民主政治建设中的作用。坚持完善村民自治制度，扎实推进村民委员会直接选举制度，决不能以任何理由动摇这一农村基层政治民主、政治文明建设的基石。把民主选举、民主管理、民主决策、民主监督真正落到实处。加强普法教育和法制建设，增强农民的法制意识，推进农村社会综合治理，消除农村各种不安定因素，形成有效的社会管理机制与和谐的社会关系，让广大农民群众充分享受民主权利，在法制化、制度化和规范化的基础上推进农村政治文明建设。

第四节 互联网与虚拟社区

当前，信息技术正在全球范围内以不可逆转之势深刻地影响并改变着人们的生活，互联网成为大众关注的焦点。① 回顾互联网的发展历程，我们可以看到网络化趋势的扩张已经渗透到世界的每个角落，其速度之惊人、范围之广泛，让人们意识到互联网作为一次科技革命，正改变着人们的生存方式和生活观念。人们不仅能通过上网聊天、购物、搜索信息、咨询等活动来满足各种物质和精神的需要，而且还能在电子化的空间中通过与网友的精神交往体验“数字化生存”，体味另类人生。

由于互联网实现了跨时空的人际互动，人们在互联网上通过交流形成了具有共同价值观、共同归属感的群体，因此，强调具有“精神共同体”属性的“虚拟社区”便逐渐凸显出来。虚拟社区的出现从一个侧面反映了转型中的中国社会的深刻变化，相信它也会对社会学的理论研究提出新的挑战。

一、什么是虚拟社区

虚拟社区（virtual community）是与传统的实在社区（real community）相对应而言的。何谓虚拟社区？目前仍然众说纷纭。有国外学者指出，virtual community的意义在于“为网络衍生出来的社会群聚现象，也就是一定规模的人们，以充沛的感情进行某种程度的公开讨论，在网络空间中形成的个人关系网络”②。也有学者认为，虚拟社区是由一批网友自动聚集并相对固定在一定的网际空间进行如信息发布、言论交流等活动的场所。有些学者从社会群体的角度，认为虚拟社区是人们在电子空间里通过精神交往所形成的具有共同归属感的联合体。还有学者主张，虚拟社区也是一种真实，“只有当人们把‘网络社会’当成一种人类生存与发展的‘另类空间’时，‘网络社会’才具有虚拟性”③。

在英文中，“virtual”除了“虚拟的”之意，也有“实际上起作用的、实质上的”含义。事实上，虚拟社区也具有实在社区的要素，比如有一定的活动区域（如各网站开设的BBS、聊天室、网上沙龙等），有一定数量固定的人群（网民），

---

① 1996年全球互联网人口只有4 000万，到了2007年已经增加到12亿。据中国互联网络信息中心（CNNIC）发布的《第22次中国互联网络发展状况统计报告》，截至2008年6月底，我国网民达到2.53亿人，已经跃居全球第一位。

② 泰普斯科特．数字化成长：网络世代的崛起．大连：东北财经大学出版社，纽约：McGraw-Hill出版公司，1999.

③ 童星，罗军．网络社会：一种新的、现实的社会存在方式．江苏社会科学，2001（5）.

人与人之间有着频繁的互动（如聊天、发/跟帖子、咨询与求助、发表言论）。实在社区中的各种活动同样也可以在虚拟社区中进行，如网上教育、网上就业、电子商务、网上婚恋等等。

尽管大家从不同的角度去考察虚拟社区，但对它的本质有着统一的认识，即虚拟社区存在于与日常经验的物理空间不同的电子网络空间（cyberspace，也译作“赛博空间”），社区的居民为网民（netizen），他们在一定的网络空间围绕共同的需要和兴趣进行交流等活动，并且形成了共同的文化和对社区的认同感与归属感。这里，我们尝试对虚拟社区作如下界定：虚拟社区是指由网民在电子网络空间进行频繁的社会互动所形成的具有文化认同的共同体及其活动场所。

二、虚拟社区的特征

虚拟空间是计算机网络技术为人类提供的一个崭新的数字化空间与符号化交往环境，虚拟空间里的虚拟社区的发展过程也就是对日常传统的生存方式和生活观念进行消解与重构的过程。虚拟社区并非乌托邦，它是真实可感的。虚拟社区的虚拟性仅仅体现在它并不存在于物理世界的地理环境之中，它没有物理上的体积和形状，是在赛博空间中建构出来的具有初级关系的社区。在虚拟社区中，人们建立了密切的联系，并且还把这种友谊关系延伸到现实社会中，实现现实生活中的社会互动。与实在社区相比，虚拟社区主要有以下几个鲜明的特征。

（1）交往具有超时空性。信息技术的发展使得建立超越地域限制的社区成为现实。传统人际互动中所必需的时间和场所被压缩甚至被取消了，身体的“缺场”（body absence）取代了“在场”（presence）。[①] 在虚拟社区中，人们可以借助于计算机网络技术，在瞬间实现跨国界、跨地区的互动，这种压缩时空的交流深刻地改变了传统的传播和沟通方式，为人类交往提供了革命性的新形式。

（2）人际互动具有匿名性和彻底的符号性。虚拟社区成员的身份是匿名的，交往以符号作为中介，同时还有“身体缺场”的特点。成员可以随意地选择进入社区的身份标识。人际互动的匿名性使互动有了更多的互塑性和建构性的色彩，成员可以尝试充当不同的角色，塑造不同的行为模式和自我。人际互动的匿名性还为人际互动创造了更多自由的空间，摆脱了实在社会中真实身份的羁绊，人们可以自由、随意地表达观点，宣泄自我。但是上述几种特性会导致互动的“局部性”（如不会有肢体的接触），也使成员的责任感降低，导致人际信任的缺乏；而且，过度以符号为中介的间接交往也会使人产生孤独感，e时代很有可能造成新一代的孤独的人群。

（3）人际关系较为松散，社区群体的流动较为频繁。虽然在频繁的互动中社区成员会形成共同的价值意识和对社区的归属感，但是这种凝聚力是建立在松散的人际关系的基础之上的。首先，成员可以根据自己的喜好随意选择进入还是退

---

① 冯鹏志．网络行动的规定与特征：网络社会学的分析起点．学术界，2001（2）．

出社区，而且不同的社区具有不同的功能，人们会根据自己的需要在不同的社区内流动，以实现购物、交友、娱乐等目的；其次，在有些情况下，成员的交流对象具有不稳定性，交流过程也具有短暂性；最后，社区内维系社区组织和制约社区成员的制度和机构的力量都较为薄弱。这些都导致了人际关系的松散性和群体流动的频繁性。

（4）自由、平等、民主、自治和共享的准则。虚拟社区成员的身份获得不再受地域、年龄、性别、职业等因素的局限，世界各地的人都可能成为同一社区的成员，成员之间基本都是平等的关系，由于网络人际互动的匿名性和人际关系松散，传统社会里的权威地位和等级属性近乎消解。成员共享社区文化、信息资源、人际资源，网络上每一种文化产品都具备“世界性”与“全民性”。同时，社区实行民主化与自治性的管理。虚拟社区为成员在社区管理中发挥自主性和创造性创设了一种自由、民主、自治和共享的环境。一方面，虚拟社区的建设和发展需要全体成员的积极参与和投入，每一个成员都拥有贡献自己的才能和智慧的权利和负有为社区发展尽责的义务，社区成员成为创造信息、资源和发展设施的主体力量。另一方面，社区成员在社区的管理和建设中享有充分的民主和自治权利。成员拥有高度的言论自由和结盟的自由。成员对社区的建设和发展实行自治，如设定社区的主题，充实社区的内容，提交有关社区建设的议案，制定社区成员共同遵守的规则。

三、虚拟社区与现实社区的关系

虚拟社区是信息技术发展之后形成的崭新的人类生存空间，在某种意义上说它更接近滕尼斯所谓共同体的那种“天然的状态”[①]。虚拟社区与实在社区之间无疑有着密切的、不可分割的联系，但是两者也有着鲜明的区别。

虚拟社区与实在社区最大的差异表现在地域空间的界定上。现实社区通常强调地域环境的影响，其社区形态都存在于一定的地理空间中。社区实际上是居住在同一地域内的人们形成的地域性的共同体。虚拟社区则没有物理意义上的地域边界，虚拟社区的非空间组织形态以及成员的身体缺场，使其成员可能散布于各地，即一个个体可以超越空间的障碍生活在好几个虚拟社区里。有论者因此指出，虚拟社区与实在社区一个明显的差异是它的“不完全延伸性”。所谓不完全延伸性，就是说网上获得的虚拟社区成员的身份一般不具有在日常的实在社会里延伸的特性。要言之，数字化生存体验的超时空、身体缺场、话语权力平等、身份自由选择等等，在现实生活里是无法兑现的。

虚拟社区与实在社区存在密不可分的联系，可以从以下几点来理解：（1）虚拟社区是对实在社区的反映和重构，实在社区中的生活方式和观念、规范会影响到虚拟社区的建构。比如日常生活里人们的母语既是社会交往赖以实现的基础也

① 滕尼斯．共同体与社会．北京：商务印书馆，1999：58.

是跨文化交流的障碍。在虚拟社区里这种语言区隔也并不会因数字化生存而消解。(2) 虚拟社区会反作用于实在社区，为实在社区的重组和再造增加新的元素。虚拟社区的生存观念、行为规范和准则等会对实在社区造成一定的冲击，影响到实在社区的发展。比如电子商务、计算机病毒、网恋事件等都会直接影响现实社会生活。[①] (3) 两者在功能上是互补的。虚拟社区在社区成员某些低层次需求（如饮食男女）的满足上往往是无能为力的，但在满足高层次需求方面，如自我发展与完善、获得信息和自我实现等方面，虚拟社区则有着实在社区无法比拟的优势。当代有句流行语说，尽管互联网不是万能的，可是离开它却是万万不能的。

社会学界对虚拟社区的研究才开始起步，许多理论问题尚在探讨当中，暂无定论。应当指出的是：(1) 中国的网民仅占总人口的小部分，所以虚拟社区对人们日常生活的影响是有限的，不宜过高估计。(2) 社会实践是推进社会学理论发展的原动力，中国当代社会高科技的发展致使“网络社会学”作为社会学的新分支崛起。虚拟社区不过是网络社会学对象的一部分而已，因此切不可以偏概全地把对前者的了解当成对后者的体察。

思考问题

1. 社区与社会有哪些区别和联系？
2. 如何推进中国城乡协调发展战略？
3. 如何从社会转型的角度看待中国当前城市和农村的社区建设？
4. “虚拟社区”有哪些特点和社会影响？

阅读书目

1. 潘乃谷，马戎．社区研究与社会发展．天津：天津人民出版社，1996.
2. 折晓叶．村庄的再造．北京：中国社会科学出版社，1997.
3. 徐永祥．社区发展论．上海：华东理工大学出版社，2000.
4. 陶铁胜．社区管理概论．上海：上海三联书店，2000.

---

① 陈劲松．现实社会中的虚拟社区的权威达成．社会科学研究，2001 (4).

第十三章

社会变迁与社会现代化

【本章要点】

- 社会变迁是指一切社会现象特别是社会结构发生变化的动态过程及其结果。
- 社会生产力的发展是社会变迁最根本的原因，但不是唯一的原因。自然环境、人口、国家制度、文化、传统、意识形态、社会心理等多种因素都会影响社会变迁。
- 社会现代化是指一种特殊的社会转型过程，即社会在日益分化的基础上，进入一个能够自我维持增长和自我创新、以满足整个社会日益增长的需要的全面发展过程。
- 发展中国家的现代化进程，表现出许多不同于发达国家的特殊性，如迟发展效果、二元结构、政府主导等。
- “建设有中国特色的社会主义现代化”成为当今时代的主题，改革开放成为现代化新时期的主旋律。

【关键概念】

社会变迁 ◇ 有计划的社会变迁 ◇ 社会现代化 ◇ 人的现代化 ◇ 理性化 ◇ 全球化 ◇ 迟发展效果 ◇ 二元结构 ◇ 改革开放

近代以来，社会变迁的速度加快，规模扩大。当今世界各国无不经历着广泛而深刻的社会变迁。社会现代化是近代以来的一种特殊类型的社会变迁。

第一节 社会变迁

在社会学视域里，社会变迁既泛指一切社会发生变化的现象，又特指社会结构的重大变化；既指社会变化的过程，又指社会变化的结果。换言之，“社会变迁”是一个表示一切社会运动变化现象，特别是社会结构发生变化的动态过程及其结果的范畴。要真正把握这样一个具有丰富含义的概念，就要具体分析它的类型、因素、根源等方面的内容。

一、社会变迁的类型

社会变迁依其变迁的表现形式不同，可以区分为以下几种类型。

依社会变迁的规模划分

从社会变迁的规模，可区分为整体变迁与局部变迁。整体变迁是指整个社会结构体系的变化。它是从社会结构体系各个构成要素相互联系的有机变迁的合力中演化出来的。社会形态的更替就属于整体变迁。局部变迁是指社会各个构成要素自身以及它们之间部分关系的变化，如家庭模式、经济体制等方面发生的变化。局部变迁并不是整体变迁的简单外延，它的变迁不一定和整体变迁的方向、速度一致，有时既可能成为整体变迁的障碍，又可能超前于社会整体的变迁。美国社会学家威廉·奥格本（William F. Ogburn）曾经阐述过“文化滞后”的理论，认为人类非物质文化的变迁总是落后于物质文化的变迁。

依社会变迁的方向划分

从社会变迁的方向，可区分为进步的社会变迁和倒退的社会变迁。社会变迁作为有社会意义的变迁，可以是任何方向上的变化。但具体地在一定历史环境中考察社会变迁，特别是从保障社会良性运行和协调发展的角度来考察，就不能不带有价值评价的意义。而且在对社会变迁的考察中，任何人也不可能从纯粹“中性”的立场出发，脱离对社会变迁方向的评价。

在社会进化论看来，社会变迁是一个从简单到复杂、从低级到高级的发展过程，其理论渊源来自近代人们对社会进步概念的追求和确认。在此基础上，社会变迁的方向基本上可以分成进步的和倒退的两种类型。进步的社会变迁符合人类社会发展客观规律，带来社会物质财富的增长和社会生活各个方面，包括社会精神生活的提高，使每一个社会成员逐步得到全面发展和能够逐步自由地表现自己的才能。一句话，进步的社会变迁是一种促进社会良性运行和协调发展的社会变迁。因此，在这个意义上，社会变迁与“社会进步”“社会发展”等概念较为接近。反之，则是倒退的社会变迁。应该指出的是，上述两种有关社会变迁方向的划分是在一定的抽象意义上作出的。在现实社会变迁过程中，进步和倒退两个方向上的社会变迁往往是同时存在、同时进行的。

依社会变迁的方式划分

从社会变迁的方式这一角度，社会变迁可区分为渐进的社会变迁与激进（革命）的社会变迁。渐进的社会变迁是指社会结构的内部关系及其与外界环境的关系相对均衡。在这种状况下，社会发生有秩序的、缓慢而持续的变化和发展，或者由一种模式过渡到另一种模式。这时的社会变迁是局部变迁的积累，整个变迁过程表现为渐进的量的变化或部分质变。激进的社会变迁是指飞跃式的社会变迁，常常表现为社会革命，它是社会结构的相对均衡遭到彻底破坏、社会系统和社会结构需要重组时，所发生的改造社会的重大社会变迁。在社会革命时期，社会的经济、政治、意识形态以及社会生活的各个方面，都会发生根本的变化。这是社会变迁渐进过程的中断，是社会的质变。

依人对社会变迁的参与和控制划分

从这一角度，可区分为自发的社会变迁和有计划的社会变迁。社会变迁的主体是人，人类自己创造着自己的历史。但人类创造历史的活动不是任意的，人类以什么样的方式参与社会变迁以及在多大程度上控制社会变迁，取决于人类对社会发展规律的认识程度和掌握的工具。当人类社会发展程度较低，认识能力和认识工具水平也较低时，人类在很多方面以盲目的方式参与社会变迁。社会变迁对于人类来说，在很大程度上是一个异己的过程。当人类对社会变迁的过程和方向缺乏参与控制时，社会变迁往往在进步的同时伴随着倒退。

工业化，特别是现代科学技术的飞速发展，使得对人类生存环境和自身造成破坏的危险性大大增强。因此，对社会变迁，特别是对技术发展进行控制和选择，有计划地进行社会变迁，成为人类社会发展的重大问题。现代信息技术和预测技术的发展，为人类有意识地参与和控制社会变迁提供了条件。因此，有计划的社会变迁，即人类有意识、有目的地参与社会变迁和控制社会变迁，就成为现代社会变迁的主要形式。

二、影响社会变迁的因素

（一）环境与社会变迁

这里所讲的环境是指那些和人类发生相互作用的自然环境。环境的变化和发展是人类社会变迁的基本前提。

环境主要可分为两类：第一类指未经人类改造过的自然环境，亦可称为“原始自然环境”。第二类指经过人类改造或受人类活动影响的自然环境，亦称为“人化自然”。环境变迁及其对社会变迁的作用包括上述两个方面。环境为社会的生存和发展提供自然资源和物质条件，因而社会变迁总是在一定的环境中进行。如果环境发生了变化，势必影响社会的运行和发展。

在不同的社会发展阶段，环境对社会变迁的作用方式有所不同。当社会发展水平较低时，环境的影响作用主要是依其自身变化规律自然而然地发生的。随着人类与环境相互作用关系的不断扩大和深入，“人化自然”环境对社会的影响越来越大。特别是人类活动对整个生态环境的破坏和污染，已经严重制约了社会的进步，给人类带来许多未曾有过的灾难。如何保证一个可使人类社会持续发展的生态环境，成为全球性发展的重大问题。

（二）人口与社会变迁

人口是社会变迁的基本前提。一定的人口状况是社会生存和发展的必要基础。人口状况主要指人口数量、质量、构成、分布及流动。人口状况与整个社会发展比例失调，会给社会的发展速度和水平带来直接影响。人口数量过多和增长过快，会降低经济发展水平和生活水平，给就业、保健、教育等造成很大负担；人口数量不足，会造成社会发展所必需的劳动力短缺；人口质量低，就无法适应现代化科学技术和现代化生产建设的要求，同时也影响精神文明建设的发展；人口分布不合理，会造成某些地区如大城市，人口过度集中，使城市人口拥挤、交通困难、住房短缺等；人口老龄化，会产生社会保险、医疗保健、经济负担等一系列社会问题。

（三）社会制度与社会变迁

社会制度作为社会行为规范体系，既是社会变迁的结果，又直接影响社会变迁。制度结构的性质和稳定与否，在很大程度上决定了社会变迁的方向和过程。在各种社会制度中，除了经济制度外，人们特别重视政治制度对社会变迁的作用。政治制度既可以为社会的经济发展创造一个有利的环境，又可以限制或束缚经济的发展。政治制度的执行机构——政府还常常直接参与社会经济的发展。此外，政治制度不仅影响社会经济的发展，还对人们的价值观念、人际关系和互动以及社会生活方式发生直接的作用。

（四）社会价值观念和生活方式与社会变迁

社会价值观念主要是指人们的道德观念和社会评价的思想体系。人们的社会活动都是在一定的价值观念指导下发生的。社会制度的基本构成要素之一，即特定的文化价值观和意识形态体系。因而，社会价值观念的变化是整个社会变迁的基本方面，并且往往成为整个社会变迁的先声。生活方式常指人们在一定价值观念支配下，为满足需要而在各种生活领域中进行活动的行为习惯。生活方式对于社会变迁的重要意义，正如马克思、恩格斯所指出的：“人们用以生产自己的生活资料的方式，首先取决于他们已有的和需要再生产的生活资料本身的特性。这种生产方式不应当只从它是个人肉体存在的再生产这方面加以考察。它在更大程度上是这些个人的一定的活动方式，是他们表现自己生活的一定方式、他们的一定的**生活方式**。个人怎样表现自己的生活，他们自己就是怎样。”①

（五）科学技术与社会变迁

科学技术是指在社会体系中独立存在的知识系统。科学技术的发展，正在对人类社会的变迁产生越来越大的影响，成为推动社会变迁的主要力量。科学技术发明创造的增长，科学技术研究规模和组织形式的变化，不仅扩大了人类生活的范围，带动或直接造成社会物质财富的增加，而且新的科学技术成果及其所要求的组织和制度，正在不断改变着人们的社会互动方式，直至改变人类的生存方式。正是由于现代科学技术的飞速发展，才使得现代的社会变迁也呈现出加速度的状况。

（六）经济与社会变迁

社会经济的变化与发展是社会变迁最重要的因素和内容，对社会变迁具有决定性的作用。这一点我们在下面将加以论述。社会经济的变化与发展既包括社会物质财富量的增加，也包括质的提高；既包括不同社会形态生产方式的更替，也包括同一社会形态内经济结构、劳动方式的变化。从原始社会人类完全依靠采集和猎取自然界的动植物而生活，到农业生产和畜牧业生产的出现，从18世纪大机器工业的产生，到现代以信息技术和信息产业为先导的新技术群和新产业群的出现，人类社会经历了巨大的经济变迁，从而最终改变了人类的社会活动和社会生活。

三、社会变迁的动因与机制

西方社会学理论曾对社会变迁的动因和机制做过大量研究，如进化理论、循环理论、均衡理论和冲突理论。

在社会进化论看来，社会变迁好似生物有机体的进化。在这个过程中，社会有机体的结构成分不断扩大，结构日益复杂，与此同时社会有机体的管理和调节机制也日益分化和复杂。无论这种进化论是遵循单向的还是多元的方向发展，人类社会始终是一个由简单到复杂、由低级到高级、不断向前发展的过程。社会进化的主要形态是渐进的、连续的。历史循环理论认为，一个文明或社会的历程是起源、成长、衰落、解体的过程，在文明解体或衰亡的基础上，新的文明诞生、成长，最终还会走向衰落和解体，人类社会的历史就是这样一种循环往复变化的历史。社会均衡理论就其内在逻辑来说，是否认社会变迁的。自20世纪60年代以来，均衡理论同社会进化理论结合起来，形成了进化的均衡理论。这种理论认为，社会变迁是一种历史的进化进程，主要表现为社会系统适应环境的能力不断

---

① 马克思，恩格斯．马克思恩格斯选集：第1卷．2版．北京：人民出版社，1995：67-68.

增强。社会变迁的主要动力是由于社会必须不断地从外界环境中获取新的资源，由此导致社会系统新的分化，并在此基础上产生新的整合，达到更高水平的均衡。社会冲突理论则认为，社会体系是一个各个部分都被矛盾联结在一起的整体。由于利益不可调和的冲突是社会生活的基础，因而，社会变迁是必然的。社会冲突的根源不在于社会经济关系，而在于社会中权力分配的状况以及人们对权力再分配的欲望。

马克思主义的历史唯物主义认为，社会变迁最根本的动力是社会生产力的发展。这是因为生产力是人类物质生产方式内部最活跃、最革命的因素。生产力总是处于不断的发展变化之中，而生产关系则是相对稳定的。生产力和生产关系的矛盾运动，使生产方式不断地新陈代谢，整个社会的政治、价值观念、生活方式也随之发生变化，从而造成整个社会结构的变迁。社会生产力的发展是社会变迁的最终决定力量。

社会生产力的发展是社会变迁最根本的原因，但不是唯一的原因，社会变迁除了最终取决于社会生产力发展之外，还取决于许多其他因素的作用，因而是多种因素相互作用的结果，例如，受到自然环境、人口、国家制度、文化、传统、意识形态、社会心理等多种因素的影响；不同国家、不同社会的社会变迁，还要受到种族特征、民族特征和各个国家、民族历史传统的影响。同时，社会生产力的决定作用，在不同国家和民族的不同发展时期，也有不同的表现和结果。要具体地研究社会变迁，必须考虑所有这些在社会变迁中起作用的因素。

当我们在一定的历史条件和环境内，具体地考察某一特定的社会变迁过程时会发现，社会结构体系中的所有要素，都以相互联系、相互作用的方式，具体地、历史地表现社会变迁，使社会变迁成为相互作用的结果。任何一个社会体系，为了维持相对稳定的运行和发展，必须以一定的秩序将社会体系中的各个要素组织起来。这种相互作用、相互制约的秩序维持社会不至于陷入混乱状态。但是，有两种情况使相对稳定的状态必然发生变化。第一，社会系统与外界环境所进行的物质、能量和信息的交换。在这种交换过程中，社会不断地将外界环境中的新因素吸纳到原有体系之中，从而破坏了原有结构体系的稳定秩序。第二，社会结构要素的自我发展。社会作为一个有生命力的系统，不像特定条件下的机器系统一样，一经建成就有了不变的秩序。它一经建立之后，会不断地由不完善向比较完善发展。这种自我完善的发展结果，就有可能破坏原有比较平衡的相互关系，导致原有结构体系中稳定秩序的变化。

对于社会在运行和发展中出现的上述失调现象，社会必然要调整自己的结构体系和形式，容纳新因素的输入和对不平衡的秩序加强协调，以使社会在新的水平上稳定运行和协调发展。如此，社会变迁就或多或少地以各种形式发生在社会运行和发展之中。其中既包括量变，也包括质变；既包括部分质变，也包括整体质变。也就是说，当新的结构要素和相互作用关系的变化达到一定程度的积累，原有的社会结构无法维持稳定秩序时，就会发生社会结构的整体重组，形成新的社会结构。

四、有计划的社会变迁

人类在认识社会变迁客观规律的基础上，不断地对社会变迁的过程、方向、速度、形式和条件实行有计划的指导和管理，并不断扩大指导和管理的范围，深化它的内容。恩格斯曾经指出，“人离开动物越远，他们对自然界的影响就越带有经过事先思考的、有计划的、以事先知道的一定目标为取向的行为的特征”①。有计划的社会变迁的客观基础存在于两个方面：一是一般的历史条件，即社会发展的水平不但提出了有计划变迁的客观要求，而且提供了人们认识社会变迁规律的条件和可能；二是具体的历史条件，即某一特定的社会体系、社会制度为实现有计划的社会变迁所提供的条件和可能性。

真正科学的有计划的社会变迁，只有在日益现代化的社会里才有可能逐渐做到。实现有计划的社会变迁，必须具备一定的理论指导，即必须首先明确社会变迁的目的、方向，认识和把握社会变迁的规律。同时，还必须掌握和利用现代科学技术，特别是现代科学方法论，现代管理和预测的理论、技术和工具，诸如系统论、控制论和信息论等现代科学理论，以综合性、普遍联系和整体性的观点去研究和分析事物的存在和发展。

有计划的社会变迁是分层次实现的。社会发展和社会结构的复杂化，一方面要求从整体上计划社会的变迁，避免不协调的发展，另一方面又要求发挥每一社会结构构成要素直至每一个社会成员的主动性和积极性，保持社会发展的勃勃生机。因此，有计划的社会变迁，主要体现为对整个经济和社会发展方向的引导以及战略规则、计划方针和政策的制定，对地区之间、部门之间、经济结构、政治结构等结构要素之间关系的协调和计划，以及对关系到国计民生的重大问题的直接控制。除此之外，应尽可能充分调动全体社会成员的创造性和主动性，推动社会的更快发展。

在一定意义上，有计划的变迁表现为含有一定的目标和实现目标的手段、方法的社会发展计划和规划。从时间界限上讲，计划一般是短期的，而规划是中、长期的；从内容上讲，规划主要是用来确定社会发展的战略方向和战略步骤、战略手段，而计划则是依据规划制定在较短时间内实施的细则和措施。由于社会变迁的相互作用、相互制约关系日益复杂，因而现代社会发展计划和规划的制定工作，更多地使用了各种数学理论和方法，以便更好地掌握社会结构体系中各构成要素关系的变化与发展。

制定社会发展计划和规划的过程，同时表现为决策的过程。在现代社会变迁的规模和复杂程度上，任何卓越的人物仅凭个人的能力都不可能完满地完成计划社会变迁的任务。因此，决策的科学化是实现有计划的社会变迁的重要保证。实现科学的决策除了提高领导者本人的素质之外，主要是依靠由各方面专家组成的

① 马克思，恩格斯．马克思恩格斯选集：第4卷．2版．北京：人民出版社，1995：382.

“智囊”，按照严格的科学决策程序，建立相应的决策研究体制，运用科学的决策理论和决策技术，对影响社会变迁的各种因素和条件进行综合性研究，提出供决策者选择的决策方案。

第二节 社会现代化

自近代以来，世界上社会变迁的重要潮流之一，是社会现代化的潮流。社会现代化集中体现为人类社会自近代以来所发生的重大变革，即我们所讲的从传统向现代的社会转型。

一、什么是现代化

在社会学中，社会现代化是指这样一种特殊的社会转型过程，即社会在日益分化的基础上，进入一个能够自我维持增长和自我创新，以满足整个社会日益增长的需要的全面发展过程。这是现代化社会和非现代化社会的本质区别。

社会学创立时期的大师们，例如涂尔干、韦伯、滕尼斯等人，也以“机械团结和有机团结”“理性化”和“社区与社会”等概念，对这一历史性变革做出了反应。至 20 世纪 50—60 年代，在社会现代化成为遍及全世界的现象后，有关社会现代化的理论研究也逐渐在各个学科中发展起来，形成了一个现代化理论研究的高潮。英国著名社会学家吉登斯（Anthony Giddens）以“现代性”的概念探讨了现代化的本质。在吉登斯看来，所谓现代性，是指在 17 世纪以来出现于欧洲，并且其影响随之向世界各地蔓延的社会生活方式和组织方式。现代性是历史发展的非延续性或断裂的结果，现代社会的基本制度是前现代社会没有或与之根本不同的。

社会现代化是一种具有世界意义的历史潮流。大约从 16 世纪起，首先在西欧逐渐发生了一系列制度变革和政治、经济变革，使得现代化浪潮在 18 世纪左右席卷了整个西欧和北美，形成了世界现代化历史上的第一个高潮。19 世纪末至 20 世纪中叶，社会现代化浪潮向世界其他地区扩散，形成了以日本和苏联为代表的第二次高潮。第二次世界大战结束之后，在 20 世纪 50—60 年代，亚洲、非洲、拉丁美洲大批国家摆脱了帝国主义的殖民统治，建立起独立的民族国家，掀起了社会现代化的第三次高潮。

纵观社会现代化的历史过程和各国的实践经验，总结现代化理论研究的成果，我们可以首先对社会现代化的基本含义得出如下认识。

（一）社会现代化是一个连续不断的历史过程

在近代科学技术发展的带动下，以工业革命和信息革命为主要形式，社会现代化构成了一个连续不断的历史过程。现代化作为一种过程而不是某些指标的堆积，是一种与前现代社会发展相比独具特色的发展过程。因此，对于世界上任何一个国家或社会来说，既不存在绝对的"传统"与"现代"之分野，更没有一劳永逸的现代化。

广大第三世界国家，无疑正在努力推进本国的现代化进程。虽然用发达国家的某些发展指标来衡量，它们还处于较低的发展水平，但是，这种差距主要表现为发展水平的差距。因此，不能用西方国家的现状作为固定标准去判断其他国家的历史发展。此外，由于发达国家在社会政治、社会平等、社会价值观等方面还存在着很大的缺陷，经济增长也还面临各种问题，因此，发达国家并没有达到社会现代化的顶点，随着科学技术的发展，它们仍将继续自己的社会现代化进程。

（二）社会现代化绝非"西方化"或"欧洲化"

社会现代化作为世界发展的潮流，在不同地区、不同国家的发展中显示出共同的特征，如工业化。由于西方国家最早开始现代化进程并取得了相对高的成果，某些学者有意无意地将西方发达国家作为其他一切国家社会现代化的"典范"，认为所有的社会，无论它们的历史、社会现状和发展起点有多大的不同，都会按照西方社会的发展道路，经历大致相同的过程。这违背了历史发展的客观规律和历史现实。由于不同社会在前现代时期社会结构的差别、现代化进程起点的不同、内外环境的制约，实际上不可能按照某种"普遍模式"推进本社会的现代化。发展中国家应该也必须学习发达国家在现代化过程中的经验，但这种学习不应当成为单纯的模仿。

发展中国家之所以不能完全照搬西方发达国家的现代化模式，主要是因为：

第一，各个国家的历史条件不同，面临的国际环境不同，现代化起步的起点不同，特别是参与这个国家社会现代化发展的各种经济、政治、文化、社会等的因素各不相同。因此，如何实现以及什么时候实现社会现代化，取决于一定的历史条件和这个国家中各种因素形成的相互作用、相互制约关系的演化。对于任何一个特定的国家来说，社会现代化必须是从本国一切特定条件出发的产物，而不应把某一种外国的模式当作通用模式或唯一正确的模式。不顾本国的具体条件而照搬其他国家的模式，反而会破坏本国社会现代化过程中所必需的某种平衡，造成本国社会结构体系的失调，阻碍社会现代化的实现。

第二，即使发展中国家想要完全照搬某些发达国家的现代化模式，也是不能实现的。这种阻力不仅来自内部条件，而且还来自外部环境条件。早在19世纪末期，发达资本主义国家就已通过殖民主义，建立了以它们为核心的国际经济政治秩序。第二次世界大战导致帝国主义旧殖民体系瓦解，但并没有阻碍资本主义在全球的扩张。发达国家利用自己在经济上和科学技术上的优势，继续使发展中国家在经济上处于附属国的地位。这种状况的存在使得发展中国家经济日益畸形化，本国工业化发展缓慢，同发达国家的差距越来越大。因此，发展中国家想重蹈发达国家社会现代化的老路，只是一厢情愿。

（三）社会现代化是对历史传统既批判又继承的过程

许多现代化理论家构造了大量现代化模式，用各种所谓现代化社会的标准去衡量他们所认为的传统社会。不符合他们这些标准的社会及其特征统统被斥为“传统”。这种观点的实质是认为现代化与传统是历史发展过程中对立的两极。他们的根本错误在于，用片面的、非历史的观点来分析社会现代化的历史过程，而他们所谓现代化社会的标准，在很大程度上是对西方发达社会某些社会特征的总结，然后将其套用于其他一切社会。

现代化与传统之间的关系，是指一个社会在现代化过程中，不可避免地同原有社会结构体系中的各种要素发生的各种各样的关系。

所谓“传统”，一般理解为由“历史沿传下来的思想、文化道德、风俗、艺术、制度以及行为方式等”①。每一个民族在自身的历史活动中都创造了自己的传统。这些“传统”与“现代化”之间是一个相互促进、相互制约的关系。一方面，某些传统作为民族历史发展的精华和科学的、健康的成果，不仅不会成为社会现代化的障碍，而且和本民族的社会现代化有着直接联系。另一方面也应看到，随着历史条件的变化，某些传统自身丧失了其合理性和存在的价值，人们需要重新评判它们的价值。因此，社会发展必须坚决冲破某些陈旧传统的束缚，进行社会改革。改革是社会现代化的客观要求。不变革那些已成为社会发展沉重负担的旧的传统，就谈不上社会的发展，更谈不上社会的现代化。

从历史的延续性看，社会发展的任何一个阶段都是上一个阶段以至以前阶段的延续，但又是上一阶段和以前阶段的发展，截然分开或完全一致实际上都取消了发展。因此，没有一个绝对继承传统的现代化进程，也没有一个绝对拒绝传统的现代化进程。所有的民族都是重视和发扬本民族的传统的，而所有在现代化过程中取得一定成就的民族，也都是冲破了旧有传统束缚的。离开了对传统的批判、改造、继承和发扬，任何民族的现代化都不可能顺利实现。

（四）社会现代化是社会结构体系协调发展的过程

有人认为，现代化过程实际上就是工业化过程，是经济增长过程。只要实现了工业化和经济增长，就是实现了现代化。这是一种片面的认识。经济增长的确是现代化的中心和基础，没有社会生产力的发展，就不会有现代政治制度、组织形式和价值观念的发展，但是，社会现代化绝不等同于工业化和经济增长。工业化和经济增长仅是现代化和社会发展的一个方面，经济增长既不可能孤立地实现，也不能替代社会其他方面的发展。我们可以从经济增长和社会其他方面的关

---

① 辞海：缩印本．上海：上海辞书出版社，2000：258.

系以及社会发展目标两个方面，来看现代化的协调发展过程。

（1）经济增长和社会其他结构要素的关系。经济的增长，可以为社会文化、社会生活的发展提供强大的物质基础，可以保证社会政治制度的相对稳定。但是必须看到，现代工业化的发展和经济增长，是与民族国家的建立，现代社会政治制度、组织制度等一系列制度创新有着密切关系的。所以，在社会现代化过程中，各种因素是相互作用、相互制约的。如果没有社会各个方面的变革，如政治变革、组织变革、观念变革、教育普及和城市化过程，工业化和经济增长是不可能孤立实现的。

（2）社会现代化的目标。社会现代化是一个社会变迁过程，而不仅仅是一个经济增长过程。工业化和经济增长，在某种意义上，是整个社会现代化的手段。其最终目的应该是满足社会日益发展的需要和人的全面发展需要。因此，社会现代化的成果应该符合绝大多数社会成员和本民族文化价值的特定需要。如果工业化实现了，经济有了极大增长，但社会不平等加剧，社会道德沦丧，优秀的民族文化价值受到破坏，甚至国家和民族的独立受到损害，那么，这种工业化和经济增长，是与整个社会的发展要求相对立的，人们将这种状况称之为“有增长而无发展”。

从另一个角度来说，衡量社会现代化的指标除了经济指标外，还有社会关系、社会制度性质、社会价值观念等指标。因此，某些国家由于特殊的原因，人均国民生产总值和国民收入可以超过许多发达国家，但没有人会同意它们是现代化国家。因为在这些国家里，政治生活和文化生活十分落后，还大量保存着封建主义、奴隶主义的东西。

二、现代化的基本特征

社会现代化作为一种自我维持增长和创新的发展过程，是通过社会在许多方面的变革实现的，如社会结构的日益分化和整合、现代科学技术发展、全球化、城市化、理性化等。

（一）社会结构的日益分化和整合

社会结构的高度分化和高度整合过程，其实质是一个社会的制度结构的变化，其结果是形成一系列相应的制度来规范各种社会关系。它是一个社会进入现代化的发展过程中最重要的社会基础之一。现代化进程中社会结构的分化，可从三个方面进行分析。

（1）个人角色分化。它是指个人所扮演或承担的社会角色的分离。一方面，随着劳动分工的发展，个人在不同的活动场合往往承担不同的社会角色。另一方面，人们之间的社会互动，越来越多的是在特定角色基础上的互动，而不再是同整个人格的互动。个人角色的分化造成个人更有效地承担角色，按角色规范实现角色的社会功能，同时造成个人之间的角色互动建立在理性的基础之上。

（2）社会组织的分化。社会组织的分化表现为，承担多种功能的单一组织向承担单一功能的多种组织的转化。随着劳动分工的发展，各种各样的组织功能从传统的功能多元化的组织中分离出来。而高度专门化的、功能单一的社会组织能够实现更高的效率，更好地完成组织目标，从而更有效地满足社会需要。这种功能单一化的组织的结构特点是现代科层制。

（3）社会成员之间社会地位的分化。社会地位分化的类型和表现，我们在“社会分层与社会流动”一章中已有详细阐述。这里仅想指出，多元化的社会分层体系有助于各种社会角色的发展，社会成员可通过各自的专门角色获得不同的社会地位，社会资源的分配途径和获得也日益多元化。这种社会地位的分化，有助于促进各种社会活动的发展和理性化，从而推动各种社会创新活动的成长，刺激社会资源和人力资源的调动与有效使用，并形成更加紧密的相互依赖关系。

伴随着社会日益分化，人们之间基于分工与合作的相互依赖性不断加强，普遍主义的社会规则成为人们各种社会活动的原则，不同社会成员的价值目标和利益目标在整个社会的范围内协调起来。如此，社会结构体系才能保持持续的稳定运行。一个在高度分化基础上的高度整合的社会，是现代化过程和前现代化过程的重要区别。

（二）理性化

理性是人们在确定行动目标和采取社会行动时，为了实现更高的效率，对目标和所需手段（工具）进行的选择，这些工具和手段具有较高的效率，使目标实现得更快更容易。理性的概念实质上是一个社会的文化价值观念的体现。现代化在很大程度上可以看作社会文化价值观的理性化转变，或者是理性原则的强化。社会发展的不同，社会现代化的道路和程度的不同，在一定意义上可以从不同社会理性化的差别上得到解释。

在社会学历史上韦伯可以说最早分析了一个社会的文化价值观对社会发展的影响。在分析人的行动动机时，韦伯选择了合理性作为分析的最基本概念。按照韦伯的解释，理性主义至少要包含这样几个要点：（1）明确意识到行动的目的，把所追求的具体目标做价值上的排列，并根据价值的大小对它们进行比较；（2）预测并计算结果来权衡行动的必要性，考虑目的与效果之间的关系，对效果负责；（3）根据目的选择手段，并对各种手段进行比较和选择，以付出最小而收益最大为选择标准；（4）在行动过程中表现出严格的首尾一贯性。更具体说，理性化应当考虑下列问题：行动的目的是什么，为什么要达到这一目的，达到目的的手段是什么，哪一种手段效率最高而成本最低以及行动的结果是什么。这些问题会使一切行动合理而有秩序。在韦伯看来，现代工业文明的一切成果几乎都是理性化思维的产物。

理性化对社会的发展是十分重要的。可以说现代科学技术产生的基础就是理性的精神。现代科学和现代工业的发展，是一种特定形式的合理性——形式理性或工具理性的发展。这种合理性的发展反映在个人的日常活动中，反映在社会组织形式中，反映在社会的文化中。随着现代科学和经济发达程度的提高，会有越来越多的人在理性原则的指导下去行动，而根据传统和感情去确定自己行为的人会越来越少。因此，社会文化价值观念的理性化过程，在很大程度上决定了社会变迁的方向和结果，构成了从前现代社会向现代社会转变的基础。

（三）科学技术在经济和社会发展中的重要意义

这是社会现代化过程同以往社会发展过程不同的一个基本特征。而且随着科学技术发展速度越来越快，水平越来越高，结构越来越复杂，其在现代社会发展中的重要性也将越来越大。我们可以从几个方面来认识科学技术发展的作用。

（1）科学技术发展带动了社会生产力的发展。现代社会生产力的主要形式“工业”就是在科学技术的带动下发展的。而当代所谓的“信息革命”等，更是科学技术革命的同义语。现代社会生产力已经和科学技术发展密不可分。科学技术的发展不仅导致生产的重大突破，而且也同时引起经济结构、产业结构、劳动方式、生产组织的变化。此外，技术进步对经济发展的影响远远超出了资本和劳动力投入的作用。

（2）科学技术极大地改变了人们的社会关系、互动形式和过程、社会的组织形式、社会生活方式以及人们的观念。如现代交通、通信和信息技术的发展，已经在很大程度上超越了原有空间结构的限制，从根本上改变了人们传统的社会交往方式；互联网的发展和普及导致一种新的社区——“虚拟社区”的形成和发展；计算机技术和网络的发展，使得工作场所的组织形式、管理方式和工作方式发生了根本变革等等。

（3）现代科学技术的发展，在给人类带来财富、提高生活质量的同时，也向人类社会提出了巨大的挑战，甚至带来了灾难。例如，现代生物遗传工程的发展，就向原有的道德观念、家庭婚姻关系提出了挑战。科学技术发展对自然和社会所造成或可能造成的影响，已经使控制科学技术发展成为一个重大的现实问题。

（四）经济持续而迅速的发展

从经济发展的观点来看，社会现代化就是用新技术更快地促进经济的发展，推动物质财富以超过任何可能的人口增长的速度增长。现代化的经济发展过程具有下列特点：

（1）经济不断而迅速地增长。用科学技术武装起来的现代经济同长期停滞不前或发展缓慢的前现代经济相比，一个显著的特点是经济或生产迅速地不断增长，经济不发达或普遍匮乏的状况逐渐消失。在社会现代化过程中，有可能出现“有增长而无发展”，但一般不可能出现“有发展而无增长”的情况。

（2）经济结构的改变。现代化意义上的经济增长，表现为经济结构的改变。其首要的标志，就是经济增长的内容由以农业为主转变到以工业为主，即“工业化”。工业化的过程表现为农业在国民经济中的比重下降，工业的比重上升，直至占据主导地位，工业生产成为国民经济发展的主要依靠力量。一个国家的工业化水平可以用工业生产在整个国民经济中所占的比重来衡量。

（3）现代工业和现代农业相互促进。从经济增长的过程来看，比较成功的工业化过程，同时也保持和促进了农业的持续增长。农业劳动生产率的增长，可以使更多的劳动者转移到工业生产部门，为工业劳动者提供廉价的粮食，为农产品加工工业提供廉价的原料，为工业化积累部分资金。特别是对一个大国来说，农业劳动生产率的增长和农业收入的提高，可以扩大工业化发展迫切需要的国内市场，促进工业的发展，为整个经济更快增长提供广泛的基础。

（4）第三产业（服务业）在国民经济中占有越来越重要的地位。在已经实现工业化的国家里，服务业或第三产业的发展逐渐超过了工业，在国民经济中占据了主要地位。随着第三产业的兴起，知识、智力在国民经济发展中越来越成为关键的因素。发达国家经济结构的变化，表明了在社会现代化过程中，在实现了工业化以后，经济发展的重点会出现变化，人类生产活动将向着更高的水平和更深的层次前进。在整个经济现代化过程中，这种结构性变化成为区分不同现代化水平的重要标志之一。

（5）现代化的经济发展也意味着全体人民生活水平和生活质量的提高。如果经济的增长不能使所有社会成员消除贫困，不断改善教育、社会福利、医疗卫生条件，而是扩大贫富差别，那么，这种经济增长将陷入“有增长而无发展”的状况。对于整个社会来说，现代化的经济发展过程是量的增长、经济结构改变与社会成员生活水平和生活质量提高三者不可分割的统一过程。

（五）城市化

城市化，是指在一个国家或社会中，伴随着非农产业发展，城市人口增加、城市规模扩大、城市生活方式逐渐占主导地位的过程。

城市化作为社会现代化过程中各种特征发展的综合反映，表明整个国家结构和经济关系、社会结构和社会关系发生了深刻变化，成为人们分析社会现代化过程的主要指标之一。现代社会的一些特征之所以首先在城市中发展起来，就是因为城市的聚集性质，并最终发展成为现代城市文明。具体表现在：第一，城市的发展，在经济上为生产发展提供了市场，促进企业生产专业化并有助于辅助工业的发展，提供了为生产和生活服务的基础设施的临界规模效益，同时也推动了金融和商业的发达。第二，人口的聚集，有助于发展现代社会所必需的科学研究、教育、卫生、文化娱乐等活动，而在分散的情况下，这是很困难的。第三，更为重要的是，城市生活的发展，日益复杂的经济和社会联系，改变了人们传统的地域观念、家族观念和生活方式，推动了新的组织制度的形成，扩大了人们的社会交往，有助于培养人们的竞争和进取精神，把人们从过去封闭式的地区性生活中解放出来。

一个社会城市化的发展，取决于若干条件。

（1）整个社会的经济发展水平。世界银行 1990 年的统计表明，一个国家的经济发展水平同城市化呈正相关关系。因此，只有一个国家总体经济发展水平提高了，其城市化水平才能提高。但是，城市化水平与经济增长速度的关系很弱。

经常出现经济增长速度很慢，但城市人口增长很快的情况。

(2) 社会文化条件。城市化的发展水平在很大程度上取决于社会制度、社会结构背景。首先是城市在整个社会中存在和发展的权力。其次是一些社会体制的作用。如我国的户籍制度和商品粮制度，就是造成我国城市化水平较低的主要原因之一。

应该承认，目前我国整体的城市化水平还相对较低，而且城市化发展又面临很多难题。探索一条中国现代化过程中的城市化道路，充分利用城市化所带来的巨大经济效益和社会效益，促进现代化迅速发展，应是我国现代化过程中有待解决的重大问题。

(六) 人的现代化

一个社会的现代化，不仅是结构、文化、经济、科学技术及城市化的发展。社会是由无数社会成员构成的，在任何社会和社会变迁中，人都是一个基本的因素。因此，在一个社会迈向现代化的过程中，如果没有人的现代化，现代制度是不可能很好运行的。只有一个社会的人民现代化了，或者说，只有那些在现代科学技术、经济和各种组织中工作的人，都获得了与整个社会现代化发展相一致的现代性，这样的社会才可以说是一个真正的现代社会。现代制度和现代人是一个社会现代化的两个基本方面。

美国社会心理学家英克尔斯曾较为系统地研究了人的现代化。20 世纪 60 年代初，他在世界上不同地区的 6 个国家进行了一次有关人的现代性的大规模调查，对人的现代性做出了系统的阐述。在他看来，人的现代性主要体现在两个方面，即人的主观态度和客观行为，其内容主要包括：现代人应该具有与宿命论相对立的效能感，乐于接受社会变迁，愿意接受新的生活经历（具有开放性），尊重并愿意考虑各种不同的意见，积极获取并关心新的知识和信息，守时惜时并具有较强的时间观念，无论在公共生活还是在私人生活中都趋向于计划性，基于对理性的信赖而对周围的人给予信赖，重视专门技术和公正的分配，有较高的受教育和职业期望，具有普遍主义的取向，不因特殊的个人特征而给予不同的对待，对生活采取分析的态度，倾向于更积极的解决问题而不是回避问题等。

现代人的上述特征不是凭空产生的，它们是由现代制度和现代组织的性质所决定的。换言之，人是在现代制度和现代组织，或者说是在现代社会结构条件下，通过逐步适应和学习的过程，随着整个社会现代化的发展，逐渐形成了现代化的特质。在这个意义上，人的现代性不是天生的，更不是哪个民族或社会独有的；人的早期训练会对人的现代性有重要影响，但这种影响不是决定性的。由于社会的历史文化传统不同，社会现代化的道路和程度不同，人的现代性也会有相对的差别。

(七) 全球化

全球化的概念和历史

全球化是一个涉及人类社会各个方面、多种学科，具有多种维度的历史过程。我国学者杨雪冬总结了全球化的七种有代表性的界定为：（1）从信息通信角度，全球化被认为是地球上的人类可以利用先进的通信技术，克服自然地理因素的限制而进行信息的自由传递。（2）从经济角度，全球化被视为经济活动在世界范围内的相互依赖，特别是形成了世界性的市场。（3）从危及人类共同命运的全球性问题角度，全球化被视为人类在环境恶化、核威胁等共同问题上达成的共同认识。（4）从体制角度，全球化被看作资本主义的全球化或全球资本主义的扩张。（5）从制度角度，全球化可看作现代性的各种制度向全球的扩展。（6）从文化和文明角度，全球化被看作人类各种文化、文明发展要达到的目标，是未来文明存在的状态。（7）从社会过程的角度来界定全球化。[①] 英国学者戴维·赫尔德等认为"（全球化能够被看作）一个（或者一组）体现了社会关系和交易的空间组织变革的过程——可以根据它的广度、强度、速度以及影响来加以衡量，产生了跨大陆或者区域间的流动以及活动、交往以及权力实施的网络"[②]。在这里，流动是指物质产品、人口、标志、符号以及信息的跨空间和时间的运动，网络是指独立能动者之间有规则的或者模式化的交往、活动的接点。

全球化的过程以及研究，与传统的现代化过程和研究有着十分紧密的联系。从空间的维度分析，从16世纪开始的现代化过程，可以说是一个从西欧开始、以工业化和科学技术发展为主要特征、逐渐向全世界扩散的现代化过程。通常的看法是把全球化看作一个近代才出现的现象（见表13-1）。15世纪末16世纪初的地理大发现，拉开了近代全球化的序幕；19世纪末资本主义世界经济和政治体系的建立，形成了第一个全球化的高潮。20世纪中叶开始的现代的全球化过程，无论在深度上还是在广度上，无论是全球化的机制还是影响，都远远超出了19世纪末形成的资本主义世界经济政治体系。因此，尽管当代的全球化模式与以前相似并有着重要的连续性，但是它构成了一个完全不同的历史形态。

表13-1　几种关于全球化开始时间的代表性观点

作者	全球化开始时间	体现的形式
马克思	15世纪	现代资本主义
沃勒斯坦	15世纪	资本主义世界体系
罗伯逊	1870—1920年	多维度的
吉登斯	18世纪	现代化
波尔穆特	东西方冲突的结束	全球文明

资料来源：杨雪冬．全球化：西方理论前沿．北京：社会科学文献出版社，2002：4.

全球化的特点

赫尔德等人在详尽分析了当代全球化的过程后，从以下几个方面描绘了它的根本特点：

---

① 杨雪冬．全球化：西方理论前沿．北京：社会科学文献出版社，2002：9-13.

② 赫尔德，等．全球大变革：全球化时代的政治、经济与文化．北京：社会科学文献出版社，2001：22.

(1) 时空方面：全球流动、交往以及网络的广度、强度、速度和影响是史无前例的，而且涉及所有的社会领域。

(2) 组织方面：世界范围内的社会、政治以及经济权力关系实现了前所未有的制度化和组织化。

(3) 汇合角度：在从政治到生态的社会生活所有方面，全球化的影响实现了独有的交汇。

(4) 多样化形式：19 世纪晚期处于主导地位的军事、经济和政治全球化形式依然存在，但是，移民、文化以及生态全球化的不同模式的重要性不断增强。

(5) 反思性：世界范围内的精英和大众对全球相互联系的意识不断发展，成为国家精英和跨国社会力量自觉追求的各种政治和经济工程。

(6) 对抗：随着国家、公民以及社会运动努力抵制或控制全球化的影响，不断增强的全球化意识已经在从文化到军事的所有领域中引起了与全球化的对抗。

(7) 区域化：当代全球政治经济中的区域化和全球化进程已经在很大程度上变成相互强化的趋势。

(8) 西方化：当代全球化的模式依然存在着高度不对称，但与 20 世纪初相比，它们已经变得更少欧洲中心化或者大西洋中心化。

(9) 领土性：全球化一致不断推动着国界和政治管辖范围的划分和重新划分，因而全球化的当代模式对领土原则作为组织政治统治、实行政治权威的唯一或首要基础提出了挑战。

(10) 国家形态：在全球化的冲击面前，各个国家进行内部调整并且控制或调节全球化冲击的方式，与 19 世纪晚期相比出现了重大区别。

(11) 民主治理：今天的全球化产生了一组全新的政治和民主困境，即如何把一个以领土为基础的民主治理体系与社会和经济生活的跨国组织和全球组织结合在一起。

总之，全球化是一个多维度的历史进程，它涉及人类生活的几乎所有方面，其本身是社会、政治、经济、文化以及技术力量共同作用的独特结果。赫尔德等人指出，最好将全球化理解为一个或一组进程，具有空间广度和密度的全球跨国相互联系，把共同体、国家、国际制度、非政府组织以及多国公司之间的关系编织成一个复合的网络，从而形成了全球秩序，社会生活的几乎所有领域都无法摆脱全球化进程的影响。①

全球化的矛盾

全球化作为历史发展的一个全新时代，给人类社会带来了巨大的影响。人们在欢呼全球时代到来的同时，也对全球化可能带来的影响进行了深入的探讨，甚至进行了强烈的抵抗。对全球化影响的探讨集中在以下几个方面。

第一，全球化下的不平等与不平衡。

---

① 赫尔德，等．全球大变革：全球化时代的政治、经济与文化．北京：社会科学文献出版社，2001：596－598.

在全球化过程中，发达国家和发展中国家之间在经济发展和生活水平上的差距不但没有缩小的趋势，反而在继续扩大。发达国家依靠自己在现代化进程中的先发优势，凭借它们在经济、科学技术和军事上的强大势力，在全球性经济或其他组织中占据主导地位，在世界范围内建立了以它们为核心的全球秩序。资本和信息在全球范围内的相对自由的流动，造成了更大范围内的贫富分化，新的科学技术革命使得发达国家所占有的优势更加强化。在全球政治、经济和技术的现有格局中，那些发展中国家依然处于附属或者依附的地位。

全球化过程中的不平等和不平衡，不仅发生在国家和民族之间，而且发生在国家内部，不仅发生在发展中国家内部，而且发生在发达国家内部。资本和信息在全球范围内寻求最大利润的流动，使得发达国家传统的劳动力市场、福利体制、就业体制等同样受到威胁，那些在这些社会中不占有优势的群体，有可能因为全球化的发展而丧失原有的地位。这也是有那么多发达国家的非政府组织，特别是劳工组织参与反全球化运动的原因之一。

第二，全球化下的民族国家。

在全球化过程中，出现的大量全球问题都需要在全球框架下治理。因此，一些极端全球主义者或新自由主义者提出，全球化过程是一种“毁坏疆界”的力量，特别是对于传统的以主权疆域为特征的民族国家冲击更大。他们认为，经济全球化通过跨国网络实现着经济的“解国家化”（denationalization)。在这种没有疆界的经济中，国家政府不过是全球经济的传动带，或者沦落为夹在不断强大的本土、地区以及全球治理机制之间的中介制度。

另一些学者指出，全球化是推动社会政治以及经济快速变革的中心力量，这些变革正在重新塑造着现代世界和世界秩序。无疑，民族国家在全球化过程中受到严峻挑战，全球化正在重组民族国家的权力、功能和权威。但是，面对全球化的挑战，国家主权或民族国家也一直在调整自己，以适应不断变化的历史现实。一方面，国家在全球化过程中并没有完全陷入被动，反而是全球化过程的积极推动者；另一方面，在全球化进程中，还没有产生一个可以完全替代国家职能的共同体或组织。

第三，全球化下的文明和文化。

全球化不仅是一个政治、经济的过程，而且还是一个社会和文化的过程。随着全球化的扩展，大众传播媒介、全球营销体系以及大规模的人口流动，使一种文明和文化能够迅速传播到世界上的任何一个角落，成为具有全球性特征的文化和文明，文化全球化下的世界是一个同质性的世界。传统现代化理论中的“趋同论”在新的历史过程中重新成为一个重大问题。

全球化下的文明和文化问题，实质上是一个“地方”文明和文化如何在全球化进程中生存和发展的问题。在全球化过程中，地方性文明和文化因而也受到严峻挑战。因为在带有全球特点的文明和文化的传播、扩散过程中，往往是那些在政治、经济和权力上占据优势地位的文明和文化，对地方性文明和文化造成极大的冲击，甚至威胁到它们的生存。

文明和文化的多样性，构成了人类世界的基本结构，不同文明之间的交流、传播乃至冲突，构成了人类社会发展的基本动力之一。因此，文化全球化与文化多样性之间的矛盾，已经成为当代全球化过程中的一个基本矛盾。可以说，当代文明之间的冲突，在很大程度上是全球化内在矛盾的反映。

第三节 发展中国家现代化的特征

在社会学有关现代化的研究中，人们使用了两个概念，即“早发内生型”和“晚发外生型”现代化。前者是指在世界范围内，主要由于社会内部因素的作用，较早进入现代化过程的社会，例如英、法等国。后者是指主要由于社会外部因素的作用，在世界范围内较晚开始现代化进程的社会，例如俄、日、中等国。因此，发展中国家的现代化进程，表现出许多不同于发达国家的特殊性。了解和研究这些特点，将有助于推动这些国家现代化的发展。

一、发展中国家现代化的历史条件

发展中国家在迈向现代化的起点之时，它们所面临的历史条件与发达国家有很大不同。

首先，发展中国家绝大部分曾经沦为帝国主义的殖民地或半殖民地。帝国主义在这些国家的殖民统治，虽然为这些国家带来了一定的现代经济和文化因素，但更主要的是人为地破坏了这些国家的自然历史发展过程，不仅掠夺了大量财富，还给它们带来了无穷的经济、社会、政治、民族灾难。

其次，由于长期的殖民统治和本国统治阶级的腐朽统治，这些国家在取得政治独立迈向现代化时，基本上都处于十分贫穷落后的状态之中。在这些国家中，现代工业基础薄弱，政治腐败，文盲率极高，人民生活水平低下。

最后，资本主义世界经济体系早已形成，全球性社会也正在逐步形成。因此，发展中国家在历史和现实的国际环境中，始终处于不利地位。它们不仅在世界经济关系和国际分工中处于不平等地位，而且在保持政治独立和稳定方面，也面临巨大困难。

由于存在这些特殊的历史制约条件，发展中国家的现代化过程就表现出特殊性。

二、“迟发展效果”

由于发展中国家社会传统和历史条件的制约，它们的现代化起步大大晚于那些先发展起来的工业化国家，形成了它们特殊的发展过程。美国著名经济学家格申克龙将这些特殊性称为“迟发展效果”。这些“迟发展效果”主要表现在以下几个方面。

（一）有目的、有计划、赶超型的现代化过程

发展中国家一般是在同发达国家的强烈对比中，特别是在与发达国家的种种不平等关系以及屈辱的殖民地历史经历中，感到了自己的落后与贫穷，因而激发了社会现代化的决心和目标，试图使自己的国家也强大和发达起来。这种有目的的社会现代化过程，一般表现为借鉴甚至模仿发达国家的历史经验和发展道路，试图跨越发达国家所经历的某些阶段，在尽可能短的时间里，赶上甚至超过发达国家。“赶超”因而成为发展中国家现代化过程的一个突出特征。为了实现“赶超”的目标，发展中国家一般采用某种程度上的“计划化”，将国内的资源、有限的财力和生产要素，尽可能有效地组织起来，集中运用于国家的发展目标，在一个或几个领域中取得突破，以促进社会现代化过程。

（二）异质文化或外来模式的引入与接受

与“早发”国家长期历史发展累积的现代化过程的一个重要区别是，发展中国家的现代化进程一般是由外部环境引发和带动的，或是受到外来的打击与刺激，或是由外来的殖民主义者引发的。因此，发展中国家在其现代化过程中，不可避免地要从外部输入种种现代化因素，包括经济模式、社会价值观念、发展战略、科学技术等。

异质文化和外来模式的引入和接受，会带来许多特殊的效应。第一，外来因素，包括现代化因素的输入，往往同本国原有的社会传统因素和社会结构发生对抗，引发多种社会矛盾和冲突，甚至民族矛盾和冲突。第二，这种基于外部因素引发的现代化过程，会造成社会的急剧变革和发展，使原有社会结构关系解体或重组。这使发展中国家的现代化过程比起发达国家的现代化过程，常常表现得更加不稳定，有的国家甚至出现“中断”的情况。造成不稳定的因素，一方面来自传统的社会力量，它们顽固地抵制和反抗现代化过程，另一方面来自急于实现社会现代化的社会力量超出了整个社会所能接受的程度。第三，来自发达国家在物质生活、制度结构、价值观念和消费方面所产生的示范效应，使这些国家人民产生过高的期望，形成超越发展水平和承受能力的急迫心理，迫使国家和政府采取急功近利的策略。由此，各种社会矛盾激化，导致社会动荡，直至造成政治危机，使得这些国家的现代化进程受挫。

三、“二元”社会结构的长期存在

所谓“二元”社会结构，是指在整个社会结构体系里，明显地同时并存着比较现代化的和相对非现代化的两种社会。这种“二元社会”既表现为社会性质上

的差别，又表现为发展水平上的差别。这种二元社会结构的形成，与“早发”国家和“后发”国家不同的现代化起点和过程有着直接的关系。

“早发”国家的现代化过程一般是内部逐渐演变的结果，在这个逐渐演变的过程中，整个社会逐渐形成了具有普遍性的制度结构。虽然在这个过程中也存在着甚至是大规模的社会冲突，但是，这些社会冲突是在现代化发展的不同阶段和水平上发生的，因此，没有导致现代化进程的中断，反而成为现代化发展的动力。

在发展中国家，它们的现代化或者是对外来工业化国家刺激的反应，或者是殖民化的产物，而且正如前面已经指出的，它们一般接受了大量异质模式，并且一般采取集中资源重点推进的发展战略，因此，现代化的进程往往集中在那些与发达国家联系比较紧密的地区（城市）或经济部门。这些地区或部门由于发展的需要，更多的是与发达国家相联系，而不是与本国传统生产部门相联系。

在发展中国家，“二元”社会结构不仅存在于经济方面，而且也渗透到社会政治、社会生活和思想文化等方面。对于一个正在进行重大社会转变的发展中国家来讲，“二元”社会结构的存在是不可避免的。在可以控制社会冲突的范围内，“二元”社会结构也许是迅速推动现代化的一种选择，但值得重视的是，二元社会结构的长期存在以及发展差距的拉大，会导致严重的社会冲突。特别是处于相对落后状态的“一元”中的社会成员，不仅有可能对整个社会产生强烈的不满和对抗情绪，而且会形成与整个社会现代化目标完全不同的价值观念。因此，对于发展中国家来说，关键在于如何从本国的实际状况和发展战略出发，积极而慎重地协调“二元”社会结构的关系，使其与整个国家统一的社会现代化过程协调起来。“二元”社会结构只有在一个社会走上稳定的现代化道路之后，才能逐渐消除。

四、政府在现代化过程中发挥强有力的支配和指导作用

如果说在“早发”国家的现代化过程中，其主要推动力量来自“市民社会”，在现代化水平达到一定阶段后国家（政府）才开始发挥越来越重要的作用的话，那么，“后发”国家在现代化进程的起始时期，国家（政府）就发挥了重要和广泛的作用。这主要表现在：

（1）政府是国家政治、经济独立的捍卫者和维护者。由于发展中国家所处的对自己不利的国际经济和政治环境，政府往往通过控制外资、扶持本国工业等措施，保护本国的经济独立和国家主权，谋求符合本国利益的发展。

（2）推动并且控制社会现代化过程。由于是在一个前现代的社会中开始现代化进程，发展中国家必须有一个强有力的现代化推动者和领导者，才能克服种种落后状态对现代化进程的抑制和反抗，控制住因整个国家迅速变化所带来的种种紧张局面，把国家实现社会现代化的目标与决心贯彻到社会生活的各个层次和各个方面，推进现代化的进程，并使之不被任何力量中断。与此同时，政府还在控

制人口过度增长与集中、收入悬殊、环境污染、教育、卫生事业上，发挥着应有的作用。

（3）国家（政府）往往成为“后发”国家现代化的组织者和计划制定者。在这种有目的、有计划的“赶超型”现代化进程中，一般只能由政府发挥中心的指导作用。由政府在符合本国人民最大利益和长远利益的基础上，制定长远的发展目标、发展计划与规划，动员和组织全社会的资源，有重点、有步骤地去实现现代化。

（4）直接参与经济活动。一是由政府投资建立发展经济所必需的基础设施，因为这些设施所需要的庞大资金是私人企业无力承担的。二是建立一定的公营企业，特别是一些大型的资金密集型企业，以带动其他企业和部门的发展。三是国家直接控制重要的经济杠杆，如银行、信贷部门，以直接引导整个国家经济活动的方向。

但是，发展中国家政府如何合理发挥作用，在什么阶段、什么程度上发挥作用，既有成功的经验，也有失败的教训，值得我们认真研究。

第四节 中国的社会主义现代化

改革开放30多年来，我国经济社会的快速发展，推动着“建设有中国特色的社会主义现代化”进入了新的时期。然而，我们的社会主义现代化事业仍然面临着严峻的挑战，这要求我们必须把握住历史性的发展契机，进一步加速中华民族复兴的进程。

一、中国的改革开放

1949年中国革命的胜利，结束了自辛亥革命以来长期的政治混乱局面，第一次在近代中国历史上实现了国家高度的政治统一和社会稳定，并将中国的现代化进程从资本主义模式转向社会主义模式。在1954年9月第一届全国人民代表大会第一次全体会议上，毛泽东提出，要在几个五年计划内把中国“建设成为一个工业化的具有高度文化程度的伟大国家”。1958年，党的第八次全国代表大会第二次全体会议进一步号召全国人民要“为尽快地把我国建设成为一个具有现代工业、现代农业、现代科学文化的伟大社会主义强国而奋斗”。在高度集中的中央计划经济体制下，通过强大的社会控制手段和高度的动员能力，中国的现代化进程在这一时期取得了重大成就，初步建成了一个独立完整的工业体系。但是，这一阶段中国对新的现代化模式的探索，由于多种因素的影响，曾几次被严重扭曲甚至被迫中断。

自 1979 年以来，伴随改革开放的开始，我国的现代化事业又进入了一个新的历史发展时期，“建设有中国特色的社会主义现代化”成为当今时代的主题。

新的历史时期的中国现代化，是以经济体制改革为中心的全面体制改革，改革贯穿于现代化新时期的全过程，成为当代中国推进现代化的必由之路。

(一) 改革开放是社会主义发展的历史要求

第二次世界大战后建立的社会主义国家，吸收和借鉴苏联社会主义建设的经验，毫无例外地建立起高度中央集权的经济体制。这种体制的主要特点是，国家是全部社会经济活动的组织者和领导者，国家通过行政式的指令性计划，直接控制企业的经济活动，对企业的经营活动作出具体的规定。这种体制的建立对国民经济的迅速恢复和发展起了积极作用，使国民经济在一个时期内获得了高速度的发展。但是，自 20 世纪 60 年代中期开始，这种体制对各国经济和社会发展的阻碍作用日益显现，各国经济增长率都呈下降趋势。人们开始逐渐认识到这种体制的弊端：国家以高度集权的指令性计划和行政手段管理经济，政企职责不分，条块分割，忽视商品生产、价值规律和市场的作用，否定物质利益原则，造成企业缺乏应有的自主权，严重压抑了企业和劳动者的积极性、主动性、创造性。同时，围绕这种僵化的经济体制，形成了一系列政治、科技、教育、文化体制的僵化、半僵化的思想方式和生活方式，使本来生机盎然的社会主义现代化建设，在很大程度上失去了发展的活力。只有改革上述僵化的经济体制，才能使社会主义制度的优越性得到更好的发挥，使社会主义现代化事业以更高的速度向前发展。

社会主义的最根本的任务，就是要以更快的速度、更高的效益发展社会生产力，不断地、更好地满足人民群众日益增长的物质文化生活需要。我们之所以在社会主义现代化建设的同时，必须坚持改革，其根本原因就是要调整和变革社会主义社会各要素之间不断出现的各种不协调、不适应的关系，以适应社会生产力的发展和社会各方面的变化，建立起真正能够促进社会主义经济和社会发展的充满生机和活力的体制。改革同社会主义现代化之间存在着必然的逻辑联系。

(二) 改革开放是为了迎接新技术革命的挑战

当前正在世界范围兴起的新技术革命，对于我国社会主义现代化建设来说既是一种机遇，也是一个严峻的挑战。如果我们忽视科学技术发展在现代化中的特殊意义，不抓住机会主动迎接新技术革命的到来，我们就会错过历史的时机。面临这样的挑战和机遇，我们应该加快改革现行的经济体制、科技体制、教育体制和思想方式，使我国现代化事业具有吸收和运用当代最新科学技术成果的更强大的能力。

(三) 改革开放是社会主义社会的自我完善

我国曾经历了漫长的封建社会，使我们至今仍然背着经济文化落后和封建小生产影响的沉重包袱。不冲破这些陈旧落后的历史传统的束缚，社会主义现代化的经济、政治、文化、生活方式就很难发展起来。更主要的是因为，在过去的社会主义时期，由于缺乏经验，由于“左”的思想指导和某些外国模式的影响，我们形成了一套同社会生产力的发展要求不相适应的、死板僵化的经济体制。要真正推动我国现代化建设的发展，就必须大幅度地提高社会生产力，也就必然要求多方面地改变同生产力发展不相适应的生产关系和上层建筑，改变一切与生产力发展不相适应的管理方式、活动方式和思想方式。只有这种不断自我完善、自我更新的社会主义制度，才是真正有生命力的。

二、新技术革命的挑战

正如前面所提到的那样，新技术革命正在世界范围兴起。这一技术革命主要是以计算机为代表的信息工业的发展，包括生物工程、新能源、新材料、海洋开发、太空技术等新兴科学技术的研究、开发和在生产过程中的推广应用。新技术革命促进了高新技术领域的国际竞争，引起了世界各国的高度重视。它大体具有以下特点：（1）各国普遍重视人才的培养，人才争夺也变得越来越激烈；（2）各国都不断加大科研投入，不仅政府的科研投入大量增加，而且各国企业界的科研投入也在迅速增加；（3）新技术的回报率越来越高；（4）科技发展呈大型化、标准化、组合化、集约化趋势；（5）科学技术和经济发展的联系越来越密切，科研成果向实用生产技术的转化周期越来越短。

新技术革命成为时代的主旋律，日益深刻地影响着社会的经济、政治、文化等各个领域，改变着人们的工作方式、生活方式和思维方式。新技术革命在一定程度上促进各国形成了一种竞争—合作的关系，这种关系的出现在为发展中国家的经济和社会发展提供了发展契机的同时，也给发展中国家带来了严峻的挑战。我们应该主动迎接知识经济的挑战，努力采取积极有效的措施，充分发挥“后发优势”，加速经济和社会的全面发展。这需要做好以下几个方面的工作：

（1）开发具有自主知识产权的高新技术产品。发达国家主要通过跨国公司向发展中国家转让技术，这无法替代发展中国家自身的技术发展。发展中国家要改变这种被动的局面，必须有自主开发高新技术产品的能力，拥有自主知识产权。

（2）充分利用国际技术转让机遇，发展本国经济，推动社会发展。当下国际技术转让已成为提升一国技术能力的重要途径。这对发展中国家来说是一个非常难得的契机。因此，我国在利用新技术革命成果方面应该更积极、更主动，充分利用新技术革命提升自身技术能力，推动本国经济和社会的发展。此外，由于经济全球化的发展，世界范围经济贸易发展和资金技术流动加快，各国市场进一步开放，经济进一步相互依存，这使中国也有可能更多更好地利用科技革命的成果。

（3）坚持走新型工业化道路。党的十六大报告明确提出要“走出一条科技含量高、经济效益好、资源消耗低、环境污染少、人力资源优势得到充分发挥的新型工业化路子”，即“新型工业化道路”。我国新型工业化道路的主要特征包括：以信息化带动工业化，以工业化促进信息化；推进产业结构优化升级，形成以高新技术产业为先导、基础产业和制造业为支撑、服务业全面发展的产业格局；发挥科学技术作为第一生产力的重要作用，依靠科技进步和提高劳动者素质来提高经济增长质量和效益等。这些特征与新技术革命的发展趋势是一致的，因而新型工业化道路能够使我国更好地应对新技术革命的挑战。

三、全球化的挑战

全球化在政治层面上最具挑战性，表现为对国家主权的侵蚀与弱化，国家自主性受到严峻的考验。一方面，一些发达国家凭借自己强大的经济和军事力量，干涉、限制和破坏发展中国家的主权；另一方面，在全球化过程中，国际合作、区域一体化建设等成为世界各国普遍争取的生存和发展方式，一些国家为了获得更多更大的利益，而有条件地转移、让渡一些主权利益。伴随着全球制度化进程的不断加速和跨国组织力量的不断膨胀，民族国家的疆界不断被跨越，民族国家内的政治、经济、社会和文化状况也在迅速改变。

在经济全球化的推动下，资本、技术等生产要素在世界范围内逐步实现最优配置，各国之间的经济联系日益紧密，国际经济竞争也日益激烈。全球化加剧了全球经济发展的不平衡性，促进了等级制的全球经济体系的形成。发达国家通过资本输出掠夺发展中国家的资源，通过不对称的相互依存关系，冲击发展中国家的经济体系，使许多发展中国家接连发生债务危机、金融危机，使发展中国家的经济安全受到威胁。

此外，全球化在某种程度上导致了文化认同危机和文化帝国主义。目前学界关于文化全球化的趋势存在两种截然不同的观点。一种是美国政治学家福山的“历史终结论”，即自由民主作为一种人类的理念已经很完美，无论在什么方面都取得了主宰世界的正统性，历史上的许多问题已经得到解决，并已形成了合理的制度与行为模式，因此，历史终结了。这一观点的实质是文化趋同论。另一种是美国政治学家塞缪尔·亨廷顿的“文明冲突论”，强调文明的冲突是一切冲突的根源和对世界和平的最大威胁。

在全球化浪潮中，文化间日益频繁的对话与交流成为趋势。但西方文化的强势地位，使西方文化出现向全球急剧扩张的态势，文化认同危机日益凸显出来。传统文化能否继续维持其生存和发展的独立性成了一个亟待关注的问题。

只有正确应对全球化的国家才能生存与发展。面对前面所述及的全球化的挑战时，我国要把维护国家主权利益摆在首位；充分利用全球化过程中的有利机遇，趋利避害，大力发展本国经济，把维护国家安全利益，特别是经济安全利益作为主要任务，为国家的经济安全、信息安全、生态环境安全等提供保障；积极参与经济全球化规则、机制与制度的制定，促进一个公平、公正、合理的国际秩序的建立；在文化沟通交流的过程中，妥善地解决文化模式的冲突和融合的问题，保护传统文化，加强文化认同和知识体系的重建，化解文化认同危机等等，进而更有效更和谐地参与到全球化的进程中去。

思考问题

1. 如何理解世界现代化过程中多种模式并存的问题？
2. 如何理解现代化与传统的关系？
3. 如何理解“迟发展效果”？
4. 如何理解社会结构分化在现代化过程中的意义？
5. 如何理解全球化过程对我国现代化的意义？

阅读书目

1. 罗荣渠．现代化新论：世界与中国的现代化进程．北京：北京大学出版社，1993.

2. 布莱克．比较现代化．上海：上海译文出版社，1996.

3. 赫尔德，等．全球大变革：全球化时代的政治、经济与文化．北京：社会科学文献出版社，2001.

4. 诺斯．西方世界的兴起．北京：华夏出版社，1989.

5. 杨雪冬．全球化：西方理论前沿．北京：社会科学文献出版社，2002.

第十四章

越轨与社会控制

【本章要点】

- 社会越轨亦称越轨行为，是一种违反社会规范的行为，是指社会成员偏离或违反现存社会规范的行为。对社会越轨产生的原因主要有三种解释：生物学解释、心理学解释和社会学解释。
- 社会控制是指社会组织体系运用社会规范及社会性手段和方式，对社会成员的行为及价值观念进行指导和约束，对各类社会关系进行调节和制约的过程。狭义的社会控制是指对社会越轨者施以社会惩罚和重新教育的过程。
- 社会控制体系是一个系统，控制手段分为两类：一类是舆论、暗示、个人理想、社会宗教、艺术和社会评价之类的控制手段，即伦理的控制手段；另一类是法律、信仰、礼仪、教育和幻想，即政治的控制手段。

【关键概念】

越轨行为 ◇ 社会失范 ◇ 亚文化群 ◇ 社会控制 ◇ 外在控制 ◇ 社会舆论控制 ◇ 适度社会控制

任何社会都存在着各种各样的偏离社会规范和价值观的越轨行为，在现代化过程中，社会越轨倾向和行为更为普遍。我们对越轨现象要具体地分析，尤其对于一些越轨行为，应当进行必要的约束。要通过完善社会控制体系来保障社会的良性运行。

第一节 越轨行为

社会越轨是一种违反社会规范的行为，社会控制的主要目的就是管控和校正这种行为。社会越轨有不同的类型，有各自产生的原因。我们应根据不同类型的社会越轨实行不同的社会控制。

一、越轨的定义及类型

（一）社会越轨的含义

社会越轨（social deviance），亦称越轨行为、离轨行为或偏差行为，是指社会成员（包括社会个体、社会群体和社会组织）偏离或违反现存社会规范的行为。社会规范的功能是制约社会行为、调节社会关系和规定社会活动空间，它本身具有历史性和阶级性。由于人们社会行为的复杂性、社会成员自身素质及阶级地位的差异性，在实际的社会生活中，偏离或违反社会规范的越轨行为在任何社会都是不可避免的社会现象。

（二）社会越轨的类型

（1）违法行为。是指违反法律规定的行为，犯罪行为是违法行为中的一种特殊类型，它是指触犯刑律而应受到刑法处罚的行为。

（2）违警行为。是指违反有关维护社会治安和公安秩序的规则、规定、条例的行为，严重的违警行为有可能转化为违法行为。

（3）违规行为。是指一切不按常规办事的行为，这是最常见的一种社会越轨。年轻人的标新立异、奇装异服以及不随俗等均属于此类行为。

二、社会越轨产生的原因

对社会越轨产生的原因主要有三种解释：生物学解释、心理学解释和社会学解释。

(一) 生物学解释

生物学解释，即把人类生物、生理方面的特征作为社会越轨的原因，认为社会越轨是由于人的体质中的生理缺陷造成的，因此这种解释又可称为体质理论。最早提出这种理论的是意大利犯罪学家龙勃罗梭（C. Lombroso）。他测量了一些犯罪人的头骨后发现，犯罪人的头骨与正常人不同，而与类人猿相似。他因而主张，犯罪的人是退化的人，是再现于现代文明社会的野蛮人，犯罪的人是生来就要犯罪的。此后，又有学者将这种体质理论进一步具体化，产生了所谓体态理论和染色体理论。

体态理论将人的体态分为三种：一种是内容型，其特征是身体柔软、圆胖；一种是中胚层型，其特征是肌肉丰富，体格健美；另一种是外胚层型，其特征是肌肉较少，体质虚弱。该理论认为中胚层型要比其他人更容易犯罪。染色体理论建立在染色体异常学说的基础之上。正常人的细胞核都有23对（46个）染色体，其中22对（44个）是常染色体，与性别无关。只有一对性染色体，分为x性染色体和y性染色体两种。男性细胞核中的一对性染色体是xy型，女性细胞核中是xx型染色体。但人们发现有一些男性有一种xyy型的结合体，即比正常男性多一个y性染色体。这些人在体质上具有个子高、智商低、面部有严重的粉刺等特征，在行为上具有进攻性和反社会性，在精神病院和监狱中占的比重较大。于是，染色体理论就认为染色体异常是导致社会越轨的生理原因。

(二) 心理学解释

心理学解释，即从人们心理方面寻找社会越轨的原因，其中以奥地利心理学家弗洛伊德的精神分析理论为代表。该理论认为，人的人格由三部分构成，即本我、自我和超我。

本我即无意识，它由欲望和本能冲动构成。人的本能又可以分为生的本能与死的本能，生的本能是性欲、恋爱和建设的动力，死的本能是杀伤、虐待和破坏的动力。本能按快乐原则行事，总是争取自私的满足。本我是人格的基本结构，从它之中分化出自我与超我，又在暗中支配着自我和超我，即无意识支配意识。本我的活动，尤其是性欲的活动，由于受到道德和良心的压抑，不得不采取迂回曲折的途径，以求得变相的、象征性的满足。这种性欲必须通过非性欲途径寻找满足的过程，称之为升华。欲望升华的过程，往往表现为创造性的活动。自我是一种认识过程，它是通过后天的学习，通过与周围环境的接触而形成和发展起来的。自我的目的就是使个体维持在达到目标的轨道上。自我感受外界的影响，自我按趋利避害原则行事，它在本我与超我之间以及本我与外界现实之间起调节作用，使彼此间的冲突降到最低限度。因此，自我既满足本能的要求，又压抑本能的要求，使之只能得到象征性的满足。超我是社会中的禁忌、准则、规范在人的意识中的反映。超我有两个子系统。一个是自我理想，表现为对各种楷模人物的崇拜、对完美的认同，以及模拟所崇拜人物的愿望等等。另一个子系统是良心。超我代表社会的道德标准，按至善原则行事。超我在人格中起着检察官的作用，与良心相违背就会产生紧张、罪恶感、焦虑和紊乱。

精神分析理论认为，本我、自我和超我三者之间应该有一个协调、平衡的关系。社会越轨产生的原因是人格中的超我和自我没有得到充分的发展，破坏了本我、自我和超我三者之间的平衡关系，使本我得不到应有的控制，从而导致个人的越轨行为。但是，如果超我过分发展，也会导致社会越轨，因为严重的、无时不在的犯罪感也会使一个本来正常的人做出不正常的行为来。

（三）社会学解释

从社会学的角度解释社会越轨产生原因的理论主要有：标签理论、差异交往理论、失范理论和文化传递理论。这些理论的共同特征是不赞成从生物学因素和心理学因素去寻求社会越轨产生的原因，而主张从社会环境、社会关系和社会结构等方面研究社会越轨产生的社会原因。

默顿的社会失范论

社会失范论的首倡者并非美国社会学家默顿，而是法国社会学家涂尔干。涂尔干曾在谈到社会参与的某些情况时第一次使用了失范（anomie，anomy）一词，在这些情况下，人们不具备实现自我和获得幸福所必需的条件。他认为这些条件是：行为必须由社会规范控制；这些规范应该形成一个完整的、没有冲突的体系；个人应该在道德上与他人发生关系，并且给生活中所能得到的快乐规定明确的界限。凡是存在着不明确的、彼此冲突的、分散的规范的地方，个人与他人就不存在有道德意义的关系，或者没有规定获得快乐的界限，这就是社会失范。

自涂尔干以后，失范作为一个社会学概念已经被社会学家接受，不过赋予它的含义及表述方式上各有不同。美国社会学家默顿就认为，失范是指这样一种社会状态：社会所规定的目标同决定着达到这些目标的规范不一致。默顿从价值上将社会结构划分为两大类：一类是目标，一类是达到目标的手段。他认为，人们在社会中分享共同的价值，文化价值为社会树立起发展的目标，同时社会也为人们提供制度化的合法手段。默顿所指的文化目标是社会依据它的规范体系认为是值得有、值得存在的东西；制度化手段是社会认为是合法地获得文化目标的方式。默顿认为，所谓失范，就是在人们用社会认为合法的手段不能实现自己的文化目标的时候发生的，而对于这种情形的一个共同的反应，就是越轨行为（当触犯刑律时即为犯罪行为），即用不符合社会规范的手段来实现自己的文化目标。

默顿根据文化目标和制度化手段这两个社会因素的相互关系，提出了五种适应模式（见表14－1）。

表 14-1 五种适应模式

适应类型	文化目标	制度化手段
1. 附和	＋	＋
2. 创新	＋	－
3. 形式主义	－	＋
4. 隐退主义	－	－
5. 反抗	±	±

＋表示承认文化目标，或采用制度化手段。

－表示不承认文化目标，或不采用社会认为合法的制度化手段。

附和：既接受社会的文化目标，又遵循社会认为是合法的制度化手段。

创新：是指人们认为社会的文化目标是正当的，是应当努力去获得的，但他们又不情愿或不能够用被社会所认可的制度化手段来实现这些目标，因此，只得用那些为社会所不允许的手段来实现这些目标。这样，他们就常违反规范或触犯法律。

形式主义：是指那种已经失去了社会中的文化目标，而盲目地坚持那些制度化手段的现象。

隐退主义：既反对文化目标，也反对达到这些目标的制度化的手段。这些人多是放荡不羁的人，如嬉皮士、酗酒者、吸毒者，是一些社会的边缘人。

反抗：既反对惯常的目标，也反对社会倡导的手段，他们期望在变革之后有一种新的目标和新的手段。

根据默顿的社会失范理论，越轨行为（包括犯罪行为）就是文化目标与制度化手段之间矛盾的产物。在上述五种适应类型中，除第一种类型外，其他四种类型都是程度不同的越轨行为。默顿在用社会失范理论分析美国社会的犯罪问题时认为，现代美国社会里人们追求的主要目标是金钱，一些因贫困而上不起学、无专业技术的普通工人，由于地位低、工资不高、缺少就业机会等等，决定其不可能拥有较高的社会地位和较多的金钱。为了实现取得较高社会地位和得到较多金钱的目标，往往不接受社会规范的约束而采用非法手段，如盗窃、抢劫等。默顿认为这是下层社会财产犯罪率偏高的原因。

塞林的文化冲突理论

文化冲突理论将引起社会越轨的原因归结为不同文化之间的冲突，因而将注意力集中到民族、宗教、职业等方面的文化差异，认为不同的民族、阶层、地域的人的信仰、价值观念、行为模式各不相同，当不同集团的利益和目标发生矛盾时，往往引起冲突，导致越轨。文化冲突理论的主要代表人物是美国社会学家塞林（Thorsten Sellin）。他在《文化冲突与犯罪》（1958 年）一书中，对文化冲突理论作了比较系统的论述，并对来自欧洲的移民和美国居民中的文化冲突问题进行了重点研究。塞林首先区分了两种文化冲突：纵向文化冲突和横向文化冲突。纵向文化冲突是指随着文明的发展而发展的、不同时期的文化互相冲突时产生的法律规范的冲突；横向文化冲突则是在同一时期内由于两种文化准则对立而产生的法律规范的冲突。塞林认为，文化准则的冲突必然导致行为的冲突，而犯罪就是行为规范之间的冲突。

塞林认为容易产生文化冲突的情形有这样四种：（1）当某个文化集团的文化法律规范被扩展至另一个文化集团的领域之时；（2）当某个文化集团的成员迁移到另一个不同文化的区域时；（3）在相邻两种文化领域的边界接合处；（4）当社会结构由简单趋于复杂化、文化价值由单一趋于多元化之时。

塞林的文化冲突理论是极富启发性的。他从文化冲突的角度指出了社会越轨的相对性，并将社会越轨归结为文化冲突的产物，这一理论对于现代社会的社会越轨状况具有很强的解释力和预测力。现代社会处于一个各种文化交流、融合都很迅速的时代，社会结构日益复杂化，社会价值观日趋多元化，这时，文化冲突日益激烈，人们从心理到行为都难以适应快速变化的社会文化，难以承受外来文化的冲击，犯罪率上升就是这种变化的副产品之一。用文化冲突理论我们可以解释诸如为什么城市里外来人口的犯罪率较高的问题。

科恩的亚文化群理论

亚文化，亦称副文化，是与主文化相对应的一个概念。主文化是指在一个社会里占主导地位的文化，它被社会认可，以社会力量推行并维护。在阶级社会里，主文化就是统治阶级的文化。与主文化相比，亚文化生存的空间要小得多，它是因各种社会因素和自然因素的差异造成的一种区域性文化或群体性文化的统称。在一个社会里，主文化是唯一的，亚文化则是多种多样的，如社区文化、职业文化、小群体文化、企业文化、民族文化等等。反文化是主文化的对立面，其核心的价值观与主文化完全背离，亚文化则不一定与主文化相对立，因而可以说反文化是亚文化中的一种。

亚文化群理论认为，一个人可能在这样一个集团或群体内生活，这个群体有一种稳定的，但与主文化的价值体系不同的价值体系，这样的群体称为亚文化群。个体如果长期生活在亚文化群体里，受其价值体系的影响，就可能产生犯罪。美国社会学家科恩（Albert K. Cohen）在《亚文化群体》（1955年）一书中，提出了亚文化群犯罪理论。科恩认为，犯罪亚文化群产生和维护的价值观体系和行为倾向与主文化的价值观和行为准则相抵触、相背离，这是犯罪和非法行为的真正根源，而亚文化的产生是由社会化过程的不完善、不适当引起的。他认为，少年亚文化群通常是在社会下层阶级的居住区形成的，因而犯罪团伙基本上是下层阶级青少年中的现象。美国社会的民主性支持下层阶级青少年有权去追求与中产阶级青少年相同的目标，但事实上，社会并没有为每个人提供达到这些目标的相同手段。当下层阶级青少年最终感到失望时，就会发展一种与社会主文化相背离的文化，这就是青少年犯罪亚文化。

克林纳德（M. B. Clinard）与科恩不同，他不认为青少年团伙的犯罪现象反映了对中产阶级价值体系的否定，而认为实现成功的目标，既有合法的手段，也有非法的手段。如果下层社会的青少年利用合法手段达到成功目标的机会受到限制，他们就会采用各种非法手段来达到目的。犯罪亚文化群的产生，就是不能通过合法途径实现这些欲望的结果。当非法手段也不能够达到目的时，他们就可能转向暴力行为以图宣泄或转而吸毒以求摆脱现实世界。

三、社会越轨的控制

社会越轨，作为一种违反社会规范的社会行为，是社会控制的主要对象。但是，社会越轨有消极性、积极性和中性三种不同的性质，对这三种性质的社会越轨要做具体分析，做不同程度的控制。

消极性社会越轨是一种对社会共同生活和社会发展起消极阻碍作用的越轨行为，这种社会越轨破坏社会运行的正常秩序，侵害社会有机体，是要严格加以控制的，要将这类社会越轨限制在不足以危害社会运行安全的范围内。积极性社会越轨是一种对社会发展起积极进步作用的越轨行为，这种社会越轨是打破因循守旧、推动社会发展的动力之一。虽然社会控制对这类社会越轨也有制约作用，但社会可以通过社会宣传、舆论导向等手段，倡导这类社会越轨，如鼓励破除阻滞社会发展的陈规陋习等等。中性社会越轨是一种对社会共同生活和社会发展的影响不十分明显的、介于消极与积极之间的越轨行为，这类社会越轨多出现于日常社会生活之中，如赶时髦、追求新潮等等。由此可见，对不同性质的社会越轨要具体分析、区别对待，这样才能充分发挥社会控制维系社会秩序、推动社会发展的功能。

第二节 社会控制及其类型

一、什么是社会控制

控制（control），具有支配、调节、抑制、管理等含义，从其本义上讲是指人类对客观事物的运动过程及运动结果进行调节、引导和管理的行为过程。从控制理论的发展来看，它最初被用来表示一门对人或国家进行管理的艺术。在现代科学类的体系中，控制论被当作一门技术科学。20 世纪 60 年代以后，控制论逐步深入生物控制、人工智能、经济控制、社会控制等学科领域。

社会控制最早是由美国社会学家罗斯（E. A. Ross）在其 1901 年出版的《社会控制》一书中提出来的。罗斯从社会心理学角度对社会控制进行论述，认为社会控制是一种有意识、有目的的社会统治。他把社会控制分为三类：（1）对于意志的社会控制；（2）对于情感的社会控制；（3）对于判断的社会控制。自从罗斯提出社会控制这一概念以来，社会控制始终是社会学研究的一个重要领域，尤其是受到现代控制论的影响，社会控制理论不断发展和丰富，逐渐形成既融合了现代控制论基本原理，又具有社会学特色的社会控制理论体系。

一般来说，广义的社会控制是指社会组织体系运用社会规范以及与之相应的手段和方式，对社会成员（包括社会个体、社会群体及社会组织）的社会行为及价值观念进行指导和约束，对各类社会关系进行调节和制约的过程。狭义的社会控制是指对社会越轨者施以社会惩罚和重新教育的过程。社会学研究一般在广义上使用社会控制这一概念。

二、社会控制的特征及类型

（一）社会控制的特征

从社会控制的本质看，它具有普遍性与阶级性；从社会控制的方式看，它具有统一性与强制性；从社会控制的作用及过程看，它具有多重性与闭环性。

（1）社会控制的普遍性与阶级性。社会秩序的产生与维系有赖于社会控制。社会秩序的产生绝非偶然，如果没有外力控制，是难以维持的；因为个人常常各寻自己的私利，而忽视社会利益。社会控制的普遍性是指社会控制作为一种维系社会秩序的必不可少的机制，存在于任何社会、任何历史时代之中。在传统农业的自然经济社会里，由于人类的社会活动空间比较狭小，社会结构也比较简单，社会控制主要依靠人们的同情心、友善、正义感和怨恨等情感之上的习俗和民风来维系亲情关系及宗法关系。在社会分工日益发达、社会结构日益复杂、社会利益冲突日益加剧的现代社会，社会控制的手段和方法也日臻完善和严密，越来越趋向于制度化和规范化，其鲜明的特征是法律取代习俗成了主要的控制手段。

进入阶级社会以后，社会控制还表现为阶级性。作为上层建筑的组成部分之一，社会控制的内容和形式始终体现着统治阶级的利益和意志。虽然社会控制往往以全社会的名义出现，似乎代表了全体社会成员的共同利益，但并不能掩盖其维护特定阶级利益和阶级统治的本质。

（2）社会控制的统一性与强制性。社会控制的统一性表现为三个方面。一是社会控制体系内各种控制手段的统一性，即各种控制手段是互为补充、协调一致的。控制手段有多种多样，其作用范围和作用方式不完全一样，但其共同的目标是一致的，即维系正常的社会秩序。这就要求各种控制手段之间要协调统一。二是社会控制范围的统一性，即社会控制的有效范围是整个社会，而不仅仅只是对其中的某一部分实施控制。因为社会的运行与发展要求其成员有统一的行动，需要对不同的群体及群体间关系进行控制与约束，需要对各个领域、各个方面进行协调与制约。三是社会控制准则的统一性，即社会控制的准则对于全体社会成员是一致的，不允许有超越社会控制准则之外的社会特权阶层。

社会控制还表现为强制性。强制性既是阶级性的需要，又是统一性的保证。首先，人类社会产生私有制以后，随着财富分配的巨大差别以及阶级的产生，阶级利益之间的冲突日益尖锐和激烈，阶级间的压迫和剥削也愈演愈烈，社会控制在很大程度上就是这种阶级压迫的集中体现，因而它具有强制性，即强迫被统治阶级服从统治阶级的意志。其次，社会控制的统一性要求社会成员有统一的行动和意志，但任何社会总会有反社会分子存在，如果不用强制的方式对这部分社会成员严加控制，其他社会成员的安全和正常的社会秩序就无法保证。

（3）社会控制的多重性与闭环性。社会控制的手段并不是单一的，而是多样的。多种控制手段组成社会控制体系，其作用范围则组成控制网络。社会控制的多重性是指各种控制手段的控制作用叠加在控制对象之上，使他们同时受到多种控制手段的作用。

社会控制的闭环性是指社会控制系统是具有反馈回路的闭环控制系统（close coop control system）。所谓反馈是将控制系统的输出回输到控制系统中去，以调节或改进控制系统的控制方式，达到预定的控制目标。社会控制的闭环性使得社会控制系统与某些开环控制系统（即不具有反馈回路的控制系统）有一个重大差别，即社会控制系统具有自我调节、自我修正的功能。控制效果如何，控制过程产生了哪些问题，都可以通过反馈回路将这些信息反映到控制决策部门，以便做进一步的调整并及时解决问题。因此，社会控制又是一个动态的调节过程，使之适应社会运行状态，达到社会控制目的。

（二）社会控制的类型

（1）积极性控制与消极性控制。积极性控制是指运用舆论、宣传、教育等措施引导社会成员的价值观和行为方式，预防社会越轨行为的产生；消极性控制是指运用惩罚性手段对已经产生的社会越轨行为进行制裁。

（2）硬控制与软控制。硬控制是指运用强制性控制手段，如政权、法律、纪律等对社会成员的价值观、行为方式实行控制，因而又称之为强制性控制；软控制是指运用非强制性控制手段，如舆论、风俗、习惯、伦理道德等对社会成员的价值观和行为方式实行控制，因而又称之为非强制性控制。

（3）外在控制与内在控制。外在控制是社会依靠社会力量促使社会成员服从社会规范的控制类型，它以社会力量的强制性作为其发挥作用的基础；内在控制是指社会成员在内化社会规范的基础上，自觉地用社会规范约束和检点自己的价值观和行为方式，因此又称自我控制。

（4）制度化控制与非制度化控制。制度化控制又称正式控制，是指以明文规定的形式向社会成员昭示“什么可为”“什么不可为”的控制类型，如政权、法律、纪律、规章及各种具体社会制度等等；非制度化控制又称非正式控制，是指以风俗、习惯的形式控制社会成员的控制类型，虽然“什么可为”“什么不可为”并无明文规定，但社会成员经过社会化过程后对此都已了然在胸。

（5）宏观控制与微观控制。宏观控制是指社会运用政权、法律、纪律、政策、条令等控制手段对全体社会成员及整个社会关系进行调控与制约；微观控制是某个具体的社会组织运用组织规章、组织文化等控制手段对其组织成员实施指导与约束。

三、社会控制的功能

社会成员由于各自的社会地位不同、自身的素质不同而产生不同的社会需要和社会利益，他们对社会事物的看法及因此引发的行动彼此不可能完全一样，而是呈现出多样性。但人们在长期的社会共同生活中形成了各种各样的社会互动和社会关系，为了社会互动的延续和社会关系的维系，价值观与行为方式在某种程度上的一致性就是必不可少的。如果只有多样性而没有一致性，社会互动无法进行，社会秩序无法建立，社会也无法存在；同时，如果只有一致性而没有多样性，社会缺乏活力和创造力，也不利于社会的发展。因此，社会控制的基本功能就是保证价值观与行为方式在某种程度上的一致性与多样性的协调得以实现并延续下去。简言之，就是维系社会的正常秩序。具体地说，社会控制的功能有以下三点。

（1）为社会成员提供合乎社会目标的社会价值观念和社会行为模式，调适人际关系，制约和指导社会成员的社会行为。

（2）规定各社会群体或社会集团的社会地位、社会权利和义务（在阶级社会里，主要表现为规定统治阶级的统治地位和被统治阶级的被统治地位），限制它们之间利益竞争的范围，调整它们之间的利益关系，避免产生大规模的对抗性冲突。

（3）协调社会运行的各个系统，调节它们之间的关系，修正它们的运行轨道，控制它们的运行方向和运行速率，使之功能耦合、结构协调、相互配套，尽量使各社会运行系统同步运行，促进社会的良性运行和协调发展。

第三节 社会控制体系

社会控制体系是一个系统，是通过社会的组织、制度、文化等控制手段，以及社会控制的决策、实施、监控和反馈等过程的运转来实现的。

一、社会控制手段

社会控制手段的种类很多，分类不一。如罗斯将社会控制手段分为两类：一类是舆论、暗示、个人理想、社会宗教、艺术和社会评价之类的控制手段，即伦理的控制手段；另一类是法律、信仰、礼仪、教育和幻想，即政治的控制手段。[①] 我们这里将社会控制手段分为三类，即组织控制手段、制度控制手段和文

① 罗斯．社会控制．北京：华夏出版社，1989：313.

化控制手段。每一类中又包含许多具体的工具性控制手段。

(一) 组织控制手段

随着社会分工的日益发达，社会成员置身于各种社会有机联系之中，分属于不同的社会组织，人们在社会有机体中占据一定的社会地位，承担一定的社会责任与义务，分属于不同的社会组织。组织生活成了人们社会生活中的一个重要部分。组织控制就是某一具体的社会组织运用组织指令、组织规章，对该组织内组织成员或构成该组织的各个亚组织的行为进行指导和约束的方式。其特点是：范围小，即控制范围局限于该组织内部；层级控制，即在社会组织体系内部，上一级组织对下一级组织实施控制。组织控制的具体形式是组织指令和组织规章。

(1) 组织指令。组织指令是指地位较高的一级组织对其下属组织的组织行为进行调节和制约的规范性文件或口头指示。组织指令的贯彻实施是以组织权威为基础的。组织权威源于组织结构，表现为下级服从上级。组织结构一般为金字塔形，金字塔的顶部为组织的最高负责人，底部为一般组织成员，中部为组织各部门负责人。组织与组织之间也是金字塔形，逐级负责，层层控制。每一社会个体和社会群体都处在这种层级控制网络之中，控制者往往同时也是被控制者。

(2) 组织规章。组织规章是指组织为调节和制约其成员在组织内的行为而制定的一系列强制性规定，如党纪、校训、厂规等。组织规章一般比较细致，对组织行为规定明确，如工厂里的考勤制度、工作考核制度等等。违反组织规章，一般都会受到相应的处罚，如通报批评、扣发工资、降级、撤职、警告、记过直至开除等等。

(二) 制度控制手段

人际互动的形式是多种多样的，组织生活也只是人们社会生活的主要方式之一，因此，除组织控制手段以外，社会还需要其他的控制手段，制度控制手段便是其中之一。制度控制手段是指以全社会的名义颁布的行为准则，对所有社会个体、社会群体和社会组织的社会行为进行调节与制约的方式。制度控制手段与组织控制手段的共同之处是二者都是一种正式的制度化控制，即以明文规定的形式规定社会行为规范。它们的重要区别有两点：一是颁布的名义不同，前者以全社会的名义，后者以某一具体社会组织的名义；二是控制的范围不同，前者的控制范围是全体社会成员，后者的控制范围仅限于组织内的成员。制度控制手段的具体形式有政权与法律。

(1) 政权。政权的表现形式是从中央到地方的各级政权机构——政府。从某种意义上说，政权也是一种组织控制手段，也是一种层级控制方式。但是，政权是以全社会的名义出现的，它的控制范围也是全体社会成员，而且政权的社会控制作用是以法律作为基础的，这是政权与其他组织控制手段的最大区别。作为政权的具体表现形式——政府，是一种特殊的社会组织，是管理国家事务的权力机构，它具有积极和消极两种职能。英国哲学家罗素（B. Russell）就曾经指出过，

“政府，从它存在的最初时代起就一直具有两种职能，一个是消极的职能，一个是积极的职能。它的消极职能是防止个人的暴力行为，保护生命和财产，制定刑法和保证它的实施。但是，除此而外它还有一个积极的目的，即有助于实现被认为对绝大多数人来说是普遍的愿望”①。

（2）法律。法律是对社会成员具有最强约束力的控制手段，它是由国家制定或认可，并依靠国家强力推行的社会规范体系。作为一种社会控制手段，法律具有阶级性、广泛性、强制性和稳定性的特征。阶级性是指法律是统治阶级意志的体现，其本质是实行阶级统治的工具。广泛性是指法律的控制范围遍及全体社会成员。强制性是指法律的实施以国家机器的强制力作为保证，对于触犯法律的社会成员，国家将运用强制力量予以制裁和惩罚。稳定性是指法律在一定时期内是稳定不变的，因为法律从酝酿到制定有严格的程序，而且法律的稳定性也有助于执法严明、规范明确，有利于社会稳定。

（三）文化控制手段

文化控制手段是指以人类在长期的共同生活中创造的、为人类共同遵从的行为准则和价值标准对社会成员进行控制的方式。文化在这里限定为大众文化，即人类共同遵从的行为准则与价值标准。文化控制手段包括：伦理道德、风俗习惯、信仰信念和社会舆论等等。文化控制手段的特征是非直接强制性、自觉性和广泛性。非直接强制性是指文化控制手段不是以强制力推行，而是以社会评价、内心反省等非直接强制性力量实施的，人们即使触犯文化控制也不会受到直接的严厉的制裁。自觉性是指人们在长期的社会化过程中，逐渐接受甚至内化了文化控制的价值标准和行为准则，因此，人们在服从文化控制的时候一般没有强迫感，而是自觉自愿甚至不知不觉遵从文化控制。广泛性是指文化控制手段控制的范围遍及全体社会成员，几乎涵盖人类的一切社会行为。因此，文化控制手段是组织控制手段和制度控制手段的有效补充。

（1）伦理道德。伦理道德是指人类共同创造并共同遵从的，涉及人伦关系和次序及善恶、是非、正义和非正义评价的行为规范和价值体系总和。伦理道德最初是人们在共同生活中约定俗成的价值标准体系，以后经统治阶级的提炼和整理，成为教化人们自觉遵守的规范体系。在文化控制手段内，伦理道德对社会行为的约束力最强。违背伦理道德，要受到社会舆论的谴责和内心自责。

（2）风俗习惯。风俗习惯是指人们在长期的社会生活中自发形成、代代相传并自觉遵从的行为方式的总和。风俗习惯所调节和约束的社会行为大都是日常生活领域的行为方式，其发挥社会控制作用的机制是从众行为。因此，尽管人们的举手投足都受到风俗习惯的约束，但人们并没有什么受束缚的感觉。

（3）信仰信念。信仰信念是指人们对某种非现实力量或某种价值体系无限信服和崇尚，甘愿受其支配甚至为之献身。信仰信念的典型形式是宗教信仰和主义

---

① 罗素．权威与个人．北京：中国社会科学出版社，1990：26.

信仰。宗教是人们对超自然力量信仰、解释的产物，其本质是对现实生活的虚幻的、颠倒的反映。宗教的社会控制作用机制是人们对虚幻神灵的臣服和恐惧，以及对超脱现实、追求心灵宁静的向往。主义信仰是人们对某种哲学理论或社会学说的认同和信服，是对某种社会理想或社会目标的自觉追求。

（4）社会舆论。社会舆论是指多数人对社会生活中有争议的事件发表的有一定倾向的议论、意见及看法。社会舆论是蕴藏在人们思想深处的共同心理倾向，但却是一种巨大的精神力量，对社会成员的价值取向和行为方式产生很大的影响。社会舆论的社会控制作用机制是通过广为传播的舆论，造成一种社会氛围，使处在这种氛围中的社会成员自觉或不自觉地服从舆论的导向与制约。其具体作用方式是对某种具体的价值观或行为方向进行褒扬、赞赏，或进行批评、谴责。社会舆论可以是社会公众自发形成的，也可以是由政府部门或某一社会团体、社会组织有意识、有目的地通过大众传播媒介广为宣传而形成的。

二、社会控制过程

社会控制过程是指社会控制手段发挥功能的动态运作过程。社会控制过程包括四个具体的环节，即决策环节、实施环节、监控环节和反馈环节。控制过程的简要示意图如图 14－1 所示。

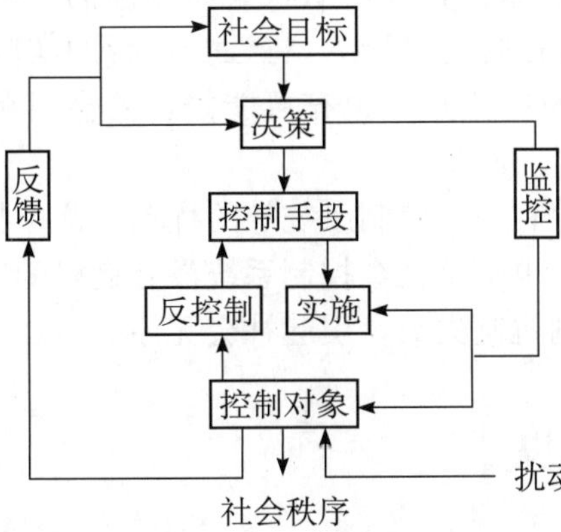

图 14－1　社会控制与社会秩序关系示意图

（1）决策环节。决策环节是指处于层级控制顶端的控制者为社会控制的方向和社会控制的度做出具体规定的过程。这个控制者可以是一个国家的中央政府或各级地方政府，也可以是一家公司的董事会或一个工厂的领导班子。控制决策是围绕实现社会目标、根据具体的社会环境而制定的，决策部门要根据社会目标制定一系列的社会规范，如条令、规章、法律等等，这些规范确定了社会成员的价值观念和社会行为的方向。由于文化控制是在长期的社会生活中不断积累、逐渐形成的，因此文化控制不是一种层级控制，也就没有决策环节。

（2）实施环节。实施环节是指控制手段施加于控制对象、产生控制作用的具体过程，也是一个控制与反控制的过程。控制对象本身充满矛盾与冲突，它与控制手段之间也充满矛盾与冲突。控制对象本身的矛盾与冲突在控制手段的作用下得到抑制、调整和削弱。控制对象与控制手段之间的矛盾和冲突，则是控制力量与反控制力量之间的较量，两种力量较量的结果决定了社会运行的基本状态——有序还是无序。因此，实施环节是一个充满矛盾与冲突的过程。实施环节的职能不在于消除冲突，而在于将控制手段有效地作用于控制对象，调节和缓解控制对象本身的矛盾与冲突，并将控制对象与控制手段之间的冲突限制在一定范围之内，使之不危害社会的正常运行。

（3）监控环节。监控环节是指决策机构对实施过程和控制对象进行监督、核查和调控的过程。实施环节是否严格按照社会规范对控制对象实施控制，控制对象是否严格遵从社会规范，这些都需要进行监督和核查，若有越轨行为则予以相应的惩罚或及时的纠正。

（4）反馈环节。反馈环节是指控制过程的输出结果对控制过程产生影响的过程。控制效果如何，决策是否正确，控制过程中产生了哪些问题等等，这些都需要通过反馈环节才能获得有关信息，以便对决策环节、实施环节和监控环节做进一步的调整。因此，反馈过程实际上就是一个信息沟通过程。如果不管控制效果如何，一味按照既定的控制决策实施控制，那么，社会运行一旦偏离了预定轨道也得不到及时修正，其后果将是灾难性的。控制过程输出的信息除了反馈到决策机构还反馈到社会目标，将社会运行的实际轨迹与社会预定的轨道进行比较，若有偏离及时修正，也有可能修正社会目标，使之符合社会运行规律。

另外，在图 14－1 中有一个控制系统外的扰动，这一扰动包括系统外的思想文化影响或外族入侵。如果一个社会控制系统没有良好的稳定性，一个很小的扰动都有可能导致社会控制机制失灵，引起社会无序。

三、社会控制的度

“度”，用来表明事物大小、强弱、高低等特征的程度或限度。社会控制的度，则是指社会规范对社会行为限制的程度。适度的社会控制对社会的良性运行和协调发展有着十分重要的意义。

（一）社会控制的度的三个维度

社会控制的度具体包含三个维度：控制力度、控制刚度和控制网络的致密度。

（1）控制力度。控制力度用来表明社会成员的社会活动空间的大小，力度越大，表明社会活动空间越狭小；反之，表明社会活动空间越宽广。

（2）控制刚度。控制刚度用来表明越轨行为受到社会制裁的可能性大小以及制裁强度的高低。刚度越大，表明越轨行为受到制裁的可能性越大，受到的制裁越严厉；反之，表明制裁的可能性越小，受到的制裁越轻微。

（3）控制网络致密度。社会活动空间是被渔网一般的社会规范体系包围起来的空间，这就是社会控制网络。社会控制网络致密度用来表明社会规范的严密程度。致密度越大，表明受到控制的社会行为越多；反之，表明受到控制的社会行为越少。

力度、刚度、致密度既是社会控制的度的三个维度，同时三者之间也应该有一个协调、耦合的关系。其中，力度和致密度是由社会预先规定好了的，即运用法律、纪律、风俗、道德等社会控制手段，对社会成员“可以做什么”“禁止做什么”都予以事先规定，超出这一规定范围就成为越轨行为。刚度则是由社会控制实施过程的状况决定的，越是严格依据社会规范对越轨行为实施制裁，控制刚度就越高。

（二）适度社会控制及其衡量视角

与社会制度、社会文化一样，社会控制也是社会发展的产物，不存在既定的、一成不变的适度社会控制模式，因而适度社会控制是历史的、具体的。考察一个具体社会里的社会控制是否适度，可以从以下三个角度进行衡量。

（1）历史的角度。即考察社会控制是否符合社会历史的发展规律。在社会历史各个发展阶段中，社会控制作为上层建筑的一个组成部分，应该与当时的社会生产力水平相适应。从历史发展的角度来看，人类进入阶级社会之后，社会控制的度有越来越宽松的趋势，因为社会生产力的发展不仅意味着人类在自然界的活动获得了更多的自由，也意味着从社会关系中获得了更多的自由。因此，如果说在奴隶社会里运用封建社会的控制形式是一种欠度控制，那么，在封建社会沿用奴隶社会的控制形式就是一种过度控制。作为由资本主义社会向共产主义社会过渡的过渡性社会，社会主义社会既不可避免地要借鉴资本主义社会的控制形式，又要在此基础上产生一些带有共产主义社会特征的控制形式。当代中国由于是从半殖民地半封建社会脱胎出来的，因此还会带有一些封建社会的控制形式的痕迹。

（2）社会稳定的角度。社会井然有序、人民安居乐业，是社会稳定的重要标志，也是适度社会控制的表现之一。在欠度控制之下，管理松懈、纲纪废弛、民心涣散、社会动荡不安，显然不利于社会的良性运行和协调发展。但我们要特别注意的是，过度控制即使有可能带来社会稳定的局面，但也只能是一种“万马齐喑究可哀”的局面，这种稳定局面只能是表面的、暂时的，稳定的背后必然蕴藏着深刻的社会危机。历史经验已经表明：过度控制并不能带来长久的社会稳定和繁荣发展的社会运行，反而会引起巨大的社会动荡，陷入社会恶性运行状态。

（3）社会成员自由程度的角度。从人类社会诞生的时候起，人类就从未放弃过对自由的追求，随着社会生产力的不断发展，人类逐渐挣脱了自然界的重重束缚。与此同时，随着生产关系的不断进步，人类也逐渐从自己所创造的社会关系中解放出来。总之，人类的地理活动空间在不断扩大，人类的社会活动空间也在不断扩大，这意味着人类获得了越来越多的自由。过度控制不适当地限制了人类社会活动空间，欠度控制则不适当地放纵了人们的社会行为，这对社会的运行和发展都是不利的。对于一个具体社会来说，在符合具体历史条件并确保社会稳定的前提下，该社会里的社会成员的自由程度越高，该社会控制体系越与“适度社会控制”相吻合。换言之，适度社会控制就是能最大限度允许社会成员自由的社会控制形式。

（三）适度社会控制的意义

以上我们指出了考察社会控制是否适度的三个标准（或称三个角度），其中第一个标准是定性标准，后两个标准是定量标准，我们可以分别建立一组社会指标体系，定量地来衡量社会稳定性和社会成员的自由程度，以判断社会控制是否适度。只有当社会控制的力度、刚度和控制网络的致密度都符合这三个标准时，整个控制体系才是适度的社会控制。当其中一个维度超出适度范围时，成为过度控制；当其中一个维度低于适度范围时，成为欠度控制；当其中某些维度超出、而另一些维度低于适度范围时，就成了过度与欠度控制杂然并存的局面，这时要综合三个维度的值来判断整个控制体系是过度还是欠度控制。

正确把握社会控制的度，实现适度社会控制，既是十分重要的，又是十分困难的。欠度控制不利于社会稳定，不利于社会秩序的维系。过度控制不利于社会成员发挥积极性和创造性，使社会缺乏活力，最终不利于社会的运行与发展。适度社会控制才能既发挥社会控制维系社会秩序的基本功能，又能充分调动社会成员的积极性和创造性。

思考问题

1. 社会行为是如何受到制约的？
2. 社会控制与个人自由的关系是什么？
3. 何谓适度的社会控制？
4. 试分析社会越轨的功能。
5. 试以失范理论分析我国当前社会的社会越轨。

阅读书目

1. 罗斯．社会控制．北京：华夏出版社，1989.
2. 庞德．通过法律的社会控制：法律的任务．北京：商务印书馆，1984.
3. 郑杭生，等．社会运行导论．北京：中国人民大学出版社，1993.

第十五章

社会工作与社会保障

【本章要点】

- 社会工作是国家和社会解决并预防社会成员因缺乏社会生活适应能力、社会功能失调而产生的社会问题的一项专门事业和一门学科。其职能是通过社会服务和社会管理，调整社会关系，改善社会制度，推进社会建设，促进社会的稳定发展。
- 社会工作的主要对象是指那些在生理、心理和社会的某一方面受到损害的人、群体和社区。社会工作主要有个案社会工作、团体社会工作和社区社会工作三种方法。
- 社会保障的目标不仅在于防止或减轻贫困，其根本宗旨是使个人和家庭相信他们的生活水平和生活质量会尽可能不因任何社会和经济上的不测事件而受很大影响。
- 世界各国的社会保障制度，从资金来源、保障对象、保障内容、支付方式等方面来看，都有很大的差别。我国的社会保障制度是在计划经济指导下建立起来的，强调国家、企业在社会保障中的责任，而受保人一旦进入机关企事业单位，即可终生享受，无须承受大的负担。

【关键概念】

社会工作 ◇ 个案社会工作 ◇团体社会工作 ◇ 社区社会工作 ◇ 社会保障 ◇ 社会保险 ◇ 社会保障制度

我们所生活着的社会，是一个不断地发展着但又不平衡地发展着的社会。这种不平衡导致了大量的社会问题的出现，从而引起整个社会（包括政府、团体、个人）关于社会如何和谐发展和社会如何担当起基本责任的思考。社会工作和社会保障，就是要探讨在社会发展过程中，当部分社会成员在参与社会生活、提高生活质量、保障生活水平等诸多方面遇到某种障碍时，社会主体应如何给予其基本帮助和基本保护。

第一节 社会工作的由来与发展

一、社会工作的基本含义

社会工作（social work）在西方经过了将近一个世纪的充实、修正和完善，已发展成为一门拥有一定的理论、方法和专门技术的实用性社会科学学科，成为一项具有广阔就业前景的专门职业。然而，由于各国社会发展进程不同以及社会运行中遇到的问题不一，也由于各国学者对社会工作学科体系的认识不尽相同，目前社会工作还没有一个能让大家普遍接受的定义。

英国社会学家G. 邓肯·米切尔认为："社会工作一词是指帮助人们满足那些他们不能仅靠自己去获得满足的需求的各种有组织的方法。19世纪，这些有组织的方法在英、美两国获得了发展。当时对人们的精神、物质福利的关心主要集中在穷人的经济情况上。后来将这种对改善物质条件的关心扩大到促进精神上和感情上的健康。"①

美国《世界社会科学百科全书》1972年版的观点是："社会工作的目的是帮助社会上受到损害的个人、家庭、社区和群体，为他们创造条件，恢复和改善其社会功能，使他们免于破产。"社会工作的"职能是在帮助人们适应社会和改善社会制度。职业社会工作者的任务是采取各种适当措施援助那些由于贫困、疾病、免职、冲突，以及由于个人、家庭或社会群体在经济上和社会环境中失调而陷于困难的人，此外还参加社会福利政策与社会预防方案的制定"。

《中国大百科全书·社会学卷》对"社会工作"条目的解释：是"国家和社会解决并预防社会成员因缺乏社会生活适应能力、社会功能失调而产生的社会问题的一项专门事业和一门学科。它的性能是通过社会服务和社会管理，调整社会关系，改善社会制度，推进社会建设，促进社会的稳定发展。"②

---

① 米切尔．新社会学词典．上海：上海译文出版社，1987：344.

② 中国大百科全书：社会学卷．北京：中国大百科全书出版社，1991：291.

综上所述，社会工作是指社会（政府和群众团体）以物质、精神和服务等方式对那些因外部、自身和结构性原因不能依靠自己的力量进入正常的社会生活的个人和群体提供帮助，使他们恢复社会生活能力，改善社会互动关系，提高社会生活质量，从而促进社会的良性运行和协调发展。这个定义有三个基本含义：

（1）社会工作是其主体为增进社会和谐和社会进步而展开的一项自觉自愿的非营利性的社会公益活动。社会工作的主体是政府和群众团体，他们把社会各个阶层和各类群体及个人的协同发展看成是自己的责任和义务。当社会上一部分人由于种种原因而陷入困境时，政府和群众团体就会主动地投入一部分力量，创造必要的条件，帮助那些功能受到损害的个人或群体摆脱困境，他们不希望也不应该从被帮助对象身上获取利益或日后的回报。

（2）社会工作是以那些不能维持正常社会生活而又需要他人帮助的个人和群体为服务对象的。虽然有些社会工作者认为社会工作的对象已扩大到全体社会成员，但从世界各国的社会工作实践看，其工作绝大部分是针对社会生活有困难的个人和群体的。

（3）社会工作是把社会整体利益、社会各方面协同发展作为这一事业的基本目标。社会的构成是复杂的，社会各阶层和各类群体毫无差别地齐头并进是不符合社会运动规律的。但是这种差别任其自由扩大或有一部分人社会生活质量相当低劣，既会影响社会的安定，也不符合社会进步的理想。因此，社会工作是为社会发展奠定一个十分重要的基础，其社会效益和精神价值不可估量。

二、社会工作的起源和发展

自人类诞生以来，贫困和疾病就一直如影相随。人们总是期望通过群体的力量来减轻或者摆脱贫病交加的生活困境，然而由于社会生产力和社会制度的种种限制而未能如愿。虽然如此，无论在中国古代奴隶社会，还是在欧洲中世纪，在某种宗教信念的驱动下，救济贫民的慈善事业一直在零零星星从不间断地进行着。

在西方，随着封建主义制度的解体，资本主义工业化进程的加快，社会重组过程中贫富不均现象十分突出，以至于不进行一定程度的政府干预，就会导致社会的崩溃。1601 年，英国伊丽莎白女王颁布了一项济贫法令，史称“伊丽莎白济贫法案”。这项法案规定了济贫的财政来源、责任官员和实施对象，使济贫第一次成为政府有计划有组织的行为。这一法案成为社会工作历史上有重要意义和深远影响的事件。1788 年，德国汉堡市推行了一种新的社会救济制度。市级有中心管理机构，各区分门别类对贫民进行救济、提供医疗和介绍职业等，这种新的制度很有成效，被称为“汉堡制”。到了 1852 年，另一个德国城市爱尔伯福，在汉堡制的基础上进行充实、修改、完善，救济工作做得更为细致。每个区内再分为若干段，加强对贫民的调查，及时给予救助等等，历史上称为“爱尔伯福制”。此后，社会工作组织形态发展迅速。1869 年，“伦敦组织慈善救济及抑止行乞协会”成立，一般称之为“伦敦慈善组织协会”。1884 年，英国出现了历史上首家社区福利服务中心——伦敦汤恩比馆。欧洲社会工作的兴起迅速涉及新大陆——美国，各种私人救济组织和社会福利组织相继出现，联邦政府也通过各种法案为生活贫困、身体有缺陷者等提供系统的帮助。

到了20世纪，随着社会工作内容的扩大和社会工作组织及从事社会工作的人员剧增，社会工作教育日益成为一项重要的事业。欧美相继出现了一些由慈善组织开办的社会工作人员训练班、训练学校，开设社会工作基础课程。在20世纪初，芝加哥大学、哈佛大学等一批美国大学陆续建立了社会工作院系。至此，社会工作作为一门应用社会科学学科，获得了学术界的认可，成为当今社会科学中就读学生最多的学科之一。

在中国，社会工作学科所涉及的基本内容，虽古已有之，但并未形成一种系统的事业。到了20世纪20—30年代，一些受到西方社会科学思想影响的知识分子开始在我国开展社会救济和社会福利活动，如晏阳初的平民教育试验，陶行知的师范教育活动，梁漱溟的乡村建设运动以及李景汉的社会调查工作等等，都对我国社会工作的发展起到了巨大的推动作用。

1949年新中国成立后，新的社会主义制度的建立，为消除国民党腐朽统治遗留下来的大量社会问题创造了条件。下层贫苦人民的生活得到了极大的改善；无数灾民的生活得到了妥善安排；一大批游民、妓女和有不良行为的人得到了收容改造。政府致力于发展生产，提供了充分就业，公费医疗和实行离退休制度在城市得到大面积推广，残疾人事业也有长足发展，有中国特色的社区服务体系得以建立起来。社会工作的诸多领域也都取得了一定的成就。但由于对社会学和社会工作学科认识上的偏差，在50年代初期，取消了大专院校的社会学系，也不研究社会工作学科的理论和实践问题，致使社会工作的学科地位长期得不到承认，影响了社会工作的科学发展，也使实际从事社会工作的人员得不到科学的训练。

党的十一届三中全会以后，随着拨乱反正和改革开放，社会学学科得以恢复，人们逐渐认识到了加强对社会工作学科的科学研究的重要性。在一些大学重新开设了社会工作专业和课程，越来越多的人投身到社会工作的研究和实践中，社会工作蓬勃发展的时代已经来临。

特别是2004年9月中共十六届四中全会正式提出了构建社会主义和谐社会的目标："形成全体人民各尽其能、各得其所而又和谐相处的社会"，"促进社会公平和正义"①。这一决定为我国社会工作专业的发展提供了有利的社会环境。2006年10月中共十六届六中全会又提出了"建设宏大的社会工作人才队伍"，建立健全相应的政策措施和制度保障，确定职业规范和从业标准，加强专业培训，提高社会工作人员职业素质和专业水平。② 2008年6月30日，首次全国社会工作者职业水平考试举行，在全国各地考场共13.6万余名考生参加了考试，

① 中国共产党第十六届中央委员会第四次全体会议《中共中央关于加强党的执政能力建设的决定》，2004年9月19日。

② 参见中国共产党第十六届中央委员会第六次全体会议《中共中央关于构建社会主义和谐社会若干重大问题的决定》，2006年10月11日。

标志着我国社会工作者职业水平评价制度向实施阶段迈出了重要一步。总起来看，我国社会工作队伍的规范化、制度化、专业化和职业化正在加速发展，这不仅将对公共服务和社会管理部门产生重大的影响，而且势必推动传统行政工作向现代社会工作的转变，从而大大促进政府职能的转变，与此同时，我国社会建设和社区建设也将进入新的发展阶段。

三、社会工作的功能与价值

在谋求社会和谐发展的进程中，社会工作的功能体现在诸多方面。现简述三个主要功能：

（1）社会工作的恢复功能。天灾、人祸和人自身的原因造成了社会上一部分人不能正常地参与社会生活，影响了他们自身的发展。恢复这部分人参与社会生活的能力，成了社会工作应当承担起的主要任务（除了他们自身的努力之外）。这种恢复，包括直接给予帮助（如医疗和康复活动），间接地创造条件（如形成有利于残疾人的社会环境），还包括生理功能的恢复和心理功能的健全以及社会关系的改善调整。

（2）社会工作的协调功能。一般说来，一个社会发展的各项指标，往往是以那些身体和智能各方面较为健全的人为参照对象而制定出来的。因而社会生活往往有利于健全的人而不利于受到某种损害的人。这时，社会工作就要义无反顾地发挥它的作用，要反复地提醒政府和社会各界注意到未受到损害和受到损害这两类人在工作和生活上的差异，通过社会立法和社会服务来保证受损害人的利益得到一定的照顾和补偿。

（3）社会工作的稳定功能。社会不稳定的主要因素是社会各阶层各群体的利益损益不一，尤其是某一群体利益受到严重的损害。如果社会不给予利益受到损害的人一定的照顾和帮助，长此以往会严重损害他们对社会的信心，甚至产生某种反社会行为。社会工作把工作重点放在这部分人身上，借助社会的力量，帮助他们提高社会生活能力，使他们与整个社会融合在一起，有利于社会的稳定。

社会工作作为一门学科和职业，之所以在社会上日趋成熟、备受重视，成为社会运行和发展的一个重要方面并有着如此深入的影响，也与它具有深厚的价值基础有关。现代社会工作的价值基础可以从两个方面去解释。

一是关于人的价值。现代社会工作高度重视人的价值，认为人的生存权、发展权和人的尊严以及人人平等都是人类社会的基本准则。社会工作就是把人的价值放到一个具有一定高度的位置，努力去帮助那些受到损害的人恢复本应属于他们的权利和尊严。

二是关于社会的价值。现代社会工作认为，社会应是一个和谐的整体，对社会中的某种不健全和缺陷，社会有责任和义务予以干预。当社会中有一部分人的权利没有得到应有的实现时，政府和社会团体应主动地给予帮助，使得这个社会趋于完善。

第二节 社会工作的对象、内容和方法

作为一门社会科学学科，社会工作有自己独特的对象、内容和方法。但由于各国社会发展状况、传统文化的差异以及各国社会工作的具体实践不同等等，人们对社会工作的对象、内容和方法的理解也不尽一致。

一、社会工作的对象

一般说来，社会工作的主要对象是指那些在生理、心理和社会的某一方面受到损害的人、群体和社区。随着社会的发展，尤其是社会福利制度的发展，有些国家把为全社会成员服务的某些工作也纳入社会工作，这可以看作社会工作的延伸。

首先，社会工作的主要对象是那些在生理上有某种残缺或受到某种损害的人或群体。人类社会的交往和活动，往往是以生理上正常的人为前提的，各种竞争的规范都适用于生理正常的人。而那些由于先天或后天、自身或外部诸因素导致生理损害的人不能公平地与正常人竞争，常常处于不利的地位。如果他们得不到社会的帮助，他们就有可能陷入生活和工作的困境。

其次，社会工作的主要对象是那些在心理上有某种障碍和创伤的人。随着社会物质生活质量的提高，人类对心理和精神的要求也越来越高。但是快节奏高效率的生活，往往使人们心理紧张和失衡，精神性疾病增多。因此，社会工作的深入发展，其重点逐渐扩大到帮助那些有心理疾病的人和群体，消除其心理障碍。

最后，社会工作的主要对象是那些在社会关系上出现某种不适应或对立的人、群体或社区。生活在社会中的人无不处在关系之中，学会处理各种关系是现代人生存的基本手段。家庭中的各种关系、邻里关系、社区中的人际关系等等无不需要协调处理，以利于社会的稳定。

二、社会工作的内容

社会工作的内容非常宽泛，具体包括以下几个方面：

（1）社会福利。广义的社会福利是指政府和社会团体为提高社会成员的物质和精神生活水平而采取的种种措施；狭义的社会福利则专指对社会生活有困难者进行帮助。社会福利的主要内容有：社区医疗保健网络、社区文化娱乐设施、劳动就业培训与指导中心等。

(2) 社会服务。现代人对生活的空间要求越来越高，希望能够得到良好的社会服务，以利于工作和生活质量的提高。因此，社区内的社会服务项目急剧增加，社会服务质量不断提高，如为少年儿童健康成长提供的卫生保健娱乐项目，为残疾人提供服务的医疗康复中心等等。

(3) 社会保险。它是保障社会成员满足基本生活需求的一项基础性措施。在人的一生中，年老、伤残、疾病等影响人的劳动能力和生活能力的因素很难避免，单靠个人去解决这些问题很困难。因此，国家通过立法，对那些丧失劳动能力以及生活能力的人提供一些帮助，是完全必要的。社会保险的种类主要有：劳动保险、医疗保险、失业保险、养老保险等。

(4) 社会救济。也称社会救助，指政府和社会团体对那些维持社会基本生活水平有困难者给予必要的物质帮助。《中华人民共和国宪法》(1982年) 第45条规定，"中华人民共和国公民在年老、疾病或者丧失劳动能力的情况下，有从国家和社会获得物质帮助的权利。"社会救济工作的关键是要正确划定被救济对象的最低生活标准，维护贫困者的基本权益。

(5) 救灾工作。指国家和社会对因自然灾害而遭受损失的地区和人民进行的援助、补救活动，从广义上讲也包括对自然灾害的预防。现代救灾工作强调提高防灾能力，通过科学技术和人财物的投入，逐步改造自然；对于已发生的灾害，动员政府、社会和个人共同努力救灾；同时，通过社会保险等方法，协同多方面力量，提高抗灾救灾的能力和效率。

(6) 社区工作。指以社区为单位，建立机构，组织和动员社区内的各种力量和资源，参与社区建设，解决社会问题，提高社区成员的生活质量，改善社区环境。社区是社会工作者开展工作的主要场所之一。建立完整、完善的社区服务体系是社区社会工作者的重要任务之一。

(7) 社会工作教育。指对从事社会工作的人员进行专业训练和培养的一项工作。社会工作作为一门专业性的工作，从事这项工作的人员必须接受一定的专业训练和教育。只有这样，社会工作的科学性和有效性才能得到保证。

(8) 社会工作行政、督导和咨询。社会工作行政是指政府的社会工作立法和政府将社会政策转化为社会服务的实施过程。社会工作督导是政府设立专门或兼职的机构和人员，指导社会工作者履行职责、遵守规范、提高工作质量。社会工作咨询是指社会工作研究机构和高级社会工作者接受基层社会工作者和社会工作的服务对象的咨询。这三项工作都是为了保证社会工作以一定的质量和效率实施的基本措施。

(9) 国际社会工作。其主要内容是组织各国社会工作者相互学习、交流经验、探讨学术，研讨在各文化传统相异、社会发展速度不一的国家开展社会工作的可能性。国际社会工作还重视对各国社会工作者的教育训练，以便促进世界各地的社会工作水平的提高。

三、社会工作的方法

社会工作有三种主要方法，即个案社会工作、团体社会工作和社区社会工作。

个案社会工作

个案社会工作是指社会工作者以个人或家庭为工作对象，运用现代社会科学和人文科学的基本知识，在与工作对象沟通的过程中，了解其在社会生活中遇到的问题，帮助其发掘自身解决问题的潜能，调适个人与他人、个人与环境的关系，增强个人适应社会生活的能力。

个案社会工作是社会工作最基本的方法，这是因为社会工作的出发点和最终归宿是人。社会是由人组成的，因此，研究个人的问题，挖掘个人的才能，提高人的素质，最终将导致社会整体素质的高扬。

因为个案社会工作的对象是个人和家庭，不同于其他研究对象，所以人的特殊性、人的尊严、人的隐私等问题被摆到了突出的位置。在着手开展社会个案工作时，尤其要注意遵循以下几个基本原则：（1）接纳原则。无论案主的性别、种族和信仰如何，无论自己的好恶与否，社会工作者应一律平等地开展工作。（2）个体原则。工作者应时刻注意案主是一个活生生的人，注意他们每个人的思想和行为的差异性，防止模式化。（3）沟通原则。即强调个案工作者与案主的信任和交流，便于社会工作者深入开展工作。（4）保密原则。即社会工作者对案主的隐私必须做到绝对保密，这也是社会工作者的基本职业道德。（5）案主自决原则。个案工作者不能包办案主行为，案主问题的解决最终还得通过案主自身。

团体社会工作

团体社会工作是以社会各种群体为工作对象，探讨群体中人们的互动模式及相互关系，引导个人与群体的协调，消除群体内个人之间的障碍，提高群体活动的质量，增强群体的吸引力和凝聚力。

在社会生活中，人或多或少地要与群体打交道，在群体中生活。没有群体生活质量，就不可能有个人的生活质量。社会工作的群体从广义上讲包括正式群体和非正式群体，如社会团体和社会组织；从狭义上讲专指那些有特殊困难的群体，如敬老院、残疾人团体、精神病院等。

团体社会工作的基本方法有：（1）群体讨论。让群体成员交流彼此的看法，逐步形成群体共识。（2）群体游戏。加强群体之间的互动，引发群体成员的兴趣，增进群体的亲和力。（3）群体竞赛。培养群体成员的团队意识，增强群体成员的荣誉感和信任感。

团体社会工作的主要目标有：（1）增进群体成员的社会参与。健康的人格必然包括对社会的参与，而让群体成员更多地参与群体活动是为更好地参与社会做准备。（2）提高群体成员的集体活动能力。缺乏集体活动能力必将导致个人社会生活质量的下降。（3）建立群体的合理结构。一个群体有了比较合理的结构，有利于群体活动的延续和深入，也有利于群体生活质量的提高。

社区社会工作

社区社会工作是指社会工作者以社区为工作对象，建立社区协调、服务机构，调查和研究社区中存在的问题，组织社区成员参与社区的建设，培育社区成员的社区归属感，从而改善社区成员的生活质量。

社区社会工作的基本程序是：(1) 组织社区调查。社会工作者在实施社会工作时，必须先清楚地了解社区的历史和现状，为今后的工作奠定基础。(2) 制订社区计划。一个良好的社区必然有一个良好的计划，这既能使社区工作者有一个工作的蓝图，又能激发社区成员对社区的关注和归属。(3) 建立社区机构。这是建设社区的基本措施，是落实社区计划的根本保证。(4) 协调社区力量。社区内有各种成员和各种组织，为了建设好社区必须把这些力量的积极性调动起来，协调一致地让他们发挥各自的作用。(5) 解决社区问题。社区内的各种问题要有计划有步骤地逐步解决，这样才能提高社区成员对社区建设的自信心。(6) 实施社区评价。社区建设是否成功，要组织社会工作专家和社区成员进行综合评估。评估之后，要进一步确立新的目标，使社区社会工作有新的发展。

第三节 社会保障的发展

一、社会保障的含义

社会保障，顾名思义是社会向社会成员提供基本生活保障。然而，在如何理解社会、社会成员、基本生活、保障手段和程度等一系列概念上，各国各地区由于历史文化、社会经济、发展程度的差异而形成了许多不同的看法。

英国是西方国家中最早实行社会保障制度的，其特点是保护低收入者和有特殊困难者，并注重增进全体公民的福利。1942 年，以威廉·贝弗里奇为首的一个调查英国社会保险现状的委员会提出了题为《社会保险及有关服务》的报告，即著名的《贝弗里奇报告》。该报告认为，社会保障就是对收入达到最低标准的保障。国家所组织的社会保险和社会救济的目的在于保证以劳动为条件获得维持生存的基本收入。贝弗里奇认为，社会保障是指人民在失业、疾病、伤害、老年以及家主死亡、薪资中断时，予以生活经济的保障，并辅助其生育、婚丧所产生的意外费用。[①] 美国在 1935 年正式推出《社会保障法》。美国对社会保障的解释是："根据《社会保障法》制订的社会保险计划，对于因年老、长期残废、死亡，

---

① 陈良谨．社会保障教程．北京：世界知识出版社，1990：1.

或失业而失掉工资收入者提供保障；同时对老年和残废期间的医疗费用提供保障。对老年人、遗属、残疾人和受健康保险计划保险的退休者或残疾人和他们的家属，以及受保险者的遗属，按月提供现金保险待遇”①。

由十位国际著名专家撰写的《21 世纪社会保障展望》一书谈到社会保障时指出，社会保障的目标不只是防止或减轻贫困，应该更为广泛。其根本宗旨是使个人和家庭相信他们的生活水平和生活质量会尽可能不因任何社会和经济上的不测事件而受很大影响。这就不仅是在不测事件中或已出现不测时去解决困难，而且也要防患于未然，帮助个人和家庭在面临未能避免或不可避免的伤残和损失时，尽可能做到妥善安排。因此，社会保障需要的不仅是现金，而且还要有广泛的医疗和社会服务……

从上述有关社会保障概念的表述中，我们可以看出社会保障最基本的含义是，政府通过立法，社会团体、社区等通过政府授权以现金、物质、服务等形式向因精神和生理的残疾、年老力衰、意外伤亡、失业、多子女负担而处于困境者以及他们的家属提供旨在维持他们最基本和最低生活水平的保障。也有的国家和地区在此基础上再提供一些面向全体公民的福利设施、服务和物质资助。

二、社会保障的构成

按较为普遍的看法，社会保障包括社会保险、社会救济和社会福利。也有人认为社会保障包括两个部分：一是现金补偿，也称“收入保障”；二是提供服务，包括实物资助和服务，也称为“实物补助”。收入保障可分为：与工作相关联的保障制度；普遍保障制度；依据经济状况调查制定的保障制度。美国卫生和人类服务部社会保障总署出版的《1981 年世界社会保障制度》一书，为便于各国相互比较，把社会保障分为五个部分：（1）老年、伤残、死亡；（2）疾病与生育；（3）工伤；（4）失业；（5）家属津贴。② 一般说来，不发达国家由于经济落后，社会保障制度大都处于社会救济阶段；发展中国家则正在逐步建立全社会的社会保险体系；发达国家在完善社会救济和社会保险体系的基础上注意增进全民福利。

三、社会保障的历史沿革

社会保障作为一种制度形态，是伴随着资本主义的发展而逐步形成的。资本主义的兴起，使社会生产力得到空前的发展，那种以残酷的手段剥削被统治者的做法已很难维持下去，甚至要威胁到资本主义制度本身。在这种情况下，资本主义思想家和政治家不得不考虑如何来处置日益严重的流民、贫民问题。

---

① 王玉先．外国社会保障制度概况．北京：工人出版社，1989：122.

② 魏新武，张建新．五十个国家社会保障制度．北京：劳动人事出版社，1985：1，26.

1601年，英国女王伊丽莎白在议会原有法律的基础上颁布了一个新法案，即著名的“伊丽莎白济贫法案”。有人认为，这是现代社会保障制度的开端。该法案规定，各教区在政府的授权下，向本教区的居民及房地产所有者征收“济贫税”。政府用这些税收，救济那些穷人、病人和流浪者。之后，济贫法案经过多次修改，增加了建立贫民习艺所，收容贫民，组织他们从事一些生产劳动等内容。这些法案对于缓解严重的流民、贫民问题，保持社会的稳定，以及对维持和增进资本主义的统治起到了一定的作用。然而，济贫法案在如何摊派资金，如何安置穷人等方面存在着许多问题，有些济贫的苛刻条件使贫民无法接受，甚至出现了“砸烂贫民习艺所”的口号。济贫法案的破产以及向现代社会保障体系过渡成为必然。

1883年，德国首相俾斯麦在议会上提出了“疾病保险法”。有人认为，俾斯麦是现代社会保障制度的创始人，德国是世界上最早制定《社会保障法》的国家。俾斯麦实行新的社会保障制度并不是偶然的，德国工人在资本主义发展过程中受到深重的压迫，在德国工人阶级政党的领导下，工人曾举行过无数次的罢工和起义。俾斯麦为首的资产阶级曾进行过疯狂的镇压，但收效甚微。俾斯麦声称“社会弊病的医治，一定不能仅仅依靠对社会民主党过火行为的镇压，而且同时要积极促进工人阶级的福利”①。之后，议会陆续通过了《工伤事故保险法》《老年及残疾人保险法》。上述三大社会保险立法在世界上产生了重要的影响，使人们看到，现代工业制度的发展并不仅仅是一个生产力发展问题，它必须配之以社会保障体系。当然，这三大立法也有很大的缺陷，它只针对在职工人，并没有包括无正常工资收入的工人。以后，各国在此基础上进行的各种社会保障立法，对其进行了补充、修改，向全面保障方向发展，形成了一种完整的体系。

1935年，美国总统罗斯福推行新政，颁布了以老年保险和失业保险为内容的《社会保障法》，从而标志着全球范围的社会保障活动的兴起，“社会保障”一词也正式出现在立法文件之中。所以有人认为，这一年是现代社会保障的真正起始。美国的社会保障一般指三个部分：老年人、遗属和残疾人健康保险；失业保险；公共援助。其中第一部分是以全民为对象的，加入这种保险的人数约占全体劳动者的90%。失业保险由州政府管理，内容因州而异。美国社会保障的原则是，每一代人都为前一代人支付退休金，而从下一代人那里领取退休金。这具有“社会契约”性质，如果人口增长为零，将面临难以为继的结果。

1942年，英国以贝弗里奇为主席的一个社会保险和联合事业委员会为战后重建计划提出了一个《社会保险及有关服务》的报告，即著名的《贝弗里奇报告》。这个报告系统地规划了整个社会的保障体系，被称为社会保障史上的一个里程碑，对其他国家发展社会保障制度起到了示范作用，其影响遍及世界各国。在这个报告的基础上，政府逐渐颁布了诸如《社会保险法》(1946年)、《国民健康服务法》(1946年)、《家庭补助法》(1945年)、《国民保险法》

---

① 黄素庵．西欧“福利国家”面面观．北京：世界知识出版社，1985：43.

（1946 年）、《国民救济法》（1948 年）等六项立法为主要内容的战后英国社会保障新法典。

1979 年，英国保守党上台，撒切尔政府对难以为继的高福利的社会保障制度进行改革，这标志着西方社会对现代社会保障制度的新反思。这些措施包括减少政府开支，扩大征税对象和提高征税额，减少对低收入者的公共援助等。目前西方社会保障制度仍在进行改革。究竟会改革成何种模式，它对经济的推动如何，现在还难以估计。

四、社会保障的基本模式

世界各国的社会保障制度，从资金来源、保障对象、保障内容、支付方式等方面来看，都有很大的差别，形成了各自的特色。现将其中主要的模式介绍如下。

（1）就业保障制。这是一种与工作相关联的保障制度。职工享受养老金和其他保障项目主要取决于工作的年限和交纳保险费时间的长短。个人领取养老金、伤残抚恤金、遗属抚恤金和失业救济金、病残补助、生育补助、工伤补助等通常与职工在事故发生前的收入水平有关。这种保障制度，通常由国家通过立法来实行，具有强制性。其资金来源有三部分，雇主和雇员根据雇员的工资按一定比例交纳，这是主要来源，政府也承担其中一部分资金。其中的少数保险项目也允许职工自愿参加，政府予以鼓励。有些特定的项目，政府还给予补贴和弥补亏空。

（2）普遍保障制。也称为人头补助制，即每一个公民或居民，无论其是否就业，是否有收入和收入多寡，政府按统一的标准发给现金补助。其资金来源主要是政府的财政拨款，也有一部分资金来自雇主和雇员交纳的保险费。

（3）以经济状况调查为基础的补偿制。政府根据当地当时的社会经济生活水平，以个人或家庭为单位，制定一个最低生活需要标准，也称为“贫困线”。然后，逐个调查那些生活水平较低的个人或家庭的收入和经济状况。凡低于贫困线的，给予一定的现金或实物补偿。其资金来源主要是国家财政拨款。

（4）储蓄基金制。一种强制性的储蓄保险基金制度。政府通过立法，要求雇主和雇员按工资的一定比例交纳储蓄保险费。这些费用在银行建立专用账户，当雇员发生法定保险事故时，将这笔专用基金连本带利一次性付给受保人，或按规定分期支付受保人年金或支付给其遗属。这是一种自助式社会保障模式，在一些发展中国家实行。

（5）雇主责任制。政府用法律规定，雇主对雇员有保险责任。当发生下列情况时，其保险费用由雇主直接承担，如职工年老退休、伤病医疗、工伤事故、生育或家属津贴等。雇主没有和其他人合伙保险的可能，只能向保险公司为自己保险。近年来社会保障制度的改革有加强雇主保险责任的趋向。

五、建立社会保障制度的作用和意义

社会保障制度的建立，是人类社会的一大进步。它表明人类对人自身的认识和对社会发展的认识达到了一个新的高度，其意义十分深远。

（1）社会保障制度的建立，增进了人的平等。自从进入阶级社会以来，人类的历史就是一部不平等的历史。早期资产阶级在其原始积累阶段，也曾大量剥削无产阶级，使社会危机日益加深。17 世纪英国伊丽莎白的济贫法案和 19 世纪德国俾斯麦的社会保险制度的出现，标志着资产阶级被迫认识到严重的社会不平等的危害，也说明无产阶级为争取平等权利而做出的不懈斗争。社会保障制度在 20 世纪取得的巨大成就，确实缓解了资本主义社会的矛盾，促进了社会生产力的进步，在增进人的平等方面做了一些实实在在的事。例如西方国家实行的完整系统的儿童福利、教育、健康保障体系，大大增进了各阶层出身的儿童平等发展的机会。

（2）社会保障制度的建立，维护了社会公正。人是有差异的。每个人在身体、智力等方面存在着先天性的不同，加上后天教育环境、食品营养等因素，这种差别就更明显了。然而，人类社会是一个竞争的社会，在激烈的竞争中，那些各方面条件较差的人无疑处在一种不利的地位。人类社会不同于动物世界，完全实行“优胜劣汰，适者生存”的原则有悖于人道主义理想，有损于人的尊严，降低了人的价值。社会保障制度的出现，使人类对自身的认识上升到一个新的高度，即人类在实行竞争原则的同时，要强调公正原则，就是说，效率和公正应当兼顾。社会保障制度中的许多条款，确实体现了这种公正原则。

（3）社会保障制度的建立，有利于社会稳定。社会发展是不平衡的，总有一部分人先富起来，另外一部分人还比较穷。如果后一部分人长期处于穷困状态，生活质量低下，看不到重新发展的可能性，他们心理上就会有一种相对被剥夺感，会不认同这个社会，甚至敌视这个社会，这样社会稳定就出了问题。实行了社会保障制度，那些贫困者、流浪者起码能得到基本生活保障，有寻找发展的机会，从而有利于社会整合和社会稳定。

（4）社会保障制度的建立，推动了社会发展。社会的发展可以从两个方面来理解：其一是生产力的发展；其二是整个社会的全面进步，不单单是物质的，还有精神生活的健康发展。从生产力发展角度讲，人是生产力中最为活跃的因素。有了社会保障制度，劳动者健康有了一定的保证，劳动者的素质有可能得到提高，从而可以避免早期资本主义时期以残酷手段牺牲劳动者的体力和精神换来社会物质生活提高的悲剧。劳动者体力的不断恢复，劳动者精神生活的愉悦，就会促进社会生产力的极大提高。从生产发展需要资金积累上来说，巨大的社会保障储蓄基金也为生产的发展提供了财力上的保证。政府、企业和个人都拿出相当一部分资金交纳给社会保险系统，既可以避免社会消费基金的过度膨胀，引导消费结构更为合理，又能把一大笔资金投入到社会再生产过程中。此外，有了社会保障制度，人就有条件、有时间去发展经济活动之外的文化精神生活，进入一个更高层次的发展。

思考问题

1. 社会工作的对象有哪些？
2. 如何理解社会保障的意义？

阅读书目

1. 卢谋华．社会工作的理论与实践．北京：中国社会出版社，2007.

2. 扎斯特罗，柯斯特-阿什曼．人类行为与社会环境．北京：中国人民大学出版社，2006.

3. 高书生．就业、分配和社会保障．石家庄：河北人民出版社，2006.

第十六章

社会建设与社会治理

【本章要点】

- 社会建设是一项系统的、持续的社会工程，主要是通过制度建设和政策引导，发展社会事业，改善社会治理，增进社会融合，保障社会的可持续性，实现社会和谐与永续发展。
- 与广义社会建设相关的理论主要有社会有机体论、社会团结论、社会整合论、社会冲突论、发展理论、“现代人”理论、社会公正论、风险社会论和社会主义社会本质论等。与狭义社会建设相关的理论主要有社会福利论、公民社会论等。
- 在操作层面上，对社会建设的阐述主要有善治的观点和制度主义的观点。
- 当前中国社会治理的基本内涵包括党的领导、政府的主导、多主体的社会参与、共同处理公共事务等方面。

【关键概念】

社会建设 ◇ 社会治理 ◇ 风险社会 ◇ 社会团结 ◇ 和谐社会 ◇ 善治 ◇ 制度主义

社会建设是体现社会学学术宗旨和实践关怀的一个重要概念，是关注社会运行和发展，特别是良性运行和协调发展之条件与机制的社会学的必然的实践指向。深入研究社会建设的相关问题，必将引导中国特色社会学的成长，并最终确认社会学学科在中国社会科学学科体系中的重要地位。本章侧重介绍社会建设的概念及相关理论。

第一节 社会建设的概念

中国特色社会主义实践的迅速推进，呼唤社会学者将社会建设从一个自在的概念转变为自为的概念，并对之进行系统化的阐释。

一、社会建设的主要关怀

综观目前社会学界对于社会建设概念的研究，应该说还没有形成统一的结论。但是，从现有研究中我们也可以发现一些有代表性的理解，这些理解体现了对社会建设不同方面的关怀。

对社会建设的秩序关怀

这种关怀强调社会建设主要是化解社会矛盾和冲突，追求社会秩序与和谐。它所针对的是中国现代化的矛盾多发的特殊阶段，一般而言就是所谓人均 GDP 1 000美元到 3 000 美元的时期。

党中央在提出社会建设实践问题时，体现了明显的秩序关怀，这种关怀充分反映在建设社会主义和谐社会的理念中。在学术界，很多学者也从强调秩序建设的角度来理解社会建设。例如，郑杭生指出，社会建设就是促进社会的良性运行和协调发展。就当代中国社会而言，就是促进经济和社会、城市和乡村、东中西部不同区域、人和自然、国内发展和对外开放这些关系的良性互动和协调发展，推动社会主体间行动关联及其模式化结构达到最佳状态。不过，郑杭生明确区分了当前秩序建构与追求传统社会中那种原生性、自发性秩序的区别，强调了现代社会秩序形成的复杂性和建构性。①

对社会建设的民生关怀

这种关怀主要针对中国现代化进程中经济社会发展严重失衡的实际情况，强调发展社会事业、推动社会进步以改善民生质量的重要性。由此，社会建设的重点就是保障和改善民生。这正是中共十六届六中全会和十七大报告所强调的，并

① 郑杭生，李路路．中国人民大学中国社会发展研究报告 2005：走向更加和谐的社会．北京：中国人民大学出版社，2005：第一章“社会结构与社会和谐”．

且得到了很多学者支持，一些学者还作出了更为全面、细致和深入的理论和政策回应。事实上，前辈社会学家孙本文也将社会建设与发展社会事业联系起来："依社会环境的需要与人民的愿望而从事的各种社会事业，谓之社会建设"①。

对社会建设的风险关怀

这种关怀与对社会建设的秩序关怀、民生关怀密切相关，在实际政策中，有时也被整合到秩序关怀与民生关怀中。

对社会建设的风险关怀直接受到2003年"非典"危机的影响。那次危机促使人们关注中国高速经济成长过程中的社会风险，并寻求相关的理论支持，尤其是以德国社会学家贝克和英国社会学家吉登斯为代表的风险社会理论。这种关怀认为社会建设的重要内涵是反思现代化进程，建立健全社会风险的识别、处理和防范机制，改进国家在风险管理中的作用，以确保社会安全。

对社会建设的结构关怀

这种关怀主要是针对中国现代化进程中出现的快速和失常的结构分化，强调优化社会结构的重要性。近年来，一些学者认为社会建设实际上就是指优化社会结构或者协调社会关系，其中主要又是优化社会阶层结构和社会的三大部门结构。

社会建设是指协调人与人、人与社会以及人与自然的关系。其中，在人与人的关系方面，最重要的是促进利益协调和增进社会成员的共识；在人与社会的关系方面，最重要的是改善公共物品供给和拓展社会互助与志愿服务；在人与自然的关系方面，最重要的是改进资源利用和促进环境保护。

对社会建设的价值关怀

这种关怀主要针对的是中国现代化进程中客观出现的价值观念多样化以及某种程度上的信仰危机，强调建设主流价值观念对于凝聚社会共识、促进社会整合的重要性。

在社会主义初级阶段推进社会建设，至少包含了以下一些重要的价值趋向：融合中国传统文化价值，例如倡导和谐；坚持生产资料公有制为基础，发挥社会主义经济制度的优越性；在坚持市场机制配置资源的前提下，积极推进政府职能转变，建设服务型政府，充分发挥政府的再分配作用；发挥社会主义政治制度的优势，完善民主集中制，动员全社会力量推进社会建设；在社会建设进程中加强和改善共产党的领导。

有的学者更加强调了我国社会建设的深层理念，指出中国社会建设必须以马克思主义，特别是马克思主义中国化的成果为指导，坚持马克思主义的立场、观点和方法，坚持以人为本、共赢互利等等基本理念。②

对社会建设的历史关怀

这种关怀强调社会建设的历史性，也就是说应从历史发展的角度对社会建设

---

① 孙本文．社会学原理：下册．上海：商务印书馆，1935：244-245.

② 郑杭生．中国人民大学中国社会发展研究报告2006：社会建设与社会管理．北京：中国人民大学出版社，2006.

进行具体分析，社会建设是一个历史过程。一方面，应当看到社会建设是一个普遍的实践过程。在人类历史的不同发展阶段，为了谋求社会团结和社会秩序而进行的社会建设尝试普遍存在。另一方面，应当看到在不同历史时期、不同文化传统和制度背景下，社会建设的路径和效果有很大差异。

由此，理解当代中国社会建设就不能忽视历史。一方面，新中国成立以来，特别是改革开放以来，我国社会建设的实践一直进行着，不过在不同的阶段遵循不同的模式，取得了不同的效果。改革开放以来，我国以推动经济快速增长为突破口带动社会建设，取得了突出成就，但是也存在突出问题。进入新世纪，党中央在新的基础和条件下提出要更加注重推动政府和社会体制改革，发展社会事业，着力推进社会建设，这是对以往社会建设实践的延续。

另一方面，从历史的角度理解当代中国社会建设，应当看到它与以往社会建设，特别是与前社会主义各种制度条件下的社会建设，有着很大的不同。最为突出的就是社会建设是社会主义的本质属性，只有在社会主义条件下，通过发挥人的能动性，建设一个和谐社会才有了真正的可能。

二、关于社会建设的综合性定义

以上是理解社会建设的一些主要方面，其中也反映了人们对社会建设研究和认识的不断深化，但是，以上区分只是相对的。目前，在以上理解的基础上，我们已经可以看到一些对社会建设的综合性理解，这些理解正在形成社会学对社会建设的不同定义。

例如，郑杭生侧重从社会建设内涵的角度，围绕社会建设的能力提升，对社会建设作出了以下定义：所谓社会建设，从正向说，就是要在社会领域或社会发展领域建立起各种能够合理配置社会资源、社会机会的社会结构和社会机制，并相应地形成各种能够良性调节社会关系的社会组织和社会力量；从逆向说，就是不断地研究社会矛盾、社会问题和社会风险的新表现、新特点和新趋势，创造正确处理社会矛盾、社会问题和社会风险的新机制、新实体和新主体，通过这样的新机制、新实体和新主体，更好地弥合分歧，化解矛盾，控制冲突，降低风险，增加安全，增进团结，改善民生。[①]

陆学艺给社会建设下的定义是：“从社会所处的发展阶段的实际出发，顺应社会发展的趋势，遵循社会发展的规律，有组织、有目的、有计划地动员各种社会力量，在社会领域从事的各项建设。其中，社会建设的主体，主要是政府、社会组织与民众等；社会建设的原则，是公平与公正；社会建设的目标，是实现社会和谐与社会进步；社会建设的保证，是社会安全运行，包括社会安全阀构建；社会建设的动员机制，是建立协调各阶层利益的机制，充分动员民众参与社会建设；社会建设的重要手段，是社会管理，主要是在社会运行方面科学管理，保证社会良性运行。因

---

① 郑杭生．社会建设：改善民生与公平正义．中国社会科学院院报，2007－12－04.

此，社会建设是一项庞大的系统工程。"[①] 这种定义侧重于社会建设的实际操作。

综合起来看，社会建设是一项系统的、持续的社会工程，主要是指在经济增长和政府改革的基础上，通过制度建设和政策引导，发展社会事业，改善社会治理，增进社会融合，保障社会的可持续性，从而全面提升当代人和后代人的福利水平，实现社会和谐与永续发展。社会建设的核心内涵是发展社会事业以改善民生，促进经济、社会、政治与文化各个子系统之间的关系协调。

第二节 社会建设的相关理论

正如人们对于"社会"的概念有着广义与狭义两种理解一样，我们也可以区分出广义和狭义的两种社会建设。所谓广义的社会建设，是指整个社会的建设，即指包括政治子系统、经济子系统、思想文化子系统和社会生活子系统在内的整个社会大系统的建设和管理；而狭义的社会建设着重指与政治、经济、思想文化各子系统并列的社会子系统的建设[②]，事实上主要是社会子系统自身的培育和社会事业的发展。当然，广义的社会建设和狭义的社会建设是相互联系、相互支持、密不可分的。在推动社会建设的进程中，它们也都要付诸实践。由此，我们可以将社会建设的有关理论区分为三种主要类型：与广义社会建设相关的理论、与狭义社会建设相关的理论以及社会建设的操作性观点。

一、与广义社会建设相关的理论

这里主要是指社会有机体论、社会团结论、社会整合论、社会冲突论、发展理论、"现代人"理论、社会公正论、风险社会论和社会主义社会本质论。从某种程度上讲，这些理论围绕着具有现代取向的、充满活力且井然有序的社会是如何可能的这一共同问题，作出了各种相互关联的回答。

社会有机体论

社会有机体论强调社会的整体性、联系性和变化的内生性。虽然西方一些社会学家也主张社会有机体论，他们在把社会作为一个整体来分析，强调社会各个部分之间的紧密联系以及认为社会经历着从简单到复杂、由低级到高级的进化过程等方面，是与马克思主义的社会有机体论相同的。但是，西方社会学家的社会

① 陆学艺．关于社会建设的理论和实践．理论前沿，2008（11）．

② 郑杭生．关于和谐社会建设的几个问题．江苏社会科学，2005（5）．

有机体论与马克思主义的社会有机体论有着本质的区别①，后者揭示了社会的本质、社会关系的性质以及社会运动变化的规律，是科学的社会理论，是社会建设各种相关理论的重要基础。

马克思主义认为，社会的本质既不是个人的简单相加，也不是外在于个人的所谓客观实在，它是人与人之间交互作用的产物，是各种社会关系的总和。其中，人与人在劳动过程中结成的生产关系决定了其他社会关系。生产力和生产关系的矛盾运动推动着社会的变化发展。这种发展使得社会由低级向高级，由简单向复杂不断进化。

马克思主义认为，社会的各个组成部分以及各种社会活动之间是紧密相连的，社会本身是一个有机统一而又充满着内部矛盾的整体。其中一个部分、一种活动的变化，会相应地引起社会其他部分、其他活动的变化。社会这个有机整体可以区分为经济、政治、社会生活、思想文化四个子系统。其中，经济系统即社会的物质生活的生产方式，是人类社会赖以存在的基础，是社会发展的决定力量；政治系统直接建立于经济系统之上，是经济的集中表现，是上层建筑的重要组成部分，其中最本质的东西是国家政权机构；社会生活系统主要涉及的是政治、经济以外的广泛的社会活动领域，它最终是由经济系统决定的，社会生活的发展受到经济发展的制约；思想文化系统的核心是价值观念和理想信念，是社会物质生活和社会存在的主观反映，虽然它具有相对的独立性，但是最终也受到经济系统的制约。当然，政治、社会生活和思想文化系统在受经济系统决定和制约的同时，也对经济系统具有反作用。

马克思主义的社会有机整体思想对社会建设的启示：第一，它揭示了社会的四个子系统，赋予了中国特色社会主义建设经济、政治、文化和社会“四位一体”的科学性。第二，社会建设必须与经济、政治和文化等系统的建设相协调，尤其是与经济发展相协调，应在经济发展的基础上推动社会建设。与此同时，社会其他系统的变化，包括社会子系统的变化，如果不能与经济系统的变化相协调，反过来也会制约经济系统的发展变化。第三，在不同的物质生活的生产方式的基础上，有着不同的社会建设内涵、方式、目标与实际结果。第四，随着社会的不断发展和进化，社会有机整体的结构日趋复杂，社会内部的分化日趋细密，由此导致了社会有机体的管理和调节日益复杂，难度日益加大。

社会团结论

从一定意义上讲，社会团结论是在社会有机体论的基础上，进一步探讨社会成员能够协调一致并形成整体的具体机制，特别是在人类社会走向现代化的进程中如何实现这种机制的顺利转换。该理论体现在法国社会学家涂尔干和德国社会学家滕尼斯等人的思想中，尤其以涂尔干为代表。

涂尔干认为，社会团结指的是把个体结合在一起的社会纽带，是一种建立在

---

① 郑杭生，等．社会运行导论：有中国特色的社会学基本理论的一种探索．北京：中国人民大学出版社，1993：7－8.

共同情感、道德、信仰或价值观基础上的个体与个体、个体与群体、群体与群体之间的，以结合或吸引为特征的联系状态。[①] 身处19世纪欧洲社会大转型的过程中，涂尔干敏锐地意识到社会团结的类型正在发生变化。他区分了两种类型的社会团结：一是机械团结，即通过强烈的集体意识将同质性的个体结合在一起的团结类型，主要体现于工业社会之前的传统社会中；二是有机团结，即建立在社会成员异质性和相互依赖基础上的团结形式，主要体现于工业社会以来的社会中。

在涂尔干的社会团结理论中，正常发展的社会分工在促进现代社会团结方面具有极大的重要性，社会分工是社会团结的物质基础。他认为，现代社会团结所遭受的威胁主要来自以下几个方面：第一是高度分工的个人与群体活动的相互配合不够；第二是与高度分工相联系的日趋增长的异质性和个性；第三是阶级制度与外在的不平等。[②] 为此，他在强调促进社会分工正常发展的同时，也主张利用各种规范，包括法律与道德，来约束人们迅速膨胀的欲望，抑制极端的个人主义，使个人在规范的制约下追求适度的目标实现，同时发展社会中介组织，促进社会活动的组织化和各部分之间的协调，由此防止失范与社会解组。特别是，涂尔干强调道德规范的调节在促进社会团结中的重要作用。他认为现代社会危机在本质上是一种道德危机。由此，他倡导建立与现代社会分工相适应的多层次的社会道德体系。

社会团结论对当前社会建设的重要启示在于：第一，在现代化进程中推动社会建设要有新思路，不能拘泥于传统经验，应该着眼于研究现代社会的趋势，发现并利用其自身的积极因素，同时采取有效措施，抑制和防范其消极影响；第二，应当注意防范现代化进程中个人主义的极端膨胀，防止社会的失范和原子化，并由此威胁到社会整体的运行和发展。应在现代化进程中高度重视规范建设和社会组织建设，充分发挥法律和道德在协调社会关系中的作用。

社会整合论

社会整合论与社会团结论密切相关，并且在某种程度上也是建立在社会有机体论基础上的，此外还结合了现代系统论的一些成分。如果说社会团结论是“客观”地分析从传统社会向现代社会转变过程中社会团结方式的变化，那么，社会整合论则更加明确地主张整合是现代社会的中心问题，并致力于揭示促进社会整合的具体机制和过程。虽然很多社会学家都与社会整合论密切相关，但是最为突出的代表人物是美国社会学家帕森斯。

社会秩序的形成，最终还是要落实到个人行动上。由此，帕森斯从社会行动分析入手揭示社会整合的力量。在他看来，行动者在追求其行动目标时，实际上面临着许多可选择的手段，也面临客观条件的约束，什么因素决定了行动者的目标选择、手段选择以及认知和克服各种客观条件的约束，从而导致不同的行动类型以及社会对不同行动选择的评价呢？帕森斯认为是规范取向或文化价值观。要

① 贾春增．外国社会学史．北京：中国人民大学出版社，1989：137.

② 宋林飞．西方社会学理论．南京：南京大学出版社，1997：37.

保证社会行动的可预期性和行动者之间的协调，促进社会整合，就需要使社会中的共同价值观内化到行动者的人格系统，成为其自觉的行动准则。为此，他提出促进共同价值观内化的两种重要机制：一是社会化机制，二是社会控制机制。他还主张对符合社会主流价值观要求的社会成员给予更高的社会地位并分配更多的社会资源，由此形成了其功能主义的分层理论。① 不过，帕森斯也认为，社会共同价值观应保证其合理性、包容性，并且随着时代和条件的变化而变化。

在宏观层次上，帕森斯认为，社会秩序的维持有赖于社会中四类制度性结构的功能发挥及其彼此间的功能耦合，尽管不同社会似乎赋予不同的功能需求以优先地位。这四类制度性结构分别是经济制度、政体、法律与宗教、家庭与教育。它们分别承担着从环境中获取资源的适应功能，分配资源并使用于特定目标的达鸿功能，维持和调节社会成员关系的整合功能，以及保存和传递社会基本价值规范的潜在模式维持功能。以上功能的正常发挥是社会秩序形成的重要前提。此外，这些功能之间的耦合也非常重要。也就是说，这些功能之间必须彼此匹配，一项制度性结构的功能输出必须满足另一项制度性结构运转的需要。比如说，经济制度通过支付工资为家庭提供了生存条件，而家庭又通过培育具有经济动机的合格劳动者支撑了经济制度的正常运转。②

尽管社会整合论也是基于西方社会分析而得出的理论认识，并且过于强调社会均衡和价值观的共同性，回避了价值冲突和社会冲突的现实性与必然性，没有采取唯物主义立场，客观上还有着维护资本主义社会秩序的倾向，但是，这种理论对于今天的社会建设也有一些重要启示：第一，加强社会建设，促进社会整合是现代社会系统正常运行的客观需要；第二，应当在保证价值观的合理性、包容性以及变化性的基础上，构建社会共同价值观，并发挥其社会整合作用；第三，在使社会主流价值观为社会上大多数成员所接受方面，应当坚持教化与制约“两手抓”；第四，应促进社会主要制度性结构的功能发挥以及彼此间的功能耦合。

社会冲突论

马克思主义认为，社会有机体内部充满着矛盾与冲突。这种冲突归根结底是生产力与生产关系之间的矛盾与冲突，在阶级社会又集中表现为阶级斗争。特别是在资本主义条件下，生产的社会化与生产资料的私人占有制之间的冲突具有无法调和的性质，本质上必然导致资本主义制度为社会主义制度和共产主义制度所代替。由此，西方许多社会学家认为，马克思主义是社会冲突论的重要思想渊源。实际上，西方社会冲突论与马克思主义的冲突思想有着本质的区别，特别是回避了马克思主义的阶级斗争思想。

西方社会冲突论的代表人物包括C. 米尔斯、L. 科塞、R. 达伦多夫、R. 科林斯等人，尤以达伦多夫最为突出。这种冲突论认为每个社会都以其内部一部分成员压制其他成员为基础，凡是有社会生活的地方就存在着冲突，冲突无法彻底

① 李强．当代中国社会分层与流动．北京：中国经济出版社，1993：39－41．

② 贾春增．外国社会学史．北京：中国人民大学出版社，1989：209－211．

消除。但是，这种理论认为，社会冲突是可以加以疏导和控制，从而暂时得到抑制的，有时冲突对于维护社会秩序和促进社会达到新的均衡，甚至具有积极的功能。科塞就是冲突功能论的重要代表。他还提出了将敌对情绪引向替代表达对象的“社会安全阀”机制，认为此类机制的建设有助于缓和社会紧张与冲突。可以说，社会冲突论揭示了一些影响冲突的具体因素（虽然在马克思主义看来，这些因素具有一定的表面性），指出了一些控制和化解冲突的社会技术。

社会冲突论的重要代表人物达伦多夫认为，冲突产生的原因既不在于个人的心理因素，也不是偶然的历史事件，而在于特定的社会地位结构。在多数社会结合形式中都有着两种不同的地位：一是具有权威的统治地位，二是没有权威的服从地位。达伦多夫把这种统治地位与服从地位的结合称为权威结构。他认为这种权威结构是形成冲突的最终原因。尽管达伦多夫认为冲突是潜在不可避免的，但是他指出，一些条件可以影响冲突的强度（主要是指冲突资源投入的情况）和烈度（主要是指冲突手段的选择），包括冲突团体的组织状况、不同社会组合中权威结构的一致性程度、权威结构与其他地位结构之间的相关关系、社会成员在统治地位与服从地位之间的流动等。达伦多夫认为，建立冲突调节机制的条件是：第一，冲突团体必须具有一致的价值前提，即共同认可冲突是权威结构中不可避免的现象；第二，冲突团体必须达到一定的组织化程度；第三，冲突团体必须共同遵守一些正式的冲突规则。如果具备这些因素，就有可能减少冲突的暴力形式，减轻冲突的社会危害。[①]

社会冲突论虽然在本质上不是马克思主义理论，但是它在强调冲突是社会中不可避免的现象这一方面，是与马克思主义相通的。这种理论对于今天社会建设的最重要启示在于：第一，社会建设不能回避社会矛盾和冲突的客观存在，不能企图消灭任何形式的矛盾与冲突；第二，社会建设应当在正视各种社会矛盾与冲突的基础上，认真研究它们产生的社会原因以及可能的社会危害；第三，对于冲突的重视和研究，目的在于避免冲突的发生或缓解冲突对社会的负面影响；第四，社会建设的一个重点是建设协调社会关系、化解社会冲突的常规机制，着眼于提升社会包容和缓和冲突的能力。

发展理论

发展研究是第二次世界大战以后兴起的一个跨学科的重要研究领域，该领域最初关注的是发展中国家的发展问题，后来演变为关注全球发展问题。在发展研究过程中涌现了各种各样的理论观点。其中社会学的发展理论主要包括现代化理论、依附理论和世界体系理论等，这些理论的核心是讨论发展中国家如何才能发展或为何不能取得发展的问题。

现代化理论所要解释的核心问题是，一个传统社会如何迈向现代社会。其主要观点包括：第一，传统与现代的二分法，其中，现代社会以西方社会为参照，与其不同的形态则被称为传统社会；第二，认为非西方不发达国家仍处在传统社

① 贾春增．外国社会学史．北京：中国人民大学出版社，1989：258.

会阶段；第三，非西方不发达国家之所以没有实现现代化，是因为其社会内部的“传统性”，包括人的传统性、社会结构与文化的传统性等等。现代化实际上是社会的“内生性”变迁过程；第四，非西方不发达国家要实现现代化，就必须西方化或者照搬西方模式，引入西方的价值、制度与技术。

美国经济学家 W. 罗斯托在 1960 年出版了《经济成长的阶段——非共产党宣言》一书，从经济史的角度为传统社会向现代社会的转变划分了五个阶段：“传统社会”；“为起飞创造前提”；“起飞阶段”；“向成熟发展”；“高额大众消费阶段”。1971 年，罗斯托在其新著《政治与增长阶段》一书中提出第六个阶段，也就是追求生活质量的阶段。

然而，按照现代化理论和罗斯托等人的设计，在经历了 20 世纪 60 年代“发展的十年”之后，大多数国家并没有取得预期的发展，出现了“有增长无发展”的困境，甚至是社会混乱，冲突频繁。在此背景下，依附理论出现了，这种理论认为非西方不发达社会之所以不发达，是因为外部因素，也就是在国际政治经济格局中处于非常不利的边缘位置，对于资本主义中心存在严重依附，世界上发达社会的出现与不发达社会的存在是同一过程的两个方面。不发达社会要寻求发展就必须斩断与资本主义中心的依附关系。可以说，依附理论开始以全球的眼光考虑不发达社会的发展问题，这是一种进步。毕竟，自从资本主义体系形成以来，一个国家的发展已经不再是孤立的了。后来的世界体系理论继承和发展了这种分析思路，但是进行了更加细致的理论建构，并为全球资本主义体系中东亚地区一些新兴工业化国家和地区的出现提供了理论解释。

相比以上一些主要理论解释“怎样才能发展”而言，“追求什么样的发展”也许是更重要的问题，对于这个问题的探索直接关系到我们今天的社会建设议题。从第二次世界大战结束到 20 世纪晚期，发展观的演变大致上经历了以下四个阶段：（1）20 世纪 50—60 年代的传统发展观阶段，强调发达国家的经济增长模式具有普适性，国民生产总值的增长具有至高无上的地位；（2）20 世纪 60 年代后期到 70 年代的修正传统发展观阶段，强调“发展＝经济增长＋社会变革”；（3）20 世纪 70—80 年代的发展观转型阶段，提出发展的目的是满足社会和个人的需要，包括物质的需要和同每个民族的价值与传统相一致的社会、文化和精神的需要；（4）20 世纪 80 年代中期以来的可持续发展观流行阶段，强调在不损害后代人满足他们自己需要的能力的条件下，满足当代人需要的发展。

以上发展理论和发展观的演变告诉我们，非西方社会在追求发展的过程中，一定要坚持独立自主，保持头脑清醒，避免照搬西方的发展理论和模式，要走具有自身特色的发展道路，要统筹国际和国内两个大局，在注重克服国内发展障碍的同时，要积极利用和创造良好的国际环境，以服务于本国在世界体系中的发展。与此同时，要在发展过程中推进社会建设，促进社会进步，就必须高度重视追求什么样的发展的问题，必须对发展保持科学的态度，坚持科学发展观，充分认识到：发展不应只等于经济增长，还要追求社会进步；发展应当是以人为中心的、全面的、可持续的发展；发展应当考虑不同的文化背景和社会的实际需要；

发展不应以破坏环境为代价，不能忽视后代人满足其需要的条件与能力。

“现代人”理论

20世纪60年代被联合国确定为“发展的十年”，但是，大多数发展中国家并没有取得预期的发展，甚至出现了社会混乱和倒退。对此，不同的学者有不同的分析。其中，美国社会学家A. 英克尔斯和D. 史密斯提出的“现代人”理论具有重要影响。他们认为：一个社会的现代化，不能仅仅关注经济增长和制度变革，还要关注社会中的人，关注人们的价值观念和行为方式。如果一个国家的人民继续生活在较早的时代，这个国家要迈进现代化是不可能的。

英克尔斯和史密斯所谓的“现代人”是指具备以下观念和行为素质的人：(1) 乐于接受新的生活经验、新的思想观念和新的行为方式；(2) 准备接受社会变革；(3) 具有形成个人看法的能力，并且愿意考虑各方面的不同意见；(4) 能够积极地搜寻形成个人意见的知识和信息；(5) 注重面向现在与未来，有守时惜时的习惯；(6) 对自己的能力充满自信，相信人能够通过学习以控制其生存环境，相信自己或与他人合作能够应对生活的挑战；(7) 无论是在公共事务还是在私人生活中都倾向于制订长期计划；(8) 信赖自己生活的世界，相信在人类控制之下存在一个合理合法的社会；(9) 重视专门技术，有着愿意根据技术水平高低领取不同报酬的心理基础；(10) 支持正规教育和技能训练，乐于看到自己的后代离开传统所认可的职业而从事新的现代职业；(11) 了解并尊重别人的尊严，特别是对弱者的自尊给予更多的保护；(12) 了解生产及过程，积极认识自己的本职工作。此外，他们还提出：现代人对于自己和社会的未来一般持乐观主义态度而非宿命论的观点；现代人具有普遍主义的价值取向，例如相信并坚持“法律面前人人平等”。①

英克尔斯和史密斯的“现代人”理论之所以与社会建设相关，主要是因为：第一，很多发展中国家在现代化进程中之所以缺乏社会整合，甚至陷入社会混乱，一个重要原因正是在于社会成员的价值观念冲突；第二，一些社会成员不能适应现代化的要求而养成现代人的人格，其所秉持的传统价值与现代价值相互冲突；第三，很多人在讨论社会建设时都偏重于宏观的社会结构和社会活动层面，对社会中的个人在社会建设中的作用关注不足，而“现代人”理论提供了一个新的视角；第四，只要我们坚持走向现代化，那么，注重养成社会成员的现代人格，并在此基础上促进新的社会整合就是必需的。“现代人”理论启示我们关注社会建设中的个人，关注个人心理状态、价值倾向以及行为方式对现代社会成长的影响。

社会公正论

非西方社会在追求发展的过程中，一定要高度重视追求什么样的发展的问题。可以说社会公正论为此提供了一种思考。把公正研究纳入发展视野之内，以社会公正审视发展，在发展进程中促进社会公正，是推进社会建设的重要理论

---

① 英克尔斯，史密斯．从传统人到现代人：六个发展中国家中的个人变化．北京：中国人民大学出版社，1992：25-31.

视角。

社会公正是维持社会团结、激发社会活力的重要价值基础和相应制度安排，是一个社会得以维系并正常运行的先决条件。一个缺乏公正的社会，不仅社会成员无法和谐相处，而且社会的活力也会受到抑制甚至消解，因此不可能是一个组织良好的社会，最终对于全体社会成员的福利来说都是不利的。正如罗尔斯所说，“正义是社会制度的首要价值，正像真理是思想体系的首要价值一样”[①]。社会正义原则提供了一种在社会的基本制度中分配权利和义务的办法，确定了社会合作所产生的利益和负担的适当分配，从而促成了一个组织良好的社会。

社会公正的观念由来已久，但是关于公正的科学研究应该说是从近代资本主义社会开始的。在前资本主义社会，人与人之间的不平等既是一种公开的主张，又是一种现实的制度安排，往往这种不平等本身被认为是公正合理的。到了资本主义社会，资产阶级思想家宣称自由、平等、博爱，并基于此种理念开展了各种各样的公正研究，出现了不同的理论观点。有的根据公民权原则，主张社会公正就是给所有的人以同等的权利；也有的根据满足基本生活需求的原则，主张社会公正就是扶助弱者；还有人根据公正与效率平衡的原则，主张社会公正主要是指机会公平，应当将个人获益与其贡献挂钩。大体上，这些主张游离于两极之间：一极是促进社会成员的平等，另一极是维护个体的自由权利。马克思主义批判了西方学者的社会公正理论，揭示了资产阶级公正观的虚伪性，指出生产关系决定公正原则，生产资料占有的不平等决定了资本主义社会不可能是一个能够真正实现公正的社会，追求社会公正的根本目标是消灭私有制，最终消灭阶级。

按照马克思主义的社会公正理论，我国目前已经初步建立了社会主义制度，确定了社会主义的前进方向，因而我们具备了实现真正的社会公正的基础条件。但是，与此同时，我们在相当长一段时间内还将处于社会主义初级阶段，相对落后的生产力水平，要求我们只能实行以公有制为主体、多种经济成分共同发展的经济制度，各种非公有制经济仍将是我国经济的重要组成部分。与此同时，我们仍然面对着世界资本主义体系的挑战和压制，往往承受着国际上的不公正。这种情形就决定了我们社会中公正状况的过渡性和复杂性。

由此，社会公正论对我们今天推进社会建设的重要启示就在于：第一，我们要高度重视在发展中促进社会公正，充分认识到社会公正是社会和谐的基本条件；第二，要坚持社会主义公有制，并致力于不断发展完善之；第三，要把提高效率同促进社会公平结合起来，强调初次分配和再分配都要处理好效率和公平的关系，再分配更加注重公平；第四，要切实加强制度建设，确保制度设计能够体现并维护社会成员的权利公平、机会公平、规则公平和分配公平；第五，要结合现阶段的实际情况，优先实现“底线公平”，就是确保每个公民都有基本的生活保障，过上有尊严的生活。[②]

---

① 罗尔斯．正义论．北京：中国社会科学出版社，1988：1.

② 景天魁．底线公平：必须做到的公平．(2007-05-05)[2019-10-01]．中国社会学网．

风险社会论

“风险社会”的概念源于德国社会学家 U. 贝克在 1986 年出版的《风险社会：迈向一种新型现代性》一书，贝克由此成为“风险社会”理论的首要代表人物，其他主要的代表人物包括英国社会学家 A. 吉登斯、社会人类学家 M. A. 道格拉斯以及美国政治学家 A. 威尔达夫斯基等。

贝克认为，尽管人类社会的发展进程中一直面对着各种各样的风险，但是，现代社会的风险与以前时期的风险相比，在其根源、范围、效应以及识别难度等等方面，都有很大不同。现代社会风险实际上是现代控制风险制度自身的一种后果，并具有更强的不确定性。这类风险还超越时间和空间，远远超出其地理上的起源扩展开去，影响到社会中的所有群体，甚至具有全球性影响。在时间上，其影响则不仅是当前一代。今天的风险很大程度上还是普通人看不见的，只有复杂的科学仪器才能识别。贝克指出，现代社会中的新型风险正在成为社会和历史的主宰力量[①]，西方国家已经从“工业的”或“阶级的”社会转向一种新型的“风险社会”。在这两种社会中，有着不同的社会问题、社会矛盾和社会冲突。前者的中心问题是，社会集体创造的财富如何能按照社会不平等的方式进行分配的同时又能最小化其负面效果（诸如贫困、饥饿等）。而在“风险社会”中，风险和危险是作为现代化的一部分产生的，尤其是污染，社会需要防止、最小化这些风险和危险，或者进行形象化和疏导。与前者相比，风险社会中的风险分配要均匀得多。不过，无论是作为前者的“财富分配社会”，还是作为后者的“风险分配社会”，都包含着不平等，这两种不平等在第三世界的工业中心区域高度重叠。

在社会构成方面，风险社会论认为风险社会呈现出了明显的个体化特征。个体化是现代教育、劳动力市场的流动性、社会竞争以及现代居住方式等力量综合作用的结果。个体化的过程使得个体从传统的支持网络中分离出来，失去了来自家庭、邻里、朋友、伙伴网络的保障和支持方式。社会关系和社会网络的形成有赖于个人选择，社会纽带从而变得具有反思性了。虽然在面临各种社会风险和社会问题时，可以依据利益关系和特定情况结成联盟，但是一种长久的、稳定的亲密关系却消失了，社会的隔绝感和孤独感成为各种关系的主要模式。因此，现代社会中，个人不得不以自己单薄的力量去面对社会，时常感到孤立无援，危机和不安全感常常侵袭着每一个人。

风险社会理论认为，要管理新型社会风险，已经不能简单地信任科学技术，未来应当谋求科学理性与社会理性的协同。与此同时，风险管理必须超越和重构以前的“理性行动者范式”，在各种复杂的、不确定的、更加个体化的利益、偏好、预期和选择之间，寻求新的平衡。[②] 此外，风险社会理论还主张建立风险管理的合作模式，社会成员、企事业单位、各种社会团体都应和国家一起成为控制风险的主体，民族国家之间、民族国家与全球公民社会之间以及全球公民社会内

① 贝克．风险社会．北京：译林出版社，2004：20－22.

② 李培林，苏国勋，等．和谐社会构建与西方社会学社会建设理论．社会，2005（6）.

部的交流与合作，也是成功管理现代风险所必需的。

风险社会论的重要启示在于：第一，在今天推进社会建设的进程中，要清醒地意识到我国正在发生的社会变化，高度重视促进社会整合、防范社会风险以维护社会安全的重要性；第二，要认真研究当前中国所面临的社会风险，注意揭示社会转型时期各种类型风险共生的客观情况及其给风险管理带来的巨大挑战；第三，要积极探索适合中国社会风险特点的新型风险管理模式和机制，审慎地检视国家和科技在风险管理中的作用，研究具有国际视野的多元化的、合作主义的风险管理策略的可能性和具体路径，推动必要的组织、制度以及观念的变革。

社会主义社会本质论

从关注民生发展、促进社会和谐、保障社会安全等角度讲，社会建设是社会主义社会的本质要求，社会主义社会的本质条件也使得推进社会建设真正成为可能。

社会主义社会的本质主要体现为：(1) 追求社会和谐和人的全面发展，这就使得推进社会建设成为建设和发展社会主义的内在要求。(2) 基本社会关系的非对抗性质。社会主义社会作为取代资本主义社会并向共产主义社会发展的一种社会形态，已经初步消灭了私有制以及基于阶级利益的社会对抗，其内部虽然仍有各种矛盾和冲突，但是它们主要已经不再是对抗性的了，而是在根本利益一致基础上的矛盾与冲突。由此，社会主义社会具有真正实现社会和谐的可能。以往的奴隶社会、封建社会和资本主义社会，因为其基本社会关系是对抗性的，所以都不可能真正推进社会建设，实现社会和谐。(3) 人民群众当家做主，其利益受到高度重视。由此，社会主义社会能够充分调动人民群众的积极性和创造性，能够更加合理地配置社会资源以服务于最广大人民群众的利益，从而为实现社会建设的基本目标提供了保障。

如上所述，推进社会建设是社会主义社会的本质属性，也只有在社会主义条件下，才有可能真正推进社会建设。但是，这种可能也意味着社会主义社会的本质并不必然地、自动地导致和谐社会建设的成功。事实上，如果不能发挥好人的主观能动性，不能利用并光大社会主义制度潜在的优越性，不能正视并积极地、动态地解决社会主义条件下出现的各种矛盾，就有可能导致社会矛盾激化甚至转换矛盾的性质，使社会主义社会遭受挫折乃至失败。由此，社会主义社会本质论对今天社会建设的重要启示在于：第一，我们应该坚持社会主义道路不动摇，坚持社会建设的社会主义方向；第二，要敢于正视发展进程中的矛盾和问题，通过努力工作和制度建设，在发展中不断完善和加强社会主义制度，最大限度地增加社会和谐因素，最大限度地减少社会不和谐因素，不断推进社会建设。

二、与狭义社会建设相关的理论

在此，我们主要介绍两个具有一般性的理论视角，而不涉及更为具体、更为细化的其他理论，如人口理论、教育理论、就业理论等等。这两种一般性理论就是社会福利论和公民社会论，它们从不同的角度都指向了比较明确的社会建设目标。

社会福利论

英国社会福利理论奠基人蒂特马斯曾经指出：由于市场无法回应社会需要，并且具有破坏性影响，所以工业化社会需要福利国家体系与社会政策，这不是简单地回应社会问题，而是促进社会整合的需要。[①] 事实上，社会福利论认为通过发展社会福利，可以促进社会团结和社会认同，保障公民的基本生活权利，提升社会成员的生活质量，防范社会运行的风险。在此意义上，社会福利论对于社会建设确实具有借鉴意义，甚至有人把社会建设直接等同于发展社会福利。[②]

所谓社会福利，从字面上讲就是“社会提供的福利”的意思。但是，在人类历史发展的不同阶段上，在持不同意识形态和理论观点的人那里，对于什么是“社会”、什么是“福利”、向“谁”提供福利以及“如何”提供福利，实际上都有着不同的理解，由此导致了界定社会福利的困难。

就什么是“社会”或“谁”提供福利而言，有的人强调个人和家庭的责任，主张充分发挥市场在增进个人福利中的作用；有的人则强调介于市场与国家之间的公民社会的作用，例如社区以及各类民间组织；有的人则强调市场自身的局限，指出要充分发挥国家在保障和供给公民福利中的作用，甚至主张建立福利国家，把国家的主要职能看作提供福利；也有人认为“社会”实际上包含了国家和其他各种社会力量的不同组合。从社会福利的实践看，近代以来，市场确实在增进社会整体福利方面发挥了重要作用。但是，也出现了市场的失灵。随后是民间力量自发为部分社会成员提供福利支持。自 1935 年美国颁布《社会保障法》和 1942 年英国发表《贝弗里奇报告》以来，西方国家纷纷宣布要建设“福利国家”，发挥国家的再分配作用，为全体社会成员提供福利保障。20 世纪 70 年代之后，重压下的福利国家受到了广泛的批评，人们指责国家也存在失灵，在反思国家提供福利的同时，一些人又回到了对于个人、家庭和市场的强调，或者尝试一种混合式的新的福利供给组合。

就向“谁”提供福利而言，有着两种相互对立的观点。一种观点认为社会福利制度所针对的只是社会上的部分弱势人群，实施的应是选择性福利，这也是我们国家民政部门社会福利工作的基本宗旨和范围。另一种观点认为，社会福利制度应该是现代社会制度结构中不可缺少的、常规的组成部分，它应实施普遍性福利，即面向全体社会成员提供福利，享受基本福利是现代公民的权利。从社会福利的实践看，早期的社会福利制度是选择性的，西方建设福利国家之后的福利制度具有普遍性。20 世纪 70 年代以来，普遍性福利又受到挑战并出现一些新的发展趋势。

就什么是“福利”或提供什么形式的福利而言，一般认为福利就是表现为物

① 刘继同．个人主义与集体主义之争：欧美社会福利理论主要流派与核心争论．欧洲研究，2004 (1).

② 唐铁汉，李军鹏．西方社会建设的基本理论及其演变．新视野，2006 (1).

资、现金以及相关社会服务。但是，除此共识之外又存在着不同的观点。上述选择性福利供给模式所提供的是最低限度的、暂时的甚至带有某种限制条件的物品、资金与服务，而普遍性福利供给模式则主张维护公民的权利和尊严，保证充分的、体面的福利供给。此外，有的学者把社会福利等同于社会保障，甚至看作社会保障制度中的一个组成部分；也有学者认为社会福利是个大概念，它包括了社会保障但并不局限于社会保障，而是涉及整个现代生活质量问题。与选择性（剩余性）、普遍性（制度性）福利相对的发展性福利视角则指出：增进社会福利是要建立起一套旨在提高人们生活质量和满足人类发展需要的福利制度，以提高全民生活水准，加强人们的能力，促进社会发展，而不是仅仅局限于解决特定社会问题的福利政策。

就“如何”提供福利而言，早期的社会福利实践主张有条件的福利供给，强调在供给福利时要对接受者附加限制条件，约束其“不良”行为并改造其价值观。后来的福利制度强调尊重福利接受者的权利，直接供给福利，维护其体面与尊严，反对使接受者“耻辱化”或“污名化”。20世纪80年代以来，特别是90年代西方国家的福利改革又开始强调权利与责任的匹配，主张以接受工作作为福利供给的条件。此外，有的主张国家直接分配福利，有的则主张在福利分配过程中应当鼓励民间组织的参与，引进福利供给的竞争机制，以提高福利资源分配的效率。在主张国家供给福利方面，有的人主张国家直接分配福利资源，满足接受福利者的需求；也有人批评这种做法是消极的，不是“授人以渔”，而是直接“授人以鱼”，由此主张建立“积极的福利国家”，在不削减福利支出的前提下，将更多的福利资源用于社会投资和人力资本投资，开发人力资源，增进社会活力，这正是“第三条道路”的重要主张。

以上社会福利的各种分歧既是理论上的，也是实践上的，反映了社会福利随着时代变化而变化的特征。不过，从这些分歧中我们可以看到其核心的争论一直是围绕着某种两极化的不同主张，例如个人主义还是集体主义、个人自由还是社会平等、自由主义还是社会主义、市场失灵还是国家失灵等等。发端于20世纪30年代，并在90年代渐成气候的“第三条道路”，就试图超越这种两极化的分歧，为社会福利的发展开辟新的前景。整体而言，正如有些学者所指出的，“第三条道路”的社会福利思想体现为：主张对民主社会主义和新自由主义的折中调和；强调有限的国家干预与有限的市场调节相结合；主张社会福利中的国家责任、社会责任和个人责任平衡；主张社会福利水平与经济发展水平相适应。[①] 20世纪90年代，美国和英国等国家都以“第三条道路”为指导，积极推进了社会福利制度改革。

社会福利论对今天社会建设的主要启示在于：第一，社会福利是一个不断变化、发展的概念，在不同的历史时期和不同的国家有着不同的内涵，发展什么样的福利、如何发展福利取决于特定的社会经济和思想文化条件。第二，我们今天

---

① 丁建定，魏科科．社会福利思想．武汉：华中科技大学出版社，2005：246.

在经济发展的基础上推进社会建设，其重要而比较直接的内涵就是通过政府干预解决市场失灵问题，或者说结合政府和市场的力量，为那些在市场竞争中福利受损或者难以增进福利的社会成员提供保护，以此促进社会团结和社会共同体意识，践行社会主义的基本价值。第三，吉登斯等人主张的“第三条道路”对中国社会福利的发展具有一定的方向上的启示，但是，我们必须意识到这种思想是建立在西方发达的福利国家的基础上的，而且自身并不完整，也不符合马克思主义的基本观点，甚至还有新自由主义的倾向。相对而言，我们目前的社会福利水平还很低，社会福利体系还非常不完整，因而对于社会成员生活安全的保护和生活质量的提高还只能发挥非常有限的作用。现阶段我们还是应该更加强调建立和完善现代福利制度，强调国家通过完善再分配，为增进全体社会成员的福利发挥更大的作用。与此同时，我们必须坚持社会主义道路，致力于最终消灭阶级、消灭剥削，为真正提升全民福利创造本质条件。

公民社会论

公民社会（civil society），也被翻译成“市民社会”“民间社会”“文明社会”等，在 20 世纪 90 年代，甚至以“第三域”或“第三部门”（the third sector）的新面目出现或与该领域的研究合流。公民社会论主张一个介于个人与国家之间的相对独立的社会领域的存在，认为这个领域的存在有其内在的价值，并在保障公民自由和权利、提供社会福利、促进社会团结、推动社会自治等方面发挥着重要作用。由此，公民社会论把社会建设问题转换成了建设“社会”的问题，这正是我们把它当作狭义社会建设的一个重要理论的原因所在。

虽然公民社会的思想可以追溯到古希腊时期，但是，现代公民社会的理念首先出自黑格尔和马克思。自 19 世纪末期开始，随着垄断资本主义的发展、民族国家地位的上升、社会主义世界的兴起以及国家在提供社会福利方面发挥的巨大作用，关于公民社会的讨论日渐稀少。到 20 世纪 80 年代，伴随着全球各国的社会大转型和市场化、民主化大潮，在反思和批判国家过度干预社会经济生活的凯恩斯主义、传统社会主义理论、现代化理论，思索如何限制国家权力、重新为国家作用定位等问题的过程中，公民社会概念开始进入主流话语。20 世纪 90 年代以来，公民社会理论已经实现其伟大“复兴”①，成为引起众多学科学者和社会各界广泛关注的一种社会理论。

20 世纪 90 年代以来公民社会理论的“复兴”并不仅仅是对近代公民社会理论的复活，而是出现了一些新的趋势。首先，对公民社会的界定更为清晰、更为具体，从而减少了这一概念的抽象思辨的色彩。传统上人们一般采用国家与社会的二分法来界定公民社会，现在越来越多的学者则倾向于在国家、经济和社会三分法的基础上来界定公民社会。其中，戈登·怀特的观点具有代表性：公民社会“是国家和家庭之间的一个中介性的社团领域，这一领域由同国家相分离的组织

---

① 何增科．社会大转型与市民社会理论的复兴．当代世界与社会主义，1997（3）．丛日云，庞金友．西方公民社会理论的复兴及特点．教学与研究，2002（1）．

所占据，这些组织在同国家的关系上享有自主权并由社会成员自愿结合而形成以保护或增进他们的利益或价值”。他主张将企业或经济机构同公民社会区别对待，前者作为经济社会或经济系统构成了公民社会的一个主要基础。① “第三部门”理论的代表人物莱斯特·萨拉蒙甚至直接把以非营利领域为主的第三部门等同于“公民社会部门”，尽管他认为这样做有着将其他部门贬入“非公民的”领域的不良后果，同时忽视了“公民社会部门”依赖其他部门生存的程度。②

其次，新时期的公民社会理论更加清晰地指出了公民社会存在的合理性。正如萨拉蒙所指出的，主要有五个方面：（1）历史的原因。在世界上很多国家，社会存在于国家之前，或者说社区形成于用于处理人们共同的问题的政府或政府机构之前。（2）市场的缺陷。市场可以非常好地提供私人物品，但是在提供公共物品方面能力不足，所以要建立非市场机制。（3）政府的缺陷。因为政府行为需要大多数人支持，所以它很难解决市场缺陷问题。即使获得多数人支持，政府往往也表现出低效率。（4）多元化/自由。公民社会的存在推进了自由/多元化这一重要社会价值。（5）团结（凝聚）。公民社会是一种反映凝聚情感的机制。③

再次，新时期的公民社会理论更加全面地讨论了公民社会与国家的关系。虽然它依然强调公民社会相对于国家的独立性和自主权，但是已经超越了近代公民社会理论关于公民社会与国家关系的观点，淡化了其反国家主义的色彩，对国家与社会的关系有了更加深入和全面的认识。当代公民社会理论的一个重要趋向就是：一方面主张扩大社会自主领域，缩小国家干预范围；另一方面也主张重新界定国家职能，使之成为公民社会的保护者、监督者和调节者。还有不少公民社会论者指出，由于国家、市场和公民社会都存在着失灵问题，所以这三者之间必须合作互补，夸大或者忽视任何一种力量的观点都是有害的。萨拉蒙甚至指出：在公民社会与国家以及商界之间逐渐建立相互支持关系，有可能是促进全世界民主和经济发展的最有利条件之一。④

最后，新时期的公民社会理论提出了全球公民社会的议题。一些公民社会论者认为，公民社会的存在和发展是一种全球性现象。在经济全球化和沟通技术革命等的基础上，全世界越来越紧密地联系在一起，以跨越国家界限的非政府组织为核心的全球公民社会正在浮现。它形成了国家与公民社会关系的新维度，因为它不再存在于国家界限以内，也不再仅仅是本国公民与国家的中介。此后，每个主权国家在面对国内公民社会的同时，还要面对全球公民社会。事实上，公民社会的全球化本身就是全球化进程最生动的表现之一。

---

① 怀特．公民社会、民主化和发展：廓清分析的范围//何增科．公民社会与第三部门．北京：社会科学文献出版社，2000.

② 萨拉蒙，安海尔．公民社会部门//何增科．公民社会与第三部门．北京：社会科学文献出版社，2000.

③ 萨拉蒙．非营利领域及其存在的原因//李亚平，于海．第三域的兴起：西方志愿工作及志愿组织理论文选．上海：复旦大学出版社，1998.

④ 同②.

公民社会理论对我们今天社会建设的启示在于：第一，坚持以人为本，重视保障公民自由和权利，增进公民福利，是推进社会建设的重要出发点。第二，在社会建设中充分发挥人民群众的作用，鼓励公众参与，促进社会自治是非常重要的，这与“人人有责、共建共享”的社会建设理念是一致的。第三，尽管公民社会在很大程度上是一种建构，它在现实社会中也并不是完美的，但是这种建构所映射的国家与市场的缺陷，是我们在推进社会建设过程中应当特别加以注意防范的。第四，尽管公民社会论具有西方色彩，尽管中国并不一定出现西方式的公民社会，但是，受国内外因素的影响，中国现代化进程中国家与社会的某种程度的分离是一个客观事实和趋势，社会力量正在崛起为一种新兴力量，我们必须正视并积极引导，培育社会建设的内在动力，促进国家力量与社会力量之间的有机整合。第五，尽管公民社会论对公民社会的作用有很好的预期，但是目前我国的社会力量在整体上还是比较薄弱的，社会自治的能力还很有限，难以发挥其应有的功能。因此，在积极培育社会力量的同时，我们还是要加强和完善国家的作用，致力于国家与社会的共生共强。

三、社会建设的操作性观点

在操作层面讨论社会建设的观点多种多样，在此主要介绍两种具有重要价值的观点，即强调转变治理方式和加强制度建设，它们都具有很强的现实针对性和操作合理性。

善治的观点

善治的观点由统治向治理的转变而来，它强调随着社会经济的变革，公共事务的管理方式也应当发生变革，以促进公共利益的最大化。这种观点兴起于20世纪90年代，一般认为罗西拿（J. N. Rosenau）是治理理论的主要创始人。在国内，俞可平主编的《治理与善治》（社会科学文献出版社2000年版）比较系统地介绍了相关观点。

治理理论的一位代表人物格里·斯托克认为，作为一种理论的治理有五种主要观点：（1）治理意味着一系列来自政府，但又不限于政府的社会公共机构和行为者；（2）治理表明在现代社会，国家正在把原先由它独自承担的责任转移给公民社会，即各种私人部门和公民志愿性团体；（3）治理明确肯定了在涉及集体行为的各个社会公共机构之间存在着权力依赖；（4）治理意味着参与者最终将形成一个自主的网络；（5）治理意味着在公共事务的管理中，除了政府发号施令或运用权威外，还存在着其他的管理方法和技术，政府有责任使用这些新的方法和技术来更好地对公共事务进行控制和引导。由此，斯托克进一步指出：治理“是统治方式的一种新发展，其中的公私部门之间以及公私部门各自的内部的界线均趋于模糊。治理的本质在于，它所偏重的统治机制并不依靠政府的权威或制裁”①。

① 俞可平．治理与善治．北京：社会科学文献出版社，2000.

而全球治理委员会（1995 年）给治理所下的定义是：治理是各种公共的或私人的个人和机构管理其共同事务的诸多方式的总和。

郑杭生认为，治理的核心在于强调由国家力量和社会力量，公共部门与私人部门，政府、社会组织与公民，来共同治理社会。与传统意义上的统治的观点相比，它们之间的主要区别在于：一是统治的主体只能是公共权力部门，其权威来源只能是政府。而治理的主体可以是公共权力部门，也可以是私人部门，还可以是二者的合作，其权威来源依仗的主要不是政府，而是合作主体之间的持续性互动。二是管理过程中权力运行的向度不同。统治的权力向度是自上而下的单向度运作过程，而治理则是多元的、上下互动的过程，它通过合作、协调及对共同目标的确定等手段达致对公共事务的治理。三是统治遵循的是正式规则、制度与程序，而治理则以信任为基础，遵循的是由主体间协商与同意的规则与程序。由此可见，治理较统治更适合于复杂性、多样性与动态性的快速转型期社会。①

所谓善治，既是治理发展的一个过程，又体现着治理的理想状态。俞可平认为，善治即是使公共利益最大化的社会管理过程和管理活动。善治的本质特征，就在于它是政府与公民对公共生活的合作管理，是政治国家与公民社会的最佳关系。②善治的基本要素包括六个方面：合法性、透明性、责任性、法治、回应、有效。

联系到社会主义和谐社会建设，俞可平指出，从治理和善治的角度看，第一，要努力扩大公民参与公共事务和政治生活的范围，提高公民的政治参与和社会参与程度。第二，努力增大政府行为的合法性，即增进社会秩序和权威被自觉认可和服从的性质与状态。第三，大力推进社会主义法治国家建设，以法律为公共管理的最高准则，法律面前人人平等。第四，提高党政权力机关对人民负责的责任感。第五，扩大政府公共服务的范围，为社会成员提供更多的公共服务。第六，严格公共服务的质量要求，促进优质公共服务的提供。第七，不断推进政治信息的公开化，提高政治生活透明度。第八，提高公共管理机关的廉洁程度，建设廉洁政府。③

郑杭生认为，中共中央提出的“党委领导，政府负责，社会协同，公众参与”的社会管理格局和模式，在现阶段可以看作一种既符合现代善治理念，又符合我国国情的具有中国特色的制度创新。一方面，它以中国特有的方式，强调了社会管理主体的多元性；另一方面，也有了一点强调政府、社会与公众合作、协调的意思。此外，这一模式也包含着要把履行协同职责的社会做大，让要求参与的公众受到激励的政治承诺。④

但是，也有学者指出，对于源自西方的治理理论中的一种危险倾向也应保持警惕。治理理论，尤其是全球治理理论，建立在政府的作用和国家的主权无足轻

---

① 郑杭生．社会学视野中的社会建设与社会管理．中国人民大学学报，2006（2）.

② 俞可平．社会公平和善治是建设和谐社会的两大基石．中国特色社会主义研究，2005（1）.

③ 同②.

④ 同①.

重、民族国家的疆界模糊不清这一前提之上，强调治理的跨国性和全球性。这里的危险就在于削弱了国家主权和主权政府在国内和国际治理中的重要作用，客观上有可能为强国和跨国公司干涉别国内政、推行国际霸权政策提供理论上的支持。①

综上，源自治理理论的善治的观点，对于我们正在推进的社会建设，无疑具有重要的启示。其最重要之处就是强调公共事务治理中多主体之间的有效合作。由此，今天我们在除政府之外的其他社会主体还不是很强的情况下，一方面要继续加强政府的作用，另一方面还要由政府积极做出努力，培育自己的合作伙伴，特别是公民社会。与此同时，在社会互信受到损害甚至存在某种程度的信任危机的背景下，为了促进治理中多主体的有效合作，还应该高度重视增进社会互信的问题。此外，在推进治理和走向善治的过程中，还应当注意维护国家主权和尊严，这与充分尊重个人的权利和尊严具有同样的重要性。

制度主义的观点

制度主义的观点强调在社会研究和社会建设中关注制度的重要性。制度实际上体现为社会规范体系，其重要社会功能在于调整社会成员之间的相互关系，尤其是利益关系，从而起到维护社会整体秩序、促进社会整合、激励社会创新的作用。借助设计合理的制度安排，可以明确规定社会成员在社会活动中的权利、责任与利益关系，确立适当的社会地位结构以及社会资源的适当分配，从而使得社会运行呈现为一种有序状态，社会成员可以各尽其能、各得其所、和谐相处。

制度主义观点首先关注的是中国社会不均衡变迁这一现象，以及由此现象所导致的制度供给不足。社会学的研究表明，社会整体的变迁是不均衡的。当我们将整个社会区分为物质技术、制度规范和价值观念三个层面时，它们在社会整体变迁过程中的变迁速度实际上是不一样的，由此导致了社会变迁的不均衡。通常，物质技术层面的变化最快，制度规范层面次之，价值观念层面的变化最慢。由此观之，在当今中国社会经济技术层面发生重大变革的基础上，制度建设的相对滞后具有某种客观性。但是，这种滞后导致了制度供给的严重不足，并体现为新旧制度长期并存、制度变迁“堕距”、制度变迁的“原则不协调”以及“制度缺失”和“制度真空”② 等等方面，由此加剧了社会矛盾，导致了某种程度的社会秩序危机。

有的学者则指出当今中国社会的制度建设存在着忽视制度的认识基础问题，专家系统和政府机构制定和推行新制度的理性思维与广大社会成员行动实践的感性思维缺乏协调，对于使正式制度同那些具有积极作用的非正式制度之间形成协调甚至融合关系的考虑不够，以至于很多制度建设流于规则条文的编制，而没有进入广大社会成员的心理过程，真正成为其行动规则。③

有的学者强调推进制度建设以发展社会事业的主要方向是通过制度创新逐步

---

① 应星．国外社会建设理论述评．高校理论战线，2005（11）.

② 李路路，黄俏．快速转型期的制度变迁与社会矛盾//郑杭生．中国人民大学中国社会发展研究报告（2007）：走向更加有序的社会．北京：中国人民大学出版社，2007.

③ 刘少杰．制度建设是构建和谐社会的根本途径．社会学研究，2007（2）.

建立四个体系：第一，逐步建成能够适应并促进社会发展和解决民生问题的服务型政府体系；第二，逐步形成惠及全民的、能够提供基本公共物品的基本公共服务体系；第三，逐步建立能够广泛容纳社会成员的现代职业体系；第四，逐步重建能够推动社会整合的社会信任体系。①

我们要清醒地意识到我们社会中客观存在的制度建设滞后现象，应努力通过发挥人的主观能动性，利用现代社会科学与自然科学所积累的知识与技术，加快建立健全与社会利益关系变化相应的制度安排，特别是与保障和改善民生密切相关的社会事业发展和公共服务提供方面的制度改革与建设，尽量减少不均衡变迁导致的社会失范及其负面影响。与此同时，加强制度建设应当致力于促进制度的公正，确保制度不是服务于特权阶层、垄断部门、特殊地区，确保制度设计不为社会上的强势人群所左右，或出现世界银行《2006 年世界发展报告》所指出的“制度俘获”现象，使制度成为少数人维护和扩大自身利益的工具。在某种意义上，一项不公正的制度安排甚至会比没有制度安排产生更坏的结果。此外，加强制度建设还必须高度关注制度的执行。制度的有效执行实际上受着多种因素的影响。我们在加强制度建设时要注意从多方面研究制度执行的条件保证，努力满足制度执行的条件要求，防止社会快速转型时期的制度形式化现象。

第三节 社会治理

社会学对社会治理的探讨，是为了揭示社会良性运行与协调发展的条件和机制。研究社会治理的相关问题，就是为了更好地治理社会，以促进社会良性运行和协调发展。

一、社会治理及其意义

近年来，“社会治理”（social governance）已成为学界和大众媒体中的流行概念，逐渐替代以往常用的“社会管理”概念。从社会管理转向社会治理，这其中包含着社会转型带来的社会公共领域活动的变化。

什么是社会治理呢？有一种基于“中国国情政情社情”的界定，认为“社会治理是指在执政党领导下，由政府组织主导，吸纳社会组织等多方面治理主体参

① 郑杭生．社会学理论视野中的社会矛盾//中国人民大学中国社会发展研究报告（2007）：走向更加有序的社会．北京：中国人民大学出版社，2007.

与，对社会公共事务进行的治理活动"[①]。从这一定义可以了解到，当前中国社会治理的基本内涵包括这样几个方面：（1）党的领导。任何社会事务或公共领域里的治理活动都是而且必须是在党的领导下进行的，从另一角度看，党的领导在社会治理活动中发挥着最为基本的功能。就中国社会的实际情况而言，党组织在社会各个领域都普遍发挥着领导和组织的作用。（2）政府的主导。社会治理活动离不开政府，就中国国情而言，政府在社会治理活动中发挥着主导作用，各种各样的公共事务处理，通常有政府在其中发挥引导和协调作用。这与西方社会的公民社会治理方式有明显差别，西方社会公共领域的治理活动以自治和组织治理为主。（3）多主体的社会参与。社会治理的主体不仅仅有党组织和政府，还包括各种社团组织、社会组织以及其他组织或个人的广泛参与，所以社会治理是多主体的治理活动。（4）共同处理公共事务。社会治理活动的内容就是多种治理主体共同参与到公共事务的处理之中，解决公共领域里的问题，维护社会的协调运行。

社会治理与社会管理的差异主要体现为以下方面：第一，主体的差异。社会管理的主体是单一的权力主体，亦即开展社会管理的主要是拥有行政权力或组织权力的主体来推进的，而社会治理的主体是多主体参与的，既包括拥有行政权力的主体，也包括各种社会组织和个人。第二，体制机制的差异。社会管理对公共事务的管理的体制一般是垂直型的体制，采取管理与被管理的机制。社会治理的体制一般属于复合型的体制，其中既有垂直管理，也有扁平化的治理。在治理机制方面，社会治理通常采取社会参与和共治机制。第三，方式方法的差异。社会管理主要采取行政管理手段和禁令式方式来解决问题，管理的方法主要为管制和惩罚措施。社会治理的方式通常是共商共治的方式，治理的方法以多方参与协调为主。

社会治理所涵盖的范围非常广泛，内容很多，概括起来看，社会治理的目标不外乎两个方面：社会秩序和社会发展。[②] 也就是说，不论社会治理的具体内容和方式是什么，其根本目标无非两个：一是秩序的构建，二是发展的促进。秩序和发展这两个社会治理目标之间既有区别，又有着内在的关联。一方面，社会秩序是维持社会常态化运行的基础，因而也是社会发展的前提条件，社会难以在无序的状态之下推进发展；另一方面，社会发展是维持社会秩序所要达到的目的，促进公正有序的发展是社会治理的一种理想状态。

在中国社会快速转型的过程中，社会治理之于应对变迁中的秩序问题和发展问题的意义显得尤为重要。社会转型不可避免地带来社会结构的变化以及观念世界的更新。如果按照既有的社会管理理念和方式来治理社会，则可能会面临诸多"不兼容"问题。推进社会治理创新和现代化，对于建设和谐社会、推动新时代社会的充分均衡发展将会起到积极的作用。

---

① 王浦劬．国家治理、政府治理和社会治理的含义及其相互关系．国家行政学院学报，2014（3）．

② 陆益龙．乡村社会治理创新：现实基础、主要问题与实现路径．中共中央党校学报，2015（5）．

二、社会治理体制与机制

社会治理体制是指治理社会的基本制度框架和组织架构。基本制度框架主要包括政治制度和行政体制，组织架构是指支撑治理活动的各种组织的构成体系。例如，当前中国社会治理的体制可概括为党领导下、政府主导、社会广泛参与、城乡分治的二元治理体制。社会治理体制为各种治理活动提供制度框架，影响并制约治理方式方法的选择。社会治理体制的形成是一个复杂过程，与历史传统、社会需要及国情特点有着密切关系。

社会治理机制是指治理社会的各种措施和活动的具体环节及运作方式，亦即治理活动发挥作用的方式及机理。例如，在社区治理中，基层纠纷调解机制就是通过民间调解、人民调解、司法调解等方式，使得社区中的矛盾纠纷尽可能在基层得以化解，以促进社会关系的和谐。

在社会治理过程中，体制机制具有重要作用，治理的效果和效率在较大程度上与体制机制相关。体制的合理性与否意味着参与治理的各种主体和组织之间的互动关系是否理顺，相互联动是否顺畅。在治理体制中，党组织、政府、社会以及社区等治理主体之间的协调关系和联动配合显得至关重要。如果彼此之间保持协调一致，对治理目标形成合力，就会提高治理的效率。有效的治理机制主要表现为治理方式与实际需要之间的一致性程度，采用何种治理方式方法，重要的是看何种方式方法更适合所要治理问题的解决。社会治理机制要达到治理效率目标，通常需要提供多种治理方式方法，即多元化治理机制，因为单一机制可能难以与现实中的多元治理需要保持高度吻合。如果有多种治理方式方法的准备，那么可以从中选择与现实需要更加吻合的方法。

改善社会治理的效果，提高社会治理的效率，需要与时俱进地推动社会治理体制机制的创新和变革。社会治理体制的创新就是要根据社会变迁及社会现实需要，不断调整治理主体之间的分工与合作关系，以便提高社会治理行动的推进效率。治理体制的创新在较大程度上依赖于对现实问题与创新需要的认识，即必须把握社会转型和社会变迁对社会治理需要带来的新变化。

创新社会治理机制关键在于社会治理实践要坚持开放性原则、相对性原则。在具体的社会治理实践中，如果只依赖一种最优治理路径，那就可能对其他治理方式方法排斥，进而削弱甚至阻碍治理方式方法的创新。对待社会治理方式方法，如果能坚持开放、包容和相对论的态度，那将为多种相对有效的治理方式方法的出现提供可能。

就当下中国社会治理的现状而言，社会治理体制方面的问题主要体现为如何更好地理顺政府与社会的关系。在市场转型的大背景下，政府如何主导社会治理、社会如何培育多方面参与力量，这些关系都需要在变动的形势下寻求有效的调适路径。社会治理机制创新所面临的主要问题则表现为体制对基层治理实践创新动力的约束。现有的社会治理体制具有垂直化、行政性的特征，这在一定程度上影响着基层治理者的创新范围，因为基层工作者更趋于执行上级下达的任务，这就导致创新治理实践的空间和动力受到一定的限制。

三、社会治理结构与过程

社会治理结构是指社会治理主体的构成以及权力结构。社会治理结构关涉到治理的主体，即各种社会治理活动的执行者，此外，治理结构还涉及治理主体的权力关系及资源构成。

目前，中国社会治理主体的基本构成主要是国家、地方及基层政府、社会组织，这一结构属于政府力量主导型的结构，也就是说，社会治理的主体和治理的权力绝大部分来自政府，这无形中成了一元化的治理结构。一元化的治理结构不仅不利于社会治理中调动多方面资源，而且也因为治理权力和资源的过于集中，影响治理的过程与实际效果。

社会治理过程是指由治理社会的各项活动构成的一种动态过程，亦即各种治理措施的实施过程。在社会治理过程中，不同治理主体所采取的治理方法和策略会影响治理的效果和效率。社会治理的动态过程主要由治理决策、治理执行和效果评估三个重要环节构成。在治理决策阶段，各种治理项目和治理内容通过相应的决策机制得以确立下来，为具体的治理活动提供指南和实施依据。治理执行阶段的主要任务就是实施一些具体的项目、活动或行动，应对和处理公共领域中的一些具体问题及具体事务，这一治理环节是让决策落地实行并发挥影响的过程。治理措施及行动实施之后，究竟会在实际中产生什么样的效果或社会效应，通常需要加以系统评估，以便更好地反馈具体治理项目之于社会需要的吻合情况，由此了解治理政策和策略的有效性和适应性。通过效果评估，可以对之后的治理过程提供调整和变革的参考信息。

社会治理的结构与过程的状态及特征，都会在一定程度上影响治理的效果和效率。就社会治理结构而言，如果结构单一、结构呈现刚性特征，那么可能影响社会治理过程的灵活性、适应性，亦即治理主体难以灵活地应对和有效治理各式各样的社会现实问题。此外，在一元化的治理结构中，虽有集中治理的优势，但单一结构并不利于动员和发挥多方面力量和多种资源，对治理行为也缺乏有效的监督和激励。因此，构建合理、有效的社会治理结构，既要立足于现实的社会治理需要，也要促进治理结构的多元化，提高治理结构的弹性和可调节性。

在社会治理过程方面，民主化的治理过程之于治理效果的改善和效率的提高显得尤为重要。社会治理过程的民主化主要体现为在治理决策、实施和监督等方面引入民主机制，也就是在治理过程中采取民主决策、民主管理和民主监督。不断提高治理过程的民主化水平，其意义在于促进社会治理本质目标的实现，因为社会治理就是尽可能地让广大民众和利益相关者广泛地参与到公共事务的治理活动之中。治理过程的民主化将为公众参与提供可能性。

推进社会治理过程的民主化，重点要在社会生活领域促进自治及共建共治共享机制的发展。一方面，让广大民众尽可能自主地选择自己的生活方式、对自己生活中的事务能够自主决策、能参与社区内部生活中的共同事务的决策；另一方面，强化共同参与社会和社区建设，共同治理社会性事务或生活性事务，共同分享社会公共资源及发展成果。

其次，创建自下而上的治理平台。要更好、更有效地治理社会，社会成员的广泛参与非常重要。只有居民才最了解如何更好地处理与自身相关的事务，也最愿意更好地治理自己的生活环境。而目前治理过程大多是自上而下的治理，居民的意愿和想法在社会治理中较少体现，更难以落实。要创新社会治理过程，有必要创建一个平台，为基层民众在社会治理中发挥主人翁的作用创造有效的途径。

此外，协调推进社会治理措施。社会治理创新其实就是深化改革，改革要想取得理想的成效，就需要保障改革措施之间的协调配套。创新社会治理过程，就是要促进社会发展和社会和谐稳定的各项治理措施在推进和实施过程中保持协调一致。

四、社会治理手段

社会治理手段是指在实施社会治理过程中所采取的具体方法和手段，也就是治理主体或机构在日常治理实践中所运用的手段与策略。由于社会治理作用于社会通常离不开权威和影响力，如果参照韦伯的权威类型的分类方式来划分，那么社会治理手段可分为精英治理手段、礼治手段和法治手段。精英治理手段是指运用社会中精英的个人魅力而采取的相应治理手段与策略。例如在环境治理方面，一些环境保护的公益宣传、公益行动和志愿服务等常常会通过一些名人或明星的代言和行动，来影响公众的行为选择，以达到治理的目标。

费孝通曾将乡土中国的社会秩序概括为“礼治秩序”[①]，意指乡土社会主要是通过礼治手段实现治理与秩序的。所谓礼治手段，某种意义上就是依靠类似于韦伯所划分的传统权威来进行社会治理的，亦即运用传统惯例、习俗、习惯等被民众认同和遵从的方式方法来实行治理。

法治手段就是指依据法理权威并依靠法治力量来推进各项治理活动。随着现代社会法治建设的推进和不断深化，运用法治手段来治理社会就越来越重要。一方面，社会治理需要依法进行，取得合法性。另一方面，法治力量也为社会治理提供了有效的途径和支撑。

社会治理中的精英治理手段、礼治手段和法治手段，相互之间既有本质差别，但又有彼此关联与交叉之处。对于不同的治理手段，可能不宜孤立地看待其有效性问题。针对不同的治理需要，不同的手段会在其中发挥不同的作用，因此需要解决的关键问题是如何理顺不同手段之间的关系，实现多种治理手段的有机融合。例如，在当前的乡村社会治理中，既要重视传统礼俗在具体治理实践中的

① 费孝通．乡土中国 生育制度．北京：北京大学出版社，1998：49.

作用，同时又要推进依法治理。提高乡村治理的实际效率，改善乡村治理的效果，就要争取将法治和礼治手段相互融合起来，减少法治与礼治手段的冲突。也就是要注重“综合施策，协同运用多种治理方式方法，促进德治、法治和自治相结合”①。

社会治理手段如果按照维度来划分，可大体分为专项治理与综合治理。专项治理是社会治理实践中常见的一种治理手段，主要指针对某个领域、某种问题而开展的集中的、专门的整治行动，以缓和或解决该领域中的突出问题和矛盾。专项治理手段通常具有针对性，具体治理措施和方法具有专门性甚至专业性，治理手段的作用点更加集中于某种问题。例如，对食品安全的专项治理，就要针对食品生产与销售领域里涉及食品安全的突出问题开展集中的治理。

综合治理通常是指为了治理较为复杂的社会问题而动员多方面力量的参与，运用多种方式方法来开展综合性治理的途径和策略。例如，对社会治安问题、生态环境问题等涉及面广泛的社会问题的治理，通常会采取综合治理的策略，广泛调动社会多方力量，并采取综合性的措施，将预防与治理有机结合起来，以使治理效果具有可持续性。

当前，中国社会转型已进入新时代，社会主要矛盾已转化为人民日益增长的美好生活需要和不平衡不充分的发展之间的矛盾，有效应对社会主要矛盾的转变，就需要不断创新社会治理手段，努力实现专项治理、综合治理、系统治理、依法治理和源头治理的有机结合，不断提高社会治理的现代化水平。

思考问题

1. 如何理解社会建设概念的一些现实关怀？
2. 如何理解社会公正论对当今社会建设的启示？
3. 试析公民社会论与社会建设相关的主张。
4. 试论制度建设在社会建设中的重要性。
5. 新时代如何创新社会治理？

阅读书目

1. 郑杭生，等．社会运行导论．北京：中国人民大学出版社，1993.
2. 贾春增．外国社会学史．北京：中国人民大学出版社，1989.
3. 宋林飞．西方社会学理论．南京：南京大学出版社，1997.
4. 贝克．风险社会．北京：译林出版社，2004.
5. 吉登斯．第三条道路：社会民主主义的复兴．北京：北京大学出版社，2000.

① 洪大用．与时俱进加强和创新社会治理．人民日报，2018－10－23.

图书在版编目（CIP）数据

社会学概论新修精编本/郑杭生主编．—3版．—北京：中国人民大学出版社，2020.1（2025.8重印）
新编21世纪社会学系列教材
ISBN 978-7-300-27592-5

Ⅰ.①社… Ⅱ.①郑… Ⅲ.①社会学-高等学校-教材 Ⅳ.①C91

中国版本图书馆CIP数据核字（2019）第233219号

普通高等教育“十一五”国家级规划教材
教育部普通高等教育精品教材
北京高等教育精品教材
新编21世纪社会学系列教材
社会学概论新修精编本
第三版
主编 郑杭生
执行主编 陆益龙
Shehuixue Gailun Xinxiu Jingbianben

出版发行	中国人民大学出版社		
社　　址	北京中关村大街31号	**邮政编码**	100080
电　　话	010－62511242（总编室）		010－62511770（质管部）
	010－82501766（邮购部）		010－62514148（门市部）
	010－62511173（发行公司）		010－62515275（盗版举报）
网　　址	http://www.crup.com.cn		
经　　销	新华书店		
印　　刷	运河（唐山）印务有限公司	**版　　次**	2009年3月第1版
开　　本	787 mm×1092 mm　1/16		2020年1月第3版
印　　张	22	**印　　次**	2025年8月第9次印刷
字　　数	435 000	**定　　价**	55.00元

关联课程教材推荐

书号	书名	作者	定价
978-7-300-26323-6	社会学概论新修（第五版）	郑杭生	69.00 元
978-7-300-25621-4	社会研究方法（第五版）	风笑天	65.00 元
978-7-300-26861-3	社会调查研究方法（第四版）	郝大海	48.00 元
978-7-300-20344-7	社会心理学（第四版）	沙莲香	49.80 元
978-7-300-26453-0	社会分层与社会流动	李路路	49.00 元
978-7-300-26569-8	农村社会学	陆益龙	49.00 元

配套教学资源支持

尊敬的老师：

衷心感谢您选择使用人大版教材！

相关的配套教学资源，请到中国人民大学出版社网站（www.crup.com.cn）下载，或是直接与我们联系，我们将向您免费提供。

欢迎您随时反馈教材使用过程中的疑问、修订建议以及提供您个人制作的课件。您的课件一经采用，我们将署名并付费使用。

联系人信息：

地　　址：北京市海淀区中关村大街 31 号　　龚洪训　　邮编：100080

电子邮件：gonghx@crup.com.cn　电话：010-62515637　　QQ：6130616

如有相关教材的选题计划，也欢迎您与我们联系，我们将竭诚为您服务！

选题联系人：	电子邮件：	电话：
潘　宇	pany@crup.com.cn	010-62515634
盛　杰	shengj@crup.com.cn	010-62513897

俯仰天地　心系人文

中国人民大学出版社网站　www.crup.com.cn

专业教师 QQ 群：

195761402（全国社会学教师 QQ 群）

欢迎您登录浏览人大社网站，了解图书信息，共享教学资源

期待您加入专业教师 QQ 群，开展学术讨论，交流教学心得